普通高等教育"十三五"广播电视学专业规划教材

广播电视新闻学

主编 杨 琳 罗 朋 陈 燕

编者（以姓氏笔画为序）

马晓亮 毛浓华 许新芝 宋 雯 李亦宁

杨 琳 杨 仑 罗 朋 陈 燕 袁 源

黄 冠 韩 柳 慕夏溪

西安交通大学出版社
XI'AN JIAOTONG UNIVERSITY PRESS

内 容 提 要

　　本书立足于新闻传播学基础理论，紧密结合广播电视传媒一线实务，力求做到理论与实践相结合。全书分为十二章，分别是：广播电视业的诞生与发展、广播电视新闻概论、广播电视新闻的传播符号、广播电视新闻的报道体裁、广播电视新闻采访、广播电视新闻写作、广播电视播音与主持、广播电视录音与电视新闻摄像、广播电视新闻编辑、广播电视节目的创新与发展、广播电视新闻传播伦理规范与法律规范、广播电视新闻的数字化生存。

　　本书可供广告学、新闻学、广播电视学等学科教学使用，也可供相关专业人员学习参考。

前　言

~~~~~~

　　"广播电视新闻学"是新闻传播专业的核心主干课程之一,既是广播和电视两大媒体的入门性专业教程,也是以广电传播业务所涉及的视觉传达、声效传达等要素为起点,面向全媒体的影像、声效传播规律的基础科学。在媒介融合发展的大背景下,作为传播实务的专业基础,"广播电视新闻学"相应地也需要在知识视野、学科架构、业务技能等方面做出调整。故此,编写本书的目的一方面在于为传媒类专业的学生及传媒一线业务工作者的实际使用,使其能了解广播电视媒体的历史、机制、规律、特点、节目、采访、写作、报道、制作等内容和流程,掌握广播电视新闻学的基本内容、观点、学派和应用操作等系统知识;同时,也希望遵循融合媒体背景下对影像传播规律认知和跨媒体传播业务发展的需要,为进一步融汇掌握新闻传播专业的其他实务打好基础。

　　本书力图立足于新闻传播学基础理论,紧密结合广播电视传媒一线实务,借鉴国内外广播电视新闻生产与传播的最新成果,从理论层面予以梳理,并从实践角度赋予其可操作性,将教材建设中理论性与实践性、学术性与可操作性有机紧密结合,既有理论基石支撑,又有典型案例,既有历史归纳,又有前景展望,并对广播电视新闻节目的类别、制作等进行了全面深入的剖析与解读。

　　本书力求体现出如下特色:①系统性。遵循系统严谨的广播电视新闻学科的基本知识体系,既重视宏观层面的产业规划分析,也重视微观层面业务实践工作环节的探讨。②前沿性。将广播电视新闻未来发展置于新媒体、数字化媒体与大数据发展的语境下,有助于开拓受众的知识视野,展望未来的发展趋势与潮流,具有一定业务及学术前沿性。③实践性。重视理论与实践相结合,全面、系统地梳理广播电视新闻历史沿革、基础理论;详细阐述分析广播电视新闻生产的流程、采写编的技术路径、专业性特点,并附以典型案例剖析。

　　本书由西安交通大学、西北政法大学、陕西理工学院、西安工业大学、西安财经学院、石河子大学等高校老师合作编写。具体分工如下:杨琳统筹总体方案及编写。李亦宁、杨琳(第一章、第十二章);陈燕(第二章);韩柳、陈燕(第三章);马晓亮(第四章);宋雯(第五章);许新芝、黄冠(第六章);慕夏溪(第七章);毛浓华、袁源(第八章);毛浓华(第九章、第十章);杨仑(第十一章)。最终成书由杨琳(西安交通大学)、罗朋(西北政法大学)、陈燕(陕西理工学院)统稿。

　　本教材研究及编写过程中汲取了大量学界及业界的丰硕成果,力求能够成为"站在巨人肩上"之作。在此向各位学界先贤前辈表示诚挚的感谢。在本书出版之际,特别感谢西安交通大学出版社的大力支持,感谢责任编辑赵怀瀛老师热情周到的支持和认真负责的审读校正。感谢传媒一线的朋友给予的帮助。本书成稿过程中,研究生杨露、王梦圆、薛瑞瑞、汪祥、王雨、王钰等,投入很大精力整理资料校对文稿,一并致谢。由于笔者水平所限,书中不妥之处,敬请各位专家同仁和广大读者批评指正。

　　　　　　　　　　　　　　　　　　　　　　　　杨琳
　　　　　　　　　　　　　　　　　　　2016 年 4 月于西安交大

目　录

第一章　广播电视业的诞生与发展

~~~~~~

学习目标

1. 了解广播电视技术发展变迁的基本脉络。
2. 了解西方广播电视事业和中国广播电视事业的发展历程。
3. 在对比中理解中国广播电视事业不同时期的特点和发展趋势。

20 世纪以来,科技的发展在带来前所未有的社会变革的同时,也带来了一个又一个的媒介景观。广播、电视媒介的产生克服了报刊等印刷媒介的不足,以其传播的即时性、直观性、广泛性宣告了大众传播媒介时代的到来和一种全新的新闻传播事业的诞生。本章通过对世界广播电视事业发展历程的梳理,分析了作为技术的广播电视媒介、作为事业的广播电视媒介,为总结广播电视事业发展规律奠定基础。

第一节　广播电视技术发展史

人类媒介技术的每一次进步,都浸透着人类渴望突破自身交流困境的努力。作为电子传播媒介,广播电视打破了时空的限制,实现了人类远距离通讯的可能。但电子传播既要有硬件,又要有软件,缺一不可。因此,在追溯广播电视发展史的时候,必须要正视技术在广播电视事业中所起到的基础作用。技术的每一次进步都与社会需要形成互动的关系,技术不断地满足社会的需要,也为产生新的社会需要创造出新的想象平台。

一、广播电视技术的发展

(一)广播技术的发明与发展

1. 无线电通信:广播发明前的理论和实践先导

19 世纪中叶,人类远距离有线信息传播实现了重大突破。1837 年美国人莫尔斯发明有线电报,1876 年美国发明家贝尔发明了电磁电话,1877 年爱迪生发明碳粒式送话器,1878 年贝尔及其助手沃特森在波士顿和纽约之间成功进行了长途电话实验……远距离的有线语音通信已经变为现实。但是,人类的远距离信息传播仍要依赖电线这一媒介,信息传播在跨越空间限制等方面存在着诸多障碍和不便,于是科学家们开始探索如何使电子通信摆脱电线的束缚。

英国科学家麦克斯韦和德国科学家赫兹分别为无线电的发明和应用奠定了理论和实践的基础。1854 年,刚从剑桥大学毕业的麦克斯韦提出了著名的磁理论,预言了电磁波的存在。

在他的描述中,电子信号可不通过电线发射,速度与光速相同。麦克斯韦逝世后,青年物理学家赫兹在发射机中检测到电磁波的存在,证实了麦克斯韦理论的正确性,赫兹的名字也成为电磁波频率的单位。

电磁波的发现为无线电通信开辟了道路。1895年,俄国科学家波波夫和意大利发明家马可尼都宣布发明了无线电传送技术,所不同的是波波夫的发明主要用于军事无线电通信网的搭建,而马可尼则专注于无线电的商业化,对无线电技术和设备应用推广起到了关键作用。1895年年仅21岁的马可尼在自家的庄园里进行无线电收发实验,成功实现了实验室与1.7公里远的山丘之间的无线电报通信。随后,他又进行了技术革新,在地面竖起带有一大片金属片的导线增强电波的强度,利用法国物理学家白兰利发明的凝聚检波器增强接收器的灵敏度。经过不懈努力,1896年马可尼申请无线电报专利,无线电通信得到了世人的承认。1899年马可尼借纽约举行的举世瞩目的美国杯帆船赛之良机,用自己发明的无线电报机向两岸观众做实况报导,引发了空前轰动。整整5个小时,《纽约先驱论坛报》的总部收到了马可尼发来的4000多字的新闻报道,美国新闻记者们在叹服之余,纷纷要求马可尼在港口做一次现场演示。这被认为是无线电通信史上的第一次实际应用。之后,马可尼在英国建立了世界上第一家无线电器材公司——英国马可尼公司,并于1901年用气球和风筝架设接收天线,完成了有史以来第一次人类跨过大西洋的无线电远距离通信。截至1910年,各国建立了广泛迅捷的通信网络,无线电报作为一种实用的通讯媒介登上舞台。

图1-1 波波夫及其发明的无线电报机

此后,无线电通信在商业和军事上应用得更加广泛,特别是应用于铺设线路困难的海上通信。20世纪初期以前,越洋交通主要是依靠轮船,轮船出海就音讯全无,一直要等抵达目的地后才能将消息经海底电缆传回出发点。万一中途遇上意外事故,便是呼救无门。无线电的发明无异是海上的救星。早在1899年,就有被其他船只撞翻的轮船使用了无线电发报机发出求救信号幸免于难。1912年4月,号称“永不沉没”的豪华巨轮泰坦尼克号在大西洋遭遇了冰山碰撞发生了灾难性的沉船事故。事故发生后,“泰坦尼克号”迅速用无线电报发出求救信号,3小时后,58海里外的轮船接到求救信号赶来,实施紧急救援,最终成功解救706人,避免了全船覆没。这一事件进一步彰显了无线电时效性强、传输速度快、覆盖面广的优势,引发了社会普通公众对无线电传播技术的关注。

2.费森登的伟大实验:开启无线电广播的序幕

最早利用无线电波传送和接收声音的是在美国匹斯堡大学任教的发明家费森登。1901年,当费登森听到马可尼飞越跨度达 3700 公里的大西洋的无线电报取得成功的时候,一个大胆而又自然的想法就在头脑中产生了,能不能让无线电波传递声音呢? 这位无线电广播的创始人在美国马萨诸塞州的布兰特城建立了专门的实验室,研究如何将人的语音通过送话器转变为音频电信号,将音频电信号叠加到高频电磁波上发射出去,如何通过接收、检波把音频信号从无线电波中解调出来还原成声音。1906 年圣诞前夜,费森登用调制无线电波发送音乐和讲话,完成了人类最早的无线电广播实验。

史料记载,当晚在美国新英格兰海岸外,在穿梭往来的船只上,一些听惯了"滴滴嗒嗒"莫尔斯电码声的报务员们,忽然听到耳机中传来了人的说话声和乐曲声——朗读圣经故事和播放韩德尔的唱片,最后祝大家圣诞快乐。报务员们怔住了。他们大声呼叫起来,纷纷将耳机传递给同伴们听,一次次证明自己并非痴人说梦……其实,他们听到的正是费森登的广播试验。

紧接着,欧美一些国家也先后开始了无线电实验性广播。1907 年,德国人在柏林和德雷斯顿之间进行了无线电话通信实验;1908 年,弗莱斯特在巴黎埃菲尔铁塔利用无线电播放唱片进行广播试验;1908 年到 1913 年间,纽约的科学家用简单的无线电装置转播音乐会节目。但囿于当时发射机的调制技术不成熟,接收灵敏度低,广播设备的发射距离十分有限,在 20 世纪第一个十年里,无线电广播并没有迅速地得到推广和应用。

3.电子管:为广播插上腾飞翅膀

这里所说的电子管,主要是指真空二极管和三极管,它们分别是英国科学家弗莱铭和美国科学家德福雷斯特各自的卓越发明。正是由于电子管的发明和应用,才使无线电广播技术得以日臻完善,插上了腾飞的翅膀。

1904 年,在马可尼公司工作的英国电气工程师弗莱铭(麦克斯韦的学生)利用真空管中的阴极和阳极控制电流,发明了真空二极管。真空二极管是现代各种真空电子器件的先声,它的发明拉开了人类进入电子时代的序幕。两年之后的 1906 年,美国科学家德福雷斯特在真空二极管的阳极和阴极之间靠近阳极的地方,安置了一个控制电极(栅极),调整栅极的电位就可以控制电流大小,真空三极管具有放大电信号的作用。三极管对广播具有革命性的意义。它意味着听众可以摆脱大型设备和耳机的限制,随意收听广播。随后,德福雷斯特在巴黎埃菲尔铁塔、纽约大剧院展开了一系列的广播实验,在有干扰的情况下,仍保持了良好的收听效果。

接下来的几年里,美国电话电报公司和美国通用电气公司对电子管进行了技术改进,具有较高的灵敏度和可靠性的电子管无线电发射机陆续问世。到 20 世纪 20 年代,电子管在各种类型的无线电收发报机和电子设备中得到普遍采用,无线电广播逐步进入实用阶段。

在此期间,接收无线电广播的硬件设备——收音机技术——的发展也日新月异:

1910 年,美国的邓伍迪和皮卡特发明了世界上第一台矿石录音机。

1922 年,美国的乔治·佛罗斯发明了汽车收音机。到 1933 年,美国已有 10 万辆小汽车安装了汽车收音机,为长途驱车解除了疲劳感和寂寞感。

1955 年日本索尼公司研制成功世界上第一台晶体管收音机。

1991 年,美国使用数字卫星收音机,以数字信号代替模拟信号,而且数字信号使收听效果大为提高。

1995年,中国香港一家公司生产了一种微小的收音机,可以挂在耳背上收听,人们可以在跑步、骑自行车或其他户外活动时进行收听,风靡一时。

今天,无线电广播已经伴随着人们走过了整整一百年。广播技术经历了从电子管到集成电路,从短波到微波,从模拟方式到数字方式,从固定使用到移动使用等各个发展阶段,广播已成为现代人生活中不可缺少的一部分。

(二)电视技术的发展

电视的发明与广播的诞生是一脉相承的,它是电报远距离快速传递信息的继承者,是在电话和广播传送了声音之后的进一步发展。人类远距离快速传送信息的愿望由来已久,莫尔斯电报迈出了第一步。进而,人类又希望能够直接传送声音和图像,广播和电视是实现这一愿望的产物。从广播电视技术发明的进程可以看出,传送声音和传送图像的实验是同步进行的,有时图像的实验还走在前面。只是因为传送图像在技术上要复杂一些,电视的播出才比广播电台晚了十几年。

1.图像分解和扫描技术

图像分解和扫描技术是电视媒介发展的核心技术。17世纪初期,科学界在电视机科学原理方面取得了重大发现。依据光电效应原理,自然景观的"光信号"可以通过技术设备转化为"电讯号",实现发送或存储;依据"荧光效应"原理,图像得以显现。图像分解和扫描技术正是在这两大原理转化为电视机装置的关键。

1875年,美国人凯瑞发明了图像分解技术。1880年,法国人勒布朗发明了现今幻灯放映机的雏形——图像发射器。1884年,德国物理学家尼普科夫发明了一种叫做"电视望远镜"的光电机械扫描圆盘,圆盘上布满螺旋状的小孔,也被称为"尼普科夫圆盘"。尼普科夫把他的这项发明申报给柏林皇家专利局,申请了世界电视史上的第一个专利。在他的专利申请书的第一页这样写道:"这里所述的仪器能使处于A地的物体,在任何一个B地被看到。"专利中描述了电视工作的三个基本要素:第一,要把图像分解成像素,逐个传输;第二,像素的传输逐行进行;第三,用画面传送运动过程时,许多画面快速逐一出现,在眼中这个过程融合为一。这是以后所有电视技术发展的基础原理,今天的电视仍然是按照这些基本原则工作的,但是直到20世纪马可尼发明的无线电报机开始了声音和语言的传递,发展电视的时机才基本成熟。

2.机械电视和电子电视的发明

1908年,英国人斯文顿公布了第一款可用的电子摄影系统,并在《自然》杂志上描述了"远电视"的原理。随后,苏格兰工程师贝尔德发展了建立在尼普科夫圆盘基础上的系统,用盥洗盆做框架,把它和一只破茶叶箱相连,箱上安装了一只从废物堆里捡来的电动机,它可转动用马粪纸做成的四周戳有小洞洞的"扫描圆盆",还有装在旧饼干箱里的投影灯,几块透镜及从报废的军用电视机上拆下来的部件。这一切凌乱的东西被贝尔德用胶水、细绳及电线串连在一起,成了他发明机的实验装置。1925年10月2日清晨,贝尔德终于从另一个房间的映射接收机里,清晰地收到了一个表演用的玩偶的脸——人类历史上第一台电视机问世了。电视的发明深刻地改变了人们的生活,它不但使人们的休闲时间得到前所未有的充实,更重要的是它加大了信息传播速度和信息量,成为普及率最高的家用电器之一。

经过不断地改进设备,贝尔德研制的电视的传送距离有了较大的改进。1928年春,贝尔德研制出彩色立体电视机,成功地把图像传送到大西洋彼岸,一个月后他又把电波传送到贝伦

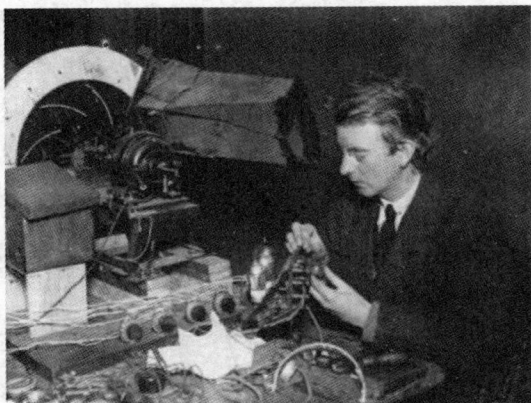

图 1-2 1925 年电视机雏形

卡里号邮轮。1927 年英国 BBC 无线电广播集团利用贝尔德发明的装置建成了世界上第一家电视台,每周播放五天,每次半小时,但只能分别播送声音或图像。两年后,BBC 和贝尔德合作进行实验,把广播的声音和电视图像配合起来,播出第一个声画同步的电视节目——舞台剧《口含一朵鲜花的勇士》,位于伦敦市家中的观众可以通过一个旋转圆盘装置进行接收。同时,美国发明家詹金斯、贝尔实验室的工程师艾夫斯等不同国家的科学家也做出了类似发明。1928 年,电视机作为最引人注目的新发明在柏林盛况空前的"第五届德国广播博览会"上公开展出。

贝尔德发明的机械电视虽然取得了令人震撼的成就,却难以广泛应用和发展,这是因为:第一,机械电视太笨重,噪音大,震耳欲聋,且工作中极易出现故障。第二,机械电视传播的距离和范围非常有限。最为关键的是尼普科夫圆盘系统不允许对图像质量进行大的改善,机械电视图像相当粗糙,无法再现精细的画面。这些弊端一直困扰着科学家,他们试图寻找一种能同时提高电视的灵敏度和清晰度的新方法。于是电子电视应运而生。

电子电视的核心技术是显像管。1878 年,英国科学家克鲁克斯发明了阴极射线管。1897年,德国的物理学家布劳恩利用荧光物质据此发明了一种带荧光屏的可以接受电子的阴极射线管,即"布劳恩管"。当电子束撞击时,阴极射线管把电流的强弱变化转换成了光的明暗变化,使接收的图像显示在荧光屏上。这是电视显像管的前身,在电视的发展史上起着重要的作用。数年后俄国圣彼得堡大学物理学教授罗辛对"布劳恩管"进行了改进,尝试将它应用于电视的影像传递。他提出一种用尼普可夫圆盘进行远距离扫描,用阴极射线管进行接收的远距离电视系统,并制成了电视实用模型显示出第一幅简单的电视图像。1923 年电子电视的核心技术出现了新突破。罗辛的学生佐里金发明了光电显像管。佐里金根据希腊语"形象"(ei-kon)和"看见"(skopein)为其取名映像管(iconoscope)。这一发明的重要性立即被美国无线电公司(RCA)的总裁萨尔诺夫看中。1928 年在美国无线电公司的财政支持下,世界第一台光电显像管研制成功。显像管的原理是用电子去轰击一系列感光元素,这些元素可以在足够长的时间内(1/30 秒)发光,直到人的眼睛感觉到一个完整的镜头画面。1929 年佐里金的小组进行了首次电视摄像展示,用一架 35 毫米的电影放映机作为节目来源,接收装置是全自动的,没有一点机械的成分,图像在昏暗的房间里非常清晰。1931 年,佐里金的小组安装了第一台现代化的电视,试验性地播放了关于意大利拳击运动员卡尔内拉的电视节目。1936年5月,英国BBC广播公司放弃贝尔德发明的机械电视系统,正式播出电子电视。

接下来的20年间,美国无线电公司(RCA)、哥伦比亚广播公司(CBS)和彩色电视有限公司(CTI)展开了研制彩色电视制式的激烈竞争,分别研制了三种不同的制式:点描制(无线电公司)、场描制(哥伦比亚广播公司)、线序制(彩色电视有限公司)。场描制的研究时间早,曾一度被批准为美国的彩色电视标准,但因不能兼容已有的黑白电视机而被淘汰。1953年美国联邦通讯委员会批准无线电公司研制的点描制(后被称为NTSC制)为美国的彩色电视标准,这一制式也成为世界上最早研制成功的彩色电视制式。

3.电视技术的革新

自从全电子电视出现以来,电视机数量急剧增长,电视机功能越来越全,纪录媒介、卫星电视、有线电视等各种电视录像技术和电视传播技术以铺天盖地之势不断涌现,电视事业获得了长足发展。

早期的电视节目因当时缺乏录像设备,没有能够记录下画面的方法,大多采取直播的方式,或是用电视胶片把节目拍摄下来冲印,再通过电子扫描播出。这些制作方法都有无法克服的缺憾:直播法不能记录和重放,失去了作为资料的历史价值,并且"现场直播"容易出现差错;而胶片扫描法最大缺陷是无法进行电视节目的实况转播。录像机的出现完全改变了这种状况。1956年美国安培公司在全国广播电视工作者协会年会上展出了第一台2英寸广播用磁带录像机(VTR),这台录像机价值7.5万美元,体积却比一辆小汽车还要大。同年11月,这台世界上的第一部录像机在好莱坞的"电视城"正式用于电视节目的录播:"道格拉斯·爱德华新闻"节目播出。1959年美苏两国首脑会谈时,美方技术人员在赫鲁晓夫不知情的情况下对"厨房辩论"的场面作了世界上第一次新闻录像。当这场唇枪舌剑被重新回放时,赫鲁晓夫不禁大吃一惊。那盘录像磁带随即被装入密码箱空运回美国,通过电视迅速向全国播放。尼克松和赫鲁晓夫成了世界上最早的两位录像明星。到20世纪60年代,美国各大电视网均已采用安培公司的磁带录像机,从此地方电视台不必实时转播电视网的节目,电视节目的制播分离开始了。

图1-3 厨房辩论

日本、荷兰等国家在录像机技术方面后来居上。1959年著名的东芝公司,发明了螺旋式录像技术,取代了美国安培公司的方法,成为普遍的专业录像机标准。1972年,荷兰飞利浦公司推出可录制1小时节目的卡式录像带,随时可以录制电视中正播放的节目。70年代,盒式磁带录像机进入家庭。1886年,世界电影业从盒式录像带获得的收入首次超过了影院票房收入。

在改进电视录像技术的同时,电视的传播技术也经历了微波无线传播→卫星传播→线缆传播三个阶段。

微波无线传播始于电视诞生的早期。地球表面呈弧形,直线传播的微波传播范围十分有限,传播信号易受气候、建筑物、地形的影响。虽然人们想了各种办法来克服微波传播的劣势,但效果均不理想。1945年,英国科普作家克拉克在英国《无线电世界》刊登的一篇名为《星际转播》的文章中,详细论述了卫星通信的可行性。克拉克设想,如果微波发射站建在距赤道36000千米的轨道上,就可以与地球保持同步运转,用三个这样的卫星就能够提供覆盖全球的通信网。克拉克的构想为电视界带来了巨大的商业价值。随着1957年世界上第一颗人造卫星"斯普特尼克1号"在苏联的发射成功,"卫星传播"这一构想变成现实。1960年8月12日,在熊熊的烈焰中,又一枚火箭腾空而起。美国发射了人类历史上第一颗主动式通讯卫星"信使2号"。尽管这颗卫星只是一个巨大的金属球,但是它既能够接收又能够发射无线电信号,开创了卫星通讯的先河,由此实现了广播电视节目的远程传播。1962年美国利用"电星一号"通讯卫星传播电视图像,首次将电视节目传送到巴黎、伦敦,并用同样的方式将欧洲播送的节目传送到美国。远距离电视传播再也不需要花费巨资兴建中继站,电视的洲际传播实现了。在此之后,"同步2号"、"同步3号"等通讯卫星相继升空。其中,"同步3号"是第一颗固定的可以从事洲际电视转播的通讯卫星,1964年10月"同步3号"将东京举行的第18届奥运会实况转播至美洲和欧洲各地。1965年国际通讯卫星组织发射了第一颗国际商用同步卫星"晨鸟号",国际重大新闻实现了同步传播。

接收卫星的电视信号需要专门的卫星天线,价格昂贵,安装也较麻烦,所以在世界大部分国家,通讯卫星传送的节目一般采取卫星和电缆相结合的有线电视形式,通过地面线缆进行发射分配。有线电视是以同轴电缆或光导纤维传送节目并进行放大分配的有线分配系统,在一定范围内许多用户共用一副或一组天线来接收电视节目,因此也称共用天线电视。它最初的功用是改善收视状况,扩大收视范围,后来在使用中有线电视的优势日益突出,如传播效果清晰,不受干扰;频带宽,频道多,选择范围大;可以进行双向交流,根据用户需求提供各种针对性服务。1975年12月,美国无线电公司(RCA)发射了同步通讯卫星"通讯卫星1号",这颗卫星可以传送24路电视电波,美国全国各地的电缆电视台只要装有卫星接收天线,就可以收到24个频道的任何一个频道发出的节目。

随着通信卫星的出现,电视的传播速度更快,传播的范围更广。各种世界性的体育盛会和重大科技信息,转眼之间传遍整个世界,1982年有140多个国家的百余亿人次在电视中看到了世界杯足球赛的比赛实况,观看人数之多前所未有,世界进入了"全球村"时代。

二、广播电视业技术发展新趋势

从模拟制式转为数字制式是人类传播领域的重大变革。数字传播是采用数字技术传送数据的信息技术和业务的总称,是在光纤通信技术、无线互联网技术等现代网络与通信技术的飞速发展基础上实现的。美国学者罗杰·菲德勒教授曾指出,数字传播技术的最新发展将引发第三次媒介形态大变化,再一次急剧地影响到传播和文明的演进。20 世纪 90 年代,数字技术首先在欧美日本等发达国家得到广泛运用,形成了数字电视、数字广播等。

采用数字电视后,受众在家中的电视机上可以看到像 DVD 一样清晰的电视图像,享受到电影院一样的立体逼真音响效果。以当前最新的高清晰数字电视而言,宽色域 16∶9 大屏幕和环绕立体声播映,其图像分辨率成倍地提高,电视节目具有更强的逼真性和感染力。除了提升电视品质外,电视数字化还大大拓展了电视的功能,向智能化、多功能和多用途化迈进:电视不仅用于收看电视节目,也是一个多媒体信息终端。各种信息服务、联网游戏、小额转账、手机充值、漫游汇款兑付、缴纳水电煤气费……未来电视将变成了包含众多信息系统的家庭视频系统中心。使用者通过手中的遥控器,就可以直接通过电视进行遥感式诊病;使用电视控制家庭电器,可实现电视报警、记录、学习;硬盘、PVR(个人视频录像机)技术与机顶盒相结合,使用者将实现对节目的控制和管理。另一方面,数字电视实现了"时移"与"位移",受众可以根据自己的时间主动选择自己喜欢看的节目,不再因为错过了电视节目播出时间而烦恼。无论是在办公室、咖啡厅还是机场,通过一台电脑、一个手机,就能随时随地享受视听娱乐。

数字化已成为电视业不可逆转的潮流,目前业界已开发出高像素的摄像机和高对比度的投影。2009 年,日本通过长距离 IP 光纤网进行了音乐晚会的现场高清直播。立体电视开发也进入实用阶段,不少公司都展示了立体高清电视,无需使用任何辅助工具就能观看。随着数字技术的不断深化,3G 通讯技术成功地将无线通信与有线电视网、互联网等多媒体通信结合,专业化、个性化、网络电视、移动电视、手机电视等全新形式层出不穷……从黑白到彩色,从近地传播到卫星转播,从模拟传播到数字传播,一次次技术变革推动着电视事业一次次迈向新高度。未来电视业发展将向多媒体信息终端演进,向多种终端、多种传输渠道提供丰富的视频内容,全面构建采、编、播、存、用一体化的数字技术新体系。电视事业将迎来更为广阔的发展空间。

第二节　西方广播电视事业的发展

西方广播电视事业的发展与其社会背景有着密切的关系。以机械革命为主的第二次工业革命的到来,迫切需要一种既快速又有效的传播工具传递重要的商业情报。社会的强烈需求和技术的逐渐成熟,促使西方广播电视事业迅速发展壮大。在广播电视事业发展的百年历程中,作为宣传工具,它受到各类政治集团的高度重视,成为政党宣传的强大武器;作为新闻媒介,它超越了历史悠久的纸质媒体,成为新闻报道的主流载体。

一、广播业的发展历程

从世界范围来讲,20 世纪 20 年代是广播事业的开创时期,30 年代则是广播事业蓬勃兴盛时期。

(一)广播事业的开创期

第一次世界大战后,用于军事无线电通讯的无线电技术引发了人们对无线电话向往,引发了一批实验性电台的诞生。1920年,西屋电气公司的工程师康拉德在自家的汽车房里安装了一套小型广播设备,定期播出唱片,受到当地无线电爱好者的普遍欢迎。这一现象引起了西屋公司高层的关注,决定将广播电台永久化,用以促进接收广播电台的收音机销售。同年10月,美国匹兹堡市私人经营的KDKA广播电台取得政府发放的营业执照。1920年11月2日,KDKA电台利用美国总统竞选的大好时机,及时报道了美国总统大选的竞选活动和结果。宾夕法尼亚州、俄亥俄州和西弗吉尼亚州的几千人都收听到了这个长达18小时的节目,KDKA电台以其惊人的成功成为历史上第一家正式的广播电台。其后,大西洋电话电报公司(AT&T)在纽约开办了WNBC电台;西屋公司、通用电气公司(GE)也在波士顿、芝加哥、纽约和费城开办了电台,广播电台以几何级数的速度增长。1922年底全美国共有电台570家。1926年美国第一家专业广播公司全国广播公司(NBC)成立。1927年哥伦比亚广播公司(CBS)成立,同年NBC组建了两大广播网——红色和蓝色广播网。这种由多家广播电台组成,由一座大型广播电台为节目发送中心的传播系统的形成是广播业走向成熟的重要体现,其节目撰写者、生产者和表演者的专业性均有很大提高。在欧洲大陆和日本等亚洲国家,广播事业也欣欣向荣地发展起来。1921年,法国邮电部建立了本国第一座电台,通过巴黎埃菲尔铁塔(312米)进行定时广播。1923年英国建立英国广播公司。德国、意大利分别于1923年、1924年建立无线电广播电台。日本于1925年成立第一家私营电台——东京广播电台,并在该台基础上合并了大阪和名古屋两家电台,成立日本广播协会(NHK)。在此期间,中国、印度、加拿大、澳大利亚等国的无线电广播也相继问世。

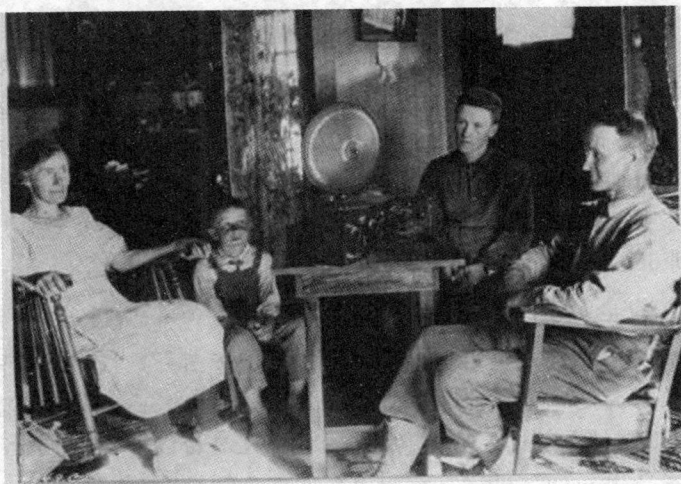

图1-4　1925年美国听众聆听收音机

(二)广播事业的蓬勃发展

　　1929年世界经济危机来临,主要资本主义国家陷入普遍的大萧条,继而引发社会恐慌,广播就在这样的社会背景下迎来了自己的黄金时代。1932年,"广播总统"罗斯福在危难中就任美国总统,面对奄奄一息的国家经济,面对迷惘恐慌的民众,面对攻击他的"新政措施"的敌人,罗斯福为振奋民心,鼓舞民众,利用广播电台向人民直接解释"新政"的纲领、意义和措施。罗斯福实施新政的9个月内,共在广播电台发表讲话20次,大大提高了广播的地位。特别是

1933年的四次"炉边谈话",成为美国政治史和广播史上的里程碑。《纽约时报》报道说:"从来没有哪一位总统能在这么短时间内叫人觉得这样满怀信心"。著名评论家沃尔持·李普曼称罗斯福的"炉边谈话"起到意想不到的"呼风唤雨"作用。这一时期经济危机、社会动荡加剧了人们的不安心理,广播充分发挥了其传播快的优势,其新闻业务全面超越报纸媒介,CBS、NBC先后在美国各个主要城市成立新闻办事处网络,建立自己的采编队伍。

图1-5 罗斯福在广播前发表讲话

1939年第二次世界大战爆发。战时的特殊环境使大多数国家广播在数量规模扩展上几近停滞,然而却又促使广播的传播技巧和战时宣传功能发挥到极致,不仅诞生了广播评论、现场报道、新闻联播等诸多报道方式,伦敦大轰炸、珍珠港事件、日本投降等重大新闻也通过广播传向全世界。在"二战"期间,国际广播充分发挥了"心理战"作用,以德、日为首的战争宣传与以苏、英、美为首的反战宣传形成激烈对抗。1945年战争结束时,开办对外广播的国家已由二战前的27个增加到55个。

（三）广播事业的全盛期

战后一批社会主义国家和一些第三世界国家也办起了对外广播,广播进入全盛阶段,成为现代新闻传播的主要媒介之一。首先,广播的技术手段迅速发展。调幅广播、调频广播、立体声广播并存。其次,广播种类趋向于多样化,除了综合性电台以外,出现了各种专业电台,如新闻电台、交通电台、经济电台、教育电台、音乐电台等。"美国之音"、"英国广播公司"、"澳大利亚电台""莫斯科电台"等都建立昼夜不停英语环球广播。再次,广播节目的内容更加丰富多彩。除了新闻节目以外,出现了评论节目、教育性节目和服务性节目等,其作用日益增强,其影响日益深入到社会生活的各个领域。

进入20世纪70年代,由于电视传播的逐渐普及,广播受到了前所未有的挑战,在许多国家和地区,广播的收听率明显下滑,严重威胁着广播电台的进一步发展。电台企业们纷纷转向电视,三大广播网进军电视的同时,开始减少或终止正在进行的广播改进试验。

图 1-6　20 世纪 50 年代的美国电台

（四）数字广播

20 世纪末全球进入信息时代，借助电子技术的发展，数字广播的出现为广播界带来了革命性的变化。1994 年 1 月，美国之音成为世界上第一个与因特网连接的国际广播电台。1998年底，全球 97 个国家的 100 家国际广播电台中已有 55 家在因特网上建立了网页。当前，数字广播逐步取代模拟广播，成为继调幅和调频广播以后的第三代广播，并在全球得以迅速普及。2004 年初，"播客"开始进入全球公共广播电视领域。这种新型的数字广播技术很快得到许多大型媒体机构的青睐。AOL、BBC、ESPN、迪斯尼等媒体纷纷在自己的电台或网站上播出"播客"内容。广播在经历了调幅、调频模拟技术发展阶段后，正进入数字音频广播新阶段。

二、电视业的诞生与发展

（一）电视业的诞生

1926 年，英国科学家贝尔德发明了电视，揭开了电视业黄金岁月的序幕。随着电子技术在电视上的应用，电视开始走出实验室，进入公众生活之中，成为真正的信息传播媒介。1928年，美国纽约 31 家广播电台进行了世界上第一次电视广播试验。虽然显像管技术尚未完全过关，整个试验只持续了 30 分钟，收看的电视机也只有十多台，但这一电视发展史上划时代的事件宣告了作为社会公共事业的电视业的问世。1939 年 3 月 10 日，莫斯科电视台开始定期播出节目。1932 年，法国在巴黎建立了实验性的电视台，1935 年开始不定期播放节目。德国也于 1935 年成立了电视节目机构，并于当年 3 月 22 日开始在柏林正式播出节目。

1936 年电视业获得了重大发展。1936 年 11 月 2 日，英国广播公司在伦敦市郊的亚历山大宫建成了世界上第一座正规的电视台，向公众正式播送电视节目，这是一场颇具规模的歌舞节目，节目有游戏、音乐、戏剧、拳击和表演以及加冕典礼、板球比赛等各种各样的户外转播。对当年柏林奥林匹克运动会的报道，更是年轻的电视事业的一次大亮相。当时设置了 28 个收看室，使用了 4 台摄像机拍摄，每天播出长达 8 小时的比赛实况。其中最引人注目的是兹沃雷金发明的全电子摄像机。据说，它的一个 1.6 米焦距的镜头就重 46 公斤，长 2.2 米，被人们戏称为"电视大炮"。共有 16 万多人通过电视观看了奥运会的比赛。此后，价格相当昂贵的电视在英国中上层家庭开始有所普及。1937年播映英王乔治五世的加冕大典时,英国已有5万观众在观看电视。1938年9月30日,BBC的伦敦电视台播出了英国首相张伯伦从慕尼黑谈判归来的事件,节目的名称叫做"我们时代的和平",第一次电视实况转播新闻诞生。1939年4月30日,美国无线电公司通过帝国大厦屋顶的发射机,传送了罗斯福总统在世界博览会上致开幕词和纽约市市长带领群众游行的电视节目。美国人第一次在电视上看到总统的形象,成千上万的人拥入百货商店排队观看这个新鲜场面。

(二)电视业的恢复与发展

第二次世界大战全面爆发,新生的电视事业遭遇到极大的挫折,大多数国家中止了对电视的研究,英国、法国、苏联等多国电视台在战争中先后停播。美国和德国的电视虽然在战争期间维持播出,但美国电视处于停滞状态,而德国的柏林电视台也在纳粹覆灭前的最后时刻被盟军炸毁。

"二战"结束后,因战争停播或陷于停顿的众多国家的电视台重新恢复播出。发达国家几乎全部拥有了电视台,墨西哥、巴西、澳大利亚等世界其他未开办电视台的国家也纷纷成立电视台,全世界开办电视台的国家达50个,一度停止发展的电视事业日益崛起。1945年11月8日,戴高乐政府颁布法令,成立法国广播电视公司(RTF)。1946年6月BBC恢复了电视播出。美国电视事业发展则更为迅速,从战争期间的6家电视台猛增到1946年的108家,以至于联邦通讯委员会不得不实行冻结政策,暂停批准电视台。1952年冻结政策解除,美国新电视台立刻像雨后春笋般涌现。截至1960年全美已有530多家电视台,88%的家庭都拥有了电视机。一些幽默剧、轻歌舞、卡通片、娱乐节目和好莱坞电影常常在电视中播出。千变万化的电视节目在公众中引起了强烈反响。公众抛弃了其他的娱乐方式,闭门不出,如醉如痴地坐在起居室的电视机前,同小小的荧屏中展示的一切同悲共喜。

图 1-7　1951 年美国电视机

20 世纪 50 年代起,电视新闻初试锋芒。1947 年开播的《会见新闻界》以开记者招待会的形式邀请政界、军界首脑人物或社会名流就国内、国际问题发表自己的看法。1951 年 CBS 将广播新闻节目"现在请听"嫁接到电视领域,创办了 CBS 名牌电视新闻节目"现在请看",一件件新闻报道从世界各地发回美国,掀起了各家电视网之间的第一次电视新闻大战。这也是第一个带有评论性质的电视新闻时事专题节目。"电视杂志"的概念在这一时期被提出,NBC 开办了今天收视率依然很高的《今天》《今晚》等节目。

(三)电视业的成熟期

20 世纪 60 年代,电视在政治宣传领域上发挥了愈来愈重要的作用,电视节目日益繁荣。1960 年美国总统大选,尼克松与肯尼迪在电视媒体上的唇枪舌剑使电视成为政治的公开舞台,这几场电视辩论也成为美国广播电视史的经典名段。

图 1-8 尼克松与肯尼迪电视辩论

1963 年是电视传播史上最有意义的一年。这一年,美国总统肯尼迪遇刺,90% 以上的美国人通过电视观看了事件的最新报道,美国无线电公司的转播卫星把肯尼迪遇刺图像传送到23 个国家,实现了重大新闻的全球性传播,标志着电视新闻地位的历史性转变。此后,越战、黑人民权运动、人类登月……三大广播公司都把重心转向电视新闻,电视新闻逐渐占据黄金时段,节目时间从 15 分钟到 30 分钟,再到 60 分钟,时间越来越长。1969 年 7 月,宇航员阿姆斯特朗成功登上月球,47 个国家的 10 多亿观众见证了人类第一次登月的历史性的时刻。这一时期的其他电视节目也异彩纷呈,高潮迭起。间谍片、太空片、战争片、儿童动画片等各种题材均有所呈现。1967 年美国开始建立公共电视系统,这是电视事业史上的一件大事。它改善了电视节目的供求体制,使教育、儿童和特别类节目的观众得到满足。儿童节目《芝麻街》《电子公司》等,不仅在美国产生了普遍影响,也风靡了全世界。

20 世纪 60 年代,电视业的技术也实现新突破。电视问世初期,节目主要在演播室和事件现场直接播出。新闻性节目大量采用影片拍摄,其传递、洗印、编制过程同新闻的时效要求距离很大。录像机的出现结束了大多数演播室必须直播的历史,制播分离开始了。轻型摄像机和可移动式录像机结合所形成的 ENG 技术更是极大地提高了电视新闻的采制速度,采录摄录同步,节目制作由"分割式"剪辑过渡到"并行"剪辑。自此,电视记者可以迅速到达新闻事件现场,并能够通过转播设备同步报道重大事件,电视新闻向现代化电子图像方面迈出了关键性的一步。与此同时,彩色电视兴起。1954 年 NBC 播出了 68 小时彩色节目,1956 年达到 500 小时。日本、加拿大分别在 1957 年、1966 年采用同一制式播出。20 世纪 60 年代中期美国的彩电销售便超过了 1000 万台。这些"电视大观"节目以豪华的布景、缤纷的色彩和著名的人物为号召,吸引了大量的观众,淋漓尽致地展现了节目现场,让观众有身临其境的感觉。

技术的进步推动了 20 世纪 70 年代有线电视频道的大幅增加。1972 年美国第一个有线电视节目频道家庭影院(HBO)创办于纽约,以播出电影为主,不播广告。英国、联邦德国、法国、卢森堡、瑞士等国先后开办了通过卫星向西欧电视网提供节目的电视台,其中有对西欧各国广播的"空中电视台""超级电视台",联邦德国、瑞士、奥地利合办的"三星电视台"(德语),卢森堡广播公司的"卢森堡电视新台",法国的"电视 5 台"。

20 世纪 70 年代以后,美国还开始用卫星向国外传送电视节目,国际电视由此发展起来。1980 年,特纳创办了全球第一家全天 24 小时播出新闻的美国有线电视新闻网(CNN),很快占领了现场直播的新闻时空。1991 年海湾战争中,美国有线电视新闻网(CNN)独占鳌头。

第三节 中国广播电视事业的发展

中国是世界上较早运用无线电通讯的国家之一。据有关史料记载,1905 年(光绪三十一年)秋天,当时的北洋大臣袁世凯在天津开办无线电训练班,购置无线电收发报机,开始使用无线电报。受制于旧中国羸弱不堪的国势,我国广播电视事业虽然起步较早,但相较于西方国家,发展较为缓慢。新中国成立后,经历了文革十年的重重波折,中国广播电视新闻事业在改革的声浪中终于迎来了跨越式发展,也体现出与西方广播电视事业不同的成长特点。

一、旧中国广播电视事业概况

(一)外国人在中国的自办广播(北洋政府时期的广播事业)

旧中国的广播事业始于 20 世纪 20 年代,中国上海出现的一批由外国人创办的广播电台。1922 年底,美国人奥斯邦在上海创立中国无线电公司,并与英文《大陆报》合作,创办了"大陆报—中国无线电公司广播电台",发射功率 50 瓦,呼号 XRO。这是中国境内开设的第一座广播电台,距 1920 年 11 月世界第一个商业电台 KDKA 广播电台开始播音,仅仅两年有余。XRO 电台于 1923 年 1 月 23 日晚 8 点正式开始播音,每天播放节目约 1 小时,主要内容包括音乐、娱乐节目以及由《大陆报》提供的国际、国内新闻报道。星期日还播放宗教类节目《祈祷》和《布道》等。为推广其无线电产品,奥斯邦电台还举办无线电常识讲座节目。这种"空中传音"、"无线电话"的新兴事物不仅在上海市民中掀起一股广播热,就连孙中山、黎元洪等知名人士也对此给予了极大的关注。奥斯邦电台开创了中国利用广播进行政治宣传的先河。在奥斯邦电台开播第 3 天,播出了孙中山在上海发表的《和平统一宣言》,之后孙中山向《大陆报》和中国无线电公司把广播成功引进中国表示祝贺,"余切望中国人人能读或听余之宣言,今得广为宣布,被置有无线电话接收器之数百人所听闻,且远达天津及香港,诚为可惊可喜之事。吾人以统一中国为志者,极欢迎如无线电话之大进步。此物不但可于言语上使中国与全世界密切联络,并能联络国内之各省各镇,使益加团结也"。

XRO 电台开播不久就因违反了 1915 年北洋政府公布的《电信条例》,遭到取缔并停播。

继之而起的是 1924 年美国开洛电话公司与《申报》合作开设的开洛广播电台。开洛广播电台历时 5 年之久,每天播音长达 4 小时,上午内容为汇兑市价、钱庄兑现价格、蔬菜上市行情,晚间内容为重要新闻及百代公司留声机新片、音乐、名人演讲。开洛电台在经营方面独树一帜,免费提供播送设备给报社、饭店等单位使其成为分站,看似赔本,实则以小博大、一箭双雕,既扩大了电台的影响,又不花钱为其收音机产品做了活广告。电台主要收入来源依靠开洛电台将各交易所、外汇等行情编写成密码,每月售卖行情密码单。听众不购买密码单,就无法听懂电台里播的成串密码。在节目编排方面,开洛电台逐步迎合中国听众欣赏口味,节目内容整体上更加符合中国人的审美标准。如大同乐会会长郑观文在申报馆分台操三十六弦大瑟,古调独弹,不同凡响。司徒梦岩、甘时雨、吕文成、杨祖永、许宗远等人亦在该台合奏《昭君怨》《到春雷》《柳金腰》《双声恨》等名谱。1924 年 10 月 27 日开洛电台举办了一场别开生面的戏曲晚会,剧目包括《捉放曹》《空城计》《四郎探母》等京剧名段。针对不同听众,开洛电台各分台使用不同的方言播音:申报馆分台使用上海话,大晚报馆分台和巴黎饭店分台使用英语,神户电气公司分台使用日语。这种播报方式进一步拉近了电台与听众的距离,广大上海市民为之陶醉,"各家报纸皆辟专栏登载某处某时播送某种消息或歌曲。城市居民无论矣,即农夫、走贩之家,每喜装置一收话机,依报所载,按时听收,以供家庭娱乐"。

图 1-9 开洛电台

此后,在上海、武汉一些享有特权的外国租界中,陆续出现了一些外国侨民开办的广播电台。这些行为虽然侵犯了我国无线电主权,但是他们把无线电广播这一 20 世纪初的重大科技成果引入中国,客观上对开阔国人视野、促进知识传播及中国仪电工业、广播事业兴起,具有一定积极的意义。

(二)北洋政府的官办广播

早期广播的快速发展引起了北洋政府的关注。北洋政府在拟订关于无线电广播法令的同时,也开始筹建官办广播电台。1926 年 10 月 1 日,在奉系当局支持下,时任东三省无线电台副台长的刘瀚经过反复试验,创建了"哈尔滨广播无线电台"。这是由中国人建立的中国历史上第一座官方广播电台，发射功率 100 瓦，波长 280 米，呼号 XOH，每天播音 2 小时，内容为新闻、钱粮行市、音乐、演艺等。1928 年 1 月 1 日，奉系当局又成立了沈阳广播电台，作为"九一八"事变前东北最重要的广播电台，沈阳广播电台不仅播放新闻、音乐、政要演讲等，在文化普及、商情传播等方面起到了一定作用，而且在反对日本军国主义方面做了大量的宣传工作。"九一八"事变后，以上两台均落入日本侵略者之手。

1927 年 3 月 19 日，上海新新公司为推销公司的矿石收音机产品，开办了中国第一座私营性质的商业广播电台——上海新新公司广播电台。该电台功率 50 瓦，波长 370 米，每天播音 6 小时，内容为时事新闻、商业信息和中国音乐。在新新电台开播后不久，各地广播电台纷纷建立：1927 年 5 月，天津广播无线电台开始广播（呼号 COTN，发射功率 500 瓦）；同年 9 月 1 日，北京广播无线电台开始播音；同年底，商营的燕声广播电台现身北京。自此以后，我国广播事业进入蓬勃发展时期。

纵观早期的中国广播事业，发射功率一般比较小，无线电台也仅限于北京、上海、哈尔滨、沈阳等大城市及周围，尚未出现全国性的中央台。因此，广播事业只是初具雏形，影响力尚未得到全面体现。

（三）国民政府的广播事业

1927 年，国民党全面登上历史舞台，旧中国进入国民政府统治时期。为了在全国"统一政令，统一舆论"，国民政府从一开始就注重加强对宣传的控制。1928 年 8 月 1 日，"中国国民党党中央执行委员会广播无线电台"（简称"中央广播电台"，呼号为 XKM，功率 500 瓦）在国民党中央党部大礼堂开始播音。这是国民政府继《中央日报》、中央通讯社后组建的第三个以中央命名的宣传机构，也是中国第一座真正意义上的国家级广播电台。它播报的内容有新闻、决议案、国内要闻、国际要闻、军事消息、名人演讲、施政报告、通令报告、纪念典礼、宣传报告等。所有新闻稿件均由中央通讯社供给。在电台播音的第二天，《中央日报》刊登了中央电台的通告："嗣后所有中央一切重要决议、宣传大纲以及通令、通告等，统由本电台传播。"1932 年，为进一步扩大宣传，国民政府引进德国进口设备，将其功率扩充为 75000 瓦，信号不仅覆盖中国大部分地区，还覆盖了美、澳、印、苏等国家的一部分地区，成为当时亚洲发射功率最大、世界第三的广播电台。

之后，国民党陆续在全国一些主要城市和地区，如杭州、北平、广州、上海等地建立了多家广播电台，以转播"中央广播电台"的新闻节目，扩大其政治影响。到 1936 年 1 月，国民党创办的公营电台达到了 76 座，包括中央系统、交通系统、地方政

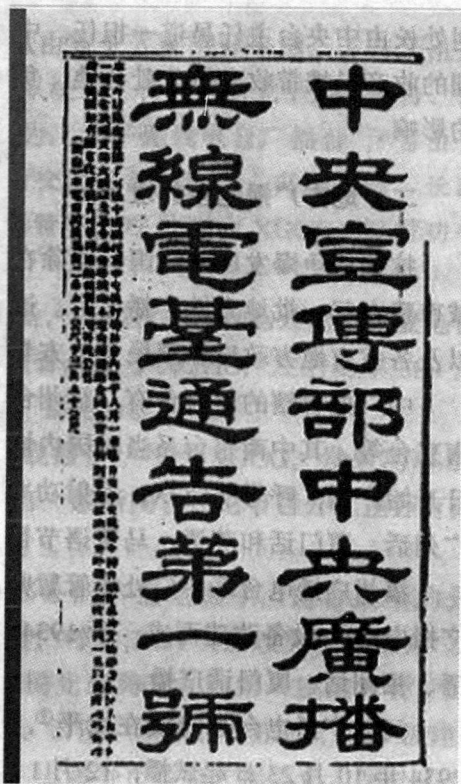

图 1-10 南京《中央日报》刊登的中央广播电台开播通告

府,同时还出现了诸多的私营电台、教育电台、宗教电台。

在中国广播事业规模逐渐形成的同时,国民党政府开始以法律的形式加强了对广播事业的管控,如1932年11月发布《民营无线电台暂行取缔规则》,1936年6月发布《指导全国广播电台播送节目办法》。1932年夏天国民政府成立中央无线电台管理处,直属于国民党中央执行委员会,1936年更名为中央广播事业管理处,负责审批和取缔广播电台,分配电台波长,审核节目内容,制定广播法规,监督全国所有官办、私营的广播。国民党政府就曾下文规定:全国各地的广播电台必须转播中央台晚间7时的新闻节目,这成为中国广播史上新闻联播节目的开端。

1937年抗日战争全面爆发后,国民党广播电台破坏严重,中央广播事业管理处所辖各台总发射功率还不到抗战前的十分之一。东北、华北、上海的广播电台相继落入日寇手中,福州、西安、长沙等地

图1-11 国民政府中央广播电台扩容后

的广播电台则纷纷迁往边远地区。中央广播电台随国民党政府迁往重庆,于1938年3月10日在重庆恢复播音,发射功率减为10瓦。抗战相持阶段,英美等国家施以援手,国民党的广播事业逐步得到恢复,并有了新的发展。1939年,中国政府第一个短波国际电台成立,1940年正式更名为国际广播电台。该台内容以新闻和时事评论为主,使用英语、德语、法语、荷兰语、汉语、闽南语等多种语言,最多时达20多种语言,每天播音12小时,为抗战争取国际支持和国际援助,促进反法西斯联盟的建立发挥了积极的作用。日本战败投降后,国民党政府中国广播管理处分赴各地接收日伪电台21座。截至1947年9月,国民党统治区共拥有130多座广播电台,其中由国民党中央广播事业管理处管辖的广播电台42座,总发射功率406千瓦。全国共有收音机100多万台。

(四)人民广播新闻事业的诞生

中国共产党领导的人民广播事业诞生在抗日战争和连年内战炮火连天的战场上,从诞生伊始就强调广播的宣传和社会动员功能。1940年12月30日,中国共产党领导下的第一座人民广播电台——延安新华广播电台——开始试验播出(呼号XNCR,发射功率300瓦)。创办初期的延安广播台每日1次播2小时,后增至每日3次播4小时,播音的主要内容有中共中央重要文件,《新中华报》《解放周刊》及《解放日报》等的重要社论和文章,国内外时事新闻、名人演讲、科学常识、革命故事、抗日歌曲、戏曲等。广播稿由新华社广播科编写,每天由通讯员骑马将广播稿从新华社所在的清凉山送往延安新华广播电台所在的王皮湾村。

由于处在抗日战争环境,初创时期的条件是极为简易的。王皮湾村半山腰的两孔窑洞是广播电台的机房和动力间,另两孔土窑是"播音室"。唯一的一台广播发射机是共产国际赠送、由周恩来同志从苏联辗转带回延安的。技术人员对这台发射机进行了多次改装,反复调适,终

于使发射机能适合语言广播使用。延安没有发电厂,用来做燃料的汽油、柴油又奇缺,技术人员就利用汽车引擎带动发电机,利用烧木炭做燃气的办法代替汽油作燃料。他们还就地取材,把几根大木头杆子连接起来竖立在山头上代替铁塔架设天线,使无线电波能够传出去。

图1-12　延安王皮湾新华广播旧址

图1-13　延安新华广播旧址模拟还原

延安新华广播电台的建立,在中国广播事业史上有着特殊历史意义。抗日战争全面爆发时期,共产党的报刊与宣传品很难到达大后方与沦陷区,延安新华广播电台在宣传共产党主张,传递战争形势与政治动向、社会动态,激励、鼓舞人民爱国抗战热情方面起到了重要的作用。1941年1月,震惊中外的"皖南事变"发生,国民党封锁事件真相,诋毁新四军,公正舆论被严密封锁。在这一争夺新闻发言权的关键时刻,延安新华广播电台播出了中共中央军委为皖南事变发表的命令和谈话,揭露了国民党制造皖南事变的阴谋,承担了传播人民之声的任务。此外,延安台还陆续播发了《陕甘宁边区施政纲领21条》《中国工人阶级的当前任务》《为加强中国工人阶级统一而斗争》《在毛泽东的旗帜下前进》等一系列重要文章,宣传抗日民族统一战线政策,号召工人阶级团结起来坚持抗战、坚持进步,以求得中华民族的解放。抗战后期,斗争环境艰苦,不能保证无线电器材来源,延安新华广播机器时常发生故障,播出时断时续,1943年终因主要零部件失效,被迫彻底停止,直到1945年9月5日,经过多方努力才正式恢复播音。

内战全面爆发后,随着解放战争形势的发展,延安台先后进行过3次大转移。1947年胡宗南部进犯延安,延安台发射机房和播音室成为重要轰炸对象之一,延安台秘密转移到瓦窑堡好坪沟一座小庙里继续播音。同年 3 月 21 日,改名为陕北新华广播电台(呼号未变)。1947年 4 月 1 日,又随新华社总部迁往太行山麓新社址,并于 9 月 11 日开办英语新闻广播节目。1948 年 5 月 23 日由太行北上迁往河北省平山县西柏坡村。此时正值辽沈、淮海、平津三大战役进行之时,新华广播电台积极配合前方军事斗争,发表有关战局的评论文章,动员和组织人民群众支援解放战争,并且向国民党官兵宣传中国共产党的主张和政策,从政治上分化瓦解敌军。毛泽东曾在淮海战役中撰写了 3 篇广播稿,即《人民解放军总部向黄维兵团的广播讲话》《刘伯承、陈毅两将军向黄维兵团的广播讲话》《敦促杜聿明等投降书》,这些广播讲话收到了很好的宣传效果。

1949 年 3 月 25 日,新华广播电台随党中央迁往北平,改名为"北平新华广播电台",成为具有中央台性质的广播电台。同年 6 月 5 日,党中央成立中央广播事业管理处,管理和领导全国广播事业。从此,广播电台从新华社总社分离,成为独立的新闻机构。1949 年 9 月 27 日,北平新华广播电台改名为"北京新华广播电台",并于 10 月 1 日下午 3 时在天安门城楼上现场直播了中华人民共和国开国大典实况,全国各地人民广播电台同时转播。这是人民广播历史上第一次大规模全国性的实况广播,伴随着人民广播的电波,新中国建立的喜讯传向全中国、全世界。

抗日战争时期和国内战争时期,国内、国际政治局势的动荡为广播新闻提供了很大的传播空间,也使得解放区的广播事业得到了空前的壮大。据统计,截至 1947 年 9 月初,各解放区已有广播电台 10 座。到新中国诞生前夕,全国各解放区坚持播音的人民广播电台已有 39 座。1949 年 6 月 5 日"中央广播事业管理处"扩充为"中央广播事业管理局",由中央人民政府新闻总署领导。1949 年 12 月 5 日,北京新华广播电台更名为中央人民广播电台,成为我国广播宣传的中心。随后,各地的新华广播电台也先后改为"某地人民广播电台"。遍布全国的广播网已具雏形,新中国广播事业进入全面发展阶段。

二、建国后的广播电视事业

(一)"十七年"期间快速发展的广播电视事业

"十七年"是一个特定概念,指从新中国成立到文革开始前的这段历史。在"十七年"期间,中国经历了抗美援朝等局部战争以及"三反五反""反右""大跃进"等大大小小的政治运动,广播事业取得的主要成就是建立起以中央台为中心的广播网体系。新中国成立初期,全国广播电台分成中央台、大行政区台(东北人民广播电台、西北人民广播电台、华东人民广播电台、华南人民广播电台和西南人民广播电台)、省和市台四级。大行政区台先后于 1954 年撤销,接着中央根据 1948 年制定的相关规定"新中国的广播事业,应归国家经营,禁止私人经营",对旧中国遗留下来的 30 多座私营广播电台以赎买的形式进行了社会主义改造。到 1956 年,经数次调整,形成了中央台、省台、市台三个层次的广播事业网络。中央人民广播电台是全国广播宣传中心,下辖地方广播电台 56 座(省级广播电台 27 座)。这一架构奠定了中国广播事业规模,一直沿用至今。

围绕着当时的国内国际形势,广播电台开办了《工人节目》《农民节目》《对农民广播》等许多教育性栏目,出现了李庄的通讯《复仇的火焰》、魏巍的通讯《谁是最可爱的人》等一批成功的广播作品。在"抗美援朝"、"生产竞赛"及"大跃进"的宣传中,一些地方台创造了广播大会的形式,即组织大量人群集体收听广播,营造热烈的声势。据统计,从1959年3月到1960年4月,仅中央台和国务院便联合召开19次广播大会,每次组织几百万人收听。广播电台还创新运用实况转播、实况录音剪辑、录音报道等新形式展现工农业建设成就。成渝铁路通车的典礼实况,宝成铁路黄沙河接轨最后敲击道钉的声音,第一列火车在武汉长江大桥上飞驰的声音……新中国成立以来所有重大的事件均通过广播传播到中国的四面八方,广播起到了重要的社会动员和宣传鼓动的作用。

中国电视事业创建于20世纪50年代后期。中国电视既是社会主义建设高潮时期艰苦奋战的产物,又是国际电视事业发展的结果。同时,当时中国正处于社会主义和资本主义两大阵营的激烈对抗中,电视的发展被赋予了相应的政治意义,也必然被纳入到整个政治斗争的体系中。

早在1955年,建立电视台的建议就被列入国家的"文教五年计划"。1957年台湾当局决定在1958年"双十节"开始电视播出。为了与台湾竞争,大陆加快了筹办电视的步伐。1958年5月1日晚19时,中国第一座电视台,中央电视台的前身"北京电视台"使用二频道试播黑白电视,9月2日正式播出。第一次电视播出的时间大约持续了一个小时,主要内容有先进生产者"庆祝五一"座谈会,新影厂电视纪录片《到农村去》,诗朗诵《工厂里来了三个姑娘》《大跃进的号角》,舞蹈《四小天鹅舞》《牧童与村姑》《春江花月夜》,苏联纪录片《电视》。

北京电视台一诞生,就显示出极大的活力。凭着初期简陋的设备,北京电视台报道了国庆大典、我国第一颗原子弹爆炸、第一颗导弹发射成功、天安门广场的阅兵式和游行等重大事件,并播出了我国电视史上第一部电视剧《一口菜饼子》,直播第26届世界乒乓球锦标赛、八一男女篮球队和北京男女篮球队的友谊比赛等电视文艺节目。国内其他省市电视试验台也陆续开播,1958年10月1日上海电视台开始试播,12月20日哈尔滨电视台(即今天的黑龙江电视台)开始试播。从1958年至1960年,上海、黑龙江、吉林、广东、辽宁、江苏、山东等省市的电视试验台相继开播。到1961年底,全国共建地方电视台19座。从此,中国广播事业由声音广播发展到声像广播。

总的来说,早期中国电视节目制作能力较弱,主要依赖电影和中央新闻纪录电影制片厂所提供的新闻纪录片支持节目播出。电视新闻已成为电视的主要内容,电视为政治服务,充当党和政府的舆论工具与喉舌,宣传职能从第一天即有所体现。

(二)"文化大革命"中广播电视事业曲折前行

1966—1976年的"文化大革命"期间,我国广播电视事业的发展遭受很大挫折和冲击。广播电视事业被江青等人控制,成为推行"无产阶级专政"的工具,其功能、地位严重异化,客观上对文化大革命的进程起到了推波助澜的宣传作用。如文革小组规定:"凡广播电台(中央和地方)的宣传,均应以毛主席规定的人民日报公开发表的社论和消息为准","凡与中央口径不一致的,凡中央报刊不发表的,电台一律不得广播。"于是在节目设置方面,各级广播电台秉持"政治挂帅"和以阶级斗争为纲,反复播送"两报一刊"(即《人民日报》《解放日报》和《红旗》杂志)的社论和其他重要文章。1967年,地方广播电台禁止播出自办节目,只转播中央人民广播电台节目。1969年中央台增加"革命样板戏"播出时间,总长占全天播出文艺节目的85%以上。

从某种意义上说,文革期间的中国广播没有节目采访、编辑的权利,在新闻理念、综合发展上,广播电视事业几乎没有取得成就,电视事业的正常发展受到影响,许多电视台纷纷停播。1968年起,停播的电视台陆续恢复播出,一些没有电视台的省、自治区也陆续开办电视台,到1971年,全国已建有电视台32座。除西藏以外,全国各省、市、自治区都有了正规的电视台。电视保有量也在进一步增加,截至1975年底,全国共有电视机46.3万台。此外,中国电视完成了由黑白向彩色的过渡。到1973年底,上海、天津、成都等地方电视台也开始试播彩色电视节目。从1977年7月25日起,中央电视台的第一套节目全部改为彩色播出。广播方面,国家为第四个五年计划投入大量建设资金用于广播设施建设,在1973年实现了全国有线广播网的基本普及,95%的生产大队接通了广播,61.5%的农户家中装有广播喇叭。1979年,全国有广播电台99座,对内使用26种语言,播出135套节目,有线广播站达到2560个,广播喇叭10771万只,形成了一个以中央为核心的放射状的广播信息传播网。

(三)改革开放后中国广播电视事业全面崛起

自1978年12月中共中央第十一届三中全会正式确立了中国改革开放的总方针以来,以政策突破、技术突破、整体转型为标志,停滞已久的中国广播电视事业在客观环境和主观需求的双重推动下开始复苏。

首先,《小喇叭》《阅读与欣赏》等停播的栏目恢复播出,新的栏目不断出现。1977年10月,北京电视台开办了《世界各地》和《外国文艺》两个栏目。1978年1月1日,《全国电视台新闻联播》(简称《新闻联播》)正式播出,以首都为中心的全国电视新闻广播网正式形成。

其次,广播电视业从思想上正本清源,为尽快回到"自己走路"的正确轨道上来而廓清道路。1980年10月召开的第十次全国广播工作会议指出,广播电视宣传应"内容正确、富有思想性,形式多样,生动活泼地反映着我们这个伟大时代的脉搏"。在这次会议精神的指导下,全国电视界在节目的内容与形式方面都开始了大胆探索,逐步改变了电视新闻空洞的政治宣教成份多,受众真正关心的国内外重大新闻少的状况,凸显了电视新闻本该具备的"短、新、快、活"特点,一些针对性强、受众面广的实用性、知识性、服务性节目也陆续出现。

再次,以"事业单位、企业化管理"思路探索广播电视业经营新形式。1979年1月,上海电视台成立了广告业务科,并很快播出了中国第一条电视商业广告。这一事件拉开了中国电视管理体制向产业化方向变革的序幕。1979年11月,中宣部正式发布了《关于报刊、广播、电视台刊播外国商品广告的通知》,对电视等大众媒体发布商业性广告的行为给予了政策上的认可。电视媒体经营意识逐渐成长,尤其是在经济运作和财务核算体制上,慢慢摆脱完全的"财政供给型"运作模式,向"财务承包型"的新型运作模式转接过渡。单纯定性为政治斗争工具的广播电视媒体逐渐向媒体自身信息传播职能和经济利益诉求本性回归。

1983年第十一次全国广播电视工作会议召开,中国广播电视业迎来了第一次突破。这次会议提出要以新闻改革为突破口,带动整个广播电视宣传改革,并提出实行中央、省、有条件的地(市)和县"四级办广播、四级办电视、四级混合覆盖"。一时间,我国广播电台、电视台增长速度迅猛,截至20世纪80年代末,我国广播电台、电视台数量分别由1978年的93家、32家发展到583家、509家,广播电视综合人口覆盖率显著增加,以新闻节目的改革为重点,广播电视改革全面启动。从80年代中期开始,中央电视台先后开办了《午间新闻》《晚间新闻》《早间新闻》等不同时段的新闻栏目,专题新闻、专题报道、新闻纪录片、新闻杂志等大量新的报道形式不断涌现,节目制作呈现多样化。如在报道党和国家的重大政治活动时,除发布新闻外,还临时增加《专题新闻》，通过录像剪辑和采访的方式集中、深入地报道国家政治经济生活中的重大事件。1986年，杭州电视台开办了每周三次的《早晨好》新闻专栏节目，融新闻、信息服务、文娱、报刊摘录为一体。1988年，《新闻联播》逐步朝着"多层次、全方位、大容量、高时效"的目标前进，从之前每次播出10～20多条新闻发展到每次播出36条左右，树立起"要闻总汇"的形象。同期的广播事业以珠江经济广播电台为代表，它一反传统的"录播"方式和"分割式"节目编排，采用"新闻信息为骨架，大板块主持人节目为肌体"的形式，每逢半点播出新闻，每逢整点播出经济信息，其余时间根据听众的收听习惯和需要安排内容，通过主持人灵活地将新闻、资讯、服务、娱乐等各种话题熔于一炉，开通热线电话与听众即时交流。各地广播电台纷纷效仿珠江台，开办经济、娱乐为主的新频道。

1992年，伴随着邓小平同志南巡的重要讲话和改革开放政策的全面推进，中国掀起了市场经济发展的新一轮高潮，我国广电事业进入到全面深化的历史时期。

1979年以前，广播电视事业经费来源完全依赖国家财政拨款，80年代广播电视系统虽然开始商业经营，但基本目标是开辟财源，弥补国家拨款不足。1992年6月，中共中央、国务院联合发布了《关于加快发展第三产业的决定》，广播电视作为信息服务业和文化卫生事业的一部分被列入到第三产业发展的重点行业名单之内。产业属性的明确，为广播电视管理体制的变革提供了远景发展规划和战略目标，也为其财务制度变革提供了经济动力和理论依据。1993年1月上海东方电视台成立，在内部管理上积极推行管理成本核算和市场经营意识，大胆引入了企业管理方法，创办当年即盈利1.23亿元。1994年，广东有线台成立，自筹资金，自主经营。接着，上海市广电局创建的"上海东方明珠股份有限公司"在上海证券交易所上市，成为我国首家组建股份公司的广播电视机构，为电视事业的产业化经营提供了一条新的思路。

在媒体经营方面，电视媒体充分挖掘电视广告的创收空间。1991年，电视广告首次跃居中国四大广告传媒榜首，当年广告收入达10亿元，1992年进一步增加到20.5亿元。特别是中央电视台，凭借自身特殊的国家级媒体地位，在不到10年的时间里，广告收入从1991年的2.7亿元增加到了2000年的57.5亿元，开创了广告招标的新型广告经营模式。自负盈亏这一概念和栏目个性化、制片人、频道专业化等概念，共同构成这个时期中国电视体制改革的主导性概念。1993年，央视《东方时空》栏目成立，中国电视事业经历了一次意义重大的变革。《东方时空》子栏目《生活空间》第一次把电视镜头对准中国的普通百姓，在拍摄过程中，大量运用跟拍、同期声、长镜头等各种手段，尽可能地记录其生活原生态。与《生活空间》遥相呼应的是《东方时空》的另一个子栏目《东方之子》。《东方之子》立足社会著名人物、成功人士的普通化，主持人在节目中以聊天的方式引导采访对象。《东方时空》栏目的出现，为中国电视观众带来了全新的收视体验。它打破了长期以来笼罩在电视新闻界"宣传至上"的思想，电视纪实语言获得了突破性变革；用日常语言的鲜活、幽默、风趣，取代字正腔圆，居高临下，具有权威感的"新华体"新闻语态，"使新闻接受者有了人际交流的角色认同和情感互动的愉悦"[①]。另一方面，从电视运作的意义来说，《东方时空》创新了一种崭新的模式——制片人体制。90年代中国电视主流体制中其实还包含相当多的80年代国营电视机制的因素：政府在财权和人事权方面对电视台具有相当的话语权，电视台经费往往由电视台领导决定，事业单位名额限制将优秀

---

① 孙玉胜.十年——从改变电视的语态开始[M].北京："生活 读书 新知"三联书店,2003:47-49.

人才阻隔于电视台大门之外。从电影生产中借用过来的制片人体制的兴起赋予电视人更多的资金和人事方面的自主权。作为节目的主创人员和总负责人,《东方时空》的制片人享有人员的录用、岗位分配、待遇设定等权力,栏目5分钟的广告收入即为包干经费,不用上级拨款,完全商业化运作。制片人体制充分贯彻了电视栏目化的理念,大大减少节目生产决策环节,对市场反应更加快捷,而一档节目只要符合市场规律,就能够获得资金和人事保障,这无疑给电视人的创新提供了崭新的动力。

除了经营模式改革外,频道专业化也成为这一时期电视改革的另一重点。过去综合台一统天下的局面逐步被以综合台为主打,以对象化、专业性电视台为补充的多元一体的传播格局所取代——从中央到各省、市电视台大都依据电视传播的内在规律和电视观众的特定需求,以内容来定位,以频道为结构单元,对节目栏目的归属进行进一步细分。以中央电视台为例,至2001年,已发展成定位明确的11个专业频道,包括新闻频道、经济频道、综艺频道、国际频道、体育频道、电影频道、农业军事频道、电视剧频道、英语频道、科教频道、戏曲频道。各种专业频道的出现,对于满足不同受众群体需求,扩大信息传播量,发挥了积极作用。

在经过十几年的超常规发展之后,自1983年第十一次全国广播电视工作会议以来所形成的"四级办电视"格局,面临着硬件的重复建设和无序竞争的重重困境。1997年中国的电视台总量已经达到1983年时的14倍,出现了有线与无线、事业与企业、综合与专业并存,甚至县、村镇办电视的局面。电视台数量的大幅增长,带来了电视市场无序化竞争惨烈的后果,一个城市有几个电视台甚至十几个电视台同时播放一个节目,广告收费互相压价等情况不断出现。1999年11月,根据市场形势的发展变化和建立竞争机制的内在需求,国家广电总局发布《关于加强广播电视有线网络建设管理的意见》,从行业结构上引导、促进有线台与无线台的合并,并在具体的操作实践层面明确提出了广电媒体应该跨地区、跨行业经营的指导原则。这一文件的出台,开启了中国电视管理体制集团化浪潮的先声,从此中国广电媒介集团化的发展进入了快车道。1999年6月全国第一家广电集团——无锡广播电视集团——成立;2000年12月,湖南广播影视集团成立;2001年1月山东省成立广播电视总台;2001年12月,集合中央电视台、中央人民广播电台、中国国际广播电台、中国电影集团、中视传输网和中视互联网等媒介组织成立的综合性传媒集团——中国广播影视集团——成立。截至2002年年底,先后有14家广电媒介集团成立。

总之,20世纪90年代的中国电视事业逐步适应市场经济特点,走向产业化发展道路,从过去政治控制下的单向传播状态走向多种社会力量交互作用下的多向、信息化传播格局。

20世纪90年代,中国广播事业的探索也日益求新。为应对电视的发展对广播形成的严峻挑战,广播在形式和规模上实现了多重转变。统计数据表明,1990年全国广播电台为635座,节目套数为750套,平均每天播出时间为6297小时,而到了1995年底,全国广播电台发展为1202座,节目套数为1414套,平均每天播出时间为13736小时。具体来看,一是广播与窄播并存,大众向小众分流。除了原来的综合台,还出现了新闻台、经济台、文艺台、音乐台、交通台、儿童台等。二是大力加强新闻节目在节目总量中的比例,整点新闻,滚动播出,推出类似中央台《新闻纵横》这样的新闻评论性节目,广泛采用现场报道,记者口述等方式。三是大力发展,充分发挥广播的优势,采用直播形式以增强实效。90年代听众热线电话被普遍应用于点歌、做游戏、聊天、咨询、购物等各种领域,掀起了听众广泛参与的热潮。1992年10月全天候

24小时直播的东方广播电台开播,更是树立了这一时期广播改革的标杆。东方广播电台强调受众第一、全方位为听众信息服务的全新传播理念,以新闻为主体,以《东方传播》《792为您解忧》等一系列为听众服务的节目为辅助,运用热线电话开办谈话类节目,甚至在每天早晨零点至五点的"广播沙漠地带"也安排了谈话类节目《相伴到黎明》。节目播出时间延长,节目表不断更新,意味着20世纪90年代的中国广播已从节目生产改革,走向节目布局改革。

(四)新世纪技术浪潮推动下的广播电视事业

进入新千年,互联网、手机等新媒体技术的蓬勃发展极大地改变了广播电视媒介的节目制作、传播渠道、接收方式和经营方式。以广播电视体制机制改革创新与广电数字化发展为主要标志,我国广播电视业开始了第三次重大突破,表现在电视业方面为以下几点:

第一,新闻改革持续推进。2003年5月1日,中央电视台新闻频道正式开播,全天24小时滚动播出新闻。其中又细分为整点新闻、分类新闻(财经、体育、文化、国际)四大类以及新闻背景、新闻评论、新闻调查、舆论监督、民意调查、法制等各种节目形态,对整点新闻和分类新闻进行补充和深化。2008年,中国电视媒体第一次在重大事件面前全面承担起社会守望者的角色。汶川地震和北京奥运,在举国悲欢的情绪中,中央电视台作为观众耳目的延伸,将触角深入到灾区第一线和赛场最前沿。微波、卫星、移动卫星站、电话以及互联网等各种手段的运用,实现了新闻直播常态化及全国电视新闻网的联合。与中央台相比,曾一度被认为是在中央台和地方台的夹缝中求生的省级台,通过对渠道和内容资源的运作,突出本土特色,关注本地的重大事件,同时利用央视、地方媒体触及不到的空白资源推出特色节目。如深圳卫视《直播港澳台》与新浪网、搜狐网、香港TVB、台湾等主流媒体展开战略合作,深入港澳台新闻现场,邀请重量级港台知名新闻人,剖析两岸政治局势。这一时期的电视新闻较多地借鉴了综艺节目的元素,在遵循电视新闻基本规律下,跳出因新闻做新闻的传统思路,展示出多样化的模式。如湖南经视《新闻故事会》,仿效时下流行的电视剧拍摄方法,用情境再现方式重现新闻事件;辽宁卫视《说天下》,采用新闻图片搭配流行音乐的形式;湖南卫视《新闻公开课》,将一档传统新闻谈话类节目改造成课堂讨论;中央电视台2012年春节期间推出的《新春走基层》,则运用纪录片拍摄手法,跟踪记录;江苏电视台《南京零距离》改为《零距离》后,引入了视频连线、嘉宾采访、微博等多种元素,互动中体现出台网联动的发展优势。

第二,制播分离。所谓制播分离,是指将广播电视节目制作从广播电视播出机构中以某种形式分离出来的一种市场化导向的节目交易机制。[①] 长期以来,市场与行政的角力和博弈使得我国广电传媒的制播分离之路一波三折。1999年"82号"文件可以被看为国内对广播电视实施制播分离政策的发轫,"网台分营"被视为是政策上对制播分离发出的信号。但是,2000年下半年制播分离这一提法迅速遭到冷遇。2002年党的十六大把文化单位分成公益性事业和经营性产业两个组成部分,为广电行业的制播分离提供了政策上最大的支持和保障。十六大报告指出,经营性产业要按现代企业制度进行管理。由此,广电行业除新闻等核心节目之外,其他的娱乐、体育、电视剧等节目都要实施制播分离,进行市场化运作。2009年7月16日广电总局《关于推进广播电视"制播分离"改革(修改稿)》明确规定,除影视剧外,电视台从市场

---

① 顾宜凡.论制播分离的内涵、逻辑悖论及必要条件[J].新闻战线,2008(8).

购买节目的比例,原则上每年不低于播出总量的30%。这一政策,大大改变了电视台传统的自制自播模式,促进电视节目市场的发展繁荣。2009年原上海文广新闻传媒集团获得国家广电总局第一个关于"制播分离"的批复,上海文广新闻传媒集团更名为上海广播电视台,同时出资组建上海东方传媒集团有限公司,拉开了中国广电传媒领域制播分离、转企改制的序幕。2009年12月18日,辽宁广播电视台、辽宁北方广电传媒(集团)有限公司及广联视通新媒体有限公司、沈阳鲁艺文化传播有限公司揭牌成立。整合后的辽宁广播电视台形成了新闻宣传和产业经营两大业务主体的格局,影视剧、综艺、体育等节目的制作业务分离。业务范围涵盖广告经营、新媒体、影视剧制作、电视购物、娱乐节目营销、体育、培训、电影院线、节目制作中心等各个领域,下辖子公司从一个地方广播电视播出机构转变为一个面向全国的内容提供商、发行商和服务运营商。同年,浙江卫视牵头成立了蓝巨星国际传媒公司,借鉴西方和港台主持人市场化的运作经营策略,成功打造了知名综艺主持品牌——朱丹。此外蓝巨星还自制电视剧:通过迪士尼独家授权的原创歌舞剧《歌舞青春》、翻拍自韩国同名热播剧的《爱上女主播》、全新版《野蛮女友》、取材自最热自制综艺栏目的同名电视剧《我爱记歌词》,涉足动漫产业及衍生娱乐产品开发等业务。2009年11月,湖南广电开拓性地以"零持股"方式与盛大公司合作体外孵化公司,绕道资本市场。天娱传媒、响巢国际、快乐阳光、快乐购、芒果影业等项目都是湖南广电搭建完成产业链的尝试。

第三,竞争格局重构,省级卫视异军突起。与中国电视新闻改革、制播分离同时发生的是中国电视娱乐化浪潮。改革开放以后,在忙碌、紧张的竞争时代,社会分层加剧,受众的社会心理和价值观由同一向分化、由教化向消费转变,电视成为一种填补闲暇的有效方法。欢快的、不用动脑筋的娱乐节目能够起到精神调节与心理修复作用,自然比深沉说教的节目更容易受到大众的喜爱。于是,当观众厌倦了《综艺大观》《正大综艺》等晚会,并且晚会质量不断下降的时候,1997年7月湖南卫视创办了《快乐大本营》。《快乐大本营》一改往日综艺节目正统、庄重的形象,集游戏、表演、竞技、参与和搞笑于一体,几乎颠覆了人们对于电视综艺节目的概念,受到年轻受众的喜爱。一时间,《欢乐总动员》《开心辞典》《幸运52》等各种娱乐节目如雨后春笋般涌现,彻底改变了电视节目长期以来"新闻+电视剧"的结构形态。2004年湖南卫视继续推出一档全新的娱乐节目——《超级女声》。《超级女声》以平民广泛参与、评判公开化、全程跟踪式直播掀起了一场声势浩大的"全民星"狂欢运动,也将中国娱乐节目推向新的高潮。2005年8月,一个普通的成都女孩——李宇春——以三百五十二万八千三百零八票的高票数,成为《超级女声》平民选秀的冠军。见证这一时刻的,是电视机前近4亿的观众。活动期间,湖南卫视收视率直线飙升,同时段收视率仅次于中央电视台一套,排名全国第二名。资源、实力略逊一筹的省级卫视,终于找到与中央电视台相抗衡的发力点。此后,浙江卫视、江苏卫视、东方卫视等省级卫视先后推出《莱卡我型我秀》、《我爱记歌词》、《非诚勿扰》、《舞林大会》、《好声音》等娱乐节目,娱乐节目成为省级卫视争夺的重要战场,收视率市场上央视一枝独秀的格局就此打破。

第四,数字化向纵深发展。2008年初,国家六部委联合发布《关于鼓励数字电视产业发展若干政策的通知》。2008年12月,科技部与国家广电总局共同签署了《国家高性能宽带信息网暨中国下一代广播电视网自主创新合作协议书》。此次合作以有线电视网数字化整体转换和移动多媒体广播的成果为基础,以"高性能宽带信息网"自主创新的核心技术为支撑,开发适合中国国情的有线无线相结合、全程全网的中国下一代广播电视网(NGB)技术体系。国家数字化战略由此展开。统计数据显示：截至 2009 年，中国数字电视用户市场规模达到 8326 万户，预计到 2015 年，中国数字电视用户市场规模达到 3.66 亿户左右。未来几年中国有线数字电视将保持主要地位，在其带动下，地面数字通道、卫星数字通道也将大规模启动。网络运营商、设备供应商、内容供应商、收视用户都将在三网融合的市场中扮演各自的角色，"后电视时代"多媒体融合将成为必然趋势。

广播业方面，面对电视、网络媒体的挑战，广播生存空间受到严重挤压，受众进一步分流，改革迫在眉睫。城市交通广播为广播媒体的复苏提供了新思路。中国广播网 2010 年 4 月《中国二十城市"收听率/市场份额"》的调查资料显示，天津、乌鲁木齐、大连、合肥等 17 个城市和地区的交通广播电台的市场份额和收听率均排在当地 1～2 位。央视索福瑞 2011 年 2 月发布的《2010 年广播市场收听表现研究》也显示，交通、新闻和音乐类广播引领整个广播市场发展。交通广播逆势增长与其锁定以汽车驾驶员为核心听众的移动人群有密切关系。中国是世界最大的汽车生产国和最大的汽车消费市场。近年来私家机动车保有量大幅攀升，城市交通拥堵状况日益加剧，广播移动性和伴随性的媒介特性使得驾驶和乘坐机动车的"流动听众"群不断壮大，他们收听广播的频率更密、时间更长、忠诚度更高。最早开办交通广播的北京人民广播电台交通台就专门针对驾驶员量身打造了"一路畅通""百姓 TAXI""1039 交通服务热线""交通新闻"等信息大餐，受到听众的普遍好评。

移动互联网时代中国广播业将探索传统广播为主，网络广播、手机广播为辅，多元并举的发展新路径。一方面，广播作为唯一的非视觉媒体的特点和伴随性特点，与互联网、手机及依托互联网、手机平台而兴起的新媒体具有一定的共存性和兼容性；另一方面，广播媒体借助互联网、手机及其他新媒体平台，扩展新的传播渠道。早在 2008 年，广东电台便率先创立全国首个多媒体实时互动平台"珠江网络电台"，并在广州亚运会期间在广播和网络的跨媒体互动平台上开设"广州亚运直播室"；2011 年结合广播、网站、移动通信打造"珠江网络传媒"，对广播媒体与网络媒体的融合进行了有益探索。当前，手机媒体的异军突起使手机广播 APP 大放异彩。2011 年 12 月 8 日由湖南电台交通广播推出最早的手机 APP，次年湖南广播电视总台又分别推出了"893 汽车音乐电台"和"金鹰 955"的 APP，北京电台则推出"菠萝台"……国内的电台 APP 像雨后春笋一般不断涌现。随着微信的盛行，浙江交通广播、广西交通广播则推出基于微信平台的微信电台。APP、微信电台让智能终端具备了广播终端的功能，有利于广大手机人群成为潜在的数字化、网络化的广播媒体受众，Wi-Fi 普及或者移动网络流量费用降低，手机广播 APP 和微信电台将迎来快速增长期。

⭐ **思考题**

1. 如何认识早期广播电视技术发明的历史？

2. 举例说明新技术对广播电视事业变革的促进作用。

3. 简述世界广播电视事业发展的趋势。

4. 概述中国早期广播事业的特点。

5. 中国广播电视集团化的作用是什么？如何评价？

6. 中国广播电视事业应从哪些方面应对移动互联网时代的挑战？

第二章 广播电视新闻概论

~~~~~~

学习目标

1. 掌握广播电视新闻的概念,理解广播电视新闻传播理念的变迁。
2. 熟悉广播电视新闻的传播功能。
3. 掌握广播新闻、电视新闻的传播特性。
4. 了解广播电视新闻的传播理念。

广播电视新闻学是以广播电视新闻传播现象为研究对象,研究重点是广播电视新闻事业的产生发展的规律、广播电视新闻传播的原则以及广播电视新闻工作中的重大理论与实践问题。它既是新闻学的一个分支,又是广播电视学的一个分支。

新闻传播要依托不同的传播媒介,如报纸、杂志、广播、电视、互联网、手机媒体、车载户外等,呈现出不同的传播形式、传播特征与传播功能。报纸、杂志新闻依托版面空间,运用文字、图片来传播信息、引导舆论;互联网、手机媒体新闻依托网络空间(后者在于借力互联网移动终端),运用文字、图片、音频、视频等全媒体传播手段发送新闻信息;广播电视新闻依托广播电视频率(频道)空间,运用声音、影像等形式传播信息。

新、旧媒介是相对的,与报刊等纸质媒体相比,广播电视作为新媒体的出现,是人类新闻传播史上的巨大进步,带来了新闻信息传递方式的巨大变革。广播电视以声音、影像传递新闻信息,改变了纸质媒体对受众文化水平等方面的限制,信息传播直观形象,不同层次水平的受众都能从广播电视中获取新闻信息。与基于网络技术和数字技术的新媒体而言,广播、电视则又属于传统媒体,但它们以其特有的传播特性与传播价值成为人们生活中不可缺少的新闻传播媒体,在现今的生活中依然发挥着重要作用。

第一节 广播电视新闻的概念

新闻传播影响并改变着人类的生产生活,助力着社会的发展与进步,反之,人类的生产生活也影响并改变了新闻传播的方式。在当下媒介环境中,新闻传播无处不在,无时不在,已经成为一种极为普遍的传播现象,更多更快的信息使得人们的生活节奏也不断地加速。而要了解新闻传播为何能够左右受众的生活,首先就必须了解新闻概念的基本内涵。

一、新闻的概念

中国新闻活动古已有之。从远古时代起,就有广义的新闻传播活动。秦以前,新闻主要以口头的方式进行传播;汉以后,则主要以书面的方式从事新闻传播;唐代中期,出现了由官府发行早期的报纸——邸报;宋代则出现了民办报纸,它与官报并存直至清朝末年。从盛唐到清末,中国古代新闻事业持续了近1200年。[①]

"新闻"是什么?在我国古代鲜有学者对这个问题进行专门的研究,直到1872年,《申报》才对此作了较为明确的阐释:"新闻则书今日之事。"[②]此后,对新闻概念的专门研究才多了起来。

从对新闻现象和新闻活动进行描述和解释的角度,近现代新闻界的徐宝璜、范长江、陆定一、王中等人从不同的角度给出了各自的界定:"新闻者,乃大多数阅读者所注意之最近之事也"(徐宝璜);"新闻就是广大群众欲知应知而未知的重要事实"(范长江);"新闻就是新近发生事实的报道"(陆定一);"新闻是新近变动的事实的传播"(王中)。西方学者也从不同角度对新闻进行了界定:"新闻是变迁的记录"(英国伦敦《泰晤士报》);"新闻是最近发生的,能引起兴味的事实"(美国威斯康新闻学院教授白来耶);"新闻就是能唤起读者,唤起人们的关心,进而教诲他们,鼓舞他们并使他们能够得到乐趣的一种对于人们活动的最适时的记录"(美国《现代新闻报道》作者华连);"新闻就是把最新的现实现象在最短的时间距离内连续介绍给最广泛的公众"(德国道比法特);"新闻是根据自己的使命对具有现实性的事实的报道和批判,是用最短时距的有规律的连续出现来进行广泛传播的经济范畴内的东西"(日本小野秀雄)。[③]

学者们对于新闻概念的界定虽然颇多,但概括起来,阐释的角度主要有以下三种:一是从新闻是一种新近发生的事实的角度;二是新闻是对事实的报道与评论的角度;三是从新闻传播活动能够唤起和教诲受众的角度。在我国,目前通常使用的新闻概念是陆定一提出的新闻概念:"新闻是对新近发生的事实的报道。"

二、广播电视新闻的概念界定

(一)广播电视新闻传播要素与内涵特征

1.事实

先有事实,后有新闻,事实是第一性的,新闻是第二性的。事实强调的是报道对象的客观真实,事实不完全等同于事件,那么,客观真实的事实就一定是广播电视新闻报道的对象吗?答案应该是否定的,广播电视新闻应当是对变动的事实报道,变动才会产生新闻。只有通过广播电视媒体,把正在发生变动的事实报道传播出去,事实才具有了新闻的属性与传播的价值意义。

2.介质

传播介质本是一个物理学上的概念,运用到新闻传播学范畴中,特指信息传播的一种平台或通道。无论传统媒体或新兴媒体,都有其特有的传播介质,广播电视的频率和频道就是广播电视新闻传播的通道。当然,随着技术的进步和传播手段的更新,现在的广播电视新闻也可以依托互联网或手机媒体传播,但就我们所探讨的而言,就广播电视新闻传播规律和基本特性来

① 方汉奇.中国新闻事业通史(第1卷)[M].北京:中国人民大学出版社,2004:12.
② 方汉奇.中国新闻事业通史(第1卷)[M].北京:中国人民大学出版社,2004:264.
③ 国内外关于新闻定义的主要观点[J].视听界,1986(3):13.

说,我们认为广播电视新闻传播介质依然是传统的频率频道平台,通过特定的电子技术来进行传播。

3.符号

纸媒以文字、图片为其传播符号。广播电视新闻由于其特有的媒介属性,可以以图像、声音、文字多种传播符号,进行完整的报道新闻事件,介绍新闻背景,揭示新闻意义,达到更好的传播效果。但值得注意的是,电视新闻中的文字大多以字幕、提要方式出现,简短简洁,广播电视新闻更多还是以图像声音达到受众"感性"认知。

4.受众

按照麦奎尔的说法,受众是社会环境和特定媒介供应方式的产物。[①] 受众是一个群体性的复合概念,在媒介多元化的时代,人们可能会是多种媒介(报刊、杂志、广播、电视、互联网、手机媒体)的受众,也会同时充当两种以上媒介的现实受众(如"听"电视的同时使用互联网获取信息)。受众收看收听广播电视新闻,主要是为了获取新闻,以满足信息需求。尼尔森公司调查显示,中国民众每天花在看电视上的时间为 2 小时 36 分,这个时间只有美国人的一半,他们更喜欢观看网络或手机视频。新媒体对于广播电视受众带来了较大的分流和冲击,很多城市电视开机率呈下降趋势,但其作为传统的主流媒体,仍拥有一定范围稳定受众。

5.时效性与现场感

新闻贵在"新","新近发生"即体现了新闻时效性的要求。新闻的概念产生并成熟于纸媒发展的时代,但就纸媒而言,事件发生之后,记者通过采访获取到新闻信息,再经过写稿、排版、印刷、校对、发行等各个工序,最终呈现给受众。由此可见,纸媒的信息传播需要一定的时间,就算出号外也要几个小时,因而纸媒新闻更多是对新近发生事实的报道。

广播电视新闻从其特性来说,不仅是对新近发生的事实报道,更是对"实时发生""现在发生"的事实的报道,体现了广播电视新闻报道的同时性和现在性,如9·11事件发生9分钟后,日本电视台便开始直播报道,并一直持续到第二天,这样的实时传播是传统纸媒无法比拟的。当然,在重视时效性的同时,也要重视时宜性,"抢"新闻的同时把握发布时间最佳。

下面以两篇获得"中国新闻奖"的作品为例,来看广播电视新闻的内涵特征。

案例分析

第二十三届中国新闻奖特等奖作品,中央电视台《新闻联播》电视新闻《习近平在参观〈复兴之路〉展览时强调:承前启后,继往开来,继续朝着中华民族伟大复兴目标奋勇前进》

【导语】百年奋斗铸就历史辉煌,信心百倍推进复兴伟业。在全党全国上下认真学习贯彻党的十八大精神的热潮中,中共中央总书记、中央军委主席习近平和中央政治局常委李克强、张德江、俞正声、刘云山、王岐山、张高丽等 29 日来到国家博物馆,参观《复兴之路》基本陈列,回顾近代以来中国人民为实现民族复兴走过的历史进程,号召全党同志承前启后、继往开来、把我们的党建设好,团结全体中华儿女把我们国家建设好,把我们民族发展好,继续朝着中华民族伟大复兴的目标奋勇前进。

【正文】29日上午,习近平等来到国家博物馆,走进一个个展厅,仔细观看展览,认真听取

---

① 丹尼斯·麦奎尔.受众分析[M].刘燕南,李颖,杨振荣,译.北京:中国人民大学出版社,2006:12.

工作人员讲解。一幅幅图片，一张张图表，一件件实物，一段段视频，把人们带回了近代以来跌宕起伏、波澜壮阔的难忘岁月。

在19世纪末列强割占领土、设立租借地、划定势力范围示意图前，在鸦片战争期间虎门的大炮前，在反映辛亥革命的文物和照片前，在《共产党宣言》第一个中文全译本前，在《中国共产党的第一个纲领》等反映中国共产党成立的文物和照片前，在李大钊狱中亲笔自述前，在中华人民共和国第一面五星红旗前，在党的十一届三中全会照片前，习近平等不时停下脚步，认真观看，详细询问和了解有关情况。

在参观过程中，习近平发表了重要讲话。习近平说，【同期】刚才我们参观了复兴之路展览。这个展览回顾了中华民族的昨天，展示了中华民族的今天，也宣誓了中华民族的明天。观后感触良多，给人以深刻的教育和启示。中华民族的昨天，正可谓"雄关漫道真如铁"。我们这个民族，近代以后，遭受苦难之深重，付出牺牲之巨大，这在世界历史上都是罕见的。但是中国人民从不屈服，不断地奋起抗争，我们也终于掌握了自己的命运。我们开始了安排自己国家的建设的伟大进程，这充分展示了以爱国主义为核心的伟大的民族精神。中华民族的今天正可谓"人间正道是沧桑"。改革开放以来，总结历史经验，不断地艰辛探索，终于找到了一条实现中华民族伟大复兴的正确道路。这条道路就是中国特色社会主义。中华民族的明天可以说就是"长风破浪会有时"。自1840年以来，我们是持续奋斗，在中国大地上展现出了中华民族伟大复兴的光明前景，我们大家都能感到，我们现在比历史的任何时期都更加接近中华民族伟大复兴这个目标，我们现在比历史上任何时期，都有信心，都有能力实现这个目标。回首过去，我们全党的同志要牢记：落后就会挨打，发展才能自强；我们审视现在，全党同志都要牢记：道路决定命运，找到一条正确的道路是多么的不容易，我们必须坚定不移地走下去；那么我们展望未来，全党的同志也必须牢记：把蓝图变成现实，我们还将走很长的路，我们必须为之付出长期、艰苦的努力。每个人都有理想和追求，我们说每个人都有梦想，现在大家也在讨论中国梦，何为中国梦？我以为实现中华民族的伟大复兴就是中华民族近代最伟大的中国梦。因为这个梦想它是凝聚和寄托了几代中国人这样的一种夙愿，它体现了中华民族和中国人民的整体利益，它是每一个中华儿女的一种共同的期盼。历史告诉我们，我们每一个人的个人前途命运，都是和这个国家的前途命运，都是和这个民族的前途命运密切关联。国家好，民族好，大家才好，我们为实现中华民族伟大复兴去奋斗的历史任务光荣而艰巨，是需要我们一代又一代的中国人不懈地为之共同努力。所以说，空谈误国、实干兴邦，我们这一代的共产党人，就是要继往开来、承前启后，建设好我们的党，团结全国各族人民，我们要把我们的国家建设好，要把我们的民族发展好，要继续坚定不移地朝着中华民族伟大复兴的这样一个历史目标奋勇前进。我坚信，中国共产党成立一百年时，全面建成小康社会的目标一定能够实现；我坚信，中华人民共和国成立一百年时，把我国建成富强、民主、文明、和谐的社会主义现代化国家的目标一定会实现；我更坚信，中华民族伟大复兴的梦想一定会实现！

参加参观活动的还有赵乐际、栗战书、杜青林、赵洪祝、杨晶。

《复兴之路》基本陈列共分中国沦为半殖民地半封建社会、探求救亡图存的道路、中国共产党肩负起民族独立和人民解放历史重任、建设社会主义新中国、走中国特色社会主义道路5个部分，通过1200多件（套）珍贵文物、870多张历史照片，回顾了1840年鸦片战争以来中国人民在屈辱苦难中奋起抗争，为实现民族复兴进行的种种探索，特别是中国共产党领导全国各族人民争取民族独立、人民解放和国家富强、人民幸福的光辉历程。

【点评】

巧用同期声　突出现场感

（1）主题先行，彰显变化。作为一个电视消息报道，新闻依托中央电视台《新闻联播》的频道载体，在参观的当天傍晚，即用了 10 分 56 秒时间形象地展示了新一届中央领导集体参观展览的过程和情景，阐释了新一届中央领导集体的执政思路和发展理念。以电视语言展现了中央领导同志以民族和国家复兴为己任，自信、坚定与担当的风采。

（2）灵活运用现场同期声，多种表现手段并存。报道中，有图像有声音，尤其是充分运用了习近平总书记的大量同期声，长达 7 分多钟，不做任何修饰地展现给受众，给人强烈的震撼感和现场感。

（3）受众广泛，影响面广。《新闻联播》作为央视每晚固定播出的新闻节目，开播于 1978 年 1 月 1 日，被称为"中国政坛的风向标"，节目宗旨"宣传党和政府的声音，传播天下大事"，选择在这样的栏目播放，无疑有着极大的受众影响力。

(二)广播电视新闻概念

综上，通过对广播电视新闻概念的内涵特征分析，可将广播电视新闻的概念界定为：广播电视新闻是基于广播电视媒介载体，通过声音、影像等视听语言符号，对新近发生的事实或正在发生的事实进行的报道。

依据不同的标准，广播电视新闻又可以分为消息报道、深度报道、连续报道、系列报道、访谈节目、现场报道、新闻评论等不同类型，在其后的章节中将对此具体阐述。

第二节　广播电视新闻的传播特性及价值

一、广播电视新闻的传播特性

广播电视新闻是通过广播电视传播介质传播的，其传播特性是在新闻传播过程中表现出来的特征或特质，也是与其他媒介形式新闻传播活动的主要区别。掌握广播电视新闻传播特性，是为了更好地掌握其传播规律，以发挥广播电视新闻的传播优势与功效，使其能够最大限度服务受众。

(一)广播电视新闻传播的共性

1.内容的真实客观性

真实客观是新闻赖以生存的首要要素，也是新闻活动实践的本质规律。较之报刊杂志等平面媒体以抽象的语言文字尽可能真实地还原新闻现场，广播电视新闻则以其现场的实证性、高速的时效性，把客观现场的新闻信息传递给受众，受众可以根据自己的所听所见判断新闻事实，尤其现场直播报道中的细节描述，更是给受众展示了一个真实的媒介环境，达到了"眼见为实"的效果。广播电视新闻在特定的时空中能够用镜头、用声音记录客观真实的点滴事实，极大地满足了受众"我在现场"的心理感受。当然，在记者采访拍摄的过程中，由于记者会对新闻价值、立场进行判断,所以现实中不存在"纯客观"的新闻报道,我们在这里所谓的客观,就是在坚持客观公正原则的基础上,尽可能向受众呈现真实的事实,最大限度避免主观选择。

在社会政治经济文化不发达的时代,由于受文化水平的限制,纸媒的受众具有一定局限性,"识字"是接受新闻信息的首要前提和基础,通过纸媒所传播的新闻受到的限制较多。因此,通过报纸杂志获取的新闻,曾一度是知识分子阶层的"特权"。广播电视诞生后,被视为人眼和人耳的延伸,广播电视新闻运用图像、声音、文字等综合多元传播方式,只要"能看能听",受众就可以自由接受新闻信息。多通道综合感知传播过程,相比单一的文字传播过程,能使受众更容易理解,且不需要过多思考,这使得新闻变得更加通俗易懂,新闻传播也具有更大范围的普适性。

2. 传播的广泛性与强渗透力

由 NGB 总体专家委员会编制的《中国下一代广播电视网(NGB)自主创新战略研究报告》(下称"报告")2014 年 1 月 28 日正式发布。报告数据显示,中国广播电视综合覆盖率已经超过 96.95%,成为世界上覆盖人口最多、公众信息传送量最大,有线、无线、卫星等多种现代技术手段并用的广播电视网络,因此广播电视新闻受众份额一直在大众传播媒介中占有相当比重。同报纸杂志相比,广播电视新闻受众没有受教育程度的限制,传播的普适性更加速了广播电视新闻传播的广泛性,传播面大大扩展。广播电视新闻内容丰富,政治、经济、军事、文化、教育、卫生等等,涉及范围极其广泛,也极大吸引了受众。广播电视,尤其是广播,可供多人在同一时间段同时收听,群体性传播与分享加速了传播内容的扩散,且相比报纸杂志订阅费,广播电视新闻费用较为低廉,不需要分批次产生购买费用,因而更为广大受众所接受。

3. 线性传播,顺序接收,传播内容的不易保存性

广播电视新闻是线性传播,声音画面转瞬即逝,未能给受众留出过多思考时间(除非提前录制或选择网络电视反复观看,但一般家庭并无保存设备),受众只能顺序接受,从信息的选择到信息接受,再至信息的二度开发利用等方面都有较大局限性,不像报纸杂志还有重复阅读的可能。且受众在收听收看广播电视新闻时,大多处于"伴随性"状态,尤其随着广播电视新闻受众老龄化的趋升,接收更为随意。广播电视新闻传播内容不易保存,线性传播的广播电视新闻在制作上更加明确,简单易记,信息量比之报纸杂志更为突出,然而也给了受众选择上的限制,比如收视时间、收视内容等。

(二)广播新闻的传播特性

广播诞生于 20 世纪 20 年代,是指通过无线电波或导线传送声音的信息传播工具。通过无线电波传送节目的称无线广播,通过导线传送节目的称有线广播。

伴随着广播的诞生与发展,广播新闻应运而生,以其独特的传播特性迅速在媒介市场占据了一席之地。就广播来说,我们国家以社会拥有五亿台收音机,广播人口覆盖率超过 90% 的惊人数字位居世界广播大国的行列,具有强烈的"现在进行时"的听觉感受。这也是广播新闻能够最大限度地吸引受众关注的主要魅力之一。

1. 传播符号与传播通道的单一性

广播新闻的传播符号较为单一,声音(解说词、音乐、音响)是其唯一的传播符号,一切传播内容都必须通过声音的形式承载,是一种单通道的信息传播活动。在新闻信息传播过程中,广播通过各种声音形式传递文字、画面信息,表情达意,因而在广播新闻制作中必须考虑受众听觉习惯与特征,利于收听、利于记忆、利于理解的新闻更加适宜,新闻尽量简短易识,受众一听就能理解与接受。

2.贴身伴随性传播,服务性强

广播新闻虽然没有报纸杂志以深度报道见长,也没有电视新闻强烈的现场感和视觉冲击,但其却有其他媒介所不具有的一种特性,贴身伴随性。受众可以一边收听广播一边从事其他工作,如有车一族边开车边收听交通广播、青年人边工作边收听音乐广播、中老年人边散步边收听戏曲广播……受众都是在伴随状态下收听广播新闻或其他广播类节目,这不仅使广播在科技高速发展的当下能够不断发展,也为广播节目带来了更深的专业化与细分。广播接受方式较为随意,现如今,手机、电脑只需要下载相关软件就可以接收到广播,广播电台也加强了与电视台、网络媒体、手机媒体等新兴媒体的合作,新旧媒体相融合,建立立体化的传播平台,从"打开收音机听广播"发展到"打开电视、电脑、手机听广播",进一步拓宽了广播的发展领域,其听众也是大幅增加。

广播因其独特的伴随性而成为了受众可随时收听的贴身媒体,使受众从无意注意进而到有意注意,在伴随、移动的状态中实现信息和舆论的有效传播。广播作为贴身媒介,提供便捷、有效的公共服务信息是其主要的社会功能之一。广播信息传播过程中,听众可同步参与节目,通过热线电话、短信互动,主持人和听众可就社会热点问题分析讨论,发表意见,答疑解惑,实现传播者和听众的双向交流。现在,一些广播节目也推出了线下平台,通过网站和论坛,接受大家意见,容纳各方观点,主持人在节目之外也可与听众交流,听众在互动中表达自己观点的同时也认同了媒体的观点。

3.制作简单,重大事件彰显广播魅力

和电视新闻相比,广播新闻制作相对简单,转播设备也没有那么繁琐复杂,对于主持人形象也没有特殊要求,紧急情况下,尤其在一些重大突发事件中,在争夺时效性,或由于突发事件造成了相关转播设备创伤的情况下,广播往往脱颖而出,彰显了其独特的魅力。2008年1月22日,全国140多家广播电台在北京共同成立"全国奥运广播联盟",建立全国奥运广播联盟报道中心,开发中国广播新闻共享平台,最大限度地实现了报道资源共享、相关直播信号共享、节目共享和沟通资源共享,全面、及时、充分地报道奥运盛况。2008年汶川地震,在震区通讯设施几乎全面瘫痪的状况下,广播不间断地向灾区和外界通报灾情,发布抗震救灾信息。

二战期间,爱德华·默罗《这里是伦敦》的现场广播:"今天我想去买顶帽子——但我最喜欢的那家商店已经成为了灰烬了。我常去买鞋的那家商店也没有了。我想理个发,看到理发店的窗户不见了,但意大利的理发师还在营业。他说,总有一天我们会再次微笑,但经过了轰炸,原先的美味吃起来可能就没那么好了。我继续往前走,到一家店里买手电筒用的电池。店员说:'你不必一下买这么多,我们有足够的货源可以卖一个冬天。'但是我说:'万一有一天这个店没了呢?'可以看到,在那个街上有一些建筑已经被炸倒。但店员回答:'我们肯定会在这儿。我们在这里开店已经有150年了……'在一个橱窗里——或者说以前这里是一个橱窗——有这样一个告示,上面写着'被震碎了,但是没有被关闭'。紧邻着的是另外一家商店,用粗犷的字写着'被击中但没有被关闭'。这两家店都在露天中做生意。在半路上有一张桌子放在人行道上。一个男子坐在那里,夹着一叠单据。他正在发钱遣散他店里的员工——这家店昨天还是存在的。一个男人被压在残垣之下,泄漏的煤气烧伤了他的胳膊和面孔,还有许多被炸弹炸伤的人被从废墟里抬出,看上去就像是骨折的、被遗弃的、浑身是泥土的动物"。① 爱德华·默罗《这里是伦敦》在广播中对英国人顽强抵抗的报道,对残酷战役的现场描述和刻画,极大促使了美国政府和人民充分认识到战争的性质,打动了千千万万听众,在当时的历史时刻起到了巨大的作用。

(三)电视新闻传播的特性

电视新闻是运用现代电子技术,通过电视屏幕,形象地向观众传递新闻信息的一种手段,既传播声音又传播图像。具体地讲,它是通过电视摄像、记者采访、镜头设计、拍摄、剪辑、写解说词、配音这几个程序来完成。电视新闻是电视各种新闻性内容和新闻报道形式的总称,是一般电视台节目的骨干和主体。电视新闻其内容与形式决定了它首先要具有真实性,其次还应该具有纪录性、报道性和即兴性,一般电视新闻还应具有定期性,即如同小说连载一般,将一个新闻作品按照时间顺序,分割成具有连续性的多个片段进行定期播放,使其更加具有"室内交流"的特点。

1. 新闻现场的纪实性

美国传播学者格伯纳在《与电视生活在一起:培养过程的动力》中认为:"电视是一个中心化的叙述系统。它是我们日常生活的一部分,它的故事片、广告、新闻和其他节目将一个相对来说连贯一体的世界的共同形象和信息送到每个家庭之中。"电视新闻的视听元素为受众营造了拟态的媒介环境与空间,受众如同身临其境,电视新闻现场也具有强纪实性。常言道"耳听为虚,眼见为实",电视新闻的纪实性直接向受众证明了报道内容的客观存在,极大满足了受众"求真"心理,满足了受众对自己亲眼见到事实的信赖感。电视新闻现场的纪实性极大运用于一些突发事件报道中,如同在"9·11"事件上,世界各大电视媒体在事件爆发后以最短的时间、极快的速度将镜头对准了新闻现场,以分秒计算的无间断进程推进抓住受众眼球。再如同地震灾情报道,灾后倒塌的房屋、损毁的道路、救援的过程、灾民的状况以及方方面面的援助,一幅幅真实客观的画面无不牵动亿万电视受众的心。

电视新闻现场的纪实性使得新闻报道在生动真实的同时更加浅显易懂。电视新闻报道虽擅长对新闻现场的纪实,但画面的转瞬即逝,不利于受众深层思考,不如文字的逻辑表现力和对信息的梳理,更能触动受众的思想深度。

2. 视听结合、声画共用

广播电视可以实时传播,从传播速度看,广播和电视新闻传播速度基本一致,但广播属于功能单一的听觉传播,电视新闻报道则是视听结合的传播,声音和画面共同作用于受众的视觉与听觉,形象直观,更能满足受众对于"亲临"新闻现场的要求。

电视新闻视听兼备,其新闻传播活动表现形式也非常丰富。在听觉上,受众既能听到主持人的声音,也能听到现场同期声;而在视觉上,电视新闻不仅能让受众观看到与声音对位的画面,还可以看到主持人的表情、动作、新闻图表、新闻连线、视频,甚至三维立体图像,等等。电视新闻中大量的传播手段和形式极大丰富了新闻信息量,而其中丰富的视听语言作为传播符号,具有强烈的直观性和感染力,受众很容易受到触动,更利于受众全方位多角度感知与理解

① 鲍比·爱德华兹.爱德华·R·默罗和美国电视新闻业的诞生[M].周培勤,译.上海:复旦大学出版社,2005:8.

电视新闻。

新闻界前辈穆青在 1983 年曾提出过视觉新闻的概念："所谓视觉新闻,无非是形象化、立体化,有典型细节、生动的画面,读来有声有色,使人能够具体地、形象地看到你所报道的事实的真面貌。要善于把概念的表述诉诸充实具体的形象,使我们报道的内容可闻、可见、可触、可感。"同时国际上也流行报纸图像化的潮流,这即是为了和电视新闻竞争,倡导报纸新闻的"可视化",足以说明电视新闻运用视听统一的传播特性,吸引了大批忠实受众。电视新闻报道图像的清晰直观也会造成受众对图像多元化理解与思考,因此电视新闻解说词的配备与图像的统一也至关重要。

二、广播电视新闻的传播价值

"新闻立台"是广播电视立台之本。由此可见广播电视新闻对于其频道的重要性(或由此可见广播电视新闻对其的重要性)。我国广播电视新闻的传播价值主要体现在"信息传播,舆论引导,服务受众,文化传承"这四个方面,从某种方面而言,传播价值也显示了媒体的阶级属性和社会属性,广播电视是为一定政权和阶级服务的。广播电视是党和人民联系的纽带和桥梁,因此,广播电视新闻传播在我国是为党和人民服务的。

1. 信息传播

信息传播与接受是人类生产生活的必需要务,正因为这一需求不断推动了社会发展变化,这才有了广播电视新闻的诞生。广播电视时代的信息传播,不仅是对新近发生事实的报道与解读,也是对知识的扩散,人们可以足不出户,却能快速便捷地了解国际国内重大方针政策的制订与实施,得知与自己生活密切相关的情况变化,从而能够更好地认识世界、了解世界。随着广播电视覆盖率的普及,广播电视新闻逐渐成为了政府政令下达与民情民意上传的渠道和桥梁。在我国,央视的《新闻联播》早已成为受众群体最大的广播电视新闻类节目,成为了与各省台进行信息交换的中心。而在国际方面,2012 年 11 月,央视与美国中文电视等 10 家海外华语电视媒体签署了节目交换协议,进一步扩大节目的海外落地范围,推进信息的传播与输出,一方面"深化合作,实现双赢",另一方面,也充分满足受众对于不同类型与地域信息的需求。

2. 舆论引导

舆论是社会公众关于现实社会及社会中的各种现象、问题、所表达的信念、态度、意见和情绪表现的总和,有正向和负向之分。社会生活中,舆论的力量不容小视,其可以很大程度上影响人们的思维思想及行为方式,对于巩固政权、稳定社会、促进经济、传承文化具有重要作用。

现今,媒体日益的多元化,舆论环境也愈发复杂,舆论导向正确是党和人民之福,而舆论导向错误,则是党和人民之祸。广播电视新闻为受众提供了意见交流的平台,而引导舆论则是其重要任务之一,其将负面的、负向的、非主流的舆论通过有选择的新闻信息引向主流舆论,进而通过媒体舆论引导社会舆论,实施媒体的舆论监督作用。舆论引导,是媒体的一大功能,实质上就是用媒体舆论改造和同化公众舆论,以媒体的立场观点改造公众的立场观点,广播电视新闻在其信息传播过程中表达价值观影响与引导受众。媒体由于定位、性质等差异,又以主流的广播电视媒体发挥的舆论引导作用最大,舆论引导能力最强。我国主流新闻媒体舆论引导能力正在逐步提高,但也有做得欠缺的地方,表现为引导方法单一、效果不佳、主观舆论导向和客观舆论效果存在偏差等。要转换工作意识,而不要把舆论引导作为行政任务完成,更重要的是要在舆论引导方面体现自身特色,体现主流意识,新闻专业理念要渗透其中。

新闻媒体要切实把"高举旗帜,保持一致,围绕中心,服务大局"的指导思想贯彻到舆论引导工作中去,运用马克思主义的立场、观点、方法,通过摆事实、讲道理,开展积极的思想斗争和批评,教育引导干部、群众不断克服和抵制各种错误的东西,保证正确思想舆论在我国政治生活中的主导地位。

3.服务受众

服务受众是广播电视自诞生以来一直担当的重任,其主要是指广播电视能够沟通交流多方信息,并使之服务于社会,从而推动社会的发展。广播电视的服务受众功能一是体现在满足社会及其个人对各类信息的需求;二是通过交流之过程即交流活动本身,达到个人与社会、区域与区域、传统与现代的整合作用。广播电视新闻服务受众功能,强调的就是以人为本、贴近受众,只有满足受众的需求,接地气的新闻报道才能真正成为受众喜闻乐见的新闻。

作为党和人民的喉舌,担负着用"以科学的理论武装人,以正确的舆论引导人,以优秀的作品鼓舞人,以高尚的情操塑造人"根本任务的媒体,要把实现好、维护好、发展好最广大人民的根本利益作为新闻宣传工作的出发点和落脚点,把以人为本的理念渗透和落实到新闻宣传工作的全过程和各个方面,增强新闻报道的亲和力、吸引力和感染力。要坚持贴近实际、贴近生活、贴近群众的原则,特别要改"官本位"观念为"平民化"视角,坚持"从群众中来,到群众中去",防止和避免"从机关中来,到机关中去"、"从领导中来,到领导中去"、"从会议中来,到会议中去"的做法。要深入了解和把握人民群众的真实愿望和要求,关心人民群众的冷暖疾苦,关注人民群众对新闻宣传工作的评价和意见,通过科学有效的新闻宣传,营造"以人为本"的良好的舆论环境。新闻宣传"以人为本"也是媒体发展现状的必然要求,"以人为本"的新闻理念,充分考虑受众的心理需要和要求,一切以"人"为出发点和落脚点,宣传的新闻视角要集中到群众最关切的问题上,聚焦到群众欲知而未知的信息上,聚焦到民意民生上,聚焦到群众的愿望、要求和呼声上。只有充分考虑到受众的心理和报道内容与受众的接近性,才能使新闻传播更有深度,更有广度,更有感召力,更有影响力,也更有市场。可以说"以人为本"是新闻传播创新和参与竞争的有力方式,是媒体树立社会形象、吸引受众的重要手段。

广播电视新闻服务受众一方面体现在内容上,如天气预报、出行信息、交通指南、餐饮娱乐、就医导向等。随着民生类新闻节目的兴起,"大民生"和"小民生"相对,不仅有国际国内要事大事的报道,也有家长里短、百家碎戏,反映百姓生活点滴。另一方面体现在新闻报道方式上,搭建平台为受众营造良好的互动形式,也拓宽了新闻节目的生存空间,不断吸引潜在受众群。

4.文化传承

"文化"二字早在我国的《周易》与《庄子》中就有记载,《周易正义》中"观乎人文以化成天下者,言圣人观察人文,则诗书礼乐之谓,当法此教而化成天下也"。西汉以后,"文""化"合成一个完整的概念,强调以伦理道德、诗书礼乐、典章制度等教化世人。而如今我们所谓的"文化"一词,本以为耕作、居住、练习、留心、注意或敬神等多种意义。文化是一个非常广泛的概念,给它下一个严格和精确的定义是非常困难的事情。

加拿大学者麦克卢汉"媒介即讯息"理论认为,媒介本身就是有意义的讯息。广播电视新闻具有文化传承价值,可以说,广播电视作为信息传播的媒介,是一个文化创造的主体,一种美学意识形态。① 我们创造了广播电视作为我们精神文化传承的传播工具,自然其承担着文化传承的责任,可以说,现如今电视荧屏上节目的内容形式等方面,不仅起到了向受众进行文化传承的作用,而且在一定程度上也反映了受众的需求以及精神世界的状态。随着新媒体时代的来临,手机、电脑的出现逐渐改变了广播电视在人们生活中的地位,而电视节目也在进行创新,利用其已经几乎完全融入人们生活中的巨大优势,不断地争取受众眼球,履行着自己的责任和义务。麦克卢汉认为,印刷文化创造了一种自上而下的中央集权文化,其培育了对形成个性化思考和观点非常必要的私人空间,而这些领域水平与垂直的关系又在电子传播的撞击下重新构建。新媒介引发的文化"内爆"重构社会生活,以致人们栖息在一个相互交叠的社会,没有文化等级也没有领域分工。微信作为全新的媒介,是人们视觉、听觉和语言表达的综合表现及媒介外化,而且微信传播聚合热媒介和冷媒介的双重属性,一方面给受众提供了充分而且清晰的信息,一方面通过各种反馈互动、微信平台活动邀请受众深度参与,调动了受众的能动性。

广播电视尤其是电视的文化传承价值主要体现在如下几个方面:

(1)传承文化,弘扬精神。

文化的重要性不言而喻,尤其是在有着千年历史的中国,文化更是渗透到了其整个文明的方方面面,而正因此,文化的传承就更加显得尤为重要。作为我国传播媒介中受众最多、影响力最大的电视媒体,更要肩负着这样的责任,在点点滴滴中进行文化的传播。就影视作品而言,可以多拍些有价值的电视作品,而不是夸张的、缺少内涵的作品,例如《汉字英雄》《汉字听写大会》等节目,将综艺性和知识性于一体,将文化和娱乐相融合,在满足受众娱乐需求的同时,也起到了文化传承的责任。

(2)满足需求,丰富生活。

随着物质生活的提高,人们对精神文化的需求也会相应提高,受众对电视节目的需求也就会随之提升。电视为了迎合受众的需求,提高收视率,自然会不断创新,以求获得更大的效益。例如,2013 年湖南卫视从韩国 MBC 电视台引进的亲子户外真人秀《爸爸去哪儿》节目,可谓是赚足了眼球。五位明星爸爸在 72 小时的户外体验中,单独照顾子女的饮食起居,共同完成节目组设置的一系列任务。此节目的衍生产品——《爸爸去哪儿》电影版也在春节期间上映,大赚票房。从这档节目开播之后,我国的亲子类节目种类开始激增,其在谋求收视率的同时也满足了受众对此类节目的需要,丰富了人们的生活。

(3)文化交流,消除隔阂。

这一点上,可以从多方面来理解,比如我国的春节联欢晚会也会在其他国家进行播出,又或者我们可以看到美剧、韩剧,这就是文化的交流,也是观看外国电视节目的受众对外国文化进行从了解到理解的过程。互联网给予了我们便捷,可以收看到很多外国电视节目,例如,电视节目《学徒》《Running Man》,电视剧《越狱》《来自星星的你》,等等,而通过观看这些也让我们对外国的文化越来越了解,但无论如何,文化的差异性其实一直都存在着,只是在不断的交流中弱化了而已。

点评一篇获得第二十三届"中国新闻奖"的作品,体会广播电视文化传承的价值。

---

① 张云.广播电视新闻的现状和趋势[J].中国传媒科技,2013(04).

案例分析

内蒙古人民广播电台蒙古语广播 FM96.1《元上都遗址成功列入世界文化遗产名录》

（大会现场同期声）第三十六届世界遗产大会执行主席埃莱奥诺拉·米特罗法诺娃女士英文讲话。

（记者从会场用手机发回的连线）各位听众，我在第三十六届世界遗产大会的现场。就在刚刚，也就是莫斯科时间 18 点 23 分，北京时间 22 点 23 分，我所在的圣彼得堡市斯莫尔尼宫会议中心会议厅内，随着本届大会执行主席埃莱奥诺拉·米特罗法诺娃敲响手中的小锤，现场响起的热烈掌声中，中国元上都遗址成功列入"世界文化遗产名录"。至此，元上都遗址成为我国第 42 处世界遗产。这更是内蒙古自治区世界遗产零的突破。国家文物局副局长童明康，代表参加本届大会的中国代表团此刻正在发言。

正如大会执行主席埃莱奥诺拉·米特罗法诺娃所说，"这一时刻是所有中国人最重要的时刻"。从现在起，历史上因《马可·波罗游记》而闻名于世，因英国诗人科勒律治著名诗篇《忽必烈汗》而令欧美人士向往的"梦幻花园"，神秘美丽地方的代言词，宛如仙境之意的上都城的遗址被送上了世界的大舞台，成为全人类共同呵护的瑰宝。

对于经历漫长 16 年申遗之路的元上都遗址来说，这是期盼已久的等待。但值得一提的是，在本届大会上，元上都遗址前后仅用十多分钟就顺利通过了大会表决。出席会议的内蒙古自治区代表团于莫斯科时间下午 15 点入场，在等待 3 个多小时后，18 点 10 分，大屏幕上出现了元上都遗址资料照片。国际古迹遗址理事会资深专家介绍了元上都遗址的突出普遍价值以及世界遗产委员会的评估意见。伴随着专家的介绍，会场内巨大屏幕上逐一展示元上都遗址的地域图和实景图片。18 点 20 分，大会执行主席埃莱奥诺拉·米特罗法诺娃请世界遗产委员会成员国对元上都遗址项目发表意见。现场，日本、印度、哥伦比亚等 8 个国家的代表相继发言，无异议地表示同意并祝贺中国。

元上都申遗成功了！会议中心外厅沸腾了！在现场，内蒙古自治区政府代表团团长、自治区副主席刘新乐高兴地接受采访，作出申遗成功之后的郑重承诺并向世界人民发出诚挚的邀请。（刘新乐同期：今后，要认真履行联合国教科文组织公布的《国际遗产保护公约》，进一步做好遗址的管理、保护，包括宣传、展示、服务这方面的工作，我们也在这儿欢迎世界各地的朋友们，来到元上都的所在地，内蒙古锡林郭勒大草原，身临其境、亲身感受元上都这个古代草原都城的无限魅力。）

（记者同期声）在场的内蒙古代表团所有成员激动万分，互相祝贺。正蓝旗副旗长道日娜更是激动不已，忍不住流出了喜悦的泪水。（蒙古语同期：我们元上都遗址经过漫长而艰苦的申遗之路，今天成功列入世界遗产名录……作为 8.3 万正蓝旗人民的代表，来参加今天的大会，我现在特别特别激动……这不仅是我们蓝旗的骄傲，也是我们锡林郭勒、我们内蒙古，甚至全中国的骄傲，更是所有蒙古人共同的骄傲。）

（记者同期声）我们相信，兼具游牧、农耕两大文明特点的元上都遗址成功列入《世界遗产名录》，必将丰富世界遗产的突出普遍价值和遗产类型，为保护人类文化多样性贡献一份力量。

【点评】

传播文化　引导舆论

当地时间 2012 年 6 月 29 日 18 点 23 分，俄罗斯圣彼得堡市斯莫尔尼宫会议中心，中国元上都遗址被列入"世界文化遗产名录"。记者用手机连线，发回即时消息报道，周密的前期准备，完善的现场直播报道与采访，简洁凝练，意义深远，给受众强烈的现场感，引发受众热烈反应，激励广大受众对祖国博大深远文化的自豪之情，报道更具感染力和影响力。

三、广播电视新闻传播理念

广播和电视作为当代重要的大众传媒，几乎全世界所有的国家都开办了广播电视机构，已成为家庭不可或缺的信息工具之一。它们改变了信息接收方式及结果，跨越了时间和空间的边界，提供了点对面的传者和受众之间传播可能性，还能给人更为身临其境的体验与感受，已成为现代社会越来越重要的生活情状、思维框架和文化景观。

自 1884 年德国人尼普柯夫发明了可以将影像分解为单个象点的转盘以后，人类就开始了对电子媒体探索的征途，世界各国相继在广播电视事业上开启自己的篇章。1920 年，全球的第一家无线电广播电台诞生在美国的匹兹堡，并命名为 KDKA 电台。KDKA 电台的第一次广播是在 1920 年 11 月 2 日，这是一次惊人的成功。它播出的沃伦·哈丁击败詹姆·考克斯当选为总统的消息。宾夕法尼亚州、俄亥俄州和西弗吉尼亚州的人们都收听到了这一广播。[1]

新闻对国家、社会机构乃至个人都有非比寻常的意义。从 20 世纪 80 年代至今，广播电视新闻节目走过萌芽阶段和发展阶段，越来越受到专业人士的肯定和受众的喜爱。从改革开放至今，伴随着国家政治、文化背景的不断变化，我国广电新闻节目的形态不断更新，新闻理念不断创新。新闻理念的变迁是顺应时代发展潮流的。社会的发展变化以及技术的不断完善都会促使广播电视新闻的传播效果越来越突出。未来的广播电视新闻也必定会回归本源，发挥其独立自主、为民服务的作用。在媒介融合的大环境中，电视与新媒体告别各自独立的状态开始形成关联。互联网、手机等在对电视传播带来冲击的同时，也带来了新的发展契机，在媒介融合的不断推进中，传媒领域发生了一系列深刻的变革："传统媒体向现代媒体转变；单一媒体向综合媒体转变；技术进步推动节目形态的变革；国内宣传向国际传播转变。"[2]广播电视新闻传播理念也悄然发生了下列较大转变：

1. 全球化传播的理念

当今是一个变革的时代，也是媒介大融合的时代，"融媒体""多媒体""超媒体""全媒体"等概念应运而生。这是一个媒体传播的新阶段，新的科学技术的发展带来新媒体的变革，一个世界，多种声音，好比每人面前都摆了一个麦克风，人人都是信息的传播者，社会进入了一个个人传播和大众媒体传播并存的时代，信息的自由度、流动性显著增强，传播环境和传播生态发生了很大的转变。

信息传播突破了原有的国家与地域的局限，全世界都成为一个大的传播系统，各种信息的交换交流频繁，统一的媒介平台上各种声音、各种理念交汇交融，中国媒介与世界接轨，广播电

---

① 张云.广播电视新闻的现状和趋势[J].中国传媒科技,2013(04).

② 高晓虹.电视传播理念的创新思考[J].编辑学刊,2010(01):27-30.

视新闻国际化、全球化传播也势在必行。"走出去"主动传播中国的发展变化,用我们自己的媒介发出中国的声音,力求介入世界的传播体系是当下广播电视新闻一个重要传播理念。

2. "以人为本"的理念

以人为本,就是以实现人的全面发展为目标,从人民群众的根本利益出发谋发展、促发展,不断满足人民群众日益增长的物质文化需要,切实保障人民群众的经济、政治和文化权益,让发展的成果惠及全体人民。广播电视新闻报道"以人为本"的传播理念日盛,民生新闻理念、公共新闻理念首当其冲,民生新闻运用小视角关注百姓生活点滴,注意新闻报道的情感性、地域性和贴近性价值,重视受众对于信息、情感、知识、文化等各方面的需要,彰显了新闻为民的理念。以人为本"就是要坚持以人的权利为核心,以人的需要为宗旨,以人的发展为中心,以人的持续为原则"[1]。以人为本的价值归宿就是尊重受众,变单一的直线性传播为交互式互动传播、多元化传播,报道底层的声音,切实承担起媒体的责任。如 2012—2013 年《新闻联播》的改版,到 2014 年元旦的"卖萌","朋友们都在说,2013 就是爱你一生,2014 就是爱你一世,那就让新闻联播和您一起传承一生一世的爱和正能量吧!"2014 年 3 月 23 日的花开场景,并于下午 6 时,微博"央视新闻"发布消息预告:"今晚 19:00,请锁定央视新闻频道。新闻联播结尾,有何惊喜?敬请期待,扩散周知!"节目更具亲和力,接地气,对接群众需求。

公共新闻(也称公民新闻)观认为,媒体应积极地让受众参与报道重要公民事件的新闻实践,并致力于提高受众获得与认知新闻信息的行动能力,强化公众意识。如地震灾害报道中,地震消息、地震现场、灾难图片、救援消息通过广播电视新闻大量呈现给读者。"我们的报道过多地集中在救援动态和感人事迹上,而忽略灾区需求的信息反馈。灾难报道应当成为救援行动的有机组成部分,给政府统筹提供参考。"学者认为,人本价值理应大于新闻价值,这从某种程度上也反映了广播电视新闻以人为本理念的深入。2012 年,中央八项规定第六项"要改进宣传报道"明确了正确报道的原则并指明了报道方向,也为以人民为中心的工作导向提供了保障。

3. 新闻专业主义理念

美国学者阿特休尔将新闻专业主义理念归纳为四条信念:新闻媒介摆脱外界干扰,摆脱政府、广告商甚至来自公众的干涉;新闻媒介为实现"公众的知晓权"服务;新闻媒介探寻真理、反映真理;新闻媒介客观公正地报道事实。在我国新闻专业理念是新闻媒介必须以服务大众为宗旨,新闻工作必须遵循真实、全面、客观、公正的原则。[2] 新闻专业主义理念的贯彻,防止"媒体审判",尽可能避免来自政府、司法、公众、市场经济利益的各种因素而偏离与背叛新闻专业主义理念。新闻专业主义起源于美国,就目前而言,在中国也已经有一些涉及新闻专业主义的内容,如改变媒体机构工作作风、反对假大空、接地气等。

4. 媒介社会责任理念

我国媒体是党和人民的喉舌,在传播先进文化,传播主旋律,弘扬社会主义核心价值观,营造和谐社会等方面承担着重要作用。2009 年 6 月 19 日,中国广播联盟通过《中国广播联盟章程》,标志着这个由全国 132 家广播电台组成的业务合作组织,步入实质性合作阶段,通过五大

---

① 徐景安.新转折亟待达成的几个新共识[N].南方周末,2007-10-11.
② 李良荣.新闻学概论[M].上海:复旦大学出版社,2005:303.

共享平台,整合资源,信息共享,在合作中实现共赢。广播跨地域、跨媒体的广泛联合,不仅使广播突破了地域的限制,而且引入了更多样化的传播手段,创造出与过去完全不同的多平台传播系统。坚持真实报道,反映民情民意,在扩大受众知情权的基础上为受众提供表达平台,不断提升受众参与能力,以广播电视为代表的主流大众媒体近些年在履行社会责任方面发挥了较好作用。2010年8月,《媒体与企业社会责任宣言》发布仪式在第五届中国传媒创新年会上正式举行,对媒体提出了坚持正确的舆论导向、加强从业人员职业道德建设、恪守公平竞争原则、社会效率第一、提高传播能力、加强自律、立项监督、尊重和保护知识产权共八项要求。广播电视不断增强政治意识、责任意识、大局意识,坚决贯彻"政治家办台"宗旨,提升广播电视新闻传播效度,要求媒体在新闻传播活动中要严格自律,切实承担社会责任。

习近平总书记对新闻报道的正面宣传也做出了新的阐释,即新闻报道要"提高质量和水平,把握好时、度、效,增强吸引力和感染力,让群众爱听爱看,产生共鸣,充分发挥正面宣传鼓舞人、激励人的作用"。媒介要切实当好党和政府同人民群众之间的信息中介和精神导向,这不仅仅是广播电视媒体,更是当下所有媒体不容忽视的一项社会责任。[1]

新闻理念的变迁是随着社会和时代的发展变化而不断推动与调整的。民主政治的推进、科技的发展、社会的变迁、经济的腾飞,无不会加速广播电视新闻传播理念在坚持中国特色的前提与基础上与国际世界的接轨,并促使其传播回归本真。

点评一篇获得"中国广播影视大奖广播电视节目奖"的作品,体会广播电视新闻传播理念的变迁。

案例分析

2011年度中国广播影视大奖广播电视节目奖获奖作品中央人民广播电台《"温暖回家路"记者跟农民工回家》第十四篇《小梅回家》。

男主持:对于远离家乡在外工作的人来说,一张窄窄的车票就意味着团圆和幸福。自己一年辛苦的打拼为的就是在春节回到家中享受其乐融融的感觉。

女主持:从前天傍晚开始,中国之声记者王娴全程跟随在北京的普通打工者王小梅,一路回家。从北京到甘肃天水,1000多公里的路途颠簸,现在小梅已经和家人团聚了,回家的小梅还好吗?家人、孩子,等小梅回去的家又有哪些温暖的点滴?来听王娴的报道。

【王小梅:我叫王小梅,是甘肃陇南西和县在京做家政的一个家政人员,已经四五年没有回家过年了。】

她叫王小梅,三十岁的她离家打工已经十年,做家政,过年是最忙的,2011年的春节,她和雇主说,自己最大的愿望就是回家过年。

【王小梅:去年春节我没回来,我的孩子在家里玩着玩着就在厨房里唱《世上只有妈妈好》,唱着唱着就哭上了,眼泪往下流。其实说这些我心里也挺难受(哽咽),他说为什么人家的妈妈都回来了,我的妈妈怎么不回来。他就哭着给我打电话,从那时候我就想,不管怎么样,过年再难,我一定要回家陪孩子。】

【候车厅背景声,压混】

---

① 郑保卫,杨欣.2013新闻启示录[J].编辑之友,2014(03):6-10.

1月23号下午17点,几经周折拿到车票,穿着长款羽绒服和长靴的小梅明显打扮了一番,提前两个小时站在北京西站的第五候车厅。甘肃省陇南市西和县常道镇川口村,王小梅的家,在16小时火车、2小时山路汽车之外。而此时,在家跑公路客运的丈夫小沈已经赶到陇南火车站附近的旅馆,接她回家。

【王小梅:没多大本事,但是心眼儿挺好的。他那个人不善于表达,但是他心很细,很多时候他只是不说,特别内向。】

【天水火车站背景声,压混】

24号中午11点刚过,手提两个大旅行包,肩背一个大包,王小梅出现在甘肃天陇南车站出站口,她从包之间抽出手来向外面急切地招着,丈夫小沈拎过包去,低语了几句,就急急地走在前面。

把行李交到丈夫手里,小梅说,自己一下子就踏实下来。丈夫开来了去年新买的客运车,夫妻俩到批发市场买了些没备齐的年货,下午15点,到家后的第一件事,是当着儿子的面拆开三个大旅行包。

【王小梅:买了烤鸭,买了火龙果,这应该是他从来没吃过的,这是我给他买的酸奶……】

六岁的儿子沈凯是小梅回家过年最大的动力之一,也许是太久没有被妈妈抱在怀里,孩子显得有些认生。

【小梅:你说,欢迎你们的到来。

沈凯:欢迎你们的到来。

小梅:谢谢你们帮助我妈妈。

沈凯:谢谢你们帮助我妈妈。

记者:你想不想妈妈?

沈凯:想。

记者:你知道妈妈在外面干什么吗?

沈凯:不知道。

记者:妈妈在外面这么辛苦都是为了谁啊?

沈凯:我。】

听到这句话,小梅的眼泪滴在儿子的手背上。

16小时的火车旅途中,小梅讲起自己20岁就出门打工,从每月200块工资到几千块收入的不易,今年,家里所有的外债终于都还清了,她说,不再出门打工的日子终于指日可待。

【王小梅:今年也是年初才盖的房子,他又买了车,手头有点紧。再坚持一两年就回来,回来做个小生意,不出去了。孩子要上学,要照顾他。】

在家门口送别,记者问小梅,老公怎么不说话呀,没事儿多陪陪他。小梅将了下头发,压低声音说,我老公一见面就说我的刘海剪得不好看。

主持人:小梅回家了。相信收音机前的很多朋友现在一定像小梅一样已经和家人操办起年货了。

为了这样一个幸福的瞬间,我们愿意承受寒冬的等候,为了这幸福的瞬间,我们愿意忍受奔波的艰辛。再远的路途也挡不住回家过年的那份急切,在这里,中国之声祝福所有在回家路上的朋友,一路平安。

【点评】

着眼细部　以人为本

（1）以人为本：关注普通百姓，"农民工"作为这个时代一个既普通又特殊的群体，对他们的关注与报道体现了广播电视新闻"以人为本"理念的贯彻实施，也是新闻媒体开展"走基层、改文风、转作风"的落实。对"小人物"的生活片段和情感细节的描述，从不同角度予以展现，在透露出浓浓的人文主义情怀同时也有力地弘扬了主旋律。

（2）细微入手：对于农民工的报道，媒体选择了特定了场景。一年辛苦在外，只盼望春节回家与亲人团聚，春运回家路上的艰辛和期待，家中生活的状况，新春的愿望，成为新闻报道的切入点，特殊对象"回家情节"使得报道在平凡之中见真情。

（3）多种手法：在广播新闻中连续报道的同时，记者还通过微博图文直播，与听众和网友互动，报道形式多样，参与程度深入，形成良好的社会舆论和影响力。

广播电视新闻是基于广播电视媒介载体，通过声音、影像等视听语言符号，对新近发生的事实或正在发生的事实的报道。广播新闻和电视新闻除了具有内容真实客观、传播迅捷、广泛、强渗透、线性传播、顺序接收、传播内容不易保存等共性，还具有各自的特殊性，如广播新闻传播符号与传播通道的单一性，贴身伴随性传播，服务性强，制作简单，重大事件彰显广播魅力；电视新闻现场的纪实性，视听综合，声画兼备。广播电视新闻具有四大传播功能——信息传播、舆论引导、服务受众、文化传承。在新媒介环境下，广播电视新闻体现了全球化传播的理念、"以人为本"的理念、新闻专业主义理念、媒介社会责任理念等四大传播理念。

思考题

1. 广播电视新闻的传播共性有哪些？
2. 在媒介多元化背景下，广播电视新闻传播有哪些改变？
3. 如何理解广播电视新闻基本概念的内涵与外延？
4. 如何理解广播电视新闻传播理念的变迁？
5. 广播电视新闻的传播功能有哪些？
6. 广播新闻、电视新闻各有哪些特殊的传播特性？

第三章 广播电视新闻的传播符号

学习目标

1. 了解作为广播电视传播符号的声音与画面。
2. 理解声音元素中的语言、音乐、音响的特点与作用。
3. 了解声音与画面的组合关系。
4. 掌握广播电视的传播特性。

第一节 传播符号概说

人要传递某种意思(具体事物或思想),需要凭借一定的外在标记(声音、手势、具体的可见物),这些标记即符号,符号是意义的物质载体。依靠符号体系进行意义的传播,人类得以组织生活和协调行动。人的信息、知识的传播必然要通过符号,符号是一切信息、知识的外在形式。从这个意义上讲,人类有意识的传播活动中如果没有符号,将无所适从。符号承载的意义是在人们的互动中创造出来的,它产生于人与人之间的交流和约定,只有人们在互动中分享符号的共同解释时,意义才产生。人们根据他人赋予某个符号(事物)的意义,决定如何与它建立某种联系、采取某种行为。

一、符号学与符号定义

说到广播电视传播符号这个已经在教材中广泛使用的名词,便不能不提到符号学。虽然符号学作为一种理论,是诞生于20世纪初的新兴学科,且是在历史发展的长河中,伴随近现代哲学、逻辑学等学科的发展而不断系统化与体系化的学科,但在具体领域,尤其是传播学领域得到了具体运用。甚至有的学说已把传播学当作符号学的一个分支,那么,运用符号学来进行广播电视新闻要素的传播,也是一种深层的意义表达。

在符号学创始人瑞士的索绪尔和美国的皮尔斯的理论体系中,符号学被认为是研究意义的理论。

索绪尔(1857—1913年)是语言符号学的奠基人,被认为是符号学的创始者,其主要理论贡献主要有:第一,将语言和言语这两个概念区分开来。索绪尔认为语言是抽象的语法规则系统和词汇系统,它潜存于人们的意识之中,是社会产物,不从属于某一个人。言语是说出来的话或写出来的文章。言语是由个人通过运用语法规则将语言单位组织起来的结果,因而言语是语言的具体体现,而语言则是对言语的抽象。这一观点对传播学,特别是对广播电视新闻传播语言特征的研究具有很大启发。第二,将语言的共时性与历时性的研究区分开来。在索绪尔之前,人们研究语言往往是纵向地追溯语言的历史,从历史的角度来解释语言现象,甚至有人认为唯有历时性的研究才是科学的。索绪尔开始对语言进行共时性的研究,即对语言作出静态描写也是一门科学,而且还优于历时性的研究,而历史变化很少在考虑之列。第三,提出语言符号在构成关系系统时存在有组合关系和聚合关系。组合关系与语言成分的线性排列次序是一致的,而聚合关系则以语言项目中一定成分的选择为条件。

　　皮尔斯(1839—1914)是美国著名的哲学家、逻辑学家,实用主义的创始人。他的"符号三元论"把符号解释为符号形体、符号对象和符号解释的三位一体关系。第一,符号形体,也即"符号",是指对某人来说,在某一方面或以某种能力代表"某一事物"的东西。例如"玫瑰"的发音或书写出的文字。第二,符号对象,就是符号形体所代表的那个"某一事物"。第三,符号解释,也称解释项,是"符号形体"所传达的关于"符号对象"的讯息,也就是符号表达的意义。皮尔斯的"符号三元论"将符号的构成解释得更加清晰,应用这一理论,可以更加方便解释所有的符号现象,判断什么是符号,什么不是符号。下面就以索绪尔和皮尔斯的理论来说明符号的分类、特征及功能。

二、符号的分类、特征、功能、表现

　　简单地说,符号是指具有某种代表意义或性质的标识,来源于规定或者约定俗成,其形式简单,种类繁多,用途广泛,具有很强的魅力。符号一方面它是意义的载体,是精神外化的呈现;另一方面它具有能被感知的客观形式。符号总是具有意义的符号,意义也总是以一定符号形式来表现的。符号的建构作用就是在知觉符号与其意义之间建立联系,并把这种联系呈现在我们的意识之中。

(一)符号的分类

　　符号的种类划分,依照其在传播中在具体作品中的呈现而流动,其种类划分不是一成不变的,按照不同的标准有不同的划分:

　　(1)按照符号与其指示对象联系方式的不同进行分类,可以把符号分为信号和象征符号。信号与其指示对象之间有因果联系,如烟与火之类,这类关系是自然的而非人为规定的,可以说,自然界的符号通常都是信号。象征符号的象征方式则以人为约定为主,比如狼烟就被人为约定为敌人入侵时的报警符号。它是人类社会的专有物。正因为象征符号具有约定俗成的特点,它在传播和交际中一经设定并得到社会认可,其使用就具有一定强制性,不能随意更改,否则会使交际和传播效果受到影响。

　　(2)按照符号形态进行分类,可以把符号分为语言符号和非语言符号。这两大符号在传播过程中通常是结合在一起的。这个分类对理解广播电视新闻的符号系统有很重要的意义。无论是语言符号还是非语言符号,在人类社会传播中都有指代功能、意向功能和交流功能。

(二)符号的基本特征

　　符号在广播电视新闻传播中,本身具有一定转换、引申和隐喻,广播电视新闻传播符号成为受众认识世界、了解世界的重要符号工具,其本身具有独特性。

1.抽象性

　　符号学家卡西尔把符号理解为由特殊抽象到普遍的一种形式。"在人那里已经发展起一种分离各种关系的能力。"这种分离各种关系的能力在德国哲学家赫尔德那里,被称为"反思"。即人能够从漂浮不定的感性之流中抽取出某些固定的成分,从而把它们分离出来进行研究。这种抽象能力在动物中是没有的。这就说明"关系"的思想是依赖于符号的思想,没有一套相当复杂的符号体系,"关系"的思想根本不可能。所以"如果没有符号系统,人的生活就被限定在他的生物需要和实际利益的范围内,就会找不到通向理想世界的道路"。

2. 普遍性

所谓普遍性,是指符号的功能并不局限于特殊的状况,而是一个普遍适用的原理,这个原理包括了人类思想的全部领域。这一特性表明人的符号功能不受任何感性材料的限制。此一时、彼一时、此地、彼地,其意义具有相对的稳定性。由于每物都有一个名称,普遍适用就是人类符号系统的最大特点之一。

3. 多变性

一个符号不仅是普遍的,而且是极其多变。我们可以用不同的语言表达同样的意思,也可以在同一种语言内,用不同的词表达某种思想和观念。"真正的人类符号并不体现在它的一律性上,而是体现在它的多面性上,它不是僵硬呆板的,而是灵活多变的"。

卡西尔认为,正是符号的这三大特性使符号超越于信号。相反,人的"符号"不是"事实性的"而是"理想性的",它是人类意义世界的一部分。信号是"操作者",而符号是"指称者",信号有着某种物理或实体性的存在,而符号是观念性的、意义性的存在,具有功能性的价值。人类由于有了这个特殊的功能,才不仅仅是被动地接受世界所给予的影响做出事实上的反应,而且能对世界所给予的影响做出事实上的反应,对世界做出主动的创造与解释。

(三)符号的基本功能及其信息传播中的运用

语言结构是语言的社会性部分,个别人绝不可能单独地创造它或改变它。它基本上是一种集体性的契约,只要人们想进行语言交流,就必须完全受其支配。[①] 交际是符号的基本功能之一,符号的交际功能赋予了符号世界强大的生命力。从符号学的意义上说,人类的交际行为是指人们运用符号传情达意,进行人际间的讯息交流和讯息共享的行为协调过程。在这一过程中,不同的符号具有不同的编码和解码规则。符号情境是人们运用符号进行认知和交际的具体情境,它在交际中主要起限制作用和解释作用,具体表现在表述和理解功能、传达功能、思考功能等,但更多是一种表意,通过符号来解读还原事件、传播信息,获得受众的情感认同,建构其对世界的认知并在更大范围内传播。

符号是约定俗成的社会交际工具,其代表是语言。正常情况下传受双方是在约定的前提下使用某种符号,这一约定是自觉的或不自觉的。受众的选择性注意、理解和接受应该在约定的前提下使用。在信息传播过程中,符号是指传者或受者在特定传播环节中自觉不自觉地使用的符号种类(如电影中的语言、音乐、色彩等)。传者与受者使用共同的或相近的符号体系,才能进行方向明确、目的清楚的沟通。传受双方须具备相应的符号能力,才能就共同话题进行精确细腻的沟通。因此传播学中的符号问题,对于传受双方来说,都是不可忽视的。

从传播学的角度来看待符号的话,可以把人类使用的信息传播符号分为两大类:一类是语

---

① 罗兰·巴尔特.符号学原理[M].李幼蒸,译.上海:上海三联书店,1988:116-117.

言符号,也就是运用概念,做出判断和推理的抽象符号;另一类是非语言符号,也就是直接为人的感觉器官所接受的表象符号。其具体内容我们会在后面的内容里谈到。人类传播信息,主要是依靠语言符号,也经常借助非语言符号。而广播电视新闻传播,从很大的程度上拓展了传播符号的范围,使传播符号的运用及其研究成为广播电视新闻工作及其学科研究的重要环节,在传播的过程中构建广播电视新闻的传播符号体系。

第二节 广播新闻传播符号

广播新闻是用声音传播的节目形态。广播新闻传播符号包括诉诸听觉的语言符号(播音语言、现场语言)和非语言符号(音响、音乐等)。

一、广播新闻的语言符号

语言符号是广播新闻传播的重要工具,它主要体现在主持人播报、主持人现场访谈、记者现场连线、录音新闻等部分。在广播新闻信息传播过程中,主要呈现的是语言符号的声音部分,也就是指言语;但是,语言符号的非声音部分(即文字)在广播新闻的前期制作过程中也发挥着非常重要的作用。从物质性的角度来说,语言符号在信息传递的过程中发挥着非常重要的作用,是广播新闻中不可或缺的信息传递的重要工具。与此同时,非语言符号在表现广播内容的现实性以及塑造艺术性方面也具有重要的意义,它直接或间接地承担着传播的任务,影响着传播效果。

(一)语言和语言符号

语言是最重要的传播信息、交流思想、沟通情感的工具和媒介。为了对语言有一个清晰认知,首先我们需要来了解一下整个言语活动的过程。言语活动的信息传递过程是在说者和听者之间不断循环的,可以把此传受过程分为五个主要步骤:①出发点在说话者的脑海中,在这里,意识是与语言符号的表象或音响形象联系在一起的;②大脑把与音响形象有相互关系的冲动传递给发音器官;③声音以声波或无线电波等方式从说话者(传者)的口腔传到听话者(受者)的耳朵;④声音从听话者的耳朵传到大脑;⑤在听话者的大脑中,音响形象和相应的概念在心理上连接起来。如是,一个单向的传递过程就可以说是完成了。在这个过程中,第三个环节,也就是声音从说话者(传者)到听话者(受者)的传送,属于物理过程。第二个环节和第四个环节,也就是说话者(传者)把音响形象传递给发音器官,以及听话者(受者)把声音转为听觉形象,属于生理过程。只有第一个环节和第五个环节,也就是传递过程的起始和结束部分才属于语言现象。在起始的部分,从意识到音响形象,是一个主动执行的过程,会带上个人的风格和特征。在结尾部分,从音响形象转化为相应的概念,是一个被动接受的过程,具有社会性特征,这个被动的过程对形成统一的语言具有决定意义。语言,是言语交际中定位于听觉形象和概念相连接的那一部分,也就是上面所讲到的第五个环节,它具有社会性,依托于语言共同体的成员间共同理解的约定俗成的语法体系。

在言语活动中,语言是抽象的,它存在于谈话者中,也存在于听话者中,但它并不露面,只是以言语和文字的形态出现。言语是一种听觉形象,文字是一种视觉形象,二者综合起来的结合体,就构成了语言符号。

(二)广播新闻语言符号的类别

按照在广播新闻中语言符号使用者的角色不同,可以把广播新闻的语言符号分成以下三类:新闻播音语言、新闻报道语言和实况语言。

1. 新闻播音语言

新闻播音语言主要体现在单纯使用语言这种声音形式来传达新闻内容的节目中,通常由主持人在播音室完成,并且有事先准备好的文字稿。该文字稿可以是记者编写的新闻稿,也可以是编辑或者主持人撰写的节目串联词。无论是哪一种形式,都需要遵循媒体新闻写作的规范。相对而言,言语活动的标准性和规范性是比较明显的,这有助于淡化主持人的个人性和随意性,强化媒体形象的统一性。

2. 新闻报道语言

新闻报道语言主要体现在录音新闻或现场报道中。具体来讲,在录音新闻中,它是指记者现场采访所运用的语言;在现场报道中,主要指记者现场解说或者连线所运用的语言。记者在采访的过程中一般是没有文字稿的,此时记者编辑为报道新闻而播讲报道词、解说词时候使用的语言是需要依托记者的现场反应和语言运用能力的。新闻报道语言同样需要遵循新闻报道的真实性和客观性的原则,只是相对而言,口语色彩比播报语言略高,现场感和交流感更强,会比播音语言更加自然和生活化。

3. 实况语言

实况语言主要是指在新闻现场或播音室接受访谈的人员所运用的语言。这类语言的形态相对比较多样,它与被访者的身份、职业、文化水平和年龄等因素紧密相关,真实反映新闻事件现场的情况。除此以外,随着新闻节目形态的丰富,有越来越多的播音室访谈出现,这个时候的主持人语言介于播音语言和记者语言两种形态之间,语言运用也需要兼顾规范性和交流感。

(三)非语言符号

广播新闻非语言符号包括音响符号和音乐符号,它们在广播信息传递中也起着极为重要的作用。

1. 音响符号

音响符号从内涵上说,是指在语言符号之外的、能够传递信息并承担意义的声音符号;从外延上说,包括事实音响和修饰音响;从特点上看,它虽然没有语言符号的逻辑性、意义性,但有时更直观、更真实,运用好效果更佳。电视新闻传播中的音响可以增加信息传播的容量,但应注意采录具有典型代表性的音响。

(1)事实音响。事实音响就是指现场采录的各种声音。广义上它包括言语音响和环境音响。按逻辑标准严格来分类的话,现场语言当属有声语言符号,但现场人物的语言与背景音响符号实在难以一分为二,它们本身就是一个不可分割的整体,所以我们也把现场人物的语言列入音响符号。事实音响最显著的特征是真实性。

①言语音响。言语音响是广播中最能够体现出现场感和生动性的声音,在广播新闻中,它具有极强的真实性和感染力。尤其是那些紧扣主题的典型音响,从某种角度来说,它的说服力和影响力甚至远远超过记者解说的力量。但需要注意的是,不能为了音响而音响,在选择的时候,需要选取那些能够真正代表事件意义、展现人物性格或隐含精神内核的言语音响。

②环境音响。有声语言符号之外的声音我们都统称为环境音响，包括各种自然的声音，如风声、雨声、水声、雷声，也包括各种动物的叫声、行动声，如蛙鸣、马嘶、猿啼、狮吼、虎哮等，还包括生活当中的机器、器物、人群等多种声音。这些声音和语言符号相比可以说是"虚"声，发挥"虚实相生"的作用与效果——它和有声语言联合，从而强化了语言符号强调的意义和场景。从局部来讲，有时环境音响可以单独表意，也可展现象征意义，或者起到转场时的切换作用。

（2）修饰音响。修饰音响是指音响作为一种结构性的符号来使用，比如，若干条新闻之间的间隔。其功能一是便于受众收听和消化理解，二是特殊声音符号刺激可引起听众的注意。

2. 音乐符号

音乐符号也是一种交流情感、沟通思想的符号。音乐的基本要素是指构成音乐的各种元素，包括音的高低、长短、强弱和音色。由这些基本要素相互配合，形成音乐常用的形式元素，例如，节奏、旋律、曲调、和声、力度、速度、调式和曲式等。而这些元素的不同组合可以呈现出不同的音乐，也能表达出不同的感情。在广播新闻中，音乐是广播传播符号的重要组成部分，尤其是文艺类节目非常必要的组成成分。

我们就广播新闻中的音乐符号的内容和形式两个层面来分析其具体运用：①在内容方面，音乐符号即是广播新闻必不可少的内在要素。在和音乐有密切相关度的新闻中，比如说新闻事件发生地是在有音乐的场所，音乐可能会作为实况音乐出现；它也是新闻事实的有机组成部分。另外，在音乐直接被用作背景音乐存在于广播新闻之中时需格外注意，因为新闻作为一种对真实性和客观性要求很高的媒介形态，音乐的加入可能会削弱其特性，所以在新闻中所加入的音乐，应该慎重地选择，适度添加，从而可以起到深化主题、表达思想并且增加传播效果、提升报道主旨的作用。②在形式方面，音乐作为修饰音响来运用，主要是用于频率标识音乐、栏目标识音乐、片头片尾和片花，担负着在节目中配合辅助其他传播要素的功用如开始曲、间隔乐、配乐等。

3. 无声语言

无声语言是广播新闻信息传播中的一个特殊的元素。严格说来，它既不是语言符号，也不是声音符号，但有时却能传达更深的情感和更大的力量，起到无声胜有声的效果，增加了传播符号表现的层次感，创造了独特的意境。正如沃尔夫冈·韦尔施所说："在感官蒙受的轰炸之中，我们需要些间歇地带，需要有明确的停顿和安宁。"①无声语言是广播新闻信息传播中的留白，适当的留白和间歇比音响符号和音乐符号更具震撼力。

二、广播新闻传播的语言要求

广播新闻主要是靠有声语言来传播。而广播新闻的有声语言是为新闻采集、制作和传播的目的的服务的，它要求权威性，但又要不失亲切感；它要求规范化，但不等于公式化。整体来说，它要求准确但不失生动，简洁但不失具体，通俗但不失深刻。

1. 准确

所谓准确，一是指语言的规范性，特别是普通话的规范性，语言的使用需要同当时当地的客观实际相吻合，不可言过其实，这是广播新闻基本语言要求；二是指语言之间的相互搭配要

---

① 沃尔夫冈·韦尔施. 重构美学[M]. 陆扬, 张岩冰, 译. 上海：上海译文出版社, 2002：232.

符合语法规范,句子之间的衔接需要流畅严密,语句的用词需要恰如其分,准确无误。对于广播新闻来说,因为它是声音媒介,所以在语言的准确性上有更高的要求,必须实事求是,不能含糊其词,不能模棱两可,不能夸大也不能缩小。具体说来,主要有以下几个方面:

(1)结合上下文的具体语境,把句中的单音词尽量变换为双音词,比如"将""但""虽""已"需要变成"将要""但是""虽然""已经"。

(2)注意要对句中同音异义词进行适当调整,比如"报道"和"报到"、"不详"和"不祥",可以对词语的上下文进行交代或者把当中的动词和宾语都变换成为可以完整表意的词语。

(3)尽量少用代词,鉴于广播在播出时的线性状态,如果受众在收听时没有听到上文,这时候的代词"他"或者"他们"就会影响受众对播出内容的理解,从而影响传播效果。

(4)多用动词,少用形容词,动词能够尽量真实地反映现场状况,而过多的形容词会影响新闻的真实性。

(5)尽量少使用简称或对句中的语言进行简化。

(6)注意地名或者姓氏等有些专属用词的发音。有些看上去熟悉的字可能在专属用词中并不一定读我们日常熟悉的音。

(7)不要用比较含混的字眼来代替可以表明的具体时间;有的用"许多""无数""广大群众"等比较笼统的语句来代替可以表明的具体数量;有的则用"大概""差不多""可能"等模棱两可的语句来代替可以具体表明的程度。

2. 生动

生动是在准确基础上对新闻更高层次的要求,这要求在遵循客观实际的基础上,能够让听觉的东西变得可视可感,在用词的基础上达到字斟句酌、恰到好处的要求,具体来说可以注意以下几个方面:

(1)多用具体事实,少用抽象概括。广播唯一的传播符号就是声音,作为唯一的传播工具,具体的说明能够更加有效地吸引听众的注意力,保证传播效果。

(2)数字不宜过多,注意形象化。如果在广播新闻中连续列举多个数字,会使得听众对每一个数字的印象都非常模糊;如果只是用单纯的数字加计量单位的方式来说明新闻事实的话,又会影响听众对客观状况的理解。在类似的情况下,换用(或者补充一些形象化的直观的表述会比较有利于听众对广播内容的接收。

(3)音调要讲究,注意平仄变化。音调音响的和谐压韵可以从形式上增加广播文本的生动性,让听众感觉到广播内容的易懂好记和朗朗上口。

3. 简洁

简洁是指说话或者行文简明扼要,没有多余的内容。新闻要求迅速及时,这就决定广播新闻传播语言要简明扼要、开门见山、直截了当。但是,简洁不等于简单,它更多地是指落实在行文结构上的语法原则,如多用短句,少用长句;多用简单句,少用复合句;句子成分明确,语意严谨;线索清晰,逻辑清楚等。

4. 具体

新闻要求用事实说话,而事实不是抽象的,它由时间、地点、人物、事件原因、事件经过、结果等因素构成,因而新闻语言必须具体,应当少用抽象的概念。这就要求如实地记叙具体人物、具体事件及其起因和结果、具体时间、具体地点、具体经过,也要求具体形象的现场描写、细节描写等。

　　写新闻不同于诗词歌赋,从语言的角度来说,总以平实朴素为宜,加之新闻要求完全真实、节目篇幅有限等原因,写新闻不能采用合理想象和虚构的手法,并应讲究表达上的简练和质朴。因此,新闻报道更多地运用白描手法。尤其是写人物或场面,需要语言上的概括和内容上的具体。怎样才能把新闻写得简洁、精炼呢? ①一条新闻只报道一件事实或只写出一个人物。这样,内容和结构都比较简单,容易做到条理分明、头绪清楚。如果报道的事件比较复杂,牵涉到的人物较多,可以采用分解报道的办法,化长为短,化繁为简。②直接写事实。不要穿靴戴帽,要学会精选事实,让事实说话,把事情来龙去脉交代清楚,干净利落。③直接叙述事实本身,不要作过多的解释。

5. 通俗

　　新闻是人们普遍关心的事实,有群众性。不论是知识分子,还是识字不多的人,都要通过媒体了解国内外大事。要用最接近口语形式的书面语写报道,尤其是广播。具体要求主要有:①少用专业术语,多用大众话。专业性强的语言本身就难以理解,再加上是通过声音的媒介来表达,就更容易增加理解上的困难。汉语本身多义,专业术语有些和字面的意思并不一致,很容易造成误解。所以,要转换为大众话语,浅白通俗地表达出来。②少用生僻字词。广播作为单向线性传播的媒介,生僻字词的出现,会延长受众的理解时间,同时也有可能耽误对下文的收听和理解,在广播新闻文稿的写作时,应尽量少用生僻字词来避免这种情况。③不用文言文,也不可半文半白,除非特殊语境。这是说文言文、半文半白的语言不适合现代生活和受众,尤其是广播媒介这点表现就更明显、明确。不是特殊情况(比如评价古人的话语,如"三人行必有我师焉"等),则避免用这类语言。

　　需要强调的是,广播新闻语言的通俗易懂,并不是否定内容的深刻性。新闻既要陈述事实,更要传递思想,在呈现事件现象的同时也要由表及里地再现社会内部的深刻关系。通俗易懂的广播新闻语言表达的是具有深刻内涵的报道,这就更要求广播新闻文本有清晰的脉络和深刻的主题思想。

第三节　电视新闻传播符号

　　电视新闻是人们获取信息的重要途径,电视是声、画的艺术,电视新闻传播符号是电视新闻传播价值得以实现的重要表现手段,电视新闻传播中对传播符号系统的构建直接影响到电视新闻传播效果。电视新闻信息是传播的主要内容,符号是信息的外显形式,媒介是负载符号的物质实体。对传播符号的功能属性能否恰当运用,直接影响电视传播价值的实现。

　　电视传播符号是指在电视信息传播过程中承载、传达信息的各类符号系统的总和。电视新闻传播具有声画兼备的传播特点,除了有声语言、音响、音乐等传播符号外,还有直接用人眼感受的图像画面和文字。一般把电视传播所运用的传播符号分为可视性符号系统和可听性符号系统。

一、电视新闻的可视性传播符号

　　电视新闻传播具有声画兼备的特点,其可视性传播符号有两类,即造型符号和文字符号。

（一）造型符号

造型符号是一种非语言符号，其意义在于其自身是一种难以用语言来表述其中模糊而又具体的信息，它是多通道的、无序性交叉传播的。《电视艺术辞典》中对其的解释是："艺术家用以构成视觉形象的各种因素，体现创作构思的造型手段和技法的总和"①。电视图像离不开造型符号，具体包括形体符号、表情符号、服饰符号、色彩符号、空间符号、图表符号、照片符号、节奏符号、特技符号、角度符号等。

1. 形体符号

在电视图像画面所有的要素中，形体符号是最基本的语言表达要素。人们对客观事物的感受，首先是对形体的感知。人的形体动作，有着十分丰富的内容和涵义，身体的动作、姿势不是一种简单而普遍的符号，实际上代表了丰富、特殊的信息，具有丰富的表现力。例如，吵架时用手指对方就表现了极度气愤和激动。形体语言中还包括了眼神的接触所产生的语言，一些目光交流中包括了窘迫、敌视、猜疑、镇静、埋怨等多种信息。

人体在镜头中的呈现，根据正面、侧面、反面、仰面、俯面等不同角度会呈现出不同的体态力度。对人物的拍摄时，远距离拍摄信息量较为丰富，但景像小，不利于突出主体，更多交代了环境信息，而近距离拍摄的主体突出但信息量有所减少。摄像时的光线对比和明暗变化也会对拍摄主体产生不同的影响，受光或者背光会让主体产生不同的形与影，从而呈现出不同的传播效果；焦距的变化会产生虚实的转换，从而塑造不同的影调，起到修饰形体、突出重点的作用。当然，在实际的电视新闻传播中，形体符号还会伴随传播内容以及新闻主播和出镜记者的互动中产生出更多丰富的内涵，这是需要在实际新闻信息传播中去进行更深一步的把握和开发的过程。

2. 表情符号

人类面部的肌肉运动引起的表情也是传播的重要内容之一。喜怒哀乐都可以在表情中反映出来，笑、哭、皱眉、咬牙等表情，都可以表示不同的信息传播。但是表情语言很难同它的背景区分开来，在不同的环境下不同的表情又会有不同的解读。眉目传情或者眉开眼笑抑或是眉飞色舞，都是传达出电视新闻信息传播的有效手段。表情符号是依靠人面部感官的动态反应来传递信息，所以也叫面部表情语。面部与其他体态相比较，表情达意最直接、最丰富、最微妙，它给观众的第一印象，常使观众过目难忘。丰富的表情富有感染力，但应注意和内容合拍，不可过分夸张。

3. 服饰符号

穿着服饰也是一种语言，不同场合、不同民族、不同职业、不同年龄、不同性别等差异，都会在人们的穿着打扮上有所反映。从某种意义上说，任何一种打扮，都有意无意在透露着某种信息。作为传播具象信息的电视画面，不同着装所传播的情绪和意图不可忽视，注意对不同服饰语言的选择和运用，将使画面人物个性更加突出，现场气氛更加浓郁，画面信息也更加丰富。具体到电视新闻的画面表现中，通过服饰符号传递不同的节目特性和信息表述以及情感表达，例如财经类新闻节目主持人的穿着多为时尚干练，而民生新闻节目的主持人则多会穿着简单

---

① 许南明.电影艺术辞典[M].北京：中国电影出版社，1986：417.

大方,较为平民化。

4. 色彩符号

色彩作为一种传播符号,它会使得画面产生强烈的现实感。通过对色彩的运用,发掘出其象征意义也是电视新闻传播的惯常做法。色彩的象征意义通常凝结着传统习惯与民俗特点。受众对色彩的感觉既能形成一种哲学思考,也可以调动其自身的情感和心理参与感。一般说来,颜色通过其象征意义来表达一种情绪和感受,但对不同国度和文化背景的受众来说,颜色产生迥异的含义。红色通常代表着热情、活泼、热闹、温暖、幸福,是我国文化中的基本崇尚色,它体现了中国人在精神和物质上的追求,象征着吉祥、喜庆。在中国文化中,白色与红色具有相反的意义,白色是枯竭而无血色、无生命的表现,象征死亡、凶兆。另外的一些颜色,如紫色、黄色、蓝色、绿色、黑色、灰色则分别代表不同的象征意义。不同文化之间颜色象征意义都是在社会发展、历史积淀中约定俗成的,是一种永久性的文化现象。它们能够使语言更生动、有趣、幽默、亲切,更能够在电视新闻节目的传播过程中用来表情达意。

5. 空间符号

平日生活或工作中,人们的空间距离一般分为四种区域:公共区域,如较大的报告会上主讲人与听众的距离;社交区域,即人们在公众场合交谈接触的距离,有学者测算大约为 1.5~2 米左右;个人区域,一般指公务活动中两人接触的较小距离,大约 1~1.5 米之间;密切区域,特指具有亲密关系的人。如家庭成员之间的相处,往往会在 1 米以内的近距离,身体很容易相互接触。这里所说的空间符号,指电视画面中出现的人与人之间的距离或人物与景物、事物之间的距离,可显示人际关系的亲疏,可显示人物与景物、事物之间的有机联系、主次关系或烘托陪衬关系。空间符号传达的语言信息,在一定程度上构成了电视新闻传播的信息和内容。

6. 图表符号

在电视新闻中,有些历史事实是无法再现的,一些抽象的东西以及统计数据很难用语言表达清楚,所以需要依靠图表符号来辅助表意,较为简洁明了、形象地表述一些抽象、枯燥的资料、数据,观众接受起来也更方便。图表作为实证材料的一种,可以直观地运用数据示意图说明历史与现在,并且在此基础上理性推演出未来的趋势,同时给观众也留下思考的空间。简化、形象、直观是图表符号传达信息的优势。

7. 照片符号

电视新闻大多是由活动图像加有声语言组成的,但是有些新闻由于时过境迁或条件限制,摄影机未能及时捕捉到现场画面,只能做口播新闻。这种情况具体可分两类:一种是在画面内出现播音员或主持人的头像;另一种是屏幕内只用一些现场的新闻照片加一些文字标题。用新闻照片作为电视新闻传播符号的构成要素一直被电视工作者作为一种传播表现手段使用。用新闻照片充实到电视新闻传播中,作为增加新闻信息传播的一种方式,不失为一种有效的手段。

8. 镜头与特技符号

画面的快慢镜头,淡入淡出,以及镜头的变化、渐变、电子动画、特技声音等,都可以列入特技符号的范畴。此外,电视新闻传播中,电视画面是镜头的选择与排列的过程,并按照创作者的思想和表现意图组接后形成的一个完整产品,镜头符号在电视新闻传播中也可以阐明事实、传递信息、舆论引导、表情达意,增强新闻的表现力和感染力。

(二) 文字符号

《辞海》认为,文字是记录和传达语言的书写符号,是扩大语言在时间和空间上的交际功能的文化工具,对人类的文明起很大的促进作用。① 自从文字诞生以来,就承担着信息传播、文化传承的功能,在大众传播媒介和新媒体并存的传播环境中,文字符号以其特有的传播方式和影像符号共同传播新闻信息。

1.电视新闻传播中文字符号的分类

(1)画内文字,是指电视镜头内拍摄对象中所包含的文字,比如会议标语、横幅、广告牌、路标等,这类文字也带有新闻要素,在一定程度上可以传达出新闻信息,起到画龙点睛和突出报道主题的作用。在采访摄像过程中要注意对这类画面的合理运用,但是也要注意拍摄完整的画面,以防因画面不完整从而产生歧义甚至理解歪曲,误导受众。

(2)屏幕文字,是指在电视节目的后期制作中,节目制作人员根据表达内容和主题的需要,利用电脑技术添加上去的文字。屏幕文字的表现形式具体又可以粗略分为四类:①标题式或提要式字幕,即配合电视图像打上的字幕,或点题或提要,大多数是在图像边幅位置上打上一行或者两行字幕;②插入式字幕,即为了播报即时发生的重大新闻,又不打乱原有的电视新闻节目播送顺序,可在屏幕下方穿插一行滚动式字幕,采用一句话新闻或简讯的形式播报有重大新闻价值或前方记者刚刚发来的简明新闻;③整屏阅读式字幕,即用整个屏幕展示一版文字稿,长些的稿件可以逐渐往上移动,移动的速度应控制得当,以免影响受众的阅读;④注释式字幕,即配合图像上人物谈话内容而打上去的同步注释字幕,一般在出镜记者对新闻人物现场采访中使用较多。

2.电视新闻传播中文字符号的功能与作用

(1)视、听、读三位一体,加深了信息记忆深度。根据传播学者研究的数据表明,媒介信息传播的过程中,阅读文字能够记住 10%,收听语言能够记住 20%,观看画面能够记住 30%,边听边看能够记住 50%。电视新闻视听结合具备了记忆优势,再加上阅读文字的感知通道,就能够加深综合记忆深度。

(2)随时插播屏幕文字,保证重大新闻的时效性。重大新闻的发生又有不可预知性,所以当有重大新闻发生时,插入行进式的字幕新闻,既可以保证原来的节目计划照常进行,也能保证重大有价值的新闻及时播出,从而大大提高了电视新闻的传播价值和效率。

(3)阅读与收听的一体性,使受众易于接受。声音与文字同步播出,观众既可以看又可以听,易于接受和理解。现在一些电视台用电视屏幕文字来播发各报纸的文章摘要和评论等,正是一种视、听、读合而为一的电视报纸,具有容量大、传播迅速、易于接受的特点。但在播放过程中,电视屏幕文字的显示是有讲究的,一般说来,应该在电视新闻的图像与声音出现 8~10秒后再显示屏幕文字,以强化声像效果,而不能喧宾夺主地争夺和干扰受众的注意力;屏幕文字可保留 10~15 秒钟再消失,让受众感知而不必留长久,以免产生干扰画面与声音的副作用。

(4)帮助受众更好地理解电视新闻传播的信息。电视新闻在对一些人物的采访中,由于语言的不同,观众对新闻传播内容信息的理解或多或少会形成障碍。注释性的文字字幕是必不可少的,可以对画面起到辅助说明,补充内容与信息的作用,从而帮助观众更好地理解信息。

二、电视新闻的非可视性符号系统

电视新闻传播的非可视性符号系统主要指的是声音符号,其可分为有声语言符号和非有

---

① 欧阳宏生.电视艺术学[M].北京:北京大学出版社,2011:152.

声语言符号两种。有声语言丰富了电视新闻传播的信息量,表达画面信息以外的复杂多样的内涵和意义。"一个完全无声的世界……在我们的感觉上永远不会是很具体、很真实的;我们觉得它是没有重量的、非物质的,因为我们看到的仅仅是一个视像。只有当声音存在时,我们才能把这种看得见的空间作为一个真实的空间,因为声音给它以深度范围"[①]。电视声音可以表情、表真、表意。电视声音一般分为语言、音响、音乐三大类,它们各自发挥自己的功能:语言以表义和传达信息为主;音乐以表情为主;音响以表真为主。按照语言符号的分类,电视声音里的语言属于语言符号范畴,是电视节目叙述内容、情节的主体。音乐和音响属于非语言符号范畴,它们强调画面空间的真实感及多层次的表现力。[②]

(一)有声语言符号

语言符号也是电视新闻信息传播的主要载体,在这里所谈的语言符号主要指的是有声语言。有声语言能够表达丰富复杂的意义,能够充分满足生活交际的需要。有声语言通过一定的语言表述,描写、反映客观现实,表达思想、感情和观点,其内容可以说是无所不包的,人的认知能力所能达到的范围,也即是有声语言所能达到的范围。电视新闻传播中的有声语言又包括播音语言和现场语言两种。

1.播音语言

播音语言是由专职的播音员主持人用来播报新闻的有声语言,具有简明通俗、完整准确的特点,可以"延伸画面,扩大信息量,补充画面不足,挖掘内涵,渲染气氛,提升主题,连接画面实现语言蒙太奇,顺利过渡转场",从而完整地形成对新闻事实的表述。

2.现场语言

现场语言又称画内语言、人物同期声,是由录音设备在新闻现场采录下来的人物的真实说话声,包括新闻人物的讲话、记者的采访,以及记者的现场叙述语言等。对现场语言的运用,一定要注意控制时间节奏,用的太长、太滥,会使节目缓慢拖沓,影响传播效果。

(二)非语言符号

非语言符号主要包括现场音响和音乐符号。

1.现场音响

现场音响又称实况音响,是伴随着电视画面一起记录下来的来自新闻现场的除了人物语言、音乐之外的所有声音的总和,包括自然环境的声响、动物的声音、机器工具的声音、人的动作发出的声音等。电视新闻节目中的现场音响,与现场语言,合称同期声。现场音响以其对现场环境的逼真刻画,深化了画面所不好表达或不便表达的深意,具有强烈的感染力和表现力,具体来说具有如下的作用:渲染气氛,点染画面,增强节目的现场性和真实感;突破画面限制,扩大信息传播的总量,产生 $1+1>2$ 的效果;衔接电视镜头画面,使镜头的组接及切换流畅自然,利于情感表达与深化。

2.音乐符号

音乐作为一种声音艺术,当其和电视画面有机地结合在一起时,可以强化画面语言的感染

---

① 贝拉·巴拉兹.电影美学[M].北京:中国电影出版社.1986;216.
② 黄匡宇.电视节目编辑技巧[M].北京:中国广播电视出版社.2008;161.

力和概括力,深化内容、主题的表达,通过音符和旋律,观众对节目有更深的理解和解读,获得更深层次的审美感受。音乐在电视新闻传播中的类别极其丰富,按照不同的标准,可以分为不同的类别,如主题音乐、背景音乐、主观音乐、客观音乐等,其惯常所用有以下两种:

(1)现场性音乐。它作为新闻事件的一个组成部分,由录音设备同步采集录制下来,如电视新闻中某条演唱会或晚会新闻中的现场音乐声。在这种情况下音乐不具有抒情意味,只是作为新闻报道和信息传播的客观佐证,用来增强电视新闻的真实性,彰显现场感。

(2)背景性音乐。背景性音乐在电视新闻节目中特别是综合新闻节目中的运用较少,而在专题类新闻中出于抒发感情、深化主题的需要会有意识地用到。这是以画外音乐来抒发感情,补充、加强作品的内在感情,深化主题,起渲染烘托深化作用。

三、电视新闻传播中的声画关系

电视新闻传播是声画艺术,也是画面、有声语言、音乐、音响综合协调运用,系统完整展现新闻信息。各构成要素、各种形式和关系的不同组接、交叉和混合,会营造不同的传播效果。

(一)电视新闻传播中声音与画面的特性

声音和画面是电视新闻传播的主要元素,它们是不同的表现方式,在电视新闻中相辅相成,各自发挥独特的功效。

1.画面

画面是电视新闻、电视节目的基本构成单位,是一种现实感、真实性很强的艺术语言,电视画面具有如下的特征。

(1)连续性。电视画面以远景、全景、中景、近景、特写等不同的景别连续表达电视新闻的详细内容、具体情景、突出细节。

(2)再现性。电视画面能够再现现场情景,表现正在进行中的情景。

(3)选择性。电视画面是经摄录者精心观察与选择过的,有主观因素的作用,不存在完全的纯客观的电视画面。

(4)多义性。电视画面虽然客观记录了现实情景,但画面本身往往无法确切表达其深刻的内涵及其背景,或者说画面只是展示与再现,无法深入解释与论证,因而电视画面较难离开有声语言而独立进行信息报道与传播。

2.声音

电视新闻中的声音由有声语言、音响、音乐等要素组成,声音在电视新闻传播中具有独特的作用和功效:

(1)声音大大扩展了信息传播的内容范围,突破了画面只适合表达当前形象化信息的局限,可跨越时间、空间表述事物与事件,又可阐述深刻思想和抽象思维。

(2)声音加强了传播内容的真实感和亲切感,特别是同期声的运用使现场感更强,情感色彩更浓郁。

(3)声音还能渲染环境,烘托气氛,刻画人物心理,增强电视新闻传播表现力的立体感。

(二)电视新闻传播中的声画关系

1.电视新闻传播中画面与声音的主从关系

电视传播符号的两大系统相互之间的关系,具体来讲,就是画面和声音的关系。在电视界,"电视新闻究竟是以画面为主还是以声音为主"的争论一直存在。大体来说存在"主声说"、"主画说"和"声画双主体构成"这三种观点。

(1)"主声说"。这种理论最早可以追溯到 20 世纪语言学和语言分析哲学的发展。持"主声说"观点的学者主张"光是图像信息,情节不完整"、"抹去画面,光听有声语言也能获得完整信息"。不可否认的是,这种理论夸大了声音和语言的作用,忽视了画面的述事能力的客观存在,轻视画面的作用。

(2)"主画说"。持"主画说"观点的学者认为电视的主要特性就是形象传播的实证性、现场感,是以电视活动画面为主,声音作为解说词,是为画面服务的,只是起到"解释""说明"和"补充"的作用。这种说法夸大了电视画面的作用,贬低了声音的价值。

(3)"声画双主体构成说"。可以说,在一个完整的电视节目中,声音和画面都是不可或缺的,各有各的价值,并且两者也不可分割。电视新闻传播中,这两种元素担负着不同使命,或音画同步,互相对应,或声画并行、交叉,互相补充,两者各有所长且融为一体。画面是电视新闻传播的基础,是声音的载体,传达给观众的是具体的、形象的、直接的视觉的感受。而声音可以补充说明画面,依托画面创造一种意境和想象,表达画面内在的深层次的含义。声音这种相对抽象的听觉感受和具体的视觉感受之间的相辅相成,形成整体,既各有表现特性,又达到声画协调、配合的统一,创造出一个艺术化的视听世界。

2.电视新闻中的声画组合关系

画面和声音在电视新闻传播中有着各自的特殊功能,如果配合得当,则会产生综合化、立体化的传播效果。在电视新闻传播中,画面和声音的组合关系主要有以下三种方式。

(1)声画同步。

声画同步是指电视新闻报道中,画面和画面中的声音是同步呈现的关系,这种组合关系又称声画合一,是画面与声音组合方式中最为常见的一种,观众看到画面的同时,也能听到由画面中声源发出的声音,这种声音也被称为"可见的声音"。声画同步,能够加强画面的真实感,提高视觉画面的感染力。声画合一对时空环境和事件的再现真实自然,能够客观展现事件的真实性与现场感,声画同步发生、发展,视听高度统一,新闻内容更加真实可信,也更利于烘托现场气氛和环境。

(2)声画分立。

声画分立,也称为声画分离,是指画面中的声音与画面不同步出现,声音通常是以画外音的形式出现。在这种组合关系中,声音与画面二者在形式上具有相对的独立性,声音与画面通过分立的形式达成相互的统一。例如,电视新闻报道中的解说词与画面就是一种声画分立的组合形式,而声音的作用被突出,可以起到衔接画面、转换场景、介绍人物关系、评述事件等作用。

(3)声画对立。

声画对立是声音和画面相互独立又相互作用的结构形式。从形式上看,声画对立属于声画对位,但从内容上看,声画对立是声画合一的对立表现,声音和画面所提供信息存在着矛盾或反差,二者通过相反或相对立的关系,表达出反差、矛盾、对比等更为复杂的内容和更为深刻的思想意义,这也即哲学上的对立统一关系。

声画对立,意味着声音与画面在情感、内涵、氛围、节奏等方面恰好是矛盾或对立的,存在反差,而恰是由于声音与画面的这种差异、对立、错位、相反,才更有力地形成一种对比和对照,从而用此种方式更强有力地表达出正面正向的意义、价值。声画对立的哲学与美学根据是对立统一的辩证法,而其现实依据则是丰富复杂的社会生活。动与静、热与冷、喜与悲、轻与重、快与慢等多种多样对立统一的关系,使电视新闻传播因此而深刻、丰富,取得更好的表达效果。

在电视新闻传播中,要防止把声画合一误解为"看画解说";将声画分立和声画对立变为声画两张皮,割裂了二者之间的有机联系。有的电视新闻传播中出现"万金油"式的图像,利用声画的不确定性对画面作任意解读和信息的含混传播,也是完全违背电视新闻传播声画之间的组合规律的。

思考题

1. 什么是电视传播符号? 具体包括哪些?
2. 对画内文字和屏幕文字进行比较,阐述电视屏幕文字的作用。
3. 可听性符号系统包括哪些? 试举例说明现场音响在节目中的具体运用及其作用。
4. 如何理解电视新闻中声音与画面的主从关系?
5. 举例说明电视新闻中声音和画面的不同组合关系。

第四章 广播电视新闻的报道体裁

~~~~~~

学习目标

1. 了解广播消息报道和电视消息报道的概念及特征。
2. 了解广播电视深度报道的概念、特征及发展现状。
3. 理解并掌握连续报道、广播连续报道、电视连续报道的特征。
4. 理解并掌握系列报道、广播系列报道、电视系列报道的特征。
5. 理解广播电视访谈节目的概念及特征。
6. 理解并掌握广播电视现场报道的特征。
7. 理解并掌握广播新闻评论、电视新闻评论的概念及特征。

　　新闻报道体裁，即新闻报道的种类和样式，其结构方式和表达手段具有一定的稳定性。每一种体裁都有一整套相对稳定的结构形式和表现手段，这些表达方式也成为人们对这类体裁进行划分的标准。在同一种新闻报道体裁中，可以看到在其结构方式与表达手段等方面存在的某种共同性。广播与电视虽然媒介不同，但就新闻报道体裁而言，二者是基本相通的，都有消息报道、深度报道、连续报道、系列报道、访谈节目、现场报道、新闻评论等不同报道体裁，只是在其具体传情达意的叙事表现上，因媒介手段不同，传达的效果各不相同，如何能够将不同媒介的优势充分发挥出来，需要掌握不同的传播要领。

第一节　广播电视消息报道

　　消息类新闻是各种新闻题材中用得最多、最广泛的一种体裁，它能用尽可能简短的文字，简明扼要地反映新闻的事实，在新闻报道中占有重要地位。消息报道适用范围广、速度快，能够突显新闻追求时效性的特性。

　　广播电视新闻消息是运用广播电视媒介的特有手段，简明扼要地报道新闻事实的新闻体裁，是广播电视新闻最普遍、最常采用的报道形式。从体裁角度看，广播电视新闻消息在内涵上与报纸消息是相通的，只是所应用的媒介不同，从而使各自显示出不同的特征：第一，广播电视新闻消息应用的是能同步传输信息的最先进的电波媒介，因此，它能以报纸新闻媒体所无法比拟的时效优势，最大程度地充分适应并体现新闻追求时效性的重要特征；第二，由于广播媒介能真实传输新闻现场的声音与音响，电视媒介更能形声并茂地传输新闻现场的真实场景，广播电视新闻消息能够在简短的篇幅中，包含、传播传统的纸媒所无法比拟的丰富的信息，有效增强新闻的真实感染力，更强烈地切合、适应并体现了新闻追求真实性、客观性的重要特征。

广播电视新闻学

一、广播新闻报道

(一)广播消息报道的概念

广播消息报道是以广播为载体,采用声音语言和其他音响符号体系,运用电波媒介手段,迅速及时、简明扼要地报道新闻事实的新闻体裁,又称广播新闻、广播消息。

(二)广播消息报道的特征

语言和音响的运用是广播消息报道最大的特点,广播消息报道的语言通俗易懂,在报道中能够充分调动同期声、音响的表现功能,使新闻报道具体、生动、形象,传递给听众较强的现场感,增加新闻报道的可信度与感染力。

与文字消息报道相比,广播消息报道更生动;与电视消息报道相比,广播新闻报道在形象性上存在缺陷,但其易于制作、便于传播以及其伴随性的优势能使其在与电视新闻报道的竞争中具有一席之地。

下面,我们通过点评一篇获得"中国新闻奖"的作品,体会广播消息报道的特点。

案例分析

万里长江第一条过江地铁今天运营

今天上午十点,长江第一条过江地铁——武汉轨道交通2号线一期工程——开始运营。请听记者刘群、赵阳采制的录音新闻:

武汉轨道交通2号线一期工程开通仪式的会场设在汉口中山公园站。很多市民都早早来到这里,准备亲眼见证令人激动的时刻:

市民:我早晨八点钟就来了,高兴、高兴!

市民:感觉蛮幸福,很幸福! 蛮自豪啊!

(现场声压混)

和以往重大工程竣工庆典不同的是,今天的仪式,没有搭设主席台,没有摆放鲜花,也没有领导致辞。在市民代表和地铁建设者代表简短发言之后,武汉市委书记阮成发等市领导就和市民、建设者、拆迁户代表一起乘坐首趟过江地铁,以此庆祝第一条过江地铁投入运营。阮成发和市民们一边拉着家常,一边走进地铁车站。他说得最多的就是对市民的感谢:

我们发自内心地感谢(你们)! 这个功劳归于全市人民。

(地铁广播:欢迎您乘坐武汉轨道交通二号线……压混)

走进地铁车厢,副市长胡立山对市民们说:武汉人建成了长江第一座大桥,又建成了长江第一条隧道,今天我们又建成了长江第一条地铁,非常自豪!

武汉轨道交通2号线一期工程总投资150亿元,工期五年,创造了五个中国第一,这就是:第一条穿越长江的地铁;盾头独头掘进距离最长的区间隧道;埋深最大的地铁隧道;第一条在江底修建带泵房联络通道的隧道;水压最大的地铁隧道。隧道在江底最深的地方有46米,这里的水压可以把水柱喷射到十五层楼高。

武汉地铁集团董事长涂和平:在水下我们做了五个联络通道,如果一条隧道出现问题,乘客就下车走安全走廊,到另外一条隧道,就非常安全了。在这个紧急情况下,通风井就几分钟可以把烟迅速地抽到洞外。

（地铁广播：乘客您好，列车即将穿越万里长江……压混）

列车穿越万里长江，这让车厢里的所有人都兴奋起来：

（列车穿江现场音响数秒，压混）

市民张女士：3分50多秒，不到4分钟，蛮爽！

3分50秒！地铁穿过了3322米的长江地铁隧道！这比公交车走武汉长江大桥快一个多小时。

学生张诗悦：特别特别高兴，特别特别开心！

市民陈女士：很骄傲的，不能用语言来形容！

市民杨威说：我家是住在（汉口）常青花园，我要在（武昌）洪山广场上班。以前我是早上六点钟就得起来，坐两个小时的公交基本上才能到单位，现在我只需要七点起来，我八点就可以到单位，而且还绰绰有余。对我个人来说也是最大的一个受益者。

地铁2号线起点是汉口金银潭，终点在武昌光谷广场，全长27.73公里，设有21座车站，贯穿中心城区的黄金交通走廊，串联起江北江南五大商圈。单边运行时间52分钟，运行初期每天客流量可超过50万人次，可以分流全市24%的过江客流。市委书记阮成发告诉乘坐地铁的市民：今后五年，（武汉）每年要通一条地铁，这样呢就是（武汉的）三个火车站、飞机场和地铁之间是无缝对接，整个武汉交通的综合性和立体性（就）充分体现了。

【点评】

设计精巧　活用声音和音响

武汉因江而兴，过江地铁投入运营，不但标志着武汉跨越式发展过程中的辉煌成就，更体现出中华民族伟大复兴过程中千百万劳动者智慧与汗水创造出的人间奇迹。记者站在这个高度，紧紧抓住"激情、自豪、挑战、尖端、便民"几个关键词进行报道。

这篇广播消息报道有针对性地进行了充分的采访，获得了大量独家音响。因为准备充分，所以采访结束后记者仅用了两个多小时就制作出这篇录音新闻，并在当天下午的《全市新闻联播节目》播出，是武汉市最早全面报道地铁运营当天盛况的媒体。

该作品的成功之处，主要有以下几个方面：

（1）设计精巧。对于重大题材的报道，事先的策划与设计相当重要，从哪个角度切入，以什么方式渲染报道的内容，都要在报道之前进行精心策划。

报道以市民的同期声为切入点，将"高兴""幸福"和"自豪"引入并作为全文的情感基调。新闻以记者参加运营仪式、亲身搭乘地铁的活动路线为线索，巧妙地将领导的宏观讲话与市民发自内心的感受安排其中，同时将事件的背景点缀其间，使整个消息报道结构紧凑，各部分相得益彰。

（2）灵活运用声音和音响。在这条广播消息报道的开场，就采用市民的同期声，将市民们对于地铁通车的高兴、自豪的心情传达给听众。在乘坐地铁的时候又采用学生与市民的同期声，使这种"高兴""幸福"的情感得到进一步渲染。同期声的采用还可以增强新闻的现场感与可信度。

音响在这条广播消息报道中地运用也很巧妙，在运营开通仪式的现场、在地铁中的音响压混处理,都使消息报道的现场感得到增强。同时,音响的运用也为过渡和引入下文起了作用,利用音响压混处理,市民同期声过渡到解说词,从开通仪式现场过渡到地铁中,使过渡显得自然。

记者在采制这篇现场录音新闻时,紧紧抓住武汉地铁带给人民的"激动、创新、安全、快捷"的感受,通过生动传神的音响、充满激情的文字、详略得当的结构、富于画面感的叙述,把千万江城人民的自豪与快乐定格在短短的几分钟里,把万里长江第一条过江地铁的深远历史意义和重大现实意义浓缩在一篇广播新闻中,是一篇特色鲜明、制作精良的广播新闻。

二、电视消息报道

(一)电视消息报道的概念

电视消息报道是以电视为载体,采用图像、声音等视听语言符号,运用电波媒介手段,对新近或正在发生、发现的事实进行迅速及时、简明扼要的报道的新闻体裁。

(二)电视消息报道的特征

电视消息报道的最显著特征在于其形象生动。电视以图像、声音、文字等符号直接作用于听众的感知器官,相比于文字消息报道和广播消息报道,电视消息报道采用的是"双通道"的信息传播方式,能诉诸人的视觉与听觉,使消息的报道更直接、形象,现场感更强。

下面,我们通过点评一篇获得"中国新闻奖"的作品,体会电视消息报道的特点。

案例分析

记者目击:兰州桃树坪隧道五名被困工人获救瞬间

【导语】

12月12日下午2点30分,兰渝铁路桃树坪一处在建隧道突发流沙坍塌,五名正在施工的工作人员被困,在持续救援55个小时之后,12月14日的22点07分,五名被困工人陆续走出了救援通道。

【现场】第一名被困工人谭老鬼(彝族)走出来

【同期】

救援人员:慢点慢点。

记者:可以走吗?

谭老鬼:可以走。

救援人员:慢点慢点。

记者:知道外面现在是白天还是黑夜?

谭老鬼:黑的。

记者:今天晚上吃东西了没有?

谭老鬼:吃了。

记者:吃的什么东西?

谭老鬼:吃了饼干、水。

【现场】第二名被困工人莫红元出来

【同期】

记者:您今年多大岁数了?

莫红元:59 了。

记者:这两天知道外面有救援的人吗?

莫红元:知道知道。

记者:通过什么方式知道的?

莫红元:他们打个钢管进去,我们都知道了。

记者:这两天时间里,你们是怎么度过这么难熬的时光的?

莫红元:打个钢管进去后,我们就感觉很舒服了。开始没打钢管进去的时候,我们觉得有点难过。

【现场】第三名被困工人吉克日火(彝族)出来

【现场】第四名被困工人杜平山出来

【同期】

记者:现在最后一名被困工人马上就要出来了。

记者:自己爬出来的。

第五名被困工人胡林:行、行。

(周围人员鼓掌)

胡林:谢谢你们。

【同期】

记者:您多大岁数?

胡林:今年 33。

记者:在里面算年龄小的吗?

胡林:应该说算我最小的。

记者:为什么选择最后一个出来?

胡林:因为我在那里,一个,我比较年轻。再加上我在那边带班,这样子。

记者:在这两天多的时间里,你是以什么样的方式度过比较难熬的时光?

胡林:在里面,还算可以,因为有透风,有那个吃的。

【现场】把眼睛蒙住

【现场】120 急救工作人员紧急处理

医生:不要紧张,我给你吸点氧,把帽子给摘了。

胡林:行,可以。

医生:现在哪里不舒服?

胡林:就是头有点晕。

医生:头有点晕是吧?

胡林:胸有点闷。

医生:胸有点闷。那是由于你缺氧造成的,不要紧张。

【同期】

记者:你知道外面现在是白天还是黑夜吗?

胡林:黑夜吧应该。

记者:是怎么知道的?

胡林:我们在里面带的有手机。

记者:多长时间差不多跟外面保持一次联系?

胡林:就是大概半个小时,有时候十多分钟。

记者:里面是冷,还是热?

胡林:不算冷也不算热。

记者:大家有什么活动的方式吗?

胡林:大家有时候,我就跟他们说,通了风我们就没事了。然后我就叫他们放心,有一天会出去的,大家现在都是好好的,我说。都互相聊天,不会那样胡思乱想的。

医生:现在病人的生命体征已经出来了,血压是140、95,稍微有点偏高,可能是由于恐慌引起的。你以前有高血压吗?

胡林:没有。

医生:没有,你不要紧张,慢慢自己调节一下。你现在再吸一会氧,我们给你做个静脉输液。

【点评】

巧妙提问　体现人文关怀

这条电视消息报道是近年来第一次用电视的方式现场记录并见证大型隧道塌方救援成功的获救瞬间。

兰渝铁路桃树坪隧道大面积塌方后,五名工人被困。记者第一时间赶到现场,在不影响救援的前提下,记者根据指挥部科学施救的方案敏锐作出判断,当把氧气、食物通过管道送进被困区域后,五名同胞一定能获救。报道团队提前谋划做准备,因为获救出来的时间非常有限,更不存在补拍的可能。为此,报道团队特别安排了控场能力好、擅长现场提问和把控情绪的主力记者采访。

该作品的成功之处,主要有以下几个方面:

(1)突出重点,选取典型人物。因为被困点空间有限、可拍摄的时间不到10分钟,而且又要记录五名工人出来的整个过程。因此,报道团队深入思考,突出重点,选取身体条件允许接受采访,并且是有特点的比如年龄最大、最后一个出来的人重点采访。

(2)巧问过程,报道立体丰满。现场是一个状态符号,也是一个引子,记者巧妙的采访和资料的运用,让大家在现场的气氛中,共同回味了救援的艰难过程和救援的科学性、有效性。

(3)精心推敲,采访问题用过程展示主题。在提问方面,紧紧围绕大家关心的"被困期间如何艰难度过分分秒秒""如何相互鼓励、增强信心""如何了解外界情况""如何配合救援""带班班长和党员的模范带头作用如何发挥"等等展开。

(4)报道体现人文关怀。面对特殊的采访对象,记者首先关注工人的生命状态,在身体和心情允许的情况下才采访,体现了救援第一、尊重对象和人文关怀的报道理念。节目体现了负责任的政府和对同胞生命的尊重。

这条电视消息报道现场感强、信息量大,被国内许多卫视和门户网站转发。根据中央电视台的权威监测显示,这条电视消息播出当天,就被英、美等国的电视台、通讯社等 20 多家媒体使用 75 次,在国际上展现了中国的正面形象。

第二节　广播电视深度报道

深度报道是一种系统反映重大新闻事件和社会问题,深入挖掘和阐明事件的因果关系以揭示其实质和意义,追踪和探索其发展趋向的报道方式。在《新闻传播百科全书》中深度报道被定义为:对较重大的政治、经济及社会事件或问题进行充分的解释分析,揭示其原因意义的报道样式;注重"何因(Why)"和"怎样(How)"这两个要素的发挥。深度报道具有关注社会热点,深入、多层次剖析事件的特点。[①]

广播电视深度报道是以广播、电视为载体进行的深度报道的新闻体裁,它具有深度报道深入挖掘事件的共性,同时也具有因广播、电视载体不同而呈现的个性。

一、广播电视深度报道

(一)广播电视深度报道的概念

广播电视深度报道是用广播电视媒介手段实施的深度报道。

广播深度报道是以广播为载体,采用声音语言和音响、音乐等声音符号,运用电波媒介手段,迅速及时、声情并茂地全面深入记录、反映、解析重大新闻事件和社会问题,并揭示其实质、因果关系及发展趋势的新闻报道样式。

电视深度报道是以电视为载体,采用图像、声音等视听语言符号,运用电波媒介手段,迅速及时、形声并茂地全面深入记录、反映、解析重大新闻事件和社会问题,并揭示其实质、因果关系及发展趋势的新闻报道样式。

(二)广播电视深度报道的特征

由于广播具有声音和音响的优势,能够声情并茂地传播新闻,所以,广播电视深度报道突破了平面媒体以文字语言解析事件的深度报道的局限,充分利用新闻现场的声音、音响传达现场感、营造气氛,最大限度地使广大受众身临其境般地感受新闻事实的原貌。同时,还可以通过多方当事人、记者、主持人叙述角度及方式的多元化,更全面地提供信息,有力引导受众的思考与判断,产生强烈的传播效果。

相比于广播,由于电视媒介具有形声并茂的优势,因此电视在开展深度报道时,比广播更形象,现场感更强,优势更明显。

下面,我们通过点评一篇获得"中国广播奖"的作品,体会电视深度报道的特点。

📖 案例分析

富裕的"低保户"

插播:我们都知道,农村最低保障是发给那些家庭困难的农民们的,是国家的一项重要保

---

① 邱沛篁,吴信训.新闻传播百科全书[M].成都:四川人民出版社,1998:130－131.

障制度,必须认真审核,认真对待。但是在保定易县的龙湾头村,最近一次低保公开选举却演变成了一场闹剧

解说:易县龙湾头村最近举行了一场低保户的"选举",然而许多村民对这次选举却颇有争议,在村里有一位刚被选举上的低保户名叫田明兰,今天上午,记者一进她家大门,首先映入眼帘就是一辆私家车,从这家里的布置来看,怎么也不像低保户的生活条件。

同期声:记者:我看您家也不穷呀,还有车呢?

定易县龙湾头村村民田明兰:我脖子歪了,干不了活。

解说:经过记者了解,田明兰家不仅有私家车,还经营着旋耕机、播种机,像田明兰这样富裕的低保户,在村里并不是个例。而与之形成鲜明对比的是70多岁的兰贵林家,他的爱人是一位聋哑残疾人,还有精神分裂症,平时老人就靠拾破烂为生,他认为自己符合低保条件但是却没有享受到低保。

同期声:记者:你有低保吗?

保定易县龙湾头村村民兰贵林:我没有低保。

记者:为什么没有?

保定易县龙湾头村村民兰贵林:那谁知道呀,找村支书村主任他们说是村民代表选的,他们也做不了主,管不了这个。

解说:老人说,前几天龙湾头村进行的低保选举中,由30名村民代表增选出了15名低保户,当时他也是参选对象,但在这次选举中,很多像兰贵林这样家庭困难的贫困户都落选了,一些富裕的村民反而是当选了低保户。

同期声:保定易县龙湾头村村民刘庆房:我说我去参选也选不上,我没人又没关系又穷。

保定易县龙湾头村村民:有劳动能力的有生活保障的都吃上低保了,穷的却都摸不着。

解说:该选的人没选上,村民对此都是议论纷纷,颇有意见,而按照规定,这些富裕户根本没有参选低保户的资格,那他们是怎么参选又是怎么被选出来的呢,对此龙湾头村的村支书和村主任表示,在选举之前,他们村委会就接到了很多的"暗示"。

同期声:保定易县龙湾头村村支书:当时就说就给你这么多低保指标,你尽量围绕着这些人选,选不上也没事。

记者:谁打的招呼?

保定易县龙湾头村村支书:乡政府的民政助理员。

保定易县龙湾头村村主任刘清河:我们选举的时候,就把乡里打过招呼的写一个栏,把村里的候选人写一个栏,都是谁写清楚。

记者:那田明兰在哪个栏里?

保定易县龙湾头村村主任刘清河:在乡里打招呼的栏里。

解说:村主任刘清河介绍,在最后选举中,这些不符合享受低保规定的富裕村民,有的是通过县里的领导打了招呼,有的则是通过镇里的领导突出了名字,有的领导则干脆自己参与进来,田明兰也就是这样选举上的,而在最后选出的15个低保户中,只有3个人符合低保条件,对于这出闹剧,村委会也表示无能为力。

同期声:记者:你们选出的这些低保户,民政局不会来审查吗

保定易县龙湾头村村支书:没有,就2009年审查了,这几年一直没有审查。

解说:随后记者找到了易县民政局了解情况,这里的工作人员却以各种推脱拒绝接受采访,但是我们在采访中却了解到,(字幕)以每个贫困户每月领取五十二元低保金的标准,2011年,整个易县就有近500个村2万多人享受了1362万的低保补助,如果都按照当地民政部门的监管态度,这些钱最后会落入谁的口袋呢?

同期声:社会学者毕晓哲:最根本的问题就是我们政府部门的监管不力,相关民政部门没有严格地把关,对选举过程中最后审核的时候是严重的失职,结果是造成我们的低保资金流失;然后弱势群体进不去(低保范围),强势群体进去了,扰乱了社会公正性,同时对我们的低保制度啊,也是一种严重的破坏!

【点评】

声画优势 深化主题

这则深度报道讲述了2011年4月保定易县龙湾头村举行的一场低保选举,原本用于补助贫困村民生活的低保政策,因为某些领导打招呼,使得富裕户反而评上了低保。低保本身就是保障贫困村民的,现在穷反而成了评选低保的障碍,国家的好政策在个别地区被念歪了经。其新闻价值在于及时发现了低保政策中存在的隐患和问题,体现了新闻记者敏锐的观察能力和媒体责任的担当。

记者通过走访评上低保户的人、没有评上低保户的人、村干部、民政局,让观众随着镜头探寻事件的原因并逐渐了解到事件的真相。其中,电视声画并茂的优势体现得十分明显:在走访低保户田明兰的时候,镜头画面是他们家的一辆私家车,紧接着的画面是院子里的其他机械和布置,让观众很明显地就看出这是一个"富裕的低保户"。在走访兰贵林家的时候,破旧的房屋和残疾、生病的爱人表明这是一户应该评上低保,但却没有评上的人家。画面增强了现场感,有助于传达报道的观点,起到了深化主题的作用。

在这则深度报道中,电视的声画优势还体现在了叙事上,通过声画的形式,记者引导观众随其逐走访当事人与主管部门,了解事情的每个方面,探寻事情的真相。相对于平面媒体的深度报道,广播电视深度报道形象性、现场感的优势很明显。

二、广播电视深度报道的发展现状

深度报道的概念出现于20世纪30年代,它是报纸为应对与电子传媒的竞争发展而来的,如解释性报道、调查性报道、精确报道等就属于深度报道的范畴。在我国,广播电视上的深度报道又被称为专题新闻、专题报道或深度新闻,广播电视上常见的焦点新闻、新闻透视等都属于深度报道。

随着新闻创作理念和采编技术的发展,我国的广播电视深度报道在选题、创作理念、传播方式上有了明显进步。

在选题方面,改变了以往比较单一的曝光式、批评教育式报道的题材,开始关注社会性强的、百姓关心的话题,例如高考、环境保护、交通出行等。

在报道理念上,由过去以揭露真相、提出批评为重点,转向探寻根源、提出策略为重点;由过去着重"为什么"转变为着重"怎样做"。

在报道方式上,纪实手法的运用更加成熟,形式也更加多样。近年来,"故事化"的创作手法被引入广播电视的深度报道中,采用故事化的叙事方式,调整新闻报道的结构,设置悬念,增强可读性;同时,采用故事化的语言,改变以往过于严肃、刻板的语言形式,使报道更亲切、引人入胜。

栏目化是电视节目渐趋成熟的标志,通过栏目的连续性建立起威望,体现出长期整体的效果,同时培养固定的受众群体。[①] 我国已相继涌现了一批各具特色优秀的电视深度报道栏目,如中央电视台的《焦点访谈》《新闻调查》,浙江卫视《新闻深一度》,江苏卫视的《江苏新时空》等。

第三节　广播电视连续报道、系列报道

连续报道是对正在发生并持续发展的某一重要的、受众关注的新闻事件,在一段时间内进行连续、及时报道的一种新闻体裁。它取材于不可预知的事件性新闻,报道时间相应于新闻事件始末,能够对事件进行跟踪报道,完整反映新闻事实的发生发展结局及其影响。

系列报道是围绕同一新闻题材、新闻主题从不同侧面、不同角度作多次、连续的报道,各条报道之间没有外在的时态连续,却有内在的必然联系。多个独立报道集合在同一主题思想下,以求对新闻事实作比较系统、全面、有一定深度的报道。

广播电视连续报道是运用广播、电视媒介手段实施的连续报道,它的特点在于充分调动广播、电视媒介特有的声音、画面符号体系作为表意传情的手段与技巧,进行连续报道。

广播电视系列报道是运用广播、电视媒介手段实施的系列报道。它的特点在于充分调动广播、电视媒介特有的画面与声音符号体系表意传情的手段与技巧,进行系列报道。

一、广播电视连续报道

(一)连续报道的特征

连续报道通常取材于广大观众密切关注的、重大的、不可预知的事件,整个报道大体上与新闻事件相始终。它具有以下特点:

(1)时效性强。连续报道是在事态进展过程中的报道,时间跨度小,应是对新近发生、正在发生或进展中的事态的连续、及时的报道,在时效上要力争做到最新报道,讲求时新性。

(2)连续性。连续性是指播出的连续和内容的连续。连续报道的根本特点在于报道对象事态本身的连续性,在于各次报道之间的有机联系,在于内容上承上启下的连续和衔接。连续报道对正在发生、发展过程中的事件进行追踪报道,每条新闻都有内容上的同一性和由此而产生的时间上的连续性。连续报道的连续性与新闻事态的空间、时间都是密不可分的。

(3)完整性。连续报道从事态的产生一直追踪报道到事态的结束,从总体结构上它具有完整性,而这一结构上的完整性又是通过对新闻事态发展过程中的多次及时传播而最终完成的。

(4)递进性。连续报道从报道层次来看是逐渐递进的,它以事物发生发展为依据层层递进地报道事件的全过程。不论是事件性连续报道还是非事件性连续报道,各报道都是由浅入深、环环相扣、逐步递进,最终完成整个报道。

---

① 吴信训.新编广播电视新闻学[M].上海:复旦大学出版社,2006:34.

(5)广博性。连续报道是围绕同一新闻事件或问题进行的多次报道,在信息传达上比单条新闻具有更多的容量,因此其信息量更广博。

(6)显著性。由于连续报道对同一新闻事件做多次报道和多单元的集合,在传播效果上容易造成一定的声势,因此连续报道在一定时间内容易引起观众注意。

(二)广播连续报道

广播连续报道是运用广播媒介手段实施的连续报道。它的特点在于充分调动广播媒介特有的声音符号体系作为表意传情的手段与技巧,进行新闻报道。

下面我们通过点评一则广播连续报道作品,体会广播连续报道的特征。

案例分析

第一篇 居马泰事迹播出后引发的网民质疑

一个不求名利、默默无闻在大山深处为牧民防病治病二十年的哈萨克族乡村医生的名字,最近引起了多家媒体和各族群众的强烈关注。他,就是"最美乡村医生"居马泰。

让人没有想到的是,有关居马泰的事迹在媒体上报道以后,竟然在网上引起了一片质疑,网民们纷纷通过微博进行求证。

新浪微博网民余耕:今天"寻找最美乡村医生"的新闻采访中,记者采访手记里说"交通只能靠骑马",这就是个明显的谎言吧?

网民漂流木:听说那条所谓艰险异常的山路其实是通车的,我们更想理清事实,尊重事实。

带着网民的质疑,记者踏上了寻找居马泰的求证之旅。请听新疆台记者史林杰、徐杰、董智勇,伊犁台记者刘亚军、贾孜燕采制的连续报道《网络质疑后的真相求证》。今天为您播出第一篇:《居马泰事迹播出后引发的网民质疑》。

(汽车行驶声音压混)12月21号是冬至,新疆正经历一场入冬以来最强的降温降雪。伊犁普遍有大雪,山区有暴雪。车外温度降到零下37.5摄氏度,寒气逼人。我们驱车八百多公里来到特克斯县,和伊犁台的同行一道,走上了求证之旅。

这几天,网民的质疑声越来越多。大家质疑的焦点是:从包扎墩冬窝子到琼库斯台是通车的,居马泰行医二十年为何非要骑马,不坐车呢?这些质疑声使特克斯县委宣传部的压力倍增。特克斯县委宣传部副部长白云逸告诉记者,为了回应网民的质疑,县委宣传部组织国土局和畜牧局专业人士,专门绘制了一张说明琼库斯台和包扎墩地理位置关系的线路图。(出录音)"它们是什么关系,给它通过图标的形式给标注出来,让网友一目了然。"(录音止)

面对新浪微博和各大论坛上网民的质疑,特克斯县卫生局分管基层医疗的副局长王瑞生急得直摇头。他告诉记者,网民实在是不了解牧区的情况。包扎墩牧区可不是开阔的大平原,而是由一座座山和一条条山沟组成的。不管走哪条路,想要进入牧民冬季放牧的冬窝子,必须骑马,车是绝对开不进去的。王瑞生:(出录音)"从琼库斯台进包扎墩也得骑马,从温泉阿尔帕萨斯进也得骑马,唯有骑马才行。有些地方还骑不成马,还要牵着马走,非常危险。"(录音止)

位于特克斯县的包扎墩有170万亩草场,是新疆面积最大的冬牧场。由于草多,每到冬季,来自特克斯县、尼勒克县、察布查尔锡伯自治县、拜城县和兵团78团的牧民,就会把20多万头只牲畜赶到这里来过冬。

当记者问特克斯县县委书记刘莉,是否有一条路可以通车到冬窝子时,她希望我们也能到实地去看看。（出录音）"我是今年8月份时候，专门去过我们这个包扎墩的冬窝子，但是要真正进入包扎墩这个大的这个牧区里，全部交通工具只有靠马匹。所以呢，如果感兴趣的，也可以实地再看一下。"（录音止）

一边是网络上网民的质疑，一边是特克斯县党政官员肯定的回答。居马泰巡诊了二十年的包扎墩牧区的道路究竟是怎样的呢？明天，请继续收听连续报道《网络质疑后的艰辛求证》。

第二篇　风雪严寒中的艰辛求证

请继续收听新疆台记者史林杰、徐杰、董智勇，伊犁台记者刘亚军、贾孜燕采制的连续报道《网络质疑后的真相求证》。今天为您播出第二篇《风雪严寒中的艰辛求证》。

（出车辆行驶声音）第二天一早，冒着零下30多度的严寒，我们在特克斯县卫生局副局长王瑞生的陪同下前往包扎墩牧区。当我们乘坐的越野车离开县城十几公里以后，柏油马路就消失了，眼前全是蜿蜒不尽的崎岖山路。这毫不奇怪，特克斯92%是山区。由于这里刚下过四十多公分厚的雪，使得我们的前进也举步维艰。尽管我们小心翼翼，但王瑞生的皮卡车还是陷进了雪窝。（出录音）"这个要冲啊，四驱也不行。/记者：陷住了？/下边也是腾空了，怎么办？这个就要猛冲。方向没有了。/记者：哎，小心。王局长，你带我们来的这个地方是什么地方啊？/王瑞生：这个达坂下去呢，是99道弯，非常险，咱们走路的时候慢一点。离目的地还远着呢，这刚入山口，这是入第一个山口。"（录音止）

我们沿着一边是高山，一边是深渊的阔克苏河蜿蜒前进，每一个弯道都行驶得小心翼翼。这些年，每年都有牧民和牛羊马、养护机械掉进深渊。在几百米的山谷里，至今还有一台掉下去的挖掘机无法吊上来。经过四个小时的艰难行驶，我们的越野车只行走了92公里，终于来到了阿尔帕萨斯。

当我们还想继续往前走的时候，正在负责炸山开路的西华矿山机械有限公司技术负责人张忠印拦住了我们，说前面已经没有路了。（出录音）"再往前我们刚放过炮嘛，现在机械还没有疏通，这个河刚发过大水，冰上也走不过去了。"（录音止）

车辆到达阿尔帕萨斯后进退维谷，这里距离包扎墩冬窝子还有60公里。在刺骨的寒风中，我们冻得瑟瑟发抖。再往前的路是牧民凿出来的，仅能容一匹马和两只羊通过。每年冬季牧民赶着牛羊转场，只要稍微不慎，人和马就会坠入深渊。

得知我们要来采访，居马泰骑着马迎接我们。考虑到我们的安全，居马泰劝我们，如果骑马的技术不精，就不要再往前走了。因为他在包扎墩当医生的这二十年时间里，总共骑过四匹马，其中有两匹马掉下悬崖摔死了。居马泰回忆起了1997年巡诊路上第一次摔死马的经历。（出录音）"马摔了，然后我也滚下去了以后，主要是我有一点昏迷了，就是就这个腿疼得厉害，就这样看的话全是血，这个手脚这边烂的多。我也特别害怕，那时候半夜了。"（录音止）

就是这样艰险的道路，二十年居马泰不知走过多少趟。居马泰负责行医的2000多户牧民，分散在大大小小不等的几十个山沟里。有一次，贫血严重的妇女齐纳尔托人给居马泰带话，说贫血使她头晕得不行，现在连路都走不成了。为了赶到齐纳尔家给她治病，居马泰整整走了六天。（出录音）"远的地方多，出诊一冬天4次5次这样子。"（录音止）

路远还不是最难的，最难的是，晚上还要骑马走夜路。（出录音）"巴何提·比尔干娃娃病了，他以前是个感冒嘛。咳嗽以后，就发现了大叶性肺炎了，喘气喘不来这样子。晚上走路，危

险。10个小时多一点。"（录音止）

零下三十多度走10个小时的山路，可不是一件容易的事情。在悬崖峭壁边上的羊肠小道上骑马，随时可能会遇到意外的情况。包扎墩山上的泉水多，一到冬天泉水流下来结冰后形成光滑的冰坡，马都不敢前行。居马泰就得拿出准备好的榔头，费很大的劲儿把冰砸掉了，才能牵着马过去。

在居马泰的急诊记录本上记者看到，在过去的二十年时间里，居马泰出急诊赶夜路的次数，达到了四十多次。在大山深处的整整二十年时间里，居马泰和牧民之间还有哪些令人难忘的感人故事？明天请继续收听连续报道《网络质疑后的真相求证》。

第三篇　大山深处牧民的感动

请继续收听新疆台记者史林杰、徐杰、董智勇，伊犁台记者刘亚军、贾孜燕采制的连续报道《网络质疑后的真相求证》。今天为您播出第三篇《大山深处牧民的感动》。

在努尔敦和阿克娜尔的毡房里，我们去看望曾经被居马泰抢救过的受伤孩子开勒迪时，只要提起居马泰的名字，老人夸他"佳克斯"（出牧民哈萨克语录音，意为居马泰好样的）。孩子们都会亲切地叫他"医生爸爸"（出孩子哈萨克语录音，意为医生爸爸）。

在牧区，我们还见到了居马泰的老病号阿达斯汗。她的丈夫在五年前不幸去世，家庭靠低保过日子。四年前的一天，阿达斯汗正在干家务的时候，突然晕倒，不省人事。（出录音）"然后家人很担心就去叫居马泰医生过来，他就马上过来了，也没让我去大医院。三年内他一直帮助着我们，免费地给我治疗。"（录音止）

居马泰很快诊断出阿达斯汗得的是高血压和心脏病。居马泰知道，如果让阿达斯汗到大医院住院去治的话，没有万把块钱根本不行。居马泰想帮她，可二十年来，他已经为牧民垫药款好几万元，自己老婆常年有病需要钱医治，他每月拿到手的工资只有两千多元，他再也垫不起了。

为了让阿达斯汗少花钱又能治病，他鼓励阿达斯汗利用山沟常见的党参、羊苦胆等中药材来治病。四年过去了，阿达斯汗的病情一直很稳定。

居马泰把深山里的牧民当亲人。不论是难产的产妇，还是摔伤病人，或是发高烧的婴幼儿，只要哪里有病人，能治疗的他就克服最大困难，赶去治疗。

今年11月6号，一位叫阿依夏的妇女急冲冲地找上门，说她八个月大的孩子患重感冒，急需治疗。小孩发高烧对生活在山沟里的孩子来说，是非常危险的，严重的还会危及生命。居马泰对阿依夏说，赶紧把孩子送往牧区治疗点。

为了节省时间，他们决定翻越冰达坂。一会儿厚厚的积雪埋住了路，一会儿马陷进雪窝站不起来。经过两天的艰难跋涉，带着一路的疲惫和惊吓来到牧区医疗点后，居马泰立即为小孩挂瓶注射。退烧后孩子终于露出了笑脸。

他对牧民付出的是全部心血，自己落下的是心脏病、气管炎和对家人欠下的亲情债。居马泰16岁的大女儿高哈尔回忆说：（出录音）"从四岁开始，我就是住我们亲戚家上学的。然后我爸就说，我到这（农区）来，山上那些病人咋办呢？"（录音止）

县卫生局考虑到居马泰的实际困难，几次要调他到条件较好的农区卫生院。可居马泰说：（出录音）"牧民我离不开，我走了他们怎么办？我走的话没有医生，我不会走，永远不走。"（录音止）。

在伊犁河谷，居马泰的精神感动了许多人。特克斯县县委书记刘莉：（出录音）"他身上代表了一大批这样在基层默默奉献的人的主流，代表了我们时代需要的精神，代表了时代精神的正能量。"（录音止）

24号，伊犁哈萨克自治州党委、政府做出了在全州开展向居马泰学习的决定，还赠送两匹马和一部卫星电话给居马泰。曾经专程去牧区医疗点看望过居马泰的伊犁哈萨克自治州党委书记李学军满怀深情地说：（出录音）"居马泰同志二十年如一日，做平凡的医生，做平凡的事。但这些平凡的事都是老百姓，特别是像包扎墩这样的边远、高寒、条件艰苦地区的牧民最急需要的服务。"（录音止）

当我们采访结束以后，连续发布了大量关于居马泰坚持在深山救死扶伤的图文微博，立刻得到了全国网民的热烈反应。

江苏网民苏酒集团贸易股份：居马泰不光是一名救死扶伤的医生，更是一名勇敢者。

四川网民村医万琴：向村医致敬，每个坚守的村医都是中国最美的人。

北京网民央广雅萍：二十年后的发现，虽然有些晚，但我们还来得及表达敬意！不妨把您神圣的一票，投给这位中国最美的哈萨克乡村医生吧！

各位听众，连续报道《网络质疑后的真相求证》今天全部播送完了。感谢您的收听。

【点评】

突破常规的连续报道

居马泰是新疆伊犁哈萨克自治州特克斯县包扎墩牧区一名普通的医生。他二十年坚守在高寒、边远的贫困牧区，为2000多户牧民行医治病，成为牧民们离不开的健康天使。他的事迹经过多家媒体报道以后，却在网络上引起了广大网民的强烈质疑。大家不相信，居马泰行医的道路如此艰险，工作的环境如此恶劣。这组连续报道巧妙选择采访报道角度，以《网络质疑后的真相求证》为主要突破口，分别推出了《居马泰事迹播出后引发的网民质疑》《风雪严寒中的艰辛求证》和《大山深处牧民的感动》三篇报道。

系列报道《网络质疑后的真相求证》创新典型报道的思路、视角和手法，以求真务实的态度，通过一步步地艰难求证，栩栩如生地呈现了"最美乡村医生"居马泰的感人事迹，有针对性地回应了社会关切和网民质疑。

作品结构严谨，音响丰富生动，文风清新自然，有效烘托了主题，唱响了主旋律。但对于报道对象并没有采用传统的高、大、全的写作模式，而是通过记者亲历和对新闻当事人的深入采访，采集了大量有说服力的新闻事实，以求真、求实、接地气的方式，还原了一个朴实、坚韧、充满治病救人情怀的乡村医生形象。这样的主旋律报道更具有亲和力，更能产生接近性。

当前网络上网民对典型人物正面宣传的质疑声比较多。这组连续报道带着网民的疑问进行采访，用传统媒体和网络新媒体受众互动的写作方法，突破常规的报道思路，具有很强的创新性。记者带着网民的质疑，深入一线采访，取得一手资料，悬念一个一个地解开了。由于广播和微博的互动，不仅在广播听众中引起强烈共鸣，还消除了广大网民对居马泰的质疑，最终使得一个忠诚、朴实、二十年如一日，为群众治病的哈萨克族乡村医生的崇高形象，呈现在人们的面前。

案例分析

广播连续报道：车师古道大营救之一

昨天，来自库尔勒市的 42 名游客在翻越车师古道时遭遇暴风雪，其中 31 名游客失踪，我县及自治区、昌吉州、吐鲁番地区、驻军部队迅速展开了一场大搜救。请听本台记者高承善、陈燕、史东兵发来的报道：

（记者连线）

主持人程巍：陈燕，你好！

记者陈燕：程巍你好，我是陈燕，现在是 5 月 6 号早晨 9 点 32 分。我现在是在作为车师古道搜救临时指挥部的车师王宫向您作报道。由库尔勒市 42 名游客组成的车师古道探险旅行团，于 5 月 2 号从吐鲁番大河沿镇车师古道入口处，向我县泉子街镇方向徒步翻越车师古道，在到达琼大阪时突遇大风雪，团队走散，除领队邹平等 11 名游客于当天翻过大阪到达我县泉子街镇外，其余 31 名游客失踪，其中有五个小孩，最小的只有六岁。领队邹平告诉我们（出录音）："5 月 2 号走到大坂的时候突然来了一阵雾什么也看不见。以后我碰见了一户牧民，我给他商量了一下给了四百块钱，让他到大坂上把我们的人找一下接下来。两个小时他回来给我说我们的人没回来。我认为他们原路返回了。昨天我们库尔勒那边的人到了石窑子，带了卫星电话联系说没有回去。"（录音止）

记者陈燕：在营救现场我们见到了一名失踪人员的家属。他告诉我们（出录音）："我的妻子孩子在这里，现在怎么样我还不知道呢！她只是告诉我这个地方没有危险，到了这里才知道。我要是知道是这个样子绝不让她不过来。"（录音止）

记者陈燕：得知这一情况后，县委连夜召开紧急会议，立即部署救援行动。会后，县委书记朱发林带领副县长热合买提江、马贵斌以及有关部门领导紧急赶往山区泉子街、大有、新地三个乡镇，调集人员，筹备马匹、干粮、药品等救援急需物资，协调边防部队、驻县部队、武警中队及有关部门参与搜救，与此同时，向自治区人民政府、昌吉州党委政府和吐鲁番地区汇报了有关情况。6 号凌晨，自治区主席司马义·铁力瓦尔地得知情况后，立即指示有关部门协调展开搜救，并责成自治区常务副主席陈雷负责协调指挥这次救援行动，同时派自治区政府办公厅副主任艾力带领工作组乘坐直升飞机赶到车师王宫，协调组织。昌吉州副州长石彦玲等领导也于 6 号凌晨赶到车师王宫，并迅速组建了搜救前线指挥部。

记者在这里见到了闻讯赶到我县增援的新疆登山协会会长王铁男，他曾经四次穿越车师古道，他介绍了这条大多数人还不太熟悉的古道（出录音）："车师古道是吐鲁番到吉木萨尔一条非常古老的道路，这条道按照探险来说是一条比较好走的道，风景也很好。我们 1998 年就开始走这条道。但是 5 月份走这个道它天气不好。经常下雪。现在琼大坂海拔 3200 米。一般来说有半米厚的积雪。

（记者陈燕：）"根据你的这个经验判断搜救工作结果，他们现在——"

"现在非常难找，因为这个山沟很多，非常难找，正好这两天又下雪了，正好这个雪也把脚印埋住了。比较困难。按照正常的已经过了三天了，还是比较危险的。"（录音止）

记者陈燕：程巍，目前我了解的情况暂时就是这些。

主持人程巍：好，谢谢你的报道。

（连线止）

目前搜救工作正在紧张进行中，我台将对此事进行追踪报道。

广播连续报道：车师古道大营救之二

在上次的新闻节目中，我们报道了库尔勒42名游客在翻越车师古道时遭遇暴风雪，31名游客失踪的消息，那么，我县那就和自治区、昌吉州、吐鲁番地区、驻军部队联合展开了一场大搜救，现在搜救的情况怎样呢。请继续收听本台前方记者高承善、陈燕、史东兵发来的报道：

（记者连线）

主持人程巍：陈燕，你好！

记者陈燕：你好程巍，我是记者陈燕，我现是在车师王宫救援指挥部向你做报道。现在那，是已经到了上午11点钟，在我面前，是一派繁忙的景象，紧急调用的20多辆救援车辆、通讯设施已经到位，县人民医院的临时救护所也已经建成。那么在搜救方面，按照临时指挥部确定的搜救计划，将兵分三路：东路以驻军某部官兵为主，沿车师古道东侧向疏勒萨义沟方向搜救；西路以奇台边防武警官兵为主，沿车师古道西侧向琼达坂方向搜救；中路以熟悉地形的牧民和县乡干部为主，沿车师古道主道向琼达坂方向进行搜救。到目前为止，前后派出的三批160多人的搜救队伍已经陆续出发。与此同时，吐鲁番地委已组织搜救人员从南部山区向山顶方向搜救。

另外，在我身后，50多名驻军某部指战员还在集结待命，准备后续增援。驻地某部首长劲登峰告诉我们（出录音）："参加这次搜救，接到通知后一个小时我们部署完毕，两个小时我们集结完毕，三个小时我们到达地点。"（录音止）

新疆军区陆航团也紧急出动一架直升机展开空中搜寻。但是，飞机起飞后，由于山上雪大、云厚，能见度很低，只能返航等待。于是，指挥部决定，增派搜救人员，加大地面搜救力度。目前前线指挥部的情况就是这些。对，程巍，这里我们还了解到了很多感人的事迹：在附近的牛圈子沟村，党支部书记哈马什接到乡上让他准备救援人员和马匹的通知后，立即翻身起床，叫醒了沉睡中的牧民，于凌晨5点组织本村十多个青壮年牧民并带着15匹马赶到临时指挥部；新地乡已经70岁高龄的哈萨克族牧民哈斯木得知游客失踪的消息后，顾不上自家正在生牛犊的母牛，骑上马和当地部分牧民一起向山沟里走去。三个乡镇沿山区的村民和牧民也按县上的要求，就近向山区方向展开了搜救。在这里，我们还碰到了一位当地回族农民自发地准备了干粮、饮用水驮在马上，往山里送去。他告诉我们（出录音）："石河子村的（就这附近的？）啊！我们昨天晚上听说了。连我老汉十八个人，他们五点半就走了，我们给他们驮吃的，救他们回来。现在他们在啥地位呢我们也不知道。"（录音止）

关于失踪人员目前的动向，王铁男给我们做了分析（出录音）："按照他们下来的人讲他们下大坂向东走了，他们肯定翻过这个山了。如果有体力好的应该能下山报案了，估计他们路走错了，上面雪比较深。他们应该在哪个山窝子里。大坂上的雪比较厚有一米多，上了大坂以后再分开，就在这几个沟的方向找。"（录音止）

具体前方情况怎么样，程巍，现在我已用卫星电话接通了前方记者史东兵，请你和史东兵连线。

主持人程巍：好的。史东兵你好！

（出史东兵连线）：

记者史东兵：程巍，你好！现在我们已经来到了琼达阪，这里正下着大雪，刮着大风，而且能见度只有十多米，我们每走一步都很困难，但大家心情都很急切，想以最快速度找到失踪人员，减少他们的危险。我们已经和吐鲁番方面搜寻的人员见面，但都没有发现受困人员，只见到了他们丢弃的帐篷和生活用品，由于又下了大雪，覆盖了他们的脚印，他们究竟向哪个方向移动也无法辨认。

主持人程巍：那么你们下一步打算怎么办？

记者史东兵：现在，我们正准备兵分三路，将搜寻面延伸到大阪的左右三条沟系向下搜寻。情况就这样。"

主持人程巍：好的，谢谢你的报道。也请你们多注意安全。

（连线止）

各位听众，本台将密切关注搜救情况，及时对最新情况进行报道，请继续关注。

连续报道：车师古道大营救之三

听众朋友，从今天早晨开始，本台对 31 名车师古道失踪游客的搜救情况进行了连续三次报道。那么据前方记者陈燕发来的报道说，搜救工作终于有了结果，就在中午一点钟，正在搜救的前方人员发来了喜讯，说在天山南坡一条沟系中碰到了 31 名游客中先期走出的一位，据他说，另外 30 名游客在此处以西大约 10 多公里处滞留。现在那，本台就连线前方记者史东兵：

（记者连线）

主持人程巍：喂，史东兵你好！

记者史东兵：程巍，你好！我是史东兵，现在是下午 4 点 30 分。今天中午一点左右，我随部队在搜寻的路上碰到了 31 名游客中先行走出的一位，在他的引导下我们急行 10 多公里，在乌鲁木齐市高崖子牧场二队附近，终于见到了筋疲力尽的 30 名失踪游客，当我们见到他们时，游客们表现出了异常的兴奋和激动。据我了解，此时他们已经没有食物。但所幸的是，除几名游客得了轻度感冒和雪盲症外，其他游客都安然无恙。现在就让我们跟游客说几句话。

（出现场录音）

游客："失去联系了，雾那么大雪那么深，翻过大坂以后什么都看不到了，然后就走错了。"

记者："你们的水够不够了？"

游客："都没有了，基本上弹尽粮绝了！"

记者："有没有生病的？"

游客："感冒嘛！"

记者：小孩还好吗？

游客："小孩还好。"

游客："他得了雪盲症。好几个人都过来了。"

游客："很惊心动魄。有点后怕！没想到会出现这样的事情。"（录音止）

主持人程巍：那么他们到底是怎么失踪的？

记者史东兵：据我在现场了解到的情况是这样的，这 31 名游客在和前面的向导及 11 名队员失去联系后就没有往前走,在原地扎营住了一个晚上,第二天才转回头原路返回,但又走错了路,向偏西方向的一条沟走去,走到了乌鲁木齐县的大阪城区高崖子牧场。好的,我的报道就是这些。

主持人程巍:好,谢谢你的报道。

(连线止)

听众朋友,到这里,所有相关人员悬了一天一夜的心终于落了地,相信关注此事的广大听众心情和我们也是一样的。在这次大营救中,各级党委政府决策迅速,指挥有力;社会各方配合默契,积极参与,整个搜救工作运转高效,充分体现了各级党委政府高度负责的精神和全体社会成员对受困同胞的一片浓厚深情,奏响了一曲人道主义的凯歌。本台对这件事的连续报道也到此结束,谢谢收听。

【点评】

扣人心弦的连续报道

来自库尔勒市的 42 名游客在翻越车师古道时遭遇暴风雪,其中 31 名游客失踪,自治区、昌吉州、吐鲁番地区、驻军部队迅速展开了一场大搜救。连续报道《车师古道大营救》通过三篇稿件密切关注此事。这篇连续报道的成功之处如下:

(1)整体连贯,报道及时,时效性高。这篇连续报道密切关注车师古道大营救这一重大事件,及时报道营救的动态,从发生事故、开展营救到营救中遇到的困难,再到营救成功都做了现场感很强的报道。

(2)现场感强,充满悬念,扣人心弦。记者跟随营救部队随时报道营救的状况,使这篇报道具有很强的现场感,同时,对于营救的进行、结果的不可预知,使营救的结果充满悬念,整篇报道扣人心弦。

(三)电视连续报道

电视连续报道是运用电视媒介手段实施的连续报道。它的特点在于充分调动电视媒介特有的画面与声音符号体系作为表意传情的手段与技巧,进行新闻报道。

下面我们通过点评电视连续报道作品《决战 109》中的三篇稿件,体会电视连续报道的特征。

案例分析

第一篇　隧道明火已基本控制　现场抢险全面开始

【导语】5 月 12 号,汶川大地震使宝成铁路 109 隧道发生塌方、起火,造成线路中断。我台记者第一时间赶赴现场,现在就让我们连线记者兰金龙,了解那里的情况。兰金龙,你好!

兰金龙:主持人好!

主持人:你好,辛苦了!请给我们大家介绍一下塌方的 109 隧道具体地点和情况。

记者:好的。109 隧道位于甘肃徽县火车站附近,整个隧道长度大约在 700 米左右。地震发生的时候,刚好有一列运输油品的火车通过隧道,司机发现异常现象后,紧急制动并赶紧跳车,但是由于惯性,车体还是冲入了隧道,机车司机顺利逃生,由于火车上没有其他人,所以未有人员伤亡。

主持人：但隧道内为什么会着火呢？目前抢险工作进展的如何？

记者：是这样的，列车冲到隧道里边后，油罐车上的汽油发生泄漏，在车体与坍塌巨石、隧道剧烈碰撞之后起火。现在，上千名西安铁路局干部职工、宝鸡消防队以及驻陕部队官兵正在紧张抢险。目前明火已基本熄灭，抢险人员正在给隧道降温。下一步就是要尽快清理机车头、车体和塌方碎石，但是现在隧道内的温度还很高，而且里面情况不明，所以不能盲目进入，等待隧道温度彻底降下来之后，防化官兵才能进入隧道内查探。

主持人：宝成铁路中断会产生什么影响？

记者：宝成铁路是西北进入四川乃至整个西南的运输大通道，承担着入川物资运输的一多半任务，宝成线中断直接影响着大量抗震救灾急需物资入川。因此尽快抢通宝成线格外重要。

主持人：我们也期待着109隧道早日抢通。另外，目前我台已派出卫星直播车赶往109隧道，随时直播宝成铁路抢险进展情况。

陕西台报道

第二篇 第一节油罐车成功拖出 抢险指挥部调整抢险方案

【导语】几天来，宝成铁路109隧道的抢险队员们冒着生命危险与时间赛跑，我们刚刚得到最新消息，在受损机车头被成功拖出之后，第一节油罐车今天也被拖出。

【字幕】打上时间字幕

【记者出像】我身后就是宝成铁路109隧道的南口，我们可以看到第一节油罐车了，油罐车的前部已经受损。据我们了解，由于着火，油罐车内现在已经没有油料，但是车体已经严重变形，不过车体目前具备水平拖出的条件。现在抢险人员正在给铁轨上抹上黄油，减少摩擦阻力。

【同期声】拖出现场

【正文】第一节油罐车的顺利拖出，为下一步抢险工作打开了关键的通道，但隧道内剩余的油罐车是否具备拖出的条件，该怎么拖，当务之急是要有人进入隧道，靠近燃烧区进行近距离侦查。紧要关头，宝鸡消防支队特勤中队勇敢地扛起了这项艰巨任务。

【同期声】现场穿衣进入

【字幕】宝鸡消防支队特勤中队抢险人员

【同期声】注意洞里面的情况，有些有没有坍塌，看看什么情况上面有没有堆石或者塌方？明白了明白了。

【正文】隧道内酷热难耐，头顶有不断坠落的碎石，脚下是滚热的石头堆，100摄氏度以上的高温和滚滚浓烟让消防队员难以靠近，更危险的是隧道内的油罐在高温的烘烤下随时都有可能爆炸。两名消防特勤队员却在隧道里一直持续侦察了37分钟，为抢险提供了最宝贵的第一手资料。

【同期声】我们走到第四节第五节，先出来先出来，第一节是空的，中间两节是实的，给你说那两个罐声音不一样，那个声音当当当，一个声音就是空的。

【正文】根据侦查情况，指挥部立即部署了新的救援方案。一方面继续在隧道上方注水降温，另一方面实施泡沫强制冷却。目前抢险人员正在打开北隧道口的封堵墙，准备实施南北双向同时拖车的方案，这样以来随后的抢险进度将大大加快。

陕西台报道

第三篇　克难攻险十二天　宝成铁路109隧道胜利抢通

【导语】经过12天的昼夜抢修,在5·12汶川地震中受到严重破坏的宝成铁路109隧道今天上午胜利抢通,宝成铁路也恢复正常运输。我们来看记者发回的现场报道:

【字幕】上午9:30

【正文】从宝鸡开来的第一列救灾物资专列,缓缓驶进甘肃徽县火车站。中共中央政治局委员、国务院副总理张德江专程从北京赶来,为准备通过109隧道的抢977次列车送行。

【字幕】中共中央政治局委员、国务院副总理张德江

【同期声】16号带0341:你作为首发通往灾区的列车司机,任务光荣而艰巨,我希望你安全行车,顺利到达。

【字幕】上午9点52分

【正文】上午9点52分,满载救灾物资的抢977次列车,以每小时5公里的速度缓缓驶入宝成铁路109隧道的北口。

【同期声】火车驶入隧道镜头

【字幕】上午9点57分

【记者出像】我现在所在的位置是宝成铁路109隧道的南口,大家可以从现场的声音以及画面可以看到,现场是彩旗招展,鞭炮齐鸣,现在满载着运往四川灾区救灾物资的抢977列车正在缓缓驶向109隧道南口,第一辆通过109隧道的抢977次列车的40截车厢上面装满了运往四川地震灾区的救灾物资,我们也希望第一列列车能安全稳定的运送到四川地震灾区。

【字幕】抢险队员

【同期声】累呀,挺累的,但是为了早日抢通宝成线,累点辛苦点无所谓,为了铁路早日畅通么。

【字幕】解放军战士

【同期声】特别激动,因为我们完成了上级交给的任务,完成了党中央赋予的艰巨任务,不辜负人民的期望。

【正文】据了解,抢977次列车主要运输的是食品、帐篷、药品等灾区所急需的救灾物资。预计7个小时后将抵达四川灾区。随着109隧道的胜利抢通,每天将有20多列、4万多吨的救灾物资通过这条铁路大动脉源源不断地运往四川灾区,支援灾区的抗震救灾工作。

【字幕】胡锦涛就宝成铁路开通作出重要批示

【正文】今天,中共中央总书记、国家主席、中央军委主席胡锦涛作出重要批示:宝成线提前实现全线通车,打通了西北、西南铁路大动脉,有力地保障了抗震救灾的需要。谨向全体抢险人员表示亲切慰问和崇高敬意。

陕西台报道

【点评】

现场感强的连续报道

在5·12全国抗震救灾中,承担救灾物资运输通道的宝成铁路109隧道抢险是全国上下关注的重点之一。陕西电视台109隧道直播报道组是全国第一家赶到现场并现场直播,做连续报道的电视媒体。在12天的时间里,报道组冒着余震塌方不断,12节油罐车随时爆炸的危

险,不间断地多次直播或连续报道,在42篇的连续报道中,既有最及时、最权威的动态消息,也有反映抢险队员不怕牺牲,奋勇拼搏抢险精神的新闻特写,内容扣人心弦,题材丰富多样。

每天大量及时的直播和连续报道吸引了全国观众的密切关注,整个报道采用现场报道和纪实手法,充分展现了抢险过程中遇到的各种危险困难和感人事迹。在报道中,抢险队员遇到的困难让观众紧张窒息、扣人心弦,而他们想尽办法战胜困难、勇往直前的精神更让广大观众感动不已。

二、广播电视系列报道

(一)系列报道的特征

系列报道与连续报道都是连续、多次报道的集合。与连续报道追踪事件发生、发展的最新走向作有序报道不同,系列报道各条新闻之间的次序看起来没有明显的事件顺序,但是在系列报道的各部分之间又有内在的规律可循。系列报道与连续报道有共性特点,但是两者又各具特色,系列报道的个性特点表现在以下三个方面:

(1)主题同一性。系列报道大多是主题性新闻题材,它着重于通过多次报道突出体现某种主题思想、挖掘某种共性、反映具有普遍意义的状况或趋势,以引起社会舆论的重视。可以说系列报道是各集报道贯穿起来的"主题新闻"。系列报道的各集之间以同一主题为轴线贯穿起来,因此系列报道在开始运作时必须首先确立主旨,主题同一性是系列报道的鲜明个性特色。

系列报道有很强的计划性,多为配合党和政府的中心工作而进行的成就性报道,常常需要详细酝酿制定报道计划,明确报道思想,协调报道步伐。系列报道的成败与事前有无严密、正确的报道策划是密切关联的。

(2)信息密集性。系列报道就整体来说,同样具有深度报道的信息广博、密集的特点。与连续报道的各条报道体现时间上的纵向联系不同,系列报道各集之间主要体现事件横向的、内在的逻辑关系。

(3)传播系统性。表面上看,系列报道每一条独立报道都独立成章,前后报道的秩序联系不是很紧,播出次序前后安排好像无碍大局;但从系统论来讲,系列报道中的大小系列结构都是精心安排选择的,从宏观到微观,每集之间的排列和播出都是有一定规律可循的,讲究内部的逻辑严谨性。

(二)广播系列报道

广播系列报道是运用广播媒介手段实施的系列报道。它的特点在于充分调动广播媒介特有的声音符号体系表意传情的手段与技巧,进行系列报道。

下面,我们通过点评一篇获得"中国新闻奖"的作品《从揪心到放心——见证营养午餐之路》,体会广播系列报道的特点。

案例分析

民祥师生的午餐梦

播音员播:

3月1号,是开学第一天,赫章县六曲河镇民祥小学的孩子们却没有能吃上热腾腾的营养午餐,孩子们用他们的方式度过了难捱的午餐时间。下面请听贵州台记者系列报道《从揪心到放心——见证营养午餐之路》——《民祥师生的午餐梦》。

【口播】12点整,伴随铃声的响起,在教室上课的孩子们从教室里鱼贯而出,一部分的孩子选择回家吃午饭,而另一部分离家较远的孩子则选择留在学校里。

【出录音:"早上5点钟起床,6点钟吃饭,7点钟走来读书。"】许鑫是民祥小学五年级的学生,今年12岁的他每天上学路都要花费1个多小时,中午自然不能回家。他的午餐只能靠每天5毛钱的零花钱解决。

【出录音:"爸爸妈妈给点钱买东西吃,买什么吃?方便面。每天中午都吃方便面?有时候不吃。"】

在民祥小学,有零花钱买零食吃的孩子并不很多,相当多的孩子常常只能饿着肚子。(录音压混)在闹腾的教室里,一年级学生许婷,无精打采地趴在桌子上。

【出录音:"我的肚皮痛得很,今天我没吃饭就来了。"】

许婷告诉记者,从家到学校她要走差不多2个小时,由于家庭环境较差,身上也没有多少零花钱,中午的午餐时间对她来说就是一件痛苦事。

【出录音:"我肚子疼的时候我去找东西吃,有天我带起我的朋友走我家去吃饭,上课了我们就来迟到了。"】

因为山路陡峭,因为路程遥远,因为家庭贫困,民祥小学的很多孩子从小就是一天两顿饭,没有午餐。在民祥小学教了24年书、即将退休的老教师黄佑荣提到这件事就心疼不已。

【出录音:"这些学生非常可怜,每天中午没有东西吃,上午的时候精神都很饱满,一到下午以后很多学生精神比较差了,上体育课都没有精神,什么跑步都玩不成了。"】

值得黄老师高兴的是,随着贵州省实施营养午餐计划以来,一直困扰民祥师生的午餐问题有望得以解决。目前,民祥小学已经开始筹备学生食堂的建设,消毒碗柜、灶台、冰柜等设施一应俱全,民祥小学校长王天降说,再经过三个星期的筹备,学校食堂就能投入使用。

【出录音:"食堂里面的像消毒柜和冰柜都是上学期采购的,这个是分菜然后学生打饭的地方,这个是灶台,两个炉子一个炒菜一个蒸饭,这边是水池供洗菜、洗碗,估计两三个星期左右就要开放。"】

在2012年里,像民祥小学这样马上就要有自己的学生食堂的乡村学校还有很多。2011年以来,赫章总投资1478万元,实施食堂工程项目274个,总建筑面积达到16150平方米,其中新建食堂13100平方米,越来越多的山区学子将吃上卫生、营养的午餐。

记者手记:

在离民祥小学不远处的一片小山坡的树林间,记者发现了很多宽度深度在一尺左右的小坑,里面是一些没有烧尽的树枝和黑黑的灰烬。学校的老师告诉记者,这些小坑就是孩子们午餐的"灶炉",不能回家吃午饭的孩子常常带上几个土豆,就近折断一些树枝,挖个小坑升起火苗,埋上土豆就等着它被烤熟。看着这些存在安全隐患的小坑,记者眼前浮现出了在炎炎烈日下,在凛凛寒风中,三三两两的孩子们花着小脸围着火堆,小手拍打着烧好的土豆狼吞虎咽的情景。好在再等三个星期,有了自己食堂的民祥师生们就可以彻底地和这些小坑告别,而吃上热腾腾午餐的孩子们也就可以和山坡上的小树一起健康成长。

山区孩子的六一心愿——小猪快长

播音员播:

今年春季以来,镇宁县募役乡斗糯小学的 336 名学生享受到了每人每天 3 元的"营养餐"补助标准。为了让孩子们吃得好些,斗糯小学在校园里养了三头猪,孩子们在课余时间轮流做猪倌。请听贵州台记者系列报道《从揪心到放心——见证营养午餐之路》——《山区孩子的六一心愿——小猪快长》

【压混学生喂猪声。】

5 月 30 号下午六点,斗糯小学六一班的周明波刚吃过晚饭,便提着一桶兑好的猪食来到猪圈喂猪。

【压混周明波讲解喂猪步骤。】

喂猪对于农村孩子周明波来说并不陌生,但是他说在学校喂猪比在家里要认真很多。

【出录音:"以前我们在学校都没有饭吃,现在自己在学校喂猪,比在家里的时候还仔细认真,因为觉得在学校喂猪是为了自己的营养而做。"】

今年春季刚开学,斗糯小学的师生花了一个星期把食堂旁边的垃圾场填平,几块青砖、几片薄瓦,一个 4 米长、2 米宽的简易猪圈就搭建起来。从农户家中买来猪苗后,这个学校里的养猪场就算正式成立了。斗糯小学校长程端林指着猪耳朵上的检疫标记说。

【出录音:"我们当时养的时候从食品安全这一块出发,那个标记是它检疫的,每隔一个月要给它打一次预防针,还要给它喂预防生病的药,这样它就不容易生疾病了,随时给它清洗这个圈清洗得干干净净的,比那些我们市场上买的放心多了。"】

自给自足的模式不仅给"食品安全"打了强心针,在成本控制上也取得了良好的效果。程端林给我们算了一笔账。

【出录音:"现在我们的猪肉买到 12 到 14 块,我们养猪我们只是投了一点人工,现在我们产生的剩饭够喂一餐,那我们两餐就用玉米,算下来我们一头猪能够节约成本在 150 到 250 之间。"】

除了安全保障和成本控制一举两得外,养猪最大的受益者便是斗糯小学的学生们,负责全校食材采购的老师熊学猛说,学校杀猪的时候孩子们的餐盘里会更加丰盛。

【出录音:"平时只有一两,但是如果杀猪可能要达二两,那时菜谱就是肉比较多,每个菜都要加一些肉了,内脏,还有猪头、猪脚,这些我们可以给学生吃,吃得比较丰富的。"】

【压混现场排练声】六一儿童节即将来临,孩子们正为全乡的文艺汇演紧张排练着,而学校也准备着在六一节杀头猪,给到时候赶来参加表演的全乡的小朋友们做顿丰盛的午餐。负责轮流喂猪的周明波知道这个消息很开心,因为大家可以吃到他的劳动果实。当问到他的六一愿望时,他毫不犹豫地说道:

【出录音:"希望天天都能吃肉,祝它们快点长大,长得胖胖的,肥肥的。"】

记者手记:

和其他山区学校的孩子一样,面对我们的话筒,斗糯小学的孩子们好奇却羞怯,当我们问 14 岁的小张春"最喜欢吃什么"时,他怯怯地说道:萝卜和白菜。在场的人都笑了,继而便是一阵沉默。因为,大家开始明白这个答案并不是孩子的玩笑,在他的世界,肯德基、麦当劳只是一些陌生而奇怪的字眼,甚至在我们眼里再平常不过的猪肉也是家里餐桌上难逢难遇的惊喜。

说到最喜欢吃的东西,他只能从有限的食物记忆里找出一两个最常吃的东西应对。六一儿童节快到了,学生们在操场上认真地排练着节目,排练之余,三五个小伙伴都会来到学校的猪圈旁,逗逗小猪,看着小猪们吃得哗哗作响,孩子们也咯咯发笑,这时,我们在他们眼里看到了跟其他山区学生不一样的东西,那就是眼神里充满了"小猪快长"的美好希望。

营养餐"贵州模式"惠及 400 万学生

播音员播:

贵州省贫困县覆盖面较大,贫困孩子有 417 万,贫困学生数量占到全国的 1/6 还多。在任务艰巨、责任重大的情况下,贵州实行营养午餐计划,让 400 万孩子吃上了热腾腾的午饭。下面请听贵州台记者系列报道《从揪心到放心——见证营养午餐之路》——《营养餐"贵州模式"惠及 400 万学生》。

今年春季学期,贵州省全面启动了集中连片贫困地区 65 个县农村义务教育学生营养改善计划国家及地方试点工作。中央财政为试点地区农村义务教育阶段学生提供营养膳食补助,标准为每生每天 3 元。据统计,截至 2012 年 11 月底,中央、省、地方三级财政投入近 30 亿元,惠及贵州省内 1.3 万所学校在内的 400 余万农村学生。贵州省学生营养办副主任周忆江:

【出录音:"贵州模式营养餐基本特点是,实现学校食堂自办自管,公益性,零利润,为学生提供营养餐。"】

按照食堂建设标准化、食品营养标准化、管理制度标准化和应急预案标准化"四个标准"推进的营养午餐,全面实行"校财局管"报账制,做到校长"见账不见钱",费用由供货公司按月到教育局报账。学生营养午餐每校至少四套菜谱,一周一换,每餐至少"两菜一汤",热饭热菜,配有肉食,杜绝购买成品供应学生。对大宗物资实行统一采购。周忆江:

【出录音:"县营养办采取大宗物资的集中招标采购,供货商就要按照我们的中标合同的要求,保质保量提供。"】

通过实践和探索,我省明确探索出了"全力办好农村中小学标准化食堂,全面推进以学校食堂供餐为基本特征的'贵州模式'",走出了一条具有贵州特色的营养改善计划实施路子。贵州省教育厅副厅长级督学邹联克:

【出录音:"我们现在提出的'贵州模式',第一要有机构;第二要建食堂;第三要保证有人员;第四要大宗物资采购'四统',统招、统购、统配、统送,降低成本,保证安全;第五是资金管理实行校财局管,校长不见钱,采购部门到教育局去报账,保证资金安全,保证干部安全。"】

同时,我省鼓励未纳入国家试点的其余 23 个县积极进行营养改善计划地方试点。目前已有钟山、仁怀、兴义、金沙、凯里市、都匀、清镇等共 14 个县市、区投入资金进行地方试点,惠及 1188 所学校 22.3 万农村学生。我省农村学生营养改善计划的实施得到了中央的充分肯定,国务委员刘延东批示:"贵州这样的西部省全面启动农村义务教育营养改善计划,充分体现省委省政府的重视。应予推广。"近期,全国农村义务教育阶段学生营养改善计划经验交流现场会将在贵州召开,"贵州模式"将进一步推向全国。

记者手记:

这一年,通过对贵州 2012 年 16 件民生实事之一——营养午餐工程——的追踪采访,记者见证了它从揪心到放心的过程,在这个过程中有喜亦有忧。喜的是踏着采访的路线我们看见了太多太多满足的笑脸。在赫章、在丹寨、在龙里,在镇宁……尽管地点不同,但是在热腾腾香喷喷的饭菜面前,山区孩子们眼神中透出的是一样的欣喜和渴望;同样,我们也看见了各相关部门的齐心努力和社会爱心人士的倾情付出,正是在他们的关注下,才有了山区孩子们在追逐梦想途中的坚定有力。忧的是"巧妇难为无米之炊",现今,每天每个孩子3元钱的补助捉襟见肘,为了节约成本,很多的老师在授课之余不得不扮演着更多的角色:厨师、采购员、猪倌……从这些老师们分身乏术的忙碌中,我们看到的是他们对孩子们的关爱和责任,但也看得出他们期待着政府投入更多资金,切实减轻教师负担的渴望。未来的贵州,在营养午餐的道路上要做得更好,还有很长的路要走。

【点评】

主题重大　策划精巧

自2012年春季贵州大力实施"农村义务教育营养改善计划"以来,营养午餐就一直是社会关注的焦点。该篇报道一改过去就某一件事情发生时聚焦关注,没有追踪后续的做法,记者通过一年里重要时间节点进行追踪关注,深入贵州多个市县大山深处的学校,从孩子们午餐的变化,到学校多手段的保障,到政府多部门的联动监督等不同角度反映贵州营养午餐之路,体现出从社会到政府对民生问题的重视。

该作品虽然主题重大,但是报道角度精巧,以小见大,文字流畅,录音丰富清晰,场景感、画面感强,将一个个因营养午餐而改变的孩子、学校立体呈现。整组系列报道体现出了一种较强的社会责任感和媒体的监督力度。该报道的成功之处在于以下几点原因:

1.主题重大,立意深远

作为贵州省2012年度16件民生实事之一,这个春天的喜讯不仅让我省约400万农村学生实现了"人人吃午餐"的梦想,对于留守儿童日益增多的贵州山区孩子而言,带给他们的更是一份温暖备至的情感关怀,意义不言而喻。2012年3月1号开学第一天,报道组开始了跨越全年、持续追踪的记录历程。整组系列报道共计七篇,包括《民祥师生的午餐梦》《山里孩子李英的午餐路》《营养午餐也直播》《山区孩子的六一心愿——小猪快长》《低成本打造真正营养午餐》《多部门联动筑起"放心食堂"安全网》以及《营养餐"贵州模式"惠及400万学生》,从孩子们午餐的变化,到学校多手段的保障,再到政府多部门的联动监督等不同角度全方位地见证了这一惠民政策的落实之路,体现出从社会到政府对民生问题的重视。

2.策划周密、布局合理

一年时间里,"营养午餐计划"的实施情况如何,有一定的持续度吗?能给孩子们带来什么样的变化?带着这些疑问,报道组提前策划,记者进行了全年的跟踪采访,在不同时间节点深入黔南州、黔东南州、黔西南州、铜仁市等多个地州市县的山区学校,从赫章山区到丹寨乡下,从龙里村寨到铜仁碧江,用声音把贵州山区学校营养午餐从无到有,从揪心到放心的过程用录音笔全程记录下来。从"营养改善计划"消息传达,但还未正式实施的开学第一天开始;到计划正式落地,改变孩子们午餐吃不好、吃不到的窘境;再到学校和政府部门在计划实施过程中摸索出的成本节约、卫生保障等措施,真正保障400万山区学生午餐吃得开心、吃得放心。七篇报道环环相扣、层层递进,既有以黔东南州丹寨县学生小李英为主线的故事性描述,感人至深,也有铜仁市碧江区从学校、政府部门的保障措施以及全省情况的总结,整组报道角度清晰、有点有面。每一次采访,记者都会被学校老师们的举措,孩子们的期盼和幸福,社会的关爱所感动,稿件几乎都是一蹴而就,字里行间饱含深情,每篇附后的记者手记都是真情实感的流露。

3.播出效果佳、体现媒体责任感

因为报道情感细腻、细节丰富又不失铿锵有力,播出后,收到很多听众反馈和专家好评。不少听众表示,通过本组报道贯穿整年的追踪,让他们的心情也跟随广播体验了一次"从揪心到放心"的过程。一些身为家长的听众还以此为契机,教育生活在城市、衣食无忧的孩子学会珍惜和感恩。专家则认为,报道全面连贯,以一条完整的脉络清晰地展现出《贵州省农村义务教育学生营养改善计划实施方案》在贵州山区落地、发展的真实情况,同时,以每篇报道均配发"记者手记"的形式,一边记录这一"新生事物"的实况,一边思考发展过程中出现的问题,感性中又不乏理性,发挥了媒体的监督作用,凸显出媒体的社会责任感。

(三)电视系列报道

电视系列报道是运用电视媒介手段实施的系列报道。它的特点在于充分调动电视媒介特有的画面与声音符号体系表意传情的手段与技巧,进行系列报道。

下面,我们通过点评一篇获得"中国新闻奖"的作品《滦南洼里村的"爱心小院"》,体会电视系列报道的特点。

案例分析

滦南洼里村"爱心小院"系列报道(一)

情缘

【导语】

在滦南县洼里村有一个特殊的农家小院,说它"特殊",是因为这里生活着39名患有脑瘫、智障或肢体残疾的孩子。从1998年收留第一个孩子算起,到现在已经整整14年了。14年间,小院主人高淑珍一家和爱心志愿者每天的生活,就是教这些孩子读书识字和康复训练。

【正文】

初春的洼里村依旧十分寒冷,但每天清晨四点,这个小院总会准时升起烟火。(生火做饭场景)

正屋里的三十几个孩子睡得正香。而高淑珍一家人和志愿者任丽华已早早起床,开始为他们准备早饭。

【现场】高淑珍:

(记者:这个得天天早上您给他穿是吧?)这个穿不了。(记者:我看其他孩子好多都能自己穿?)其他有的穿不上鞋,有的裤子穿不上。

【正文】

吃过早饭,在南屋的这间教室,高淑珍的女儿王国光开始给孩子们上课。由于39个残疾孩子的年龄和学习基础各不相同,智力水平也参差不齐,因此虽然同在一间教室里上课,却被分成了一年级到初一七个班。

【现场】

王国光:二乘以七。学生:十四。王国光:二八得?学生:得八。王国光:不对,二八得?再说一遍,二乘以八得。学生:二九十八。

刘双展示读诗能力：李白乘舟将欲行，忽闻岸上踏歌声……

【正文】

小院里的第一位学生，其实是高淑珍的儿子王利国。儿子七岁那年，高淑珍带着他去学校报名，被校方拒绝了，这也成了高淑珍多年的心痛。

【同期】高淑珍：

我（从教室）往外抱孩子，孩子抱着桌子腿直蹬啊，说妈，你不让我念书，你咋你不让我念呢？我说走吧，人家不让在这，咱们回家，妈教给你。儿子说你会？你也不会啊。

【正文】

高淑珍自己一个大字不识，但她不希望自己残疾的儿子也成为文盲。可是找谁来教儿子识字呢？高淑珍把目光投向了当时正在读高中的女儿王国光。

【同期】王国光：

我妈说别念了，咱们也没这么多钱。我知道她心里不是这么想的，她心里实际上乐意我上学，我也知道。我怕她心理也不舒坦，我就说不上学了。

【正文】

为了替母亲分忧，王国光退了学。从此在自家的炕头上，姐弟俩一个教一个学。

【同期】高淑珍：

讲课，就得一章一章讲，我寻思有三四个孩子，他姐一讲不都会了嘛，还有个伴。

【正文】

于是，高淑珍把附近村里患侏儒症的赵洪刚和脑瘫的张杰等几个残疾孩子领回了家，和儿子一同上课。

【同期】王国光：

我妈在西屋那个当教室，她从县城买了两张桌子，四个板凳。还是我小时候那样的小黑板，特别小的那个小黑板，我就教他们。

【正文】

高淑珍接收残疾孩子上课的事儿很快传开了。刘双，就是那个时候被接进了高淑珍的家。

【同期】高淑珍：

我接她的时候，（她们家）床上铺的都是化肥袋子，甚至门上使俩麻袋接一块当门帘子，就没门。你看刘双这一户，看着心里心酸，我因为这个就说我挣着好人的钱去，我不收残疾孩子的钱。我一分钱也不要。

【同期】刘双：

高妈妈说，我们这里收的孩子全都是残疾人，吃住，包括学费全都不要。

【正文】

原本是圆自己残疾儿子一个上学梦，可不承想，两年的时间她竟接纳了30多个残疾孩子，内心的善良让她"上学免费"的承诺脱口而出，但也正因为这句承诺，让高淑珍一家人的命运从此发生了改变。那么高淑珍到底靠什么来保证孩子们的日常开销、维持他们的生活，家里人又是如何看待她的举动呢？欢迎您继续收看。

滦南洼里村"爱心小院"系列报道(二)
奉献

【导语】

滦南县洼里村的高淑珍,创办爱心小院、免费接收残疾孩子的事儿,感动着周围的乡亲,也引来了越来越多的志愿者和社会各界的关注。暖流在这里汇聚,爱心在这里壮大。

【正文】

十年前,一个叫王利忠的青年走进了这个小院,原本只是打算做半个月的志愿者。

【同期】王利忠:

我敲开门之后一看院子里面之后,简直可以说是震撼了。满院子都是一瘸一拐的孩子。

【正文】

半个月后王利忠要走了,可是孩子们却堵住了大门。

【同期】王利忠:

呼啦呼啦的一大片,抱着我的腿不让我走。我觉得那时候我的心里面也挺激动,孩子们泪流满面地拉着我。我就说哥不走了。

【正文】

2004年3月,是王利忠给自己定的支教两年的最后期限,可就在此时,高淑珍决定借钱给孩子们盖几间新教室。

王利忠决定再留一段时间,帮高淑珍把房子盖好了再走。可没想到因为没钱,房子盖盖停停,又过了两年。此时的王利忠在高淑珍家已经呆了4年。

这一年,高淑珍的女儿王国光已经24岁了,在当地农村已经算是大龄青年了。可是女儿如果出嫁了,孩子们谁来教呢?为此高淑珍一直拖着女儿的婚姻大事,并提出谁要娶王国光必须答应两个条件:第一,不能嫌弃家里的这些残疾孩子;第二,要成为家里的上门女婿。这两个条件一公布,让许多提亲的人望而怯步了。

而此时,眼瞅着新教室即将建好,离回城日期一天天临近的王利忠,也开始考虑着自己的人生大事。

【同期】王利忠:

我老想着一个女孩子对别人的孩子,毫无血缘关系的孩子都这么好,如果有了自己的孩子,这个做母亲的会一定非常合格的,我挺为她(王国光)感动。

【正文】

志愿者一下子变成了上门女婿。对于三十几位孩子来说,不仅是对王利忠的称呼从原来的"哥哥"变成了"姐夫",更重要的,他们又多了一个不会离开他们的好老师。

【现场】王利忠:

什么都没有,那会儿结婚。我跟我对象说,这辈子要有本事的话,再好好给她重新补一回吧。

【正文】

不过让王利忠感到欣慰的是,近些年有好几位和他一样的志愿者,不断地走进这个小院。任丽华是抚宁县人,毕业于秦皇岛教育学院,2007年她以一名志愿者的身份来到了这个小院。

【同期】任丽华:

（来了）一看这条件也太苦了,我高姨为了这帮孩子吧,起早贪黑的,忙活着,一口热饭也吃不上,一件新衣服也穿不上。人心都是肉长的,是不是?

【正文】

在这个特殊的小院里,老师不仅要教孩子们读书写字,还要照顾他们的饮食起居,洗衣做饭,甚至包括擦屁股,尽管工作量很大,任丽华却没有一分钱的工资。

【同期】任丽华:

跟他们在一起就感觉特别快乐,跟一个大家庭一样一起生活一起吃住,一个大家庭其乐融融。

【正文】

孩子们每天上课的时间是早上8点,这天任丽华讲的是语文课,不到两个小时的课程,中间竟停了十几次。

【现场】学生:

我去厕所。

【正文】

任丽华只好停下来,陪着孩子去。我们发现,在这个小院里任丽华是最忙碌的,在一溜小跑中做事已经成了她的习惯。

【同期】任丽华:

怕孩子手脚不方便,跌了碰了。

【正文】

忙碌艰辛的生活,任丽华很少回家看望父母。一晃五年任丽华已经31岁了。

【同期】任丽华:

农村就是该到结婚年龄不结婚,绝对都认为你不是心理上有毛病就是身体上有毛病。都是催着找对象,嫁人。每次放寒暑假我都担心(害怕)回家,一回家就说这方面的事。

【正文】

2009年,任丽华的母亲因患癌症不幸过世,临终之前也没能看到女儿的归宿,这也成了任丽华最大的遗憾。

【同期】高淑珍:

我们娘俩抱着哭,姨,找个对象你帮着我相,我也要求找个倒插门,我也在你这过。我说中,(陪嫁时)给你姐(王国光)啥给你啥。

【正文】

对于高淑珍来说,除了让孩子们学知识外,更盼着孩子们学点技能,将来能够自食其力。得知这一消息后,县特教学校派几名老师赶过来,帮他们开设技能培训课。

现场:搬东西,挂牌子

【正文】

这一天的技能培训课共安排了两项课程,一是面点制作,二是手工编织。

【现场】特教老师教孩子们包饺子

学会了包饺子我就自己能做饭了,自己就不饿肚子了。

【正文】

培训课上,大多数男生都选择了面点制作,而女生们更乐意学习编织技术。刘双虽因患类风湿导致双手骨骼变形,但在老师的指导下,很快就编出了一个中国结。

【同期】滦南县残联理事长李建新:

将来以后我们还得发现新的项目。残疾人孩子们必须得想法学技能,将来走向社会能干啥,在这个方面为他们着想。

【正文】

这天下午,任丽华结合这堂技能培训课给大家安排了一次作文比赛,题目是"我的理想"。在一篇篇作文里,孩子们写出了自己的心声。

【现场】孩子们在宿舍念准备的作文:

我要做一名医生,因为我知道类风湿这个病很痛。

【编后】

14年的寒来暑往,14年的无悔坚持,14年的无私奉献,39名残疾孩子在洼里村这个爱心小院里,在高淑珍一家、在当地政府和无数志愿者及社会爱心人士的帮助下,走过艰辛,走过惆怅,感受着温暖,感受着真情,感受着人间大爱,收获着幸福,更收获着对未来的希望,我们祝福这些孩子能拥有更加美好的将来,也愿所有的好心人一生平安。

滦南洼里村"爱心小院"系列报道(三)
志愿者撑起爱的天空

【导语】

最近一段时间,越来越多的志愿者来到滦南县洼里村高淑珍的爱心小院,开展志愿服务。一茬又一茬的志愿者和社会爱心的支撑,让爱的接力在小院内外不断传递。

【正文】

爱心小院故事报道后的这些日子,每天都有来自全国各地的爱心人士来到小院,捐款捐物表达爱心,高淑珍为此每天忙个不停。时值春耕农忙的季节,高大姐家里的14亩口粮田亟待平整、育种、插秧。徐邵军是滦南县电力局志愿服务队队员,在帮小院改造线路后准备返回时,得知高大姐正在为育苗、整地发愁,他们便留下来。徐邵军原来在老家农业技术部门当过三年农技员,在他的指导下,育秧、平地工作很快就完成了。

【同期】高淑珍:

我昨天还着急着呢,我哪知道这么多人帮忙,担心今年晚了,插秧晚。跟别人家就一样了,年年我们晚。

【正文】

曾在"爱心小院"支教过的严文杰等几名志愿者,也这个时候重新回到这里,小院的变化让几位志愿者格外振奋,他们也更愿为孩子们再做些力所能及的服务。

【同期】志愿者吴立军:

孩子们现在有了相对于我那时候来说比较正规的教室。

【正文】

严文杰,河北省乐亭县人。起初,她并不是来当志愿者的,而是为残疾的表妹是否能来高淑珍家前来打探真假,那时,只有辍学的王国光负责照顾着十几个残疾孩子的起居和教学。

【同期】严文杰：

不是从内心里惦记着这些孩子们，他决不会来回来去，脸上带着笑容，我觉得她是真心对孩子们好，这个事不能是骗人的。

【正文】

亲眼所见的这份感动，让严文杰突然做出了"留下来当志愿者"的决定，在严文杰做志愿者的两年多里，吴立军、魏小尧、王利忠也先后来到了小院，他们都是放弃了自己原有的工作来当志愿者的。后来，王利忠留下了，吴立军和年小尧一年多后回到了各自的家乡又都重新找到了工作。虽然许多志愿者最终没有留在小院，但他们却把志愿服务的精神传递了下去，为孩子们撑起了一片温暖的天空。尽自己的所能来帮助小院，十几公里外的蔬菜生产基地李营村村党支部书记李志刚得知孩子们冬季吃菜难，他计划着在"小院"后面为高淑珍建一个蔬菜大棚。

【同期】李营村党支部书记李志刚：

我觉得大棚建完以后可以保证孩子们四季有菜，棚建完了，如果这个菜吃不了还可以销售。

【正文】

第二天，李志刚带着村里的十几名志愿者早早就赶到了小院后面的地里，放线、砌墙、打钢架，如今，蔬菜大棚的建设已初具规模，再过几天，第一批菜苗就可以栽种了。为了让"爱心小院"的孩子们得到持续的关爱，唐山市团委启动了志愿者"爱心接力"服务活动，把为爱心小院提供更多帮助列入了长期计划。滦南团县委派到爱心小院的张彦明，原本是县里招募的照顾空巢老人的专职志愿者，来到小院快二十天了，他几乎成了孩子们的专职厨师，也是任丽华的新帮手。

【同期】志愿者张彦明：

我希望他们尽快地好起来，感觉吧，他们都能挣脱开这枷锁，挣脱生命赋予他们的枷锁，飞得更高。

【同期】

孩子们唱"飞得更高"

【点评】

<h2 style="text-align:center">情节生动，细节感人</h2>

"爱心小院"讲述了唐山市滦南县洼里村有一个特殊的农家小院，在这里生活着39名患有脑瘫、智障或肢体残疾的孩子。从1998年收留第一个孩子算起，到现在已经整整14年了。14年间，小院主人高淑珍一家和爱心志愿者们每天的生活，就是教这些孩子读书识字和康复训练。参评的作品选取了系列报道中的三集，分别展示了高淑珍开办"爱心小院"的原因、开办过程遇到的困难和在开办过程中得到志愿者的帮助等内容。

在整个"爱心小院"典型事迹系列报道中，记者凭借敏锐的新闻洞察力和捕捉力，用镜头捕捉到高淑珍给孩子穿衣服，志愿者任丽华小跑着的工作状态……通过这些真实的细节描写，以及每一位采访对象朴实的话语，再现了高淑珍对39名残疾孩子的大爱之心，同时也展现了在高淑珍的感召下，任丽华、吴立军、王立忠、一茬又一茬的志愿者和社会各界让爱的接力在小院内外不断传递。

第四节　广播电视访谈节目

广播电视新闻的体裁是不断发展变化的,它不但借鉴了文字新闻报道的体裁,如消息报道、深度报道等,还根据自身的特点和优势,形成了自身独有的方式,如访谈类新闻报道就是广播电视媒体所特有的报道样式。

广播电视访谈节目是以传播声音为主的一种新闻报道形式,我国新闻界将访谈分为三种类型——新闻人物、新闻事件、社会问题。西方广播电视界也将专访分为三个类型——个性、信息、观点。这两种分类没有实质区别。新闻人物访谈是以揭示人物个性为基点;新闻事件专访是以透露信息为目的;社会问题专访是以阐述观点为意图。[①]

一、广播电视访谈节目

广播访谈节目,是记者对新闻人物或有关部门进行的专题访问的报道。这种报道形式是通过一对一或一对多的"提问—回答"方式,对某一新闻事件、新闻话题进行深度开掘与阐释,具有深刻性、思辨性的特点。

与广播访谈节目相比,电视访谈节目优势在于其又多了一种形象说理的手段——画面。广播谈话类节目是"只闻其声,不见其人",由于传播载体的限制,在诸多方面很难有大的自由发挥空间。而电视谈话节目不仅可以"绘声",还可以"绘色",主持人或者谈话者通过屏幕直接面对观众,以形、声、情、态等表现手段,引导观众从中接收信息并做出判断,它所形成的感染力和说服力是其他媒介所难以企及的。[②]

二、广播电视访谈节目的特征

广播访谈节目选题广泛,具有很强的针对性和实效性,制作简单,嘉宾、观众参与方式简单,现场容易控制。

电视访谈节目选题广泛,具有很强的针对性和实效性,感染力强,表现手法多样,图文并茂,具有强烈的现场感。

广播电视访谈节目在传播中,突破了原有的以传播者为主体的立场,具有更大的包容性和开放性,可以容纳不同的主体对新闻事实进行评析和判断,也就是在原有的新闻节目发布方式上做了有效的突围。它不仅继承了电视深度报道和调查性报道精雕细刻的优点,同时极大地调动了受众的参与热情,这一点成为其极为鲜明的特色,即讲究大众性、互动性和公开参与性。[③]

下面,我们通过点评一篇获得"中国新闻奖"的作品《马国良——戈壁创业人》中的段落,体会电视访谈节目的特点。

---

① 赵淑萍.广播电视新闻采访与写作[M].北京:北京师范大学出版社,2006:437-438.
② 吴信训.新编广播电视新闻学[M].上海:复旦大学出版社,2006:39.
③ 吴信训.新编广播电视新闻学[M].上海:复旦大学出版社,2006:39.

📖 案例分析

马国良——戈壁创业人

天山网讯短剧《戈壁家园》,讲述了一个舍小家顾大家、三十年如一日带领村民在戈壁荒滩上建起一座绿洲新村的村支书马国良的故事。之后播出的人物访谈节目中,马国良书记和他的村民将走进演播室。在现场有哪些感人的场景发生,马国良为何会潜然泪下?《戈壁创业人》将为您真情讲述。

主持人:大家好,欢迎收看新疆卫视《奋斗改变命运》系列访谈节目,今天来到现场的,除了有新疆工程学院的大学生,还请到了一些特殊的客人,他们是昌吉州奇台县碧流河乡西戈壁村的村民们,欢迎你们。为什么要请乡亲们到现场来听这个故事,因为今天的奋斗人物与乡亲们有很大的关系,简单地说如果没有这个人,西戈壁村不会是今天的样子,老百姓的生活也不是今天的生活,他是谁,我先不说,我想大家一定很清楚。乡亲们啊,我先请乡亲们说说他是个什么样的人? 来,先说说他。

他是第一个正式落户在村上的。

他把贫困的破帽子,全部把村民的破帽子甩了以后,自己揽过来戴了,你看看他的形象,经常戴着一顶破帽子。

这个人他脾气很犟,他认准的事情八头牛都拉不回来。

主持人:好。

主持人:我们现在就掌声有请这位老支书,全国劳动模范马国良。

马国良:你好。

主持人:马书记您好。

主持人:刚才有位乡亲说到,您很多年都是戴着一顶破帽子,穿着旧衣服,骑着破自行车,今天换了行头了?

马国良:今天拾掇了一下。

主持人:拾掇了一下。

主持人:您在西戈壁村多少年了?

马国良:在西戈壁村二十多年了。

主持人:那当支部书记多少年?

马国良:总共下来十五年,十五年支部书记,一年党总支书记。

主持人:我们现在再通过一个短片,看看现在西戈壁村是个什么样子,老百姓生活又怎么样。

【短片一】

前不久,当记者来到奇台县碧流河乡西戈壁村的时候,村民们正在忙着在自己院子加盖抗震安居房。

村民刘义财:群众的生活条件好了,每年都盖房子,一年比一年盖得好。

记者:每家每户都有多大的面积房子?

村民刘义财:将近200平米。

现在的西戈壁村共有8个村民小组,402户1660口人,共有两万多亩耕地,村民年均收入在万元以上,是当地有名的富裕村。如果把时间倒回三十年前,这里还是一片戈壁。当时村民们还全部居住在距离这里20公里路的山区——洞子沟村。当时的洞子沟村,人多地少,地处偏僻,正常年份还能勉强维持,一旦遇到灾年,全村人的生存都会陷入困境。

主持人:西戈壁村是今非昔比,老书记,那改变之前,西戈壁村为什么这么穷呢?

马国良:山上就是一亩多地,仅仅维持生活,但是经济来源还是靠戈壁滩上。

主持人:村民都住在哪里?

马国良:就住在刚才的山上。

主持人:在山上住。

马国良:种地就在山下戈壁滩上。

主持人:村民在山上住,种地在山下。

马国良:但是戈壁滩上的情况是比较恶劣的,就是我刚才说的除了没有干渠以外,土地没有整合,比较零散,有些地方有渠,有些地方没有渠。有些地方水还在河坝里头。一有大水拿不下来,水一小就全部渗漏掉了。每年只能种个一千多亩地。

主持人:就是因为水的问题。

马国良:水的问题,路途远,不好管理。

主持人:也管不过来。

马国良:管不过来。

主持人:那当时您在干啥?

马国良:我担任过队长,主要是除了种植以外就是外戈壁滩上的管理。当时在戈壁滩上管,可种面积是两千多亩。

主持人:两千多亩,您一个人在管这个田?

马国良:在我们戈壁滩上正常时节是十几个人(管理)。

主持人:山上和山下距离有多远?

马国良:二十五公里。

主持人:那就是离家二十多公里。

马国良:对。在那个时节,基本上是二十多天回一次家,回去以后三两天以后就赶着又下来做下一次的浇水准备工作。

主持人:家里所发生的一切您也顾不上?

马国良:顾不上。

主持人:那阿姨怨您吗?

马国良:怨,她非常愤恨。

主持人:愤恨。

马国良:在有一次正浇水的时候,娃娃在走的时候,他说话嗓子有些哑。那时候水也赶上了,我想的嗓子有些炎症家里人抱上去看看就行了,没想到刚下来,第二天就发生这个事情。正浇水的时候,水刚大,一昼夜,刚把队上事情安排完以后,回家来以后,开会呢好像是,把我肩膀拍了一下,给我说马国良,我说咋了,他说你的娃娃完掉(去世)了,等我赶回去以后,我们少数民族完掉以后,不能放,乡亲们要把他送掉的,没见上面。

主持人:乡亲们帮您送掉了?

马国良：感到非常内疚，对不起，孩子才两岁半。

主持人：您怎么向阿姨交代？

马国良：给您说戈壁滩上（没水）的情况非常严重，一旦稍微有一点失误以后，水就存在放沟（流失）的事情，再一个上边还要通过几个自然村。乱偷乱抢（水），小了放不下来，大了以后，水不来就作废了。

主持人：您就想把这每一滴水都留下，那后来阿姨原谅你了吗？

马国良：不原谅。

主持人：现在也不原谅？

马国良：一直不原谅，没有办法，我82年辞职了。因为家里的原因。

主持人：如果儿子长大了，他现在也是个壮小伙了吧？

马国良：三十八、九了。

主持人：对不起他们？

马国良：对不起他们。

主持人：像这样的情况持续到哪一年才结束啊？

马国良：对我来说就持续到82年，就长期住到山上不行，我就首先全家搬下来了。

主持人：搬到山下去了。

马国良：逐步搬下来这三家，三家就成了一家人了。82年辞职了，不干了，不干是因为家庭刚才我所说的这些情况造成的。

主持人：愧对。

马国良：没有办法，只有挽回。

主持人：想补偿一下？

马国良：补偿一下。

主持人：当时西戈壁村是个什么样的情况，我们再看下面一个短片。

【点评】

声画结合　挖掘人物性格

《马国良——戈壁创业人》是一篇主题突出、制作精良的新闻访谈作品。这篇访谈作品通过对马国良人物性格的深入挖掘，展现了一个用自己一生为村民服务，用三十年时间在戈壁滩上建起一座绿洲新村的共产党员的感人故事。马国良身上体现出的扎根基层、为民谋福、敢于创新、敢于担当的性格特点正好与当前党中央对基层干部的基本要求相符，也与爱国爱疆、团结奉献、勤劳互助、开放进取的新疆精神所吻合。节目主创人员紧紧抓住这一核心点，用灵活多样的演播室访谈手法，将马国良这一时代先锋人物用老百姓乐于接受的新闻访谈形式展现出来。

从作品内容来看，这篇作品主题鲜明，访谈情节层层推进，访谈嘉宾又具有很强的时代特色，再加上生动朴实的访谈语言、活跃感人的现场气氛、主持人贴近生活紧扣主题的提问，使整个访谈过程一气呵成，具有极强的语言表现力。节目播出后，收到了非常好的收视和传播效果。

这一篇访谈作品充分发挥了电视媒介的特点，对人物多采用特写镜头，结合人物的陈述和回答，多角度、具体地表现了马国良的性格，深化了情感。同时，辅以现场观众的表情，加深了情感的传达，强化了表达效果。

第五节　广播电视现场报道

现场报道是指记者在新闻现场边采录(声音、画面)、边采访、边解说的新闻报道形式。

从新闻价值来看,新闻事件的发生与新闻传播出去的时间距离越小(时效性越强),新闻价值就越大,因此,当今媒体大多采用直播的方式进行现场报道,这也是目前各类电视新闻中最能体现广播电视优势的新闻报道体裁。电视新闻现场报道改变了过去那种先拍摄活动画面,后写文字解说,再由播音员配音播出的电视新闻制作模式,采取了无剪辑摄像,省略了编辑合成工序,与新闻事件进展作同步新闻传播。其时间差距极微,因而新闻价值特别大。

电视界认为,好的现场报道不应过于简单和肤浅。高标准的报道往往是经过精心准备的,其中包括新闻稿的精心写作。美国电视界认为,新闻节目主持人就是站在观众身边的记者,当重大事件发生时,新闻主持人应该站在新闻现场,以记者的身份调查、报道、评论,告诉观众发生了什么,怎么发生的,这件事意味着什么。

一、广播电视现场报道

广播电视现场报道是主持人或记者以广播或电视为媒介,在新闻事件现场将新闻事件的发生、发展向观众做口头叙述,同时通过镜头展示现场动态和环境的一种新闻报道体裁,它是最能体现广播电视优势的新闻报道体裁。

二、广播电视现场报道的特征

广播电视现场直播报道最明显的特点,是能够声画并茂地对新闻事件进行同步的报道,所以,它最能体现电视报道的强大优势,最有力地发挥和取得电视应有的传播效果。

(1)提高新闻时效,使受众产生与事件进展的同步感。

新闻价值说认为,新闻事件发生与新闻传播出去之间的时间距离越短,新闻价值就越大,时效性也越强。广播电视新闻现场报道采取了无剪辑录音、摄像的方式,省略了编辑合成工序,与新闻事件进展作同步新闻传播。其时间差距极短,新闻价值更大。

(2)展现事件全貌,使观众产生身临其境的现场感。

广播电视新闻现场报道的规定环境是新闻发生的现场。广播电台、电视台记者作为新闻事件的目击者甚至参与者,向观众讲述事件的经过、特定的环境、气氛甚至种种细微末节,使新闻事件的发展变化在观众的眼前展开,加之图像再现的现场情景,使观众感同身受,产生了强烈的现场感。

(3)面对面直接传播,使观众产生亲信感。

记者在新闻事件发生、发展的现场,记者本身就是权威信息源之一。无论是记者面对事件的直接口播,还是记者将话筒对准新闻事件当事人请其讲述,都是来自权威信息源的新闻事实,都会提高观众对新闻传播的亲切感和信任感。

(4)调动有意注意,使观众产生参与感。

电视新闻现场报道中,记者出画面,与观众面对面,构成的关系是人与人的交流。克服了一般电视新闻易犯的见物不见人、见事不见人的弊病,使观众产生心理参与感与现场参与感。

下面,我们通过点评一篇获得"中国新闻奖"的作品《雨中进行时——7.21北京特大暴雨》中的段落,体会电视现场报道的特点。

案例分析

雨中进行时——7.21北京特大暴雨

主持人:大家好,您正在收看的是北京电视台新闻特别节目《雨中进行时》,从今天下午三点钟开始,我们北京电视台新闻频道已经进行了大概7个小时的《雨中进行时》的特别直播节目。现在,让我们直播继续,让我们共同继续来关注这场暴雨给北京市所带来的影响。

……

主持人:在上一个直播时段,我们的记者李莲一直在赶往莲花桥积水路段的路上,我们在一个小时前连线,她行进到了公主坟,在这之后她是一直徒步在往莲花桥行进,我们刚得到了最新消息,我们的记者李莲已经抵达了莲花桥,下面我们就赶紧来看看李莲发自莲花桥的报道。

记者李莲:我们从公主坟桥一路步行来到了莲花桥,这里就是莲花桥,我们看到桥下的积水已经有200多米的长,宽也达到了100多米,而且根据目测,根据桥下的柱子目测,我们可以看到,桥的最深处,应该能达到人的,我是173cm的个,那么这个水至少过了我胸以上,我们刚才看到很多路人、行人希望能够过河,所以他们会趟着过去,那么,一般来说,经常就是走到这个自行车进行一半的时候就要返回,因为往前走实在是太深了。雨还在不停地下。

……

【点评】

现场直播报道的优势

新闻事件现场直播报道是最能体现电视传播优势的一种最迅速、最直接的新闻报道与播出方式。2012年7月21日大雨当日,北京电视台新闻频道迅速反应,从下午15:00开启现场直播报道,报道立意准确、阐述深刻、层次丰满。深刻执行了"走·转·改"的核心宣传思路。其优势如下:

(1)时效性强。记者随时报道降雨、积水状况,随时反映事情的变化、发展以及救灾的进展,让观众能及时、准确地接收到最新信息。

(2)真实感强。现场直播报道采用纪实无剪辑的拍摄方式,再加上现场风雨的音响声烘托出的气氛及记者的述评,使观众增加对新闻报道的信任程度,可以形成强烈的感染力和说服力。

(3)参与感强。现场直播报道将暴雨这种不可预测的事件的发展过程和结果同步传播给受众,观众和记者是在同一时间内面对正在发生的新闻,这就给观众带来了强大的吸引力和满足感。整个传播过程,也是观众的参与过程,提高了新闻的真实性。

第六节　广播电视新闻评论

新闻评论是新闻媒介对当前重大的新闻事件或重要的社会问题发议论、讲道理、明是非的一种议论文体。

新闻评论具有明显的宣传意图,直接阐明思想观点,在大众传播媒介中,它是最具有鲜明党性、思想性的文体。它运用政党的立场、观点、方法,对现实生活中的新闻事实和重要问题作出分析,可以旗帜鲜明地表彰先进,针砭时弊,帮助受众明辨是非,区分先进和落后、正确和错误,为受众解疑释惑,使受众正确认识当前的形势。

新闻评论在舆论监督中处于一种显要的地位,它弘扬先进思想和精神,揭露和抨击各种腐败现象和不正之风,对不良之风和现象形成强大的舆论压力,发挥引导和监督的作用。

一、广播新闻评论

(一)广播新闻评论的概念

广播新闻评论,是广播媒介对当前具有普遍意义的新闻事件或重大问题发议论、讲道理,有鲜明的针对性和指导性的新闻报道体裁,它与平面媒体的新闻评论一样,具有观点明确、宣传目的明确、针对性强、行使舆论监督等共性。

(二)广播新闻评论的特征

广播新闻评论具有新闻评论的共性特征,但是有一自身的个性特征,即广播新闻评论靠声音传播,因而带有广播传播的特性,具有传播迅速、覆盖面广、感染力强、群众性广的特征。具体特征如下:

(1)深入浅出。广播新闻评论是通过有声语言进行传播的,评论稿件不仅要观点明确,逻辑严密,层次清晰,分寸恰当,还要浅显易懂,深入浅出。"深入"指广播评论的选题、分析、评论要深入,"浅出"指广播评论要采用口语化的用语方式,让听众容易理解,不产生歧义。

(2)声音优势。评论体现的是记者的主观意识,但如果主观意识表现太强,则影响到新闻的真实性,影响受众的信任度和接受度,采用同期声和现场音响可以让受众直接了解到新闻事件自身的发展过程,就像是亲眼看到新闻事件现场一样,使得广播评论更加真实、客观、可信。

下面,我们通过点评一篇获得"中国新闻奖"的作品《一张道歉条,触动了我们什么?》,体会广播新闻评论的特点。

案例分析

一张道歉条,触动了我们什么?

不小心剐蹭了别人的车,车主不在现场,你是选择逃避还是面对?博友小怪怪:

(配音)前段时间不小心蹭了一辆车,怕对方讹我,就溜之大吉了。汗颜、汗颜!

博友凤凰生活—陕西:

(配音)扬州有个诚信少年,西安糜家桥小区却出了个"逃逸哥",把一辆停着的车撞了赶紧跑掉!人和人之间的品行差距咋这么大呢!

扬州的这位诚信少年叫徐砺寒,在一个人的诚信考场上,他的答卷是这样的:

(录音)我自己已经犯了错,当然要去承担责任。

最近,扬州新闻广播率先报道的这张诚信答卷在社会上引起强烈反响,更引发人们深深的思考。来听新闻述评:《一张道歉条,触动了我们什么?》。

2号中午,凌先生和几个朋友吃完饭回到停车点,突然发现自己的宝马车上有一道刺目的划痕,后视镜也撞坏了。气恼的凌先生刚要发火,意外地看到前挡风玻璃上有一张字条。上面这样写着:"尊敬的车主,在今天中午的上学途中不小心弄坏了您的车,主要是一划痕及左后视镜,我无法及时赔偿,联系方式如下。"后面还写上了大大的"对不起"三个字。

车主凌先生:

(录音)我是非常震惊,真是,而且非常感动,因为你说在我们现在这样的社会的话,你说找这样的孩子,这么实诚的孩子,太少了,真是!

留字条的孩子走出没多远,发现车主来了,赶紧回头认错。旁边报亭的阿姨说,这孩子已经在这儿等很久了,刚才向她借笔写的道歉条。车主凌先生连忙安慰起孩子:

(录音)然后我就拍了拍那小孩儿的肩膀,安慰了他一下,让他赶紧去上课。没事儿,我说没事儿,小事一桩。这个孩子确实让我太感动了!

恰巧路过现场的新闻广播主持人燕妮,第一时间将事情经过和孩子的道歉字条照片发到了扬州新闻广播官方微博上,没想到转发量急速攀升,一个小时就过了千条。根据字条上的留言,当天下午记者在扬大附中高一(2)班找到了这位名叫徐砺寒的诚信少年。当记者告诉徐砺寒他已成为网络红人时,他的回答很质朴。

(录音)是我自己闯的祸,自己有过失,自己留下来承担责任这是应该的。

班主任李玲老师介绍,徐砺寒是班里的副班长,平时就很朴实正直,勇于担当。

(录音)觉得他做出这样的事情,我不觉得意外,他是一定能够做出这样的事情的。

一件在老师眼中不觉得意外,在小徐看来理所当然的事情,却得到了媒体和社会的广泛关注。人民日报、央视和中国之声等中央媒体纷纷报道了徐砺寒的事迹,网络上的热度也持续上升,博友们纷纷感叹:真的希望这样的孩子再多一点!市区一家汽修店的老板主动联系新闻广播,提出为车主免费修车。

(录音)我们干这一行的,见过很多车被刮坏,肇事者跑了,然后车主有苦没处说。这个孩子的行为特别值得鼓励,我们的社会需要这样有担当的人。

那么,一张看似平常的道歉条究竟触动了人们的哪根心弦,引起如此强烈的共鸣呢?

扬州大学社会学副教授吴林斌:

(录音)它让我们在一个少年面前去怎样做人,我们怎样做事,我们遇到类似的事情怎么处理,我们在这个里面看到了一个社会的价值取向。

新京报就诚信少年所发的一篇评论说,如果我们生活在一个冷漠的社会里,那么,人人都是受害者,反之,大家都会受益。的确,我们已经受够了诚信缺失所带来的伤害:地沟油、毒奶粉、瘦肉精,让我们不知吃什么才放心;楼脆脆、楼歪歪、楼倒倒,让我们不知住哪里才安生;老人跌倒了没人扶,孩子被撞了没人救,一个个的案例让我们心烦、心焦、心酸、心疼乃至心碎。然而,我们没有心死,因为,诚信仍在。

徐砺寒的班主任李玲老师:

(录音)我们从他身上,看到了一种诚信的回归,我认为我们90后的学生是值得期待的。

借笔给徐砺寒写字条的报亭阿姨:

回家我就教育我的孩子,说这样的孩子实在是太好了!

车主凌先生:

(录音)如果我们的下一代都这样的话,中国就有希望了!

这样的希望会不会实现？这样的希望又将怎样实现？一张令人感动的道歉字条蕴含着哪些成长的密码？徐砺寒：

（录音）从小吧，从我的父母开始就讲诚信，做人要诚实，然后进入学校以后呢，老师在学校里也会这样教育我们，这是中华民族的传统嘛。

班主任老师李玲：

（录音）发生了之后我们在班级里也讲这个事情，如果这个事情换做其他学生，都能够这么做。

徐砺寒的同学崇书姗：

（录音）如果换做我在现场，我也会这么做的，也许说宝马很贵，那可能就是说比起修宝马的钱来说，这种品质更重要，不能丢失。

徐砺寒的母亲周女士：

（录音）孩子做出来是一件很正常的事情，他应该做的事情。我倒是感谢那个车主，宽容大度。

是的，当我们把赞美送给诚信少年的时候，是否也该给宽容的车主以应有的掌声呢？试想，如果徐砺寒的字条换来的不是车主的感动与宽容，反是家长的赔偿与烦恼，不是社会对诚信少年的赞美，反是旁人取笑的呈堂证供，那么，孩子下一次遇到此类事件是原地守候还是溜之大吉，答案将很难预料。诚信美德这一正能量需要家庭的熏陶、学校的培育，同时，也需要社会的正向回馈。

博友跳水兔：

（配音）一个诚信的学生，一个豁达的车主，两件看似平常的小事叠加在一起，温暖了我们的心！

【点评】

真实感是新闻评论信任度的保障

一件看起来平常的小事，为何能激起全社会的强烈反响？作品从开始车主的误会与徐砺寒的道歉字条入手，将事件步步还原，层层剖析，展现其中所蕴含的诚信价值，提出人们要能对"徐砺寒式的诚信"以宽容。

广播评论具有平面媒体所不具有的声音优势，同期声和音响声在环境表现、观点表达上都具有重要作用，通过记者的转述的事实和评价，其真实感远不如采用当事人或采访对象的同期声。同期声的采用增强了听众对新闻事实陈述、当事人想法等新闻内容的信任度，使听众能够在相信新闻事实的基础上进而接受评论所传达的思想和价值观。因此，真实感是新闻评论信任度的重要保障。

二、电视新闻评论

（一）电视新闻评论的概念

电视新闻评论，是电视媒介对当前具有普遍意义的新闻事件或重大问题发议论、讲道理，有鲜明的针对性和指导性的新闻报道体裁。它是一种具有政治倾向性的以广大观众为对象的电视新闻体裁，是电视反映和引导社会舆论，实行舆论监督，指导生活和工作的重要新闻报道体裁。

我国的电视新闻评论起步较晚,电视新闻评论的发展经历了三个阶段,分别是 1958—1980 年的起步阶段,1980 年以《观察与思考》创办为代表的栏目化阶段和以 1994 年《焦点访谈》创办为代表的全面发展阶段。

(二)电视新闻评论的特征

电视新闻评论在加强舆论监督与舆论导向方面发挥了重要作用,它除了具有新闻评论政治性、新闻性、群众性、科学性的共性外,还具有其个性:

(1)声画体系的优势。电视新闻评论可以采用声音、画面两种传播符号体系进行传播,充分显示了"形象化评论"的特色,使评论手段更丰富多彩、直观,使受众易于理解。

(2)亲近性带来了更强的说服力。电视图像有可视性,形象感人;电视评论节目主持人采用"面对面交谈"形式,产生"自己人效应",可充分吸引观众;同时电视评论可引入多种评论者的同期声(包括现场采访中的议论评述),使论据更为真实可信。因此,电视评论具有更强大的说服力。①

下面,我们通过点评一篇获得"中国新闻奖"的作品《"寒山闻钟"新"官"念自揽监督网民意》,体会电视新闻评论的特点。

案例分析

"寒山闻钟"新"官"念自揽监督网民意

【一组天辰花园业主上街抗议照片】

【配音】

2012 年 4 月 23 日,上千名天辰花园业主一起上街抗议,并一度将沧浪医院以及小区门口的一条道路封堵,他们最大的诉求是要求医院将伽马刀搬走。

【字幕(同期声)】天辰花园居民吴雪萍:

伽玛刀就像是一把无形的刀,你根本不知道它什么时候会辐射出来,我在担心我儿子的健康。

【配音】

伽马刀是一种利用钴—60 射线治疗肿瘤的医疗器械,而钴—60 具有极强的辐射性。年初沧浪医院引进伽马刀后,仅有一墙之隔的天辰花园业主就向所在街道、主管部门进行了投诉,但一直没有结果。

【字幕(同期声)】天辰花园居民:

记者:如果说一开始你们有气愤的话,气在哪?受访:没有回馈啊。

【配音】

于是 4 月 23 日,天辰花园发生了开头的一幕。幸好相关部门做了及时沟通、解释,抗议活动才未造成更大影响。近年来类似的群体事件屡见不鲜,剖析其中原因,政府部门与民众间缺乏有效沟通机制无疑成为导致事件升级的关键因素。随着网络时代的到来,信息传播的效率

---

① 张骏德,王晶红,朱金玉.广播电视新闻学实务教程[M].上海:文汇出版社,2009:149.

有了质的飞跃,封锁信息只会产生更多的猜疑和副作用。

【配音】

客观来说,群体抗议的确引起了更多人对伽玛刀的关注,但这一事件最终得以圆满顺利解决,真正起到关键作用的却是一个叫做寒山闻钟的网络论坛。几乎是在部分业主上街抗议的同时,网友在寒山闻钟论坛上发出了一系列关于伽马刀的投诉贴。

【字幕(同期声)】网友大熊:

大家在群里七嘴八舌讨论,怎么向政府反映这个事,有人知道寒山闻钟论坛,就提出来了。的确是一个阳光的操作,各行各界,各种专业人士都会对这个事情表达他的观点,没有任何隐藏或者黑暗的灰色的空间。

【配音】

网友的热烈讨论,立即引起了市纪委的重视。5月21号,苏州市委常委、市纪委书记王天琦亲临现场督察办,当天下午,又召集各有关单位和部门参加联席会议,天辰花园居民和网友代表也被邀请到了会议现场。

【字幕(同期声)】苏州市委常委、市纪委书记王天琦:

我感觉到我们有些部门,不习惯于和群众面对面的一起商量事情,一起解决问题。

【字幕(同期声)】沧浪医院股东代表:

在这里我代表我们院方,诚恳地对大家道歉。

【配音】

在市纪委的推动下,相关职能部门查封了沧浪医院的伽马刀。

【字幕(同期声)】沧浪区副区长葛宇红:

到北京、到深圳等多地来制定移源的方案。

【居民座谈会现场声】沧浪区副区长葛宇红:

我在这里代表政府,首先向大家表示一个深深的歉意。

【居民座谈会现场声】沧浪区纪委书记缪源:

向大家表明这个决心(放射源)一定会移走。

【配音】

7月24日下午5点30分,钴—60放射源吊装起运工作正式开始,7点左右,这个折腾了大家几个月的危险源享受着公安警车开道的待遇,安全驶离了苏州。

【字幕(同期声)】苏州市委常委、市纪委书记王天琦:

首先要重视群众的呼声,重视群众的投诉,并且在第一时间里回应。我们各级组织掌握的公权力说到底是为老百姓服务的,老百姓跟你说什么事,你不把他当回事,矛盾肯定会累积。等到累积的时候你再去处理就晚了。

【演播室】主持人杨冰:

寒山闻钟论坛最直接的作用,是打通了民众与政府部门间的沟通渠道。但是一个小小的论坛为何能有如此大的能量?这还要从苏州市政府下设的便民服务中心说起。

【配音】

2005年底,苏州市成立了便民服务中心,依托热线电话"12345"受理市民各方面的咨询和投诉,并责成责任部门进行处理或答复等工作。今年2月,市纪委领导在调研该中心时,提出了新的要求。

【字幕(同期声)】苏州市便民服务中心主任周旭东：

王书记他在调研考察的时候觉得，从"12345"角度讲，它的电话和网络应该是两条腿走路，应该并行，因为从整个社会的发展趋势看，网民已经成为一个很大的群体，我们应该认真地加以倾听，然后对他们的诉求，认认真真的办理，答复。

【配音】

之后，便民服务中心立即在技术、人力等方面开始了拓展网络平台的筹备工作，3月27号，也就是伽玛刀事件发生前不到一个月，寒山闻钟论坛开始试运行。5月30号，网站正式开通。而市纪委下属的作风效能办，专门派驻了6名工作人员在便民服务中心，对论坛上所有投诉贴的回复、处理过程进行全程跟踪督办。

【字幕(同期声)】苏州市纪委效能监察室主任薛啸：

回复的要求我们做了详细的规定，比如说，对一般的诉求，我们规定不能超过48小时(加以关注)，而且处办不能超过一周，特殊事项经过特别的批准，才能延期。通过网民，对各个部门回复的质量、满意度进行票决，让公众去评判。假如说有些部门对网上投诉的回复不及时，或者说回复的内容大家不满意，纪委有什么办法呢？第一个是友情提醒，第二是通报批评，第三个，有必要的话会启动对相关部门责任人的问责机制。

【配音】寒山闻钟的推出，改变了以往网友利用网络爆料、大量转发、造成重大负面影响后，政府部门才发现、调查、处理的被动局面。它是政府主动架设、直面网友的平台，可以在第一时间接受信息，第一时间反馈处理，大大缩短了问题、矛盾从产生到解决的周期。随着伽马刀等一个个棘手问题的解决，越来越多的投诉贴开始出现在寒山闻钟论坛上，一套处理机制逐步形成。

【字幕(同期声)】沧浪区信访局副局长华建文：

整个工作的好坏，整个工作的时限，纪委随时随地都在监督当中，实际上对我们的压力还是比较大的。

【配音】

华建文，沧浪区信访局副局长，及时在论坛上发现辖区内的投诉、建议贴，与相关部门协商解决之道，并以"沧浪区便民服务员"的身份在论坛上进行回复，正是其部门的新任务之一。每天，华建文都要处理十条以上和本区相关的帖子。

【字幕(同期声)】沧浪区信访局副局长华建文：

原来的信访模式//答复只针对来访者，只有他本人知道，其他人并不太了解。现在网络公开平台建立以后，正是因为你的回复是所有人都看得见的，所以想要稍微敷衍一下过去可能比较困难。受访：如果原来有可能好打太极拳的话，现在只能打少林拳了。

【配音】

跟之前的市长信箱、政府网站留言板等网络民意渠道截然不同，寒山闻钟最大的突破在于实现了民意表达、传播、反馈、处理的全程公开透明、接受社会监督。个体诉求经过论坛的传播、评论，可能成为群体诉求，公民自觉成为围观者和监督者。

【字幕(同期声)】社会学家：

政府本来作为社会管理主体，处于强势地位，但是在网络围观的效应下，可以在短时间形成强大的舆论场，民众反而成为强势的一方。

【字幕（同期声）】苏州市便民服务中心主任周旭东：

（以前）对各个部门而言，它只要办理我们交给他的任务就行了，论坛推出之后，应该说这个机制被打破了，各个部门要主动去看市民的诉求，网民的诉求，然后主动去认领自己职责范围内事情，主动去办理，并主动回复，所以我感觉领办制和交办制当中，是一个理念的变化和突破。要学会倾听，要学会道歉。

【配音】

如今，苏州已配套建起"便民服务员"制度，全市 123 家市级机关，以及与群众生活密切相关的直属单位都建立起论坛事项办理机制，由一名中层以上干部担任"便民服务员"，以单位实名登录论坛，具体办理论坛事项。

【字幕（同期声）】苏州市纪委效能监察室主任薛啸：

建设更高水平的小康社会，基本实现现代化，对我们政府的公共服务和公共管理提出了更高的新的要求，所以说寒山闻钟顺了时代的需求，回应了人民群众的期盼，也契合了当前我们反腐倡廉的要求。

【演播室】主持人杨冰：

让权力在阳光下运行，最本质的要求是让人民拥有监督政府的权力，只有当公务人员的一言一行都处在被人民监督的状态下，才能真正从源头上杜绝腐败的发生。在寒山闻钟上不仅有对自身权益进行的维护，还有许多是对党员干部工作和作风的监督。

【配音】

今年 8 月 4 号，因为生意上的竞争，吴女士接到了自称是东山交警中队指导员的电话威胁。

【字幕（同期声）】举报人吴女士：

我说你作为一个公务人员，怎么可以这样威胁我呢？还叫黑帮来整死我！我怕谁啊！吴中区我怕谁！电话就这样挂断了。

【配音】

愤怒的吴女士将这段遭遇写在了寒山闻钟论坛上。十天后，经过调查核实，原东山中队指导员茆某被免去职务，所在单位也被集体问责。

同年 8 月，木渎镇部分居民将高新区国土局的一名干部私搭违建的事实举报到了寒山闻钟论坛，市纪委和城管部门立刻进行查处，并责成业主从上周四开始自行拆除，同时寒山闻钟论坛全程图文直播拆违的全过程。

【字幕（同期声）】（寒山闻钟论坛三张拆除照片＋白闪＋音效特技）

【配音】

截至 9 月 30 号，在寒山闻钟论坛上举报国家工作人员的帖子共有 40 多条。经相关部门查证属实，共有 7 名党员干部被处理，其中包括网友曝光包二奶的原园区法院副院长丁某被开除党籍，吴中一国企董事长冯某用假护照出境赌博被撤职，横泾街道经管科副科长朱某涉嫌受贿被撤职并立案调查等。

【字幕（身份）】苏州市委常委、市纪委书记王天琦：

我在看完寒山闻钟论坛各种帖子以后，我很有感慨地讲这么一番话，从帖子上看，很少有涉及一家一户老百姓具体困难的,相当多帖子内容是涉及到公共利益的,涉及到管理决策建议的,说明我们苏州人民群众的监督水平非常高。

【口播】记者杨冰:

"民主",让"人民当家做主",具体体现就是积极有效的政治参与,事实上,寒山闻钟这个网络问政平台的功能不仅仅只是针对个案进行处理,它通过广泛的社会动员,让民众发出声音,行动起来,使苏州的一些地方性政策法规真正汇聚了民智,体现了民意,最终形成了推动社会发展的正能量。

【配音】

下午三点半开始,苏州沧浪小学门前接孩子放学的各种车辆突然间多了起来,人群中,一个年轻小伙却在暗暗地注视着路边汽车的牌照。

【字幕(同期声)】现场

我看你这个牌子好像是公务用车嘛。不是,我是有事,正好有事。什么事情啊? 我不是专门来接孩子的,正好今天小孩子生病//这个也算是公车的啊。难得的。

【配音】他叫朱文豪,一个大一学生,利用课余时间记录公车私用情况,然后反映到寒山闻钟论坛,是他自发的社会活动。半年来,小朱在寒山闻钟论坛上已经发了数十条关于公车使用的投诉贴。

【字幕(同期声)】寒山闻钟网友朱文豪:

(别人说我)多管闲事,对自己没好处,反而会对自己造成不利的影响。有什么不利,会担心什么? 担心被打击报复。因为你监督的是有权有势的一部分人? 是的。但是作为公民还有权利去监督他们。你觉得自己是公民。是的。公民意味着什么? 纳了税,交了钱,就该去监督公务用车究竟是怎么使用的。

【配音】

公车违章、公车私用问题由来已久。苏州市市级机关事务管理局的领导向记者坦言,公车背后的那个"官"字是管理最大的阻力。

【字幕(同期声)】苏州市市级机关事务管理局副局长杨海群:

上对下的管理可能是容易的,平级的管理就可能有点难了。职务比较低的要管职务比较高的,那可能更难。

【配音】

当体制内的规范裹足不前时,小朱和网友们的监督却从未停止。寒山闻钟论坛开设以来,有关公车的投诉占据了相当大的比例。原本只是散落在群众中的抱怨声在网络平台上聚成了合力,并引起了市领导的高度重视。

【配音】

9月4日,苏州市市委第33次常委会专题研究审议《苏州市党政机关公务用车配备使用管理实施细则》,并于当月正式颁布实施。

【字幕(同期声)】苏州市市级机关事务管理局副局长杨海群:

出台这个细则的目的,也就是为了想最大限度地降低公车私用问题。严重情况的,可能还要给予党纪政纪的(查处)。

【配音】

在采访中,有政府官员却在私底下向记者感叹到,没想到阻力重重的公车改革,竟让几个年轻小伙撬动了瓶颈的突破。而在专家看来,政府决策过程中的民意互动,所谓问政于民,必将是今后的发展大势。

【字幕(同期声)】苏州大学地方政府与社会管理研究中心主任助理黄健洪:

智慧在草根,决策在庙堂。在开放时代下,如何来有效决策,如何来有效引导民众积极的参与到公共政策的制定和执行中来。苏州的此项决策非常好地印证了这一点,就是我们的政府用更加积极的姿态,来回应民众的需求。

决策过程更加具有参与性,这样的话这个社会的发展,也就会因为我们普遍有效地参与,文明理性地表达,使它的成本大大地降低。

【字幕(同期声)】苏州市委常委、纪委书记王天琦:

寒山闻钟监督平台,因为它的实时性、公开性,得到了人民群众的青睐,这种监督平台,最终推动的是民主和法治。因为民主和法治,是社会发展的大方向,也是解决很多深层次问题的必由之路。

【配音】

寒山闻钟论坛开通不到一年,访问量已接近1000万次,注册会员达6万多人,共为群众成功解决各类诉求近3万件。

【后导】

网络时代,面对民意表达的风起云涌,面对群体事件的不断出现,面对传统治理方法的相对滞后,主动拥抱网络,开展社会动员,推进社会监督,形成社会合力,让人民拥有更充分的诉求表达权、权力监督权、社会治理权,把国家公权力中属于个人的权力还给个人,属于社会的权力还给社会,能够最大限度吸收民意,减少对立和消极情绪,提高党政决策的科学性和政策实施的绩效,把人民群众的力量凝聚到推动改革、发展经济、改善民生上来,才能使"让人民当家作主"的根本政治制度落地生根。寒山闻钟论坛这个由政府主动搭建,并且充分发挥监督作用的网络问政平台,在地方社会管理实践中作出了创新的探索。

【点评】
电视评论的优势

因为沧浪医院非法购置带有射线的伽玛刀,引发了周边居民集体上街抗议。最终让事件圆满解决,并将群体性事件影响降至最低的,则是苏州第一个由政府主办、纪委跟踪督办的网络论坛"寒山闻钟"。本片以回顾伽玛刀事件作为开篇,强调了论坛重建政府与民众间沟通渠道这一事实,具有及其重要的意义。这则电视新闻评论的成功之处在于发挥了电视新闻声画优势,使评论有理有据。

电视评论最大的优势在于它的视听互补和声像兼备,一个画面抵得上许许多多的文字所表达的内容,使观众直截了当地明白了画面所表达的内涵。细节最能够体现事件的实质,揭示事件意义,也是最能引起观众共鸣的部分。因此,抓住细节,以小见大,是电视评论常用的手法。这也是电视画面的优势所在。

突出真实、突出现场、突出感染力。电视评论的记者可以到达新闻事件发生的现场,跟踪拍摄事件发生的整个过程,将现场发生的情况通过画面准确、全面、集中地传递给观众。现场性越强,真实性就越强,就越能打动观众。抓现场,对电视评论来说至关重要,记者在现场进行解说和采访,画面冲击力很大,现场感很强,紧紧抓住了观众的眼球。

电视新闻评论不仅要晓之以理,还要动之以情。首先记者要具有人文关怀,切实关心新闻事件的发生、处理、结果和遗留问题。其次,记者要站在平视的角度上陈述事实、看待问题、做出评论,只有这样,才能增加评论的亲近度,赢得观众的好感。

这则评论中采用了很多同期声,引用新闻当事人的陈述、网友的评论,采用同期声使评论更显得有理有据,更具有说服性和可信度。

思考题

1. 电视消息报道与平面消息报道相比,具有什么优势与不足?
2. 广播电视深度报道的故事化趋势是否有利? 请评析。
3. 连续报道与系列报道的区别是什么?
4. 广播访谈节目与电视访谈节目相比,优势是什么?
5. 同期声在广播、电视新闻评论中的作用是什么?

第五章 广播电视新闻采访

学习目标

1. 了解什么是新闻敏感和新闻线索。
2. 掌握新闻价值判断的具体方法、新闻线索的获取渠道。
3. 理解并掌握新闻采访的准备阶段需要注意的事项。
4. 理解并掌握新闻采访的实施阶段需要注意的事项。

第一节 新闻敏感与新闻线索

大千世界,每天都发生着无数的事件,涌现出无数的事实,在这些事实中,选择哪些事实去采访是一个非常关键的问题。选择是采访的前提,并一直伴随新闻采访始终。新闻采访中的事实选择是以新闻价值作为选择的标准,这种选择首先表现为对新闻线索的抓取,而新闻线索的掌握又是和记者的新闻敏感密切相关的。"新闻价值"和"新闻敏感"都是抽象的存在。"新闻价值"是对事实中所包含的能够吸引受众的多种特质的一种概括;新闻敏感是记者及时发现某个事实中是否含有新闻价值的一种判断能力。

一、新闻敏感

新闻敏感是新闻工作者及时发现判别事实中包含的新闻价值的能力。换言之,新闻采访中的新闻价值判断实际上就是一个新闻敏感问题。新闻敏感直接关系着新闻的选择,现实中的每天都发生着无数的事件,涌现出无数的事实,在这些事实中,选择哪些事实去采访是一个非常关键的问题。选择是采访的前提,并一直伴随着新闻采访的始终。因此新闻工作者进行新闻采访,必须有高度的新闻敏感。当然要有这个高度敏感首先必须清楚新闻价值的内容,传统的新闻价值包括了影响力、及时性、接近性、显要性、异常性、冲突性、人情味等方面。

影响力是指新闻事实将对多少受众产生多么强烈的影响。很显然,对受众的影响越大,受影响的人越多,则这个事实的新闻价值就越高。

及时性是指新闻事实时间上的新鲜程度,事实越新鲜、时效性越强,当然新闻价值也就越高。

接近性是指新闻事实是不是与能够或有可能看到、听到此新闻的受众有直接的联系或者说是不是他们身边的事。接近性之所以是构成新闻价值的一个方面,是因为人总是容易对与自己有联系的或发生在自己身边的事感兴趣并容易产生共鸣。

显要性是指新闻事实是否涉及著名的人物或机构、组织,西方新闻界有一句名言"名人即新闻",因为这些名人、著名的机构、组织是公众关注的焦点,所以关于他们的新闻自然也就有了较高的新闻价值。

异常性是指事实是否具备"明显偏离常规和日常经验"的特质,就像新闻界说的一句话:"狗咬人不是新闻。人咬狗才是新闻"。异常性之所以能构成衡量新闻价值的标准之一,是因为追求新的知识,关注离奇不一般的事件是人类的一个基本特征,不同寻常或出乎意料的事件或情况往往特别吸引人。

冲突性是指人们或组织、机构之间发生冲突时所包含的矛盾特质,冲突性之所以成为新闻价值的一个方面,是因为冲突是和谐被打破的结果,而和谐与平淡是新闻的反面。新闻强调的就是不和谐中产生的动感,这种动感蕴含着打动人、激动人的力量。现实中,冲突性是多方面的,有各种各样的比赛、谈判、争论、竞争,也有大小规模的战争、摩擦。这些方方面面的冲突是人类社会生活中不可避免的,并且常常是与社会上很多成员发生心理、情感、实际利益上关联的,自然也是倍受公众关注的。了解新闻价值中冲突性的含义,重视社会生活中的冲突性事件是新闻规律作用的必然。

人情味原本是西方新闻学家比较关注的一个新闻价值标准。关于什么是人情味的标准,西方新闻界也是众说纷纭。其中,美国学者麦道格尔认为,人们"对人类本身以及对其他任何人都可能遇到的涉及男男女女的各种事件的兴趣,就叫人情味"①。这一点与我国的新闻价值理论中常提到的趣味性有相重合的部分,但是将"人情味"作为新闻价值的一个标准较之趣味性有更广泛的含义,在逻辑上人情味与趣味性也是一种包含关系,所以这里将人情味作为新闻价值的一个方面提出而不提兴趣性。人情味在实际报道中有十分普遍的体现,例如某个具体人物的生活苦难、悲欢离合,某个家庭的不幸或是意外的幸运。新闻报道中人情味的正确选用,可以增加报道的可读性以吸引受众。

以上七种新闻价值因素,在新闻采访中对于判定具体事实是否具有采访、报道的价值有着关键的指导作用。能否在很短的时间里迅速判断出事物是否具有新闻价值是记者的一项基本能力,也是新闻敏感的体现。新闻采访中的新闻价值判断实际上就是一个新闻敏感问题,新闻敏感直接关系着新闻的选择。

二、新闻价值判断的具体方法

了解了新闻价值所包含的各种因素,并不一定就有了快速判断事实中是否包含新闻价值,或者说该事实是否具有采访和报道价值的能力。从影响力、接近性等角度认识新闻价值难免抽象不好掌握,要在新闻采访活动中快速判定事实是否具有符合报道的价值,应该在了解新闻价值因素的基础上掌握一些具体的判断方法和途径。概括起来,具体的判断方法有下面几种:

1. 事实是否有宣传意义

广播电视媒体是我国新闻事业的重要组成部分,承担着广泛的新闻宣传任务。作为新闻媒体,广播电视媒体所进行的宣传和党与政府部门的宣传不同,是通过新闻报道进行宣传。通过新闻报道进行的宣传,是以事实对当前党和政府的工作有没有宣传或指导意义作为选择标

---

① 徐耀魁.西方新闻理论评价[M].北京:新华出版社,1998:144.

准的,这一方法是对宣传价值与新闻价值的共同判断,这期间有记者新闻敏感的体现,也有记者政治敏感的体现。记者要通过这个途径获得有价值的报道素材,除了培养自己的新闻敏感外,政治和政策水平的提高也是必不可少的。这一途径所涉及的新闻价值因素更多地体现在影响力上。

2.事实能否引起广泛关注

广播电视新闻传播是大众传播,受众是否关注是衡量一个事实是否具有采访与报道价值的重要方面。受众是否关注,有多少受众会关注、会感兴趣是源于事实在多大程度和多大范围上会影响到他们,是新闻价值因素中接近性的主要体现。这种接近性不仅仅是和其生活、工作的接近,也包括心理等方面的接近,这种心理接近有很广泛的内容,会涉及人性、人情多方面的内容。受众的广泛性和复杂性决定了能引起受众广泛关注和兴趣的事实的复杂性和广泛性,在判定这类事实是否具有采访和报道价值的时候需要注意新闻价值的因素之外的社会道德和广播电视媒体作为主流媒体的引导作用,在一些虽然可以引起人们广泛关注和兴趣,但属于低级趣味,或有违主流价值观的事实面前,广播电视媒体的记者要学会选择和放弃,不能完全用事实会备受关注,可以提高收视率、收听率作为判断的依据。

3.与同类事实相比有何特别之处

很多时候,同一时间会有很多类似的事实出现,在报道渠道有限,或选择不同事实会体现媒体和记者水准的时候,在同类事实中选择最具特色、相对而言新闻价值更高的事实就显得很重要。

所谓的同类事实,是指在某个方面具有共性的,或与某方面人群有共同关系等情况的客观存在。例如,近几年每到寒假和春节,北京各高校会有很多学生因各种原因选择留在学校过年,这时会有很多和这类学生有关的事实发生,其中比较常见的是有关方面领导在大年夜慰问学生、学校有关方面为学生提供一些免费年夜饭之类的事情,以及大学生针对北京过年期间家政服务人员短缺的情况勤工俭学的现象。这两种情况你觉得哪一个更特别些,换言之更有新闻价值?

4.一般事实背后是否有深刻的内容

这一节的主题是新闻敏感,新闻敏感是记者发现事实中是否包含新闻价值的能力,前面三点固然都是对新闻价值的分析和判断过程的具体体现,但是要论及新闻敏感"敏感性"的体现,从并不起眼的事实中发现与判断、寻找有价值的信息的能力是最贴切的。有新闻价值的事实和信息并不全是轰轰烈烈一眼就能看见的,很多时候,有价值的信息和事实往往隐含在非常普通的现象和人们司空见惯的日常行为中,在这类事实中发现和判定新闻价值的能力更能体现记者的新闻素养,展现记者高于常人的新闻敏感。在新闻报道活动中,对"焦点"的追踪固然是记者的一种基本能力,但是在很多事实没有成为焦点前,在"冰点"事实中发现可能具有极大新闻价值的能力更是记者职业价值的一种重要体现。当事实已经成为公众关注的"焦点",从新闻敏感角度来说已经没有太大的意义,只不过是新闻的一种惯性报道,从"冰点"和"盲点"中发现新闻才在最大程度上体现了新闻敏感之见微知著、于无声处听惊雷的特点,才是普利策所说的"记者是时代航船上的瞭望者"的职业责任的体现。

三、新闻线索

(一)什么是新闻线索

新闻线索是新闻事实的简明信息或信号,也是许多新闻采访的"由头"。

新闻线索是感知认识相关新闻事实的前提基础,发现新闻线索的能力也是记者是否称职的标准之一。新闻线索虽然是一个片断、一个简明的信息、一点蛛丝马迹,但是却在新闻采访活动中有着重要的地位,它为采访指明了方向,告诉记者哪里可能有重要新闻。

新闻线索不是新闻事件、新闻人物等新闻事实的整体和全貌,和全部事实相比,新闻线索有时很可能只是冰山中露出水面的一部分。新闻线索的外在表现形式上可能是极平常、极细微的,需要记者的新闻敏感去感知和发现。

(二)新闻线索的获取渠道

从新闻敏感到新闻价值的具体判断,最终都是为了获取新闻线索,有了标准和方法还远远不够,还要了解新闻线索的获取渠道。掌握了新闻线索的获取渠道也就知道了哪里可能会有新闻,避免了面对繁杂现实时的盲目和无助,这一点对新入行的记者尤为重要。

关于新闻线索的获取渠道,复旦大学刘海贵教授总结了十个方面,这十个方面非常全面地概括了新闻采访实践中可能出现新闻线索或有助于记者发现新闻线索的地方或方式。

1.从党和政府的决议及领导人的讲话中获取新闻线索

在我国的政治和经济生活中,各级党政机关的决议以及领导人的讲话常常是一种不可忽视的有决定性影响的因素。及时了解、掌握党和政府的决议及领导人讲话的精神,并对照实际工作,就不难发现体现全局特色的新东西,抓住了这些新东西,也就抓住了有价值的新闻线索。

来自这个渠道的新闻线索往往具有比较重大的新闻价值和宣传价值,这方面的线索有时不一定是很具体的事实,可能是一个报道方向,也可能是一个阶段的报道思想。大部分情况下,这里的线索并不一定用来直接采访,而是经过精心的策划,将从党和政府决议和领导人讲话中获取的报道灵感和思想或方向在现实生活中进一步具体化,形成既有政治和政策高度,又有广泛联系的新闻报道。

2.通过各种会议获取新闻线索

会议是中国政治生活和政府日常工作的一个重要内容。许多重大的议题、难以解决的问题都是通过会议的形式来提出和谋求解决的。无事不开会,会议中有许多有价值的信息线索就看记者自己会不会发现,是不是主动去发掘。

一般情况下,会议本身作为被采访的一个对象,可以通过各种渠道进入记者的视野,而在会议现场除了会议本身的新闻事实外,会议上的人、会议上的事都有可能成为新的新闻线索或都可以启发记者去发现新的新闻线索。这里要求记者要具有发散性思维,或由微知著,或举一反三寻求新的采访契机。

3.通过各种公文、材料、简报等获取新闻线索

公文是国家行政机关、群众团体、企事业单位处理各种公务的文书。而一般材料包括一些单位的总结、交流材料、情况汇报等。新闻媒体每天都会收到一些单位抄送的公文和送来的材料,记者在下去采访时也会接触到这些。现在随着大众媒介素养的提高,人们对传播力量的认识越来越深刻,国家机关、企事业单位都主动和媒体建立各种联系,也会找各种机会把自己的各种材料与媒体分享。同样,因为公文、简报等是单位工作的一个记录载体,会反映国家机关和企事业单位的各种工作和信息,记者到具体单位去也可以主动索要。

对于公文、简报等材料记者应该以求异思维去发现其中有无进行采访报道的内容。因为是公开的材料,在中国当下的国情下,这些公文、简报等材料难免会有夸饰和虚假的成分,记者审视这类材料不能被其左右,要拨开云雾,看清背后真实的情况,判断其中有无新闻线索。

4.通过接待群众来访,拆阅群众来信获取新闻线索

因为新闻媒体是舆论监督机构,具有舆论监督的职能和权威。人民群众出于对新闻媒体的信任,有了难以解决的问题就会到媒体求助。群众找到媒体,把发现新闻线索的机会也带到媒体。群众的来信、来访,无形之中在记者与社会间建立了一座桥梁,使记者通过接待群众来访、拆阅群众来信足不出户就能了解现实情况,并从中发现含金量很高的新闻线索。

通过接待群众来信、来访获取新闻线索,一方面要求记者要有底层意识,充分认识媒体的社会责任,热情认真地对待群众的来信、来访。另外,中国现阶段依然处在转型期,有很多事情没有理顺,且关联面很复杂,这些方面的事件和现象是群众最常向媒体反映的情况,也是媒体可以发挥舆论监督和瞭望者职能的大好机会,重视群众的来信、来访,往往可以从中发现媒体可以有所作为的好线索。

5.通过记者耳闻、目睹获取新闻线索

"世界不缺乏美,而是缺少发现美的眼睛"是人们常引用的一句名言,用在新闻线索的发现上,我们可以说:现实中新闻线索很多,就看你有没有善于发现它的耳朵和眼睛。新闻事实无论怎样深埋在现实杂乱无序的生活中,总有可以发现的线索,记者生活其中,仔细探寻,多听、多问、多看就不难发现新闻事实与其他事物的某种联系,通过这种联系,找出线索,理出采访的头绪。这就要求记者处处留心,用心观察,能在转瞬即逝的无意言谈中,能在看似毫无特色的一般中发现有价值的信息。

记者必须是有心人,别人不经意的一句话、眼前不起眼的一个小事件都有可能隐含着有价值的信息,可以发现有价值的新闻线索。记者通过耳闻、目睹获得的新闻线索其实背后是记者认识能力和思维能力的体现,记者要想耳聪目明,最终是要在思想认识上下工夫的。

6.通过记者平时积累的情况获取新闻线索

记者平时接触面广,能够积累丰富的见识,每次采访都会有一些没有用上的素材,有见识的记者会把这些暂时没有用的素材积累起来,留待以后派上用场。这些素材和记者的丰富见识一样,也是新闻线索的一个重要来源。

人的思维和认识是呈一种网状联系的,某个节点上的认识可能会激活一大片的思维,记者这个职业每天接触很多的人和事,为了采访进行的顺利要做大量的知识方面的储备。这些东西在记者的大脑里没有外界因素撞击时,可能会处于沉睡状态;当有了外界因素的撞击时,会如电光一样闪出新闻线索的火花。这个效应依赖于记者开放式的思维,把眼前所见、所闻与积累的见识和素材联系在一起。

7.通过各种社会关系获取新闻线索

记者和一般人相比有比较广泛的社会关系,这些社会关系除了自然产生的,例如同学、亲戚等之外,记者的工作本身也会为其带来丰富的人脉。对于记者来讲,拥有大量的社会关系不

是难事,难的是如何维持和利用这些社会关系为自己的采访工作服务。优秀的记者必须有高超的社交能力和富于吸引力的人格魅力,这二者可以使记者有机会通过社会关系接触到极有价值的新闻线索。

8. 从传媒已经公开的报道中发现新闻线索

报纸、杂志、广播电视上已经公开的报道和信息,不但为一般人提供了新闻和资讯,其中也不乏可以继续做文章的新闻线索。这些传播媒介,不仅是新闻和信息的载体,也是一个"新闻源",关键看记者善不善于从中发现新线索。

很多新闻事实本身很复杂,再加上新闻追求时效性的特点,使得新闻事实进入报道环节时只是全部事实的一部分,还有很大的空间可以继续报道,这时,已经报道的事实就成为媒体进一步采访报道的线索。近些年媒体的竞争越来越激烈,几乎很难有独家新闻,各媒体从其他媒体已经报道的事实中寻找新闻线索的情况已经非常普遍。和全新的线索相比,从别人已经报道的事实中找线索往往是有迹可循的,一般情况下可以从背景、未来发展、相关联的方面等角度入手。当然如何选择角度还和媒体自身的情况有关,并不仅仅只取决于已公开的事实。

这里特别提一下网络媒体上的信息。网络覆盖面广,上传信息快捷,其中有很多有价值的信息,这些年很多有轰动效应的报道都是采自网络提供的新闻线索,从网络信息中寻找新闻线索在社交媒体普及、几乎人人都可以通过手机拥有发表和交流渠道的今天是记者绝对不能忽略的一个渠道。

9. 与各种机关、团体保持良好的关系,从中获取新闻线索

新闻媒体本身具有宣传党和政府各项方针政策的功能,而贯彻这些方针、政策的又往往是党政机关的职能部门,这些方针、政策贯彻中出现的新问题,以及有价值的经验等这些部门最了解,与这些机关的职能部门保持良好的关系,互相推动工作的开展,并从中获取新闻线索应该不是难事。

和记者以个人身份从社会关系的角度获取新闻线索相比,从这个渠道获取线索有着很大的优势。记者通过个人社会关系渠道获取线索,是单方面获得别人的帮助,记者平日里要花很大的精力维护这些社会关系,对记者来说这是一个很大的负担。而从单位的角度来获取新闻线索,则是一种合作和双赢,这个渠道获取的线索一般都和相关的机关和团体本身的工作有关,记者对其的采访报道就是对其工作的支持和帮助,因为大家都能从中获益,所以记者和这些机关和团体保持良好的关系不是一件需要耗费太多精力的事情。

10. 征集新闻线索

媒体进入产业化时代,竞争激烈,仅靠记者单兵作战去搜集新闻线索已远远不能适应需要。现代科技的发展以及公众媒介素养的提高,使一些普通人也有可能发现或采集到有价值的新闻,新闻媒体可以以征集新闻线索的方式对这一新闻资源进行有效的利用。

第二节　新闻采访的准备与实施

很多时候,掌握了新闻线索并不意味着可以立刻进行新闻采访,在正式的新闻采访开始之前,采访的准备是新闻采访成功的重要前提。采访的准备工作有平时准备和临时准备两个方面。

广播电视新闻学

一、新闻采访的准备

一般来说,没有正式进入采访的访问阶段之前的工作都是新闻采访的准备工作。采访的准备工作有平时准备和临时准备两个方面。平时准备实际上是一种积累和修养。平时准备包括理论、政策、资料、作风、知识等多方面的积累和修养,没有这些平时的积累、准备,记者在进入采访临时准备和实际访问时就会感到困难和吃力,驾驭不住题材,把握不住采访时的主动权,最后导致失败。临时准备包括对题材相关全局的把握、查寻资料、研究选题和采访对象、制定采访计划或方案等。临时准备相对于平时积累指向性更强,是一种具体问题的具体分析。准备是一个过程,平时准备是隐性的,在具体采访中发挥的是潜在的作用。而临时准备则对采访有直接的影响。实际采访中,由于具体情况不同,采访的准备也不同,时间性不强的、可预知的事件以及非事件性新闻,可以准备的充分一些;紧急情况、突发事件就要依赖平时的积累、准备和临场的应变能力。

(一)采访的平时准备

1.思想修养

记者思想修养的核心是记者的事业心和责任感。这种事业心和责任感在记者的工作中起着决定性作用。成功的记者往往是事业心强、责任感强的记者,这些成功的记者不仅把新闻工作当成是一种个人追求,更把它看成是有着丰富的社会内涵的事业。这些思想认识方面的内容是基于对新闻工作的深刻理解,这种理解是在长期新闻工作实践中逐步积累和丰富起来的,并不断对记者的新闻采访活动产生指导作用。思想修养提高,在具体的采访工作中就能不畏惧任何困难险阻,勇往直前,甚至献身。而没有这种修养,有些人就很可能终生无为,只把新闻从业当成一个谋生的饭碗。

2.作风修养

对记者来讲,作风修养就是记者工作的投入程度,以及记者面对困难的反应方式。作风在这里主要指的是工作方面的作风。优秀的作风应是不怕牺牲,甘愿冒险,全心投入,无私忘我。新闻要反映现实,要进行舆论监督,必然会触及矛盾的焦点和社会的黑暗面,记者在采访时,不能因为危险而退后,也不能因为困难而放弃,成功的记者在采访中几乎达到了完全忘我的状态,无论是炮火连天,还是危险重重,他们的心中就只有新闻,为了新闻他们可以不惜牺牲生命。这一点尤其体现在战地记者身上,当前虽然世界大多数地区是和平环境,但是世界局部的战争却不断,在这些激烈的冲突发生的地方,记者每天都在为人们发着各种关于冲突的报道,虽然不断有记者殉职,但是活着的记者依然义无反顾。在和平的环境中,没有了那种随时伴随着的生命危险,工作作风更多地表现在对困难的克服,以及新闻采写时的全心投入方面。

3.理论修养

理论修养是对学科知识的系统的抽象、概括。理论对实践有着不容置疑的指导作用。在新闻界,记者实际也是有品级的,虽然这种品级不是由官方认证的,如高级记者之类的职务职称,但是它却是客观存在的,品级的标准自在人心,无需经过官方机构的品评,在记者队伍中,有的人终生只是在被动地报道周围发生的事,有的人在不断的新闻实践中积累对社会、人生的认识,而有的人,不但具有上述两种人的共同之处,还具有丰富的理论修养,在新闻活动中,不但能发现其然,还能运用掌握的理论知道其所以然。这里所说的理论,不是指某一项专门的理论,记者是杂家,其理论修养所及也是以"杂"为上。这些理论可以是社会科学方面的,也可以是自然科学方面的,当然最重要的是认识论方面的理论修养。记者的工作与传媒的职能一致,也有对社会、对公众的引导和指导,没有理论修养,记者与常人就无多大区别,至多是在职业技能上比一般人强,这只是一般的记者。一个高级记者,应当是完全意义上的瞭望者。

4. **审美修养**

采访不仅是一种认知活动,更包含着审美的体验,采访中的审美包含着丰富的内容,有对社会美、自然美的感知,也有对优美与崇高的体味和对悲剧、喜剧的感动。记者沉浸在社会生活的海洋中,每天接触的有人生的悲欢离合,有英雄的气壮山河,有逆境的抑郁艰难……可以说记者拥有丰富的审美资源。在这些审美对象面前,具有较高审美修养的记者能从中体会各种情感的冲动,捕捉、再现这些让人感动的瞬间和细节。有了审美修养的深厚,也就可能有新闻作品的意味深厚,也就能在采访中抓住最能打动人的东西。

5. **知识储备**

知识在采访中的作用是不能低估的。知识可以帮助记者及时感受、发现有价值的信息。例如对破译人类基因密码的新闻事实,不了解有关知识,就意识不到这个新闻事实的重大意义。知识也是记者与采访对象交流的基础,特别是专业报道的采访,如果记者对采访对象所从事的专业方面的知识一无所知,就很难与采访对象有很深入、通畅的交流。同时,知识也可以帮助记者把握新闻报道的准确性。

6. **资料积累**

资料是一个很笼统的概念,从广义上讲,凡是以文字、影像、声带等形式存在的内容储存都是资料。资料所涉及的当然也包括知识和理论方面,但是和前面知识与理论等积累和准备是不同的,资料是一种"物"的存在,而理论与知识是指记者意识上的掌握,必须是存在于由大脑储存的记忆中。资料不一定都要记在头脑中,而是可以用来查考的。资料在采访中的作用是不容忽视的,通过资料,记者可以更好地理解选题,发现事实中的新闻价值所在,并且资料还可以帮助记者形成独立的见解。查资料本身也是采访形式的一种。因此记者在平时必须注意资料的积累。

7. **技能掌握**

记者不但应是贤者和智者,还应是能者,技能掌握有时之于采访是决定性的。技能胜人一筹,采访就可能一枝独秀。记者应该掌握的技能大致有四个方面,即:熟悉方言、土语,掌握至少一门外语;摄影技术能达到一定水平;会操作电脑;有一种或更多的驾驶技能。

(二)采访的临时准备

新闻采访是一种记者搜集新闻素材的活动,一些比较重大的新闻采访甚至带有调查研究的性质,记者搜集新闻素材或作调查研究大部分情况下要依赖外部环境和采访对象,新闻追求时效性的特点使得新闻采访本身也要追求在最短的时间里获得最丰富的材料,在这样的背景下,采访前的准备就显得特别重要,采访前的准备包括下面几个方面:

1. **分析采访选题**

采访前,首先应对要采访的题目有一个全面深刻的认识,这就需要对选题进行研究。这种研究包括以下方面:对要采访的题目涉及的领域有一个全局性的认识;了解清楚选题内容所涉及的历史、社会联系,分析研判选题所反映的问题可能产生什么影响;其他媒体有没有对此选题进行报道,等等。有了这种全局性的研究,才能对具体问题有一个清醒的认识和把握,才能正确地分析,恰当地判断、估计采访中可能会遇到的情况。

2. 准备采访问题

问题的准备是在对选题进行了细致研究之后,反映的是采访所要涉及的内容。问题的准备有两个层次:第一个层次是从选题出发,列出采访可能涉及的问题,这种问题的列举应该尽可能全面,有具体,也有概括,是对选题不同层面的反映,体现的是记者对选题的思考和记者思维、思想的深度和广度。第二个层次是问题的设计,侧重点在与采访对象的交流上,真正用于采访提问的是设计出来的问题,这些设计出来的问题,是根据选题确定的问题而进行的。根据选题确定问题是对采访将要涉及情况的全面覆盖,其中有些问题查资料就可能解决,余下的就是必须由采访对象回答的问题。

第一个层次的问题准备是对整个采访内容逻辑性的一个把握,这个环节也可以将准备的问题以采访提纲的形式表现出来,这个采访提纲上面的问题甚至可以构成新闻稿或片子的写作或制作框架。这个层次的问题准备可以帮助记者掌握整个采访的脉络,这个脉络不用很详细,记者借助于其内在的逻辑关系很容易就能记住采访的主要方面,在正式采访的时候不用去记具体的问题,只要按照提纲的逻辑关系把握好采访的方向,即使是很长的采访也可以轻松拿下。

第二个层次的问题准备是局部的,是针对采访中可能遇到的采访对象抵触、不知如何回答、敷衍等情况时对提问的语言表达进行的设计。这个层次的问题不能太多,一般是用来打开局面或在特定环节中控制采访。

这里需要说明一点是,问题的准备是为采访服务的,不能制约采访,问题的准备毕竟是在采访前进行的,而新闻采访是一个受多种因素影响的活动,采访现场可能会出现很多不可控的情况,因此,采访也未必会完全按记者预想的那样进行。记者在采访现场要有应变的能力和意识,不能被自己提前准备的问题束缚住,要根据采访现场的情况随时调整采访思路。

3. 确定采访方式与步骤

问题和采访对象都确定以后,下一步就是根据具体情况确定采访的方式和步骤。采访方式的确定是根据新闻事实或新闻选题的需要和客观条件两方面的因素,记者应对各种采访方式的利弊有准确的认识,做出正确的判断。

采访步骤也要视具体情况来确定,在一些情况下,采访的步骤可能直接决定着采访的成败。采访步骤如何安排,应从两方面考虑:一方面是按照事物本身的规律进行安排,根据记者对要采访题目的分析和认识,根据人们可能的认识规律安排孰先孰后。例如,采访人物可以先从外围开始,通过对人物周围亲朋好友的采访,对人物做初步的了解,然后再采访本人。对一个社会热点问题,可以先从人们最先注意到,或最引人注意的方面进行采访,再逐渐深入。另一方面就是考虑怎样安排才能让采访进行得最顺利,这里面既有技巧的因素,也有平衡的因素。当采访对象为多个时,先采访谁、后采访谁都很有讲究,安排不当,不但会使采访进行得困难,还会使采访对象之间产生矛盾,影响记者以后与他们的交往。记者在安排采访的步骤中要熟悉社会的人情世故,这种人情世故的练达不是圆滑,而是一种精明,这种精明能使记者在采访步骤的安排上得心应手,在采访进行过程中左右逢源。

二、新闻采访的实施

(一)调节采访气氛

采访是与人打交道,而且大部分情况下都是陌生人。与陌生人相处,难免会出现僵局,如何打破僵局,调节与把握采访气氛是采访的又一个重要方面。新闻采访重在采集信息,但是这种信息的采集必须有情感上的认同做基础。人们与自己喜欢、有好感的谈话对象总是很愿意交谈,而且可以谈得很深、很多,与没有好感的人总是不愿交谈,更不愿深谈。在记者的采访活动中,这种好感是良好气氛的前提,也是保证采访得以顺利进行的前提。

1.记者的自我调节

记者把握与调节采访的气氛,首先要先调整好自己的心理状态。在采访活动中,记者应是整个采访的灵魂,引导、帮助采访对象提供记者所需的信息,记者的心理状态和采访态度会对采访对象的情绪和心理有直接的影响,记者首先要使自己的采访情绪保持稳定和得体,表情合适。

2.采访对象的心理调节

新闻采访的气氛与采访对象的心理状态是相辅相成的。采访对象心理紧张解除了,采访气氛就轻松了,而采访气氛轻松了,采访对象的心理也会更加放松。记者在其间,要注意调节采访对象的心理紧张,也要把握采访气氛,一旦气氛已经轻松下来,就要适时地开始正式的采访。

(二)选择提问方式

提问是新闻采访中,记者与采访对象的直接"交锋",记者的提问意思表达必须清晰、明确,新老记者、优秀和平庸的记者在水平上的差异,可以集中地由提问体现出来。提什么样的问题,用什么样的方式提问,每个记者的差异很大。从总的方面讲,记者要提高提问水平必须从认识与表达两个方面下工夫。记者通过提问将问题传达给采访对象,采访对象通过记者的提问,了解记者想知道什么。新闻采访的提问方式包括提问的形式和方法两个人方面。

1.提问的基本形式

提问的基本形式有两种,即开放式和闭合式。

开放式的提问,不要求采访对象进行具体回答,这种问题重在使采访对象可以发挥、畅所欲言,大都是让采访对象谈看法、认识等。闭合式的问题要求采访对象具体回答,可以发挥的余地不大,一般适应于对文化水平低、社会经验不丰富的采访对象。但是这种适应性也不是绝对的,两种提问形式在对同一个采访对象的采访中实际上是交替运用的。

开放式与闭合式提问的优势和劣势是一种辩证的关系。闭合式提问留给对方的自由余地较小,但是双方联结的比较紧密,问题具体、范围严格,期间可能会因记者选择不当而丢掉更好的提问点,但若选择得当,极利于深入挖掘和获得对每个问题的明确回答。因此,记者对闭合式提问要花很多心思,但采访对象在回答时比较省力。开放式提问给对方更多的自由,双方联结比较松散,气氛会比较轻松、自如,但难以深入挖掘,记者提问省力,但采访对象回答费力。

2.提问的基本方法

"提问方式"是一个形式上的分类,是大方向的把握;而"提问方法"是一个具体层面,针对具体内容的分类。提问的方法多种多样,有提问八法、提问十法等,如果再细分可能还会有提问十五法、提问二十法。对提问方法的分类,有的是以记者的态度为区分点,有"沉默对峙法"和"归咎他人法"等[①],有的干脆没有标准,就是对经常用到的方法的一种罗列,例如中国人民大学蓝鸿文教授就将提问分为"正问""侧问""反问""设问""追问""故问""借问""激问"八种[②],但是这八种并没有一个统一的标准。其实新闻采访中的提问方法,没有必要分得太细,因为分得越细往往种类也就越多,这对于初学者来讲反而不容易掌握。

新闻采访中的提问说到底就是从采访对象那里挖取采访素材,提问的基本方法可以以提问对选题的切入点来划分,分为正面提问、侧面提问和反面提问三个,这样的分法简单、好记、容易掌握。

正面提问的最大特点就是开门见山,不拐弯抹角,在语言表述上也是简洁、明快,直截了当。正面提出问题,往往适用于两类采访对象:一类是顺应性强的采访对象,如专家、学者、领导者、公众人物等。这些人大多数见多识广,而且时间都很宝贵,希望问题能够一针见血,直截了当,不要绕圈子。另一类是记者比较熟悉的采访对象。对此类采访对象直接提问的好处就是省时间,主题集中。

侧面提问是一种迂回的提问方法,当直接提问无法得到真实材料或是根本无法采访时,就必须改变提问方法,也就是说如果正面攻不下来,就必须进行旁敲侧击,来引导采访对象回答记者的问题。侧面提问,大多数是用一些带有假设性、引导性的问题开始提问的,这种引导性的问题可以迅速把采访对象的注意力引到记者想要了解的问题上来,但是这种假设性、引导性问题必须建立在记者对采访对象有比较了解的基础上,从而估计采访对象可能会有什么想法,会对什么感兴趣,这种估计必须较为准确才能保证提问的成功。

反面提问是一种"以误求正"的方法,在正面和侧面都无法进行的时候,记者可以故意从确定的信息的反面入手。采访对象面对记者的提问往往都会有一个判断,判断记者所提的问题对自己会有什么影响,有利时就会爽快回答,无利甚至有害时就会敷衍甚至拒绝回答。记者要准确判断采访对象对问题可能产生的心理认知,在确定对方可能会排斥时,采取反面提问的方法,获得想要的素材。

(三)重视现场观察

观察,用记者的话来说就是"用眼睛去采访"。观察是记者的一项基本功。记者的观察应该是随时随地的,不但采访时用,也用在新闻线索的发现和素材、资料的积累。这里讲的观察只是采访现场的观察。

采访现场的观察一般情况下是与提问同时进行的,现场观察可以弥补提问的不足,通过眼睛所看到的,感受现场的气氛和环境,从而增加报道的准确性和生动性。

1.观察的内容

新闻的现场观察和一般观察不同,必须考虑新闻的独特性。新闻报道追求短而精,记者在写作中不可能过多铺陈,所以观察时必须要抓住最具特色的东西。

对新闻人物来讲,记者需要观察的是人物的相貌、动作以及各式各样能表现人物性格的细

---

① 罗尔·里奇.新闻写作与报道训练教程[M].钟新,译.北京:中国人民大学出版社,2004:131-132.
② 蓝鸿文.新闻采访学[M].3版.北京:中国人民大学出版社,2011:248-249.

节。人物观察的中心是人物的性格和思想,人本身是复杂和难以把握的,善恶、美丑、消极、积极互相对立渗透在人的性格与思想中,要发现这些内在的东西,就要善于观察人物外在的行动和语言,包括人物的外貌、表情、服饰、举动等,现场观察,受时间限制,能在很短时间内迅速进行到位的人物观察是记者的一项硬功夫。

对事件来讲最主要的是观察事物的具体过程、现场的特殊场景和环境以及其中的细节。细节的观察是新闻观察中最有特色的部分,细节就是细微的地方,这些地方看似小,但内涵深刻,能使人产生丰富的联想。

2.观察的要求

记者的现场观察首先要有明确的目的。记者进入现场,映入眼帘的东西十分丰富,而记者不可能什么都看、都听、都记,必须有所选择,选择的标准就是你是为什么进行观察,你观察的目的。只有目的明确了,才能在很短的时间里用感观摄取尽量多的相关信息。观察的目的是与多个因素相关的,包括你采访后制作的新闻观众群是什么样的,你采访的是什么题材和主题。明确了为什么而观察,观察起来就能有的放矢,既不错过观察时机,也不浪费精力。

现场观察的第二个要求就是高度的注意力。观察时,首先要注意,注意到才谈得上进一步的观察。"注意"是心理活动对一定事物的指向和集中,注意的指向就是指在瞬间把我们的心理活动有选择地指向一定的对象,而同时离开其余的对象。为了认识和把握特定的事物,为保证观察顺利进行,必须把注意力集中和保持在观察对象上。由注意的指向和集中,人才能够清晰地反映周围现实中的一定事物离开其余事物。有了高度的注意力才能调动各种感观的协调合作共同作用,才能在短时间内把事实的特点和有价值的细节观察清楚,进行有效的记忆。

观察是记者职业的一项基本功,观察的第三个要求也就是要有过硬的基本功。观察的基本功包括观察的技巧和能力,新闻的现场观察比一般的观察难度要大很多,因此,对记者的观察技巧和能力会有更高的要求。记者必须对如何观察人物、建筑、景物、环境、气氛等有最基本的认识,并且在此基础上积累丰富的经验,训练出过硬的基本功。缺乏训练和经验是不可能有过硬的基本功的。这个训练的过程从掌握最基本的观察规律开始,通过坚持做观察笔记,锻炼记者对各种事物的观察能力,以及对颜色、形状等的识别和描述的能力。

相对于广播记者,电视记者,特别是电视摄像记者虽然不是直接用眼睛去捕捉视觉形象,也不用语言文字来表现观察到的东西,但是这并不代表电视记者就不需要过硬的观察基本功。因为,摄像机是人眼的一个延伸,摄像机虽然可以超越人眼记录影像,但是决定拍什么、不拍什么的还是记者,如果记者没有过硬的基本功,到了采访现场很有可能抓不住重点,拍不到有价值的新闻素材。

案例分析

浙江工商局长郑宇民"斗智"央视主持人董倩

时间:2010年11月27日

地点:杭州第八届中国民企峰会

时长:53分钟

董倩(主持人):(全景)郑局长,我发现,这次设置有点不同,以前我们都是站在那里说话,这回为什么要坐着说了,(中景)是不是气比较短了所以我们坐着(观众大笑)。

郑宇民：站着说话和坐着说话跟气短气长有什么关系呢。中央电视台新闻联播都是坐着发布的（观众鼓掌、大笑）。（全景）我不愿意站着说话是因为不想跟穿着高跟鞋的人站着比高低。（主持人笑）你是央企啊，穿着高跟鞋，我是民企啊，穿着平底鞋。（观众笑）我们在一起站着不公平，我觉得应该坐着，平起平坐。你就没有了高跟鞋的优势，（郑比划手势）坐！

董倩：我估计，郑局长您多少年前请我来的时候是不是早就想着找一天说这样的话，终于今天我们有一个场合我们可以坐着说话了。

郑宇民：这是你挑起的。

董倩：您刚才怎么看李教授说老大老二的问题，实际上你们已经是老大了，您承认这个老大的地位么？

郑宇民：老大不是封的，老大是靠争的。我们有朝一日会理直气壮地说民营企业是老大，但是现在还称不上是老大。

董倩：的确是，我们马上就要提供一个数字，今年全国工商联提供了一个数字说，五百条民营企业的胳膊比不上两条国企的大腿，五百家民营企业的利润加起来还不如两家国企，是中石油还是中石化，然后再加上中移动。我不知道您怎么看这么一个现象，这胳膊就这么没力气吗？

郑宇民：国营企业两家的利润超过民营企业的利润五百家，首先要为国营企业骄人的业绩表示感谢，由衷地表示祝贺，国营企业也是我国经济的重要组成部分。能够取得这么好的成绩我们当然应该高兴。但是不能因为国营企业的成绩来否定民营企业存在的价值。两个是不同特质的，特别是不同性质的事物放在一起比较是不科学的。（停顿）举一个简单的例子，所有女人的胡子加起来不如一个男人的胡子长。（全场笑）为什么？她没有这个功能啊！民营企业也没有这个功能啊，人家是垄断的，独占的，穿高跟鞋的，我没有啊，所以我怎么可能达到它的水平呢。（鼓掌、全景）不同功能的东西不能相提并论（中景），国有企业是酒，民营企业是水啊，国有企业说，我是酒啊，一万瓶水也比不过我一瓶酒的酒精含量啊，（出人名字幕）听起来让人非常有感触，但是仔细一推敲，酒的功能和水的功能是不一样的。国有企业更多地体现国家意志，民营企业更多地体现社会功能。水更多地是体现社会功能，大家都知道上甘岭，战士们呼呼的是"水水水"，上甘岭战士们呼呼的不会是"酒酒酒"。（全景、观众笑）汶川地震的时候灾民也说的是"水水水"，上海大火也说的是"水水水"。你如果是酒酒酒，你不就死了。所以水有特殊的社会功能，全国4300万的企业，民营企业占多少，92％以上。全国有多少就业人口，7.79亿。国有企业安排就业多少，6300万。91.8％的就业都是民营企业承担的。民营企业不是创利大户，民营企业是生命之水。他们是纯净的矿泉水，是农夫山泉，是娃哈哈。（稍微停顿）他们是社会和谐之水，是国计民生之水，是浸润在每一个百姓心间的生命之水。谢谢！（全场掌声起）

董倩：一般庆功的时候都说喝庆功酒，没有说喝庆功水的，是吧？

郑宇民：（全景）我要告诉你，我们不能没有酒，（中景）也绝对不能没有水。人60％是水造成的。没有水，人绝对过不去，你刚才讲庆功酒，我告诉你，酒也是水做的。（掌声）

董倩：您刚才说了酒和水的关系，我刚才也说了两个数字，五百家民企和两家国企，后来我又查了一个数字，叫做资产收益率。2009年A股上市的国企这个资产收益率是3％，但是这个民企是8％，所以这个国企还不如民企的40％。

郑宇民：你终于说了一句非常公平的话。

董倩：刚才不公平的话也不是我说的。（主持人笑）

郑宇民：其实我还要告诉你一个数字，从平均数上来说，你讲的资产收益率，国企的是5.33％，民企的是5.79％，也是民企高。

董倩：这一高一低，反而造就了市场上表现的一粗一细，一弱一强。

郑宇民：是。

董倩：这就是水和酒的关系啊。（全景）刚才你还说到一个词，叫做社会功能。民企有社会功能，越来越多的民营企业家已经承认了。

郑宇民：社会功能，社会价值。

董倩：说到社会功能，社会价值的时候，今年有一个新闻是很惹大家关注，就是巴菲特、比尔·盖茨来中国，据说他们是来劝捐的。当时有一个慈善晚宴，陈光标很夺眼球，是因为他第一个站出来说，我要裸捐。据说这次晚宴还请了宗庆后先生，但我不知道那是不是事实，好像宗庆后最后没有去，会不会是因为陈光标来自江苏，宗庆后来自浙江。您会不会有这样的担心，这标志性的意义，让大家觉得浙商很抠门？（掌声）

郑宇民：浙江如果抠门，（停顿）就没有你们。中央电视台好多广告都是浙商做的。（全场掌声）

董倩：我们说的是公益，不是广告。

郑宇民：（全景）我有一个观点，你讲到，我们没有裸捐，没有去赴宴，陈光标裸捐是一个壮举。我们应该向他致敬，（停顿）陈光标的这个壮举、善举，不是每一个民营企业的准则。它是一种精神引导，就像我们称赞一个战士舍身炸碉堡，我们称赞他，但并不是要求每一个战士都舍身炸碉堡。（全场鼓掌）

慈善是民营企业自我觉悟的等量物，他觉悟到这个份上，就做到这个份上，慈善是实为，不是施舍；慈善是功能，不是功利，你刚才讲的巴菲特和比尔·盖茨在北京设宴，劝善，浙江受邀的一个是宗庆后，一个是马云，宗庆后先生想了很久，最后决定不去，后来我和他交谈，我说你不去以后会遭人诟病的，会被人说抠门的。（观众笑）

他说，慈善不是请客吃饭，是行为示范，慈善不是炒作宣传，是自觉自愿，（中景）慈善不是身后裸捐，而是身前时时刻刻都应尽到的责任和习惯。（全场掌声）

我非常赞同的他的这番讲话，他的企业有十几万员工，他说我把这十几万员工安排好，让他们无忧无虑是最大的慈善。（观众掌声）

马云先生也受邀了，马云先生是一个非常聪明的人。他说我不去，人家说我浙江没有人，人家有个陈光标，我们就没有人了，我去，他万一叫我裸捐怎么办。（观众笑）

他也斗争了好长时间，最后他去了，他和巴菲特、比尔·盖茨都是好朋友，都是有交往的，他开宴前一个小时就去了，和他们两个聊天。他说，你们两个来的不是时候，也找错了地方，任何事物都是有阶段的，中国没有到这个阶段，你巴菲特75岁才把360亿捐出来，你50岁怎么不捐呢。（观众掌声）

他说我50岁没有认识啊，马云说，对啊，浙江的民营企业都是50岁左右，没有认识到这个份上，所以你要劝善最好去日本，去大阪，所以这两位先生不住地点头，说明白明白，最后是只吃饭，不劝善。（全场笑）

马云要比宗庆后先生更加智慧,但是他们两个说的都是真话。马云说这次我没有裸捐,但是我心里真正很敬佩这两位。我要把慈善植入我的企业当中,对员工要善待,对社会要善行,对自己求善果,这就是马云上个礼拜和我喝茶刚说到的这个方面。浙商并不抠门,浙商对自己是最抠门的,最典型的就是白天当老板晚上睡地板,这就是对自己抠门。在外面吃饭是黄酒加饭,在家里吃饭时榨菜稀饭。在国外很派头啊,跟着领导在 APEC 那里,回家时埋头苦干。出去这段时间,回来要补回来,浙商是一群非常优秀的群体。我们真的不能说他们抠门,谢谢!(全场掌声)

董倩:(全景)不裸捐并不意味着抠门,(中景)那您刚刚说的那一番话,是说慈善在目前对于浙商还不是时候。

郑宇民:福布斯有一个慈善百人名单,浙商 27 位,你说够了没有。(掌声)

董倩:刚刚您说了,他们是一群辛苦打拼出来的人,但是现在社会就关心了,你们辛苦打拼出来的天下,辛苦打拼出来的财富以后怎么办,是传给你们的孩子,还是传给什么样的人。因为我们现在注意到一个词,"富二代",而且富二代的整体形象在社会上并不好。富二代开宝马撞人,富二代怎么怎么样,您怎么看这个问题,关于传承,怎么解决?

郑宇民:为什么都弄一些我们民营企业难受的问题(笑)。富二代这个词本身还值得商榷,穷人的孩子是穷二代,富人的孩子是富二代,那这不是印证了一句老话"龙生龙,凤生凤,老鼠生子打地洞"嘛。老一代和下一代的关系不是简单的克隆复制的关系,我们浙商的老一代都是穷苦出身,他们生下来都不是富人,在 80 年代以前都是草根、穷人,他们娶妻生子,生下的孩子都是穷二代,后来创富了就成了富二代,按照这种逻辑,其实从我们浙商一代创富,二代传承这个轨迹可以看出来,一代两代之间的传承是动态的,所有的人共同的愿望都是希望从贫穷向富有转变,没有一个人希望自己的下一代是穷二代。

现在批评富二代的比较多,我们应该理性清醒,确实提醒了我们民营企业教育新生代的问题。我们现在有很多民营企业的二代不愿意子承父业,也不愿意再创新业,这种现象值得重视,传承财富的同时应该传承人文情怀,人性的传承是长久的,如果只是传承财富,就可能变成富不过三代。现在对富二代的批判,同时也呼吁我们对弱势群体子女的教育,不要形成太多的关爱反差,但有一点我觉得是共同的,教育的好,穷人的孩子早当家,教育的不好,富人的孩子也会败家。这是一个很现实的问题,我们民营企业家在发展自身壮大企业的同时,一定要注意对下一代的培养。

批判富二代不是不要富裕,也不是要扼杀富二代,而是要有一个很好的传承,创造出一个富有人文情怀,富有创业精神,富有社会责任,富而思进,富而思源,不忘本的新生代,这是我们民营企业家的共同愿望。谢谢!(全场鼓掌)

董倩:您刚刚也提到了一句中国的老话,叫做富不过三代,看来这个问题自古就有,但是富二代这个问题怎么解决,您刚只是提了一个大而化之的教育,那具体要怎么做?富二代的问题不是古时候就没有解决么,要不怎么会出现富不过三代的问题?

郑宇民:刚才我讲了关键在于传承什么。传承财富,财富最终是归社会所有,传承精神,这种精神要到血液中去,造就一个优秀的子孙是要靠几代人的,(出人名字幕)所以我们民营企业的负担很重啊,一边要转型自身,一边要发展经济,一边还要传承,这确实是我们非常紧迫的任务。

董倩：我们说的创造力，是因为我们感觉到浙商的孩子们的创造力不如他们上一代，吃苦耐劳的能力不如他们的父辈，我们在进行同向的比较，把浙商和其他省份的这些企业家比较，浙商这几年的创造力也不如其他省份的企业家。原谅我这么讲，这是不是说浙商作为一个机体，他的创作活力已经不如以前了，是不是说明浙商已经老了？

郑宇民：（中景）浙商老了，几岁才算老，100岁算老，现在正好，如果300岁算老，现在还是一个小宝宝，浙商永远不会老。（鼓掌）

但是浙商很疲倦。出生早容易老，走在前面也容易老，贡献大也容易老。浙商贡献很大，60%的税收，70%的出口，80%的善款捐助，90%的就业安排，浙商是很辛苦的，我们浙江对全国的贡献一年有4000亿，所以你说浙商现在不如人家，我不知道你指的是哪一个人家。

董倩：因为多少年来我们一直在比较江苏模式和浙江模式，所以我们远的也不比，就比比江苏模式和浙江模式。

郑宇民：（中景）江苏的苏南模式是一种很典型的模式，浙江的浙南模式也是一种很典型的模式，最近的人民日报的文章说江苏的民营经济也超过浙江了，我认为是有可能的，在一些方面。浙江和江苏一直是交替地运行，一会儿他在前面，一会儿我们在前面，这个都没有什么。不过你讲的话题对我们有深刻的反思，浙江过去的优势是什么呢，主要是体制机制优势。在体制机制上，人无我有；在市场主体上，人睡我醒；在资源配置上，人退我进；在发展速度上，人慢我快。过去我们确实是这样的，但是现在不行。有些方面倒过来了，是人有我无，是人快我慢。

我刚才讲这不奇怪，是一种交替，过了若干年，又是浙江在前头了，经济就是这种交替式样的往前走，但是平心而论，江苏模式最根本的一点是"统"，他过去是统，统筹得高，统筹得大，统筹急，我们浙江的模式最根本的一点是放，放出了小，放出了低，放出了散，所以现在转型，我们这种低小散的模式比江苏的高大急的模式要困难，这是我们浙商模式目前碰到的一个很重要的一个问题。（中景）所以我们浙江要再造优势，刚刚李博士也讲到了，首先要有双向的优势，因为浙江和江苏很不同的一个是，他们采取引进来的办法，我们采取走出去的办法，浙江是满天飞，江苏是归满天，所以他们是引进来，我们是走出去，你讲江苏很好，有很多是我们浙江人干的。（全场掌声）

浙江人的儿子在江苏当女婿当的很舒服。所以我们一定要创造一个双向的优势，既要走出去，又要走回来，儿子要回来，还要把媳妇也带回来。（切换主持人镜头）这是浙江要创造的双向优势。

第二个我觉得应该创造一种结构优势，我们过去讲单元优势，每一个都很强，但是凑在一起就不行了，所以浙江一定要造一个结构优势，产业结构、投资结构、资产结构、市场的空间结构，都要做一些重新的布局，结构就是功能，结构就是实力，结构就是质量，我们过去在结构问题上下的工夫比较少，比如刚才李教授谈到的一个金融工具，小额贷款的问题，小额贷款公司是一个单元的优势，浙江有120多个小额贷款公司，但它有一个问题，它是一段渠道，这个渠道上游的水是没有的，下游输出去这个水是要空掉的，所以是结构的问题，渠道要和上游的水库、横向的防洪坝，要跟下游的稻田结合到一起，这叫做四位一体的结构，上游的水库是银行，银行和小额贷款公司打通，横向的防洪坝是担保公司，下游是企业，四位一体，结构再造，这是新的优势，所以我们要在结构上再造优势。

第三，浙江要在差异性发展上形成优势，我们过去一直是差异性发展的，但是后来我们从众了,从众了就没有优势,所谓差异性发展大家都很清楚,不愿意做的你去做了,这就是差异性。大家都知道,过去不愿意做的事情,浙江人都做,修补皮鞋,弹棉花,别人不愿意做的,浙江人都做,这叫做原始积累(切换主持人镜头),不准做你做了,这叫做独占鳌头,我们没有这个机会,国有企业有,独占鳌头嘛。人家不要做的你做了,这叫步人后尘,很多事情人家淘汰了不要做了你去拿来做就叫步人后尘,还有一个高境界的,人家不会做的你做了,就叫自主创新,我们能不能做到人家不会做我会做呢,这就是真正的差异性发展,就是我们浙江的新优势,我相信笑到最后的是浙商,是浙江,谢谢!(全场掌声)

董倩:(咳嗽)我要水了(笑)。

郑宇民:这时候需要水了,这时候不要酒了,现在感悟是最好的。

董倩:您刚刚说到浙江和江苏的对比,说到为什么浙商是满天飞,但是江苏能够归满天,这让我想到中国和美国之间的对比,美国的成功仰仗于他是一个移民国家,全世界各国的人才为他所用,但是目前浙江还不能,为什么还不能呢,我给您举一个例子,马上"十一五"就结束了,有一个硬指标,前几天吕省长还说这20%节能减排一定要达到,非常强烈,上次我去上海看世博会,上海人就说浙江人特别有意思,有电都不能用,所以说你凭什么留住浙商,他们不去外地?

郑宇民:上海人说我们什么。

董倩:上海人说你们有电不能用。

郑宇民:(全景)上海人不会笑浙江人,我们两是兄弟般的关系,上海着火我们都流了不少眼泪呢,(中景)你讲的一个问题就是浙江的生存环境问题。我们前不久在一些企业里做了浙商的生存环境调查,普遍上对我们的生存环境感觉是好的,但是也有一些不同的看法,归纳起来一个就是税负比较重,第二个管理比较严,第三个成本比较高,第四个资源紧,第五个是人文关怀少,为什么浙江这么一个浙商普遍的地方还有这样的问题呢,主要是浙商太多,我们是资源小省,我们说真话,现在关心浙商没有像以前一样周到,浙江是一个资源小省,但是非自然资源是一个大省,什么是非自然资源呢,就是人力。人力最为宝贵,浙商是我们最宝贵的非自然资源,我们一定要非常非常地重视浙商的生存环境。我们确实要在这方面做一些改进,(全景)浙商以前是多好的致富带头人呢,(中景)现在是远走他乡回家过年的探亲人,好多是匆匆来回素不相识的陌路人,还有好多是代人受过遭人谴责的低头人,还有一些是深居简出避免是非的隐形人,更有一些是远走他乡改头换面的相交人,我们政府对这个问题要做非常深刻的反思,要让浙商真正挺起胸膛,所以这次民营企业峰会,一定要让民营企业做主人翁,一定要让民营企业家有体面有尊严,我们这次为什么没有请那么多领导,就是贯彻省里领导意见,要让民营企业家作为我们真正的主人。(全景)

在环境方面,你刚讲的限电(中景),减排,节能降耗,但有些地方做的有一些出格,前不久我去参加送家电下乡,农民说不要送家电了,你就送电就行了。所以,要引起我们工作方面的一些改进,但是有一句话要说回来,节能降耗是改变人类共同的生存环境,人类的生存环境现在日趋恶化,我们的地球共同家园现在不是很好,但这不是简单的生产方式造成的,首先是人类的生存方式造成的,这一点必须要讲明白,不是简单的企业家造成的,是人类的生存方式造成的,我们施农药粮食少了,我们要海鱼油鱼少了。我们要做汽车,汽车的排放量这么多。1980年,中国的电冰箱产量5万台,现在3500万台,美国现在汽车拥有量,四个人有三辆汽车,到2030年,中国要是达到美国现在的汽车拥有水平,中国拥有汽车多少辆呢,11亿辆,11亿什么概念,现在全球一共有汽车8.6亿,要匹配这么多汽车,要有多少地,现在所有种水稻的田,要用来匹配这些汽车的,用来停车和行驶,所以我们不改变生存方式不行,要依赖再生的能源驱动,必须要考虑多元化的交通系统,必须要多考虑物品的重复循环,改变人类的生存方式是最基本的,不能把改变人类生存方式这个重担全部压给企业。企业是人类生存方式的一部分,所以我们现在统统压给企业,企业当然承受不了,不能毕其功于一役,不能限排放于一地,这是一个长期的工程,你靠一时的拉闸限电是解决不了的。

我到民营企业去,他们都给我诉苦,我问他们有啥办法,他们都说,活人不能给尿憋死,他们有办法,他们去买自发电,去买柴油,结果成本更高,污染更重,我们这样的做法是抽刀断水水更流,我相信这个方法已经引起各个有关方面的注意,现在已经在做一些比较好的调整,明年的考核指标也会更加完善和科学,谢谢大家!(全场掌声)

董倩:我注意到一个词,今天是"十一五"接力"十二五",接力啊,我们知道每一棒传下来,上一棒是快是慢,下一棒可以有一个调整,比如上一棒快了,我要怎么慢,上一棒慢了,我要怎么快,上一棒交下来的是一个对民企发展并不乐观的趋势,到了"十二五",您觉得这一棒是什么速度,(远景推近)您对未来这一棒乐观么?

郑宇民:(远景)李教授刚刚说了一个传递乐观的信息,乐观与否也是一种精神取向,总体来讲,浙江的民营企业在应对经济形势的变化上是有经验的,(中景)"十二五",谁持彩练当空舞,只要民营企业不落伍,机会一定大过"十二五"。我个人认为,"十二五"国家调控经济的手段会更加成熟,生产的成本会加重,市场的空间会更加收窄,投资的领域会有更多的变化,但是有一点,非自然资源的要素会更加看好。我们对"十二五"的展望应该是充满信心的,"十一五"的轨迹让我们有很好的惯性思维,我们要注意一个词,是十七届五中全会讲到的一个很重要的一个命题,递周期调控,"十二五"期间调控手段更加成熟,什么是递周期调控呢,经济运行到拐点了,国家进行的经济政策调控,促使经济回到区间波动的平衡状态,所以我想想不太可能出现2008年那样的大起大落。但波动是一个主旋律,2007年过热,2008年趋冷,10年回升,11年有可能降温,12年会爬坡,整个波动大体如此,(中景)所以我们要应对"十二五"这个经济区间的波动状态,必须要踩好点,踩好了就是机会,踩不好,万劫不复。浙商要接力"十二五",我觉得很重要一点就是走远,要在国外和省外占据更多的自然资源和非自然资源。第二,要升高。在浙江,我们的老营,建立起一个精神总部,有人说为什么总不一定要在浙江啊,上海也可以有总部,西部也可以有总部,精神总部一定要在浙江。我们浙江有表达民营企业意见的一个表达机制,要通过这个指数,来说我们浙江民营企业共同要说的话。刚才李教授讲了要通过这个来影响有关方面的政策,这个东西不能去西部发表,必须要去浙江发表,这将是我们的精神总部,在这里找到我们的力量源泉,在这里找到我们的精神寄托,找到我们互相沟通的话语平台,找到花果山的快乐,精神总部一定要在浙江,今天我们欢聚在这里就是要构建我们浙商的精神总部。(全场掌声)同时我们要在浙江(全景)创立标准检测研发的高地,这个东西是我们走远的一个司令部,这点很重要。第三,我们要有人文精神和智慧心。企业家要有两颗心,一颗人文心一颗智慧心,刚才罗主席讲到社会责任,只有装上人文心,才能改变企业形象,才能改变劳动关系和企业的生存方式;只有装上智慧心,才能改变资源的容量,改变产品的性状,改变市场的价值,改变消费者的期望,这样我们才有可能在"十二五"中高歌猛进,谢谢!(全场掌声)

董倩：郑局长每次谈到浙商的精神回归精神总部的时候都是紧皱眉头,精神总部这个概念好像是您第一次提出了,就像党支部一样,党的精神是党要建还是我要建,建的目的是什么?

郑宇民：浙江民营企业搞党建一直走在前面,我也一直在想这个事情,民营企业家也说,你给我弄一个牌子在那里,一个模范共产党员,搞得我压力很重,我觉得企业不光是一个经济组织,更多的是一个社会组织,社会组织我们必须考虑社会的环境,与社会的链接,我们搞企业,是中国共产党领导下的具有中国特色的社会主义经济,千万不能忘记这个背景,我们要将两极化,跟着共产党的政策走,也有跟着经济规律走,我们浙商有水准,就是因为听共产党的话,按经济规律走,这才是最重要的。前几天我去德清看一个企业,叫民龙,民营企业之龙,这个企业确实有使命感,他也搞党建,他说我这条民营企业之龙,没有党建,就没有眼睛。党建可以让我这条龙起到画龙点睛的作用。这个人不是讲大话,而是讲真话,前不久罗主席和我交谈的时候,说有一年总书记去他的企业去视察,问他要什么,要政策要贷款要项目? 他说,我不要政策不要项目不要资金,他说我要看文件。从此,省委机要室就多了一个送文件的部门,所以,罗先生现在没有什么特权,有一个特权就是看文件,(主持人笑)看红头文件(观众掌声)。看文件可以让自己方向明确,我们国家这样一个条件,企业家要是离开党的政策党的文件,就是盲人骑瞎马,企业党建当然不能解决一般的问题,我到企业里去问,企业党建能解决你劳动力成本提高的问题么? 他说不能。能解决你限电拉闸的问题么? 他说不能。能解决什么问题、能解决企业家和团队的境界和格局,有党建的企业家队伍是不一样的,境界和格局是完全决定一个人的智慧和层次的发挥程度的。

唐僧取经,唐僧有什么能力? 但是,孙悟空猪八戒都要跟着他走,为什么? 唐僧西天取经,他有文化,有境界有使命,猪八戒没有,三下两下就要回高老庄去,所以,猪八戒就成不了这个使命,只有跟着有使命的人走,他自己也成了正果。唐僧取经,不管怎么样,向西向西,使命感非常强,八仙也是有使命的,他是要化解瘟疫,普度众生,最后他们的使命观就是向东向东,结果也成了。毛主席为什么成为伟大领袖,长征时期,他是有使命的,他有格局,知道北上抗日是一条根本的出路,所以他说向北向北,他也成功了。邓小平也是有大格局的人,他觉得改革开放必须要参照香港的经验,向南向南。(观众笑)

民营企业转型升级也有大格局,我们的方向是什么,向上向上向上,一定要跟着我们,我们会集结成一只非常有使命的一个团队,民营企业不是一个简单的人,是紧跟共产党的人,是有使命的人,是为人民造福的人。谢谢大家! (全场掌声)

董倩：我本来不想问了,还是问一句,刚才您说建精神总部,党支部都解决这么多问题了,还建立精神总部干什么呢?

郑宇民：党支部就是精神支部,精神支部里面就有党支部。

董倩：(笑)我最后问您一个问题啊,这是真的最后一个了,我从第二次开始,每次都来,我发现您对于民营企业的热情、感情还有深情是与日俱增,为什么? 按说为官一任,走了就走了,为什么您对他是始终充满感情的?

郑宇民：民营企业了不起,改革开放我们最大的成就就是造就了市场主体,而中国的市场主体首先是民营经济的市场主体。他们了不起,孙中山一百多年前提出了要实现伟大的复兴,由于战乱由于割据没有实现,毛主席共产党夺去了政权以后,探索了好多的实现伟大的复兴的任务,积累了许许多多的经验,邓小平在这个基础上总结了市场经济,社会主义初级阶段一定要请出一个市场主体,这个市场主体首先在浙江发生,浙江的民营企业成为市场主体的先发者,我们感到非常的荣幸,能为民营企业的成长做一些微薄的努力,是我们这一生的荣幸,谢谢!

【点评】

这个案例是 2010 年 11 月 27 日,中央电视台著名主持人、记者董倩在杭州第八届中国民企峰会现场对浙江工商局长郑宇民的一个采访。这个采访视频被网友上传到网上后,不到一天的时间被转发 13861 次,评论 3767 条,网友热捧这段视频,不是因为采访者董倩,而是被采访者浙江工商局长郑宇民,并且热传的视频是以《浙江工商局长郑宇民"斗智"央视主持人董倩》为题的。网民纷纷为郑宇民叫好,称他是"最给力的官员"。从整个采访过程看,郑宇民确实很出风头,网民之所以以"斗智"来形容整个采访,是因为这个采访过程充满了火药味,从现场情况看,央视记者董倩明显处在下风,以致给人一种感觉,董倩在这个采访中发挥失常,处处被郑宇民抢白,而郑宇民则不断获得现场热烈的掌声。

应该说这是一个很难得的采访案例,这个案例让我们看到了不一般的采访现场。一般情况下,央视记者做的这种带有所谓高峰论坛性质的采访都是四平八稳的,记者和采访对象侃侃而谈,不温不火,像这种充满火药味而且是采访对象占绝对上风的情况非常少见。那么从专业的角度看,对于央视记者董倩来说这是一次有失水准的采访吗?抑或是一次特别成功的采访呢?

除了自身因素,新闻记者进行新闻采访现场所受的外部影响一般是两个方面:一个是采访对象,一个是采访环境。董倩在杭州第八届中国民企峰会现场对浙江工商局长郑宇民的这个采访,在这两方面都遇到了极大的挑战。这次的采访对象郑宇民被称为"才子",地方宣传干部出身,浙大教授郎友兴称其"表现力强,善于讲故事"。从采访现场的环境来说,那是一个民营企业家的高峰会,从情感与心理上都更倾向于代表他们'发言'的郑宇民,在这样的环境氛围下,特别是董倩提的问题中有很多是带有质疑性质的,记者在采访时心理一定是会感受到来自现场环境的压力。从采访视频上看到的董倩似乎也确实一直处在下风,无论是采访气势和问题的交流主动权也好像一直被采访对象控制着。

从视频上看,董倩当天的状态确实不好,从电视采访的角度看,主持人或出境记者在采访中精神状态不佳是不专业的表现,但是董倩当时有些特殊情况,当天采访时嗓子出了问题,又不能临时换主持人,所以状态不好这个问题也就不能够作为评判这个采访成功与否的一个方面。

当然,采访现场出现的采访局面被采访对象掌控多少还是和董倩的状态有些关系,至少,在现场气氛方面董倩没有成功地为自己营造一个温和的采访环境,一上台就被郑宇民当成了"央企"的代言人,成为其代表民营企业家攻击的"靶子"。虽然,采访过程中间董倩一直想摆脱这个身份,但一直都没有成功。

撇开上面说的这个现场气氛的把握,从采访的内在逻辑上来讲,这次采访其实是很成功的。董倩虽然在表面的气势上好像是输于采访对象,但是从新闻采访获取信息的角度来说,董倩用富于张力和环环相扣的问题,让采访对象畅所欲言,张扬个性,给观众展现了一个非常具有观赏性和思想深度的现场采访。

广播电视新闻学

1.新闻价值有哪些主要内容？在具体的采访活动中如何判断新闻价值？

2.以判断某个事实对当前工作有无宣传指导意义来确定其有无新闻价值体现了记者的什么素质？

3.举例说明如何判断看似一般的现象中是否隐藏着有价值的信息？

4.举例说明如何从传媒已经公开的报道中发现新闻线索？

5.谈谈你对媒体征集新闻线索的看法。

6.为什么一个优秀的记者必须有很强的社会活动能力？

第六章 广播电视新闻写作

学习目标

1. 了解广播的发明以及广播新闻写作的产生和发展过程。
2. 熟悉广播新闻的写作特点。
3. 掌握广播新闻写作的基本要求。
4. 了解广播新闻主要报道体裁的基本特点及写作要求。
5. 了解电视和电视新闻写作的产生、发展概况。
6. 了解电视新闻传播的符号系统。
7. 了解电视新闻写作的语言特点。
8. 熟悉电视消息的结构特点和写作要求。
9. 了解电视新闻评论的特点,熟悉电视新闻评论的分类及写作要求。

作为 20 世纪人类最伟大的发明之一,广播电视不仅改变了全人类的生存环境、生活方式、价值观念和文化体验,同时对社会的政治、经济、文化和公共事务等各个领域都产生了深远的影响。这种影响的产生与广播电视新闻写作有着重要的关系。广播电视新闻写作是随着广播电视的产生而产生,随着广播电视的发展而发展的,因而广播电视的不同发展阶段及广播电视自身的媒体特性都极大地影响和制约着广播电视新闻的写作。在广播电视发展的过程中,广播电视新闻报道形成了日益丰富多样的体裁形式,广播电视新闻写作也体现出了鲜明的媒介特性和各自不同的体裁特点。

第一节 广播新闻写作

广播新闻是以广播的发明为前提的。广播新闻写作是在广播和报纸的不断竞争中逐步产生和发展起来的。随着广播的不断发展,广播新闻写作的内容和题材形式也不断丰富。广播技术设备的不断改进和提高,为广播新闻写作内容和形式的创新与发展提供了可能和要求。广播新闻写作也在不断地创新和发展中显现出鲜明的媒介特性和阶段性特点。

一、广播新闻写作概述

(一)广播新闻写作的产生和发展

广播的发明是世界各国科学家共同探索和研究的结晶。广播的出现为广播新闻写作的产生提供了前提和基础条件。1895 年,俄国的物理学家亚历山大·斯捷潘诺维奇·波波夫和意大利科学家卡格列姆·马可尼分别研制成功了无线电收发报机,并很快投入到了航海和军事等领域的实际应用,开创了人类用电波传递声音的历史,从而推动和导致了广播的诞生。1906年圣诞节前夕,美国匹兹堡大学物理学教授雷金纳德·奥布里·费森顿在他马萨诸塞州的实验室里成功地主持播出了世界上第一次语言广播,宣告了一种崭新的传播媒介——广播——的问世。不久后的 1920 年 11 月 2 日,美国第一家取得正式营业执照的商业广播电台——匹兹堡广播电台(呼号为 KDKA)——正式开播,标志着世界广播事业发展的开端。此后,各国都相继创办了自己的广播电台。作为大众传播家族的新成员,到 20 世纪 30 年代以后,广播已在世界范围内广泛使用。

广播以其传播快速、覆盖广泛、声情并茂、音响写实等特点在其产生之初就显现出了卓越的传播功能,并迅速引起人们的关注,对社会产生重要影响。广播事业的兴起和发展,总是以新闻信息传播为先导的。

早期的广播,没有自己独立的信息来源,自身也不具备独立采写新闻的能力。广播电台所播报的新闻主要依靠报纸提供。广播新闻报道的形式比较单一,基本是由播音员播读当地报纸的新闻,被称为"报纸的有声版"。此阶段的广播,没有自己独立的新闻报道体裁,更谈不上新闻写作模式。

在广播诞生的初期,由于受到无线电器材商人和报纸的制约,广播通常是在简单播读报纸新闻之后,播出大量广告,除了推销无线电器材外,还告诉听众想了解所播的新闻详情可以购买哪种报纸。而报纸则有选择地刊登一些广播节目单,以方便听众收听进而达到销售报纸的目的。这个时期的广播,以报纸新闻作为主要信息来源,和报纸保持着合作互利的和谐关系。

美国是全世界广播事业发展最早的国家。20 世纪 20 年代初期,美国一些无线电器材商人和各大报纸为了推销自己的产品而开办了最早的一批广播电台。如西屋电气公司就是为了拓展收音机市场,开办了美国第一家获得联邦政府颁发的营业执照的商业广播电台——匹兹堡广播电台(KDKA)。《底特律新闻》在 1921 年开办的 WWJ 电台,也主要是因为电台的影响力,以增加报纸销量。严格地说,广播这一时期播出的新闻,只是以声音的形式播报报纸和其他媒体的报道内容。

我国最初的广播新闻报道也是如此。20 世纪 20 年代中期以后,中国陆续开办了一些广播电台,这些电台大多没有自己的采编队伍,不具备独立采写新闻的能力。在当时已较具规模的国民党中央广播电台的新闻稿,也是由国民党中央通讯社提供的。这个时期的广播新闻写作和广播新闻报道的形式一样,没有自己独立的个性与特点。

1929 年,美国经济危机的出现,为广播的发展提供了契机,同时也打破了广播和报纸两大媒体和平共处的局面。广播因自身的媒介特性而逐渐扩大自身的影响并不断壮大,报纸开始意识到来自广播的挑战和威胁。

1929 年爆发的资本主义历史上最严重的经济危机,成为致使报纸和广播出现失衡局面的重要原因。这种失衡首先体现在广告收入上。经济危机导致社会投入广告的资金总量减少,纸张质次价高印刷质量差,直接影响了报纸广告的传播效果;公众购买力下降减少了报纸的发行量。而此时,广播传播技术和接收设备的发展都日臻成熟,加之其对事态反映迅速生动,半导体携带方便,价格经济,适合了当时的社会现实需要,美国民众把广播作为了获取信息和娱乐的主要选择,甚至成了人们失意茫然时的伴侣。尤其是美国总统罗斯福的"炉边谈话",和美国总统竞选活动的报道,为广播赢得了大量听众,广播进入了发展的黄金时代。大量的广告主选择了广播。这时报纸才真正感觉到了来自广播的威胁。于是开始对广播实行种种限制。1932年,美国报纸发行人协会理事会要求广播只能播报简单要闻,美联社将提供给电台的新闻稿限制在35个字以内,合众社和国际新闻社干脆停止向广播电台发送新闻。广播为了走出无米之炊的困境,各家广播电台开始培养自己的新闻采写队伍,以解决广播的新闻来源问题,广播新闻由此进入了自主发展时期。这一时期广播电台在逐步拥有了自己的新闻采写队伍的同时,专业的广播新闻分析员和评论员开始出现。广播新闻写作进入发展时期。随着录音设备的使用和通讯技术的进步,广播录音报道、现场报道、广播评论、广播特写等广播新闻报道形式不断出现,广播新闻写作文体逐渐形成,并日益显现出鲜明的体裁特点。从20世纪30年代以后,专业的广播新闻记者队伍逐渐形成,广播新闻报道体裁不断丰富。简洁、鲜明、口语化的"为耳朵写作"开始成为广播新闻写作的特点与追求。

第二次世界大战的爆发,为美国广播电台迅猛发展提供了机遇。作为参战国,美国远离欧亚主战场,而美国民众又迫切需要了解战争进展情况。1937年,哥伦比亚广播公司把当时还名不见经传的新闻记者爱德华·默罗派往欧洲战场,1940年8月,战地记者默罗开始了广播史上著名的"这里是——伦敦"的广播现场报道,使广播的社会影响力达到了前所未有的高度。巨大的社会影响力和迫切的社会需要,极大地促进了广播的发展,同时也为广播新闻写作开拓了前所未有的发展空间。

1941年12月7日下午2点半,美国广播公司中断了正在播出的球赛,插播美联社快讯:日本偷袭珍珠港。第2天,罗斯福总统以典型的"广播新闻语言"发表演说:

昨天,1941年12月7日——

昨天,日本政府还发动了对马来亚的进攻。

昨夜,日军进攻了香港。

昨夜,日军进攻了关岛。

昨夜,日军进攻了菲律宾群岛。

昨夜,日军进攻了威克岛。

今晨,日本人进攻了中途岛。

……

我要求国会宣布:鉴于日本人在1941年12月7日星期日无故发动卑鄙的袭击,美利坚合众国和日本帝国的战争状态业已存在。

简洁明快的口语化风格,具体明确的内容表述,个性化的遣词用语,充分体现了广播新闻报道的语言特征,这些特征不仅表现在动态报道和现场报道中,也表现在广播新闻的深度报道和现场评论方面。这些特征的鲜明体现,标志着广播新闻写作走向成熟阶段。

(二)广播新闻的写作特点

1.广播新闻的特点

广播新闻,通过电子媒介以声音为载体进行大众传播,较之通过纸质媒介以文字符号为基本手段进行传播的报纸新闻,由于传播媒介的不同,导致了广播新闻写作与其他写作在本质上的变化。在传统报纸新闻传播中,信息载体是单一的文字符号,而在广播传播中信息载体是声音,这种声音是由多种要素构成的语言符号系统。广播中的声音构成要素包括人声语言、音响和音乐。以声音为唯一载体的广播新闻具有以下媒介特点:

(1)具有直接感受性和丰富的表现力。

广播通过电子手段再现声音,不仅可以传达人类的声音,还能再现人类社会和自然界的一切音响,因而具有真实的感受性和丰富的表现力。在人类语言方面,它不仅能够传达有声语言符号所承载的信息,同时还可以通过语调、音色、语言节奏等来表达特定的情感、态度等。

优秀的广播播音员在使文字转化为声音的过程中,也会通过再创造而更加准确、生动地表现广播作品的立场、观点、思想情感和逻辑关系,达到声情并茂的效果,从而增强传播效果。这一点,文字媒介是无法做到的。广播还可以把现场的各种音响真实地传达给受众,使听众可以感受到现场气氛,进而想象、判断现场的状况,产生亲临真境之感。

(2)传播速度快,受众覆盖广。

时效性是新闻媒体竞争力强弱的重要标志。广播以无线电波为传播载体,以每秒30万公里的速度,从理论上来说,广播可以把世界上发生的新闻在一秒钟之内传播到地球的任何角落。从操作层面而言,电子媒介比印刷媒介有着技术上的绝对优势,印刷媒介受印刷、运输、发行上的限制,不可能高密度地随时传播信息,而广播则不受这些客观限制,可以在传播过程中随时添加新的信息,并可以通过现场直播的方式,达到信息的传播与事件的发生过程的实时传播。广播的现场直播方式达到了新闻时效性的极限。

与文字印刷媒介相比,由于信息载体和传播方式、传播手段的不同,广播就信息接受的可能性而言,具有很大优势。首先,相对于文字印刷媒体,广播具有辐射远、覆盖面广的优势,特别是通讯卫星的使用,其信号可以高质量地覆盖全球。而报纸等印刷传媒,以纸张等实体媒介进行信息传递,因传输成本限制了其覆盖面,对于那些地处偏远的人来说,由于地理位置的限制,通过印刷媒介接受信息,不仅要承担较大的运输成本,而且新闻时效性也难以有效实现。除此之外,印刷媒体还容易受到一些人为的制约,如被封锁、查禁等,而广播传播的信号就可以突破这些限制和制约,真正实现远距离、跨障碍的传播,特别是在灾害、战争发生时,这一优势显得尤为突出。其次,广播以口头语言转化的声音作为信息载体,打破了受众在接受新闻信息时所受的文化水平的限制因而扩大了受众人群。

(3)时序性的信息传播方式。

广播的信息是存在于时间流程中的,随着时间的推移而不断地产生和消失,既不能固定不变,也不可以前后颠倒,这是电子媒体与印刷媒体在传播方式上最根本的区别。这种时序性的传播方式对信息的传播产生了诸多影响。

首先,使受众在选择信息内容时,处于被动地位。在听广播时,受众只能按照传播者排定的顺序接受信息,而无法自主选择自己需要的信息内容。其次,使受众丧失了选择新闻信息接收时间的主动权。广播播出特定内容的时间是固定的。受众只能在特定的时间去收听特定的内容,而不可能像印刷媒体那样,自主决定阅读时间,这样就可能使一部分受众因为时间的关系而不能收听自己感兴趣的信息,而在闲暇时,又可能找不到自己感兴趣的节目内容。第三,它使受众失去了对接收信息的速度的控制权和对信息接收方式的选择权。人们在阅读报纸杂志时,可以根据自己的时间,根据自己对信息的接受和理解能力,随意调节阅读速度和范围,可以任意选择信息内容,可以使用自己适应的阅读方式;而广播则使所有受众都必须按照其传播速度追随接收,对所传播的信息内容顺序的被动接受,不可避免地会影响到其传播效果,这也是广播难以很好传播艰深的抽象思辨性信息内容的重要原因。

(4)广播新闻以电波传播,稍纵即逝,不便于信息的保存、收藏和再传播。

(5)可群体接收性。

印刷媒体通常是个人阅读,而广播则可以是个人收听,也可以是群体收听。信息接受情境的不同,往往直接影响受众的接受态度和心理。不同的受众在同一时间,接收相同的广播新闻,人们可以边收听边进行议论和交流,一方面,更容易形成群体意识,另一方面,人们对信息的接收也往往处于随意状态。比如,人们可以边听广播边聊天,或者边听广播边做别的事情等,注意力往往不够集中或在不同的对象间转移。

2.广播新闻写作的基本要求

由于广播新闻具有以上的特点,因此在新闻写作中,就应充分发挥广播的媒介优势,扬长避短,做到以下几点:

(1)充分发挥广播传播速度快的优势,快采,快写,快播,以最高的时效性,赢得竞争力。

就新闻的时效性来说,广播具有得天独厚的媒介优势,它以无线电波进行信息传播,采写录制相对于电视来说也比较便捷简单。但是传播技术和通讯工具的进步,并不等于广播播出的新闻就一定具有最高的时效性。要使广播新闻内容新鲜,时效性强,还有待于广播采、编、播各个环节人员的通力合作。只有快采,快写,才能保证快播。在西方新闻界,历来流行"抢新闻",优秀的新闻记者,大多是抢新闻的高手。而这些高手的共同特点就是眼快、手快。这一点从20世纪美国记者在里根遇刺事件的报道中就可见一斑。1981年3月31日下午2时25分,美国总统里根微笑着走出华盛顿希尔顿饭店的要人出口,向站在门外的群众和新闻记者挥手致意,突然,枪声响起,霎时里根手捂胸口,表情紧张,总统新闻秘书布雷迪头部中弹倒在血泊中。在场的许多新闻记者很快意识到发生了什么事情。合众国际社的记者迪安·雷诺滋一个箭步冲到饭店的服务台抓起电话叫通总部,大声喊道:"总统遇刺!"编辑迅速整理,2时31分,合众国际社向全世界发出了这条简短的电讯。而美国广播公司则在一分钟之前播出了驻白宫记者萨姆·唐纳森发回的首篇报道,距事件发生时间不到五分钟。其反应和写作速度之快在当时是惊人的。近年来,随着信息传播途径的日渐多元和通讯技术的日益先进,加之媒体竞争的日趋激烈,广大受众对新闻时效性的要求也越来越高。新闻的时间差越来越短,新闻的新鲜度越来越高,新闻的传播速度越来越快,这是一个大趋势,广播要应付挑战,要提高竞争力,要在快上体现优势,新闻写作的快速是关键。

(2)充分发挥广播新闻写实性强、表现力丰富的优势,强化为耳朵而写、为听而写的意识,以具体生动、声情并茂的新闻作品,增强广播新闻的传播效果。

广播新闻由人声语言和音响双重传播要素构成。广播新闻写作要体现出新闻传播要素的多样性,其写作本身就可能受到其他传播要素的影响和制约。人声语言和音响是受众最终接收到的新闻信息符号的载体。广播新闻写作在广播新闻传播中的任务,是使口语广播更加具体、准确和精彩生动。如果说报纸新闻是为眼睛而写,那么,广播写作就是为耳朵而写,因此在广播新闻写作的过程中,必须坚持为听而写,口语化,要创造出生动的"听觉形象"。广播新闻写作,必须包括更多的描述性,要创造能说出来的画面,通过语言传达清晰准确的视觉图象,通过文字转化的声音,表现更具真情实感的新闻内容。

所谓"为耳朵而写",就是选择材料时要尽可能通过听觉形象的展现,调动听众自身经验储备的视觉、嗅觉、触觉的通常感受,达到如见其人、如临其境的境界。美国新闻学家雷特狄克在他的《特写写作》一文中写道:"人们心中那些深刻的印象,并不只是从视觉得来的,它们也来自人们的触觉、嗅觉、听觉。经验表明,初学描写的人大多数只写自己看到的一切,而实际上,要反映出一个场景,仅仅运用某一种官能是不够的。想一想我们在海滨度过的时光吧。除了你看到的一切外,你一定还记得那徐徐吹来的海风,那一阵阵海浪的拍击,你的嘴唇上还留着海水的咸味,那砂砾也曾经抚摸过你的双脚。如果仅仅写出看到的景象,不就会遗漏掉许多生动的记忆吗?所以,要是你想在报道中使这一切重现地放大,你就一定要记住那种声音、滋味的感受。"在广播新闻的写作中,记者只有把所见、所闻、所感,真实生动地诉诸听觉,不仅写出声音,还要写出形象画面,才能够唤起听众经验范围内的记忆贮存,使之产生生动真切的感受。

(3)充分考虑广播新闻传播广泛和线性传播的特点,新闻写作要做到简洁明了,通俗易懂,老少咸宜,最大限度地增强广播新闻的可听性。

①广播的可听性。这是指广播节目的内容、表现形式、语言等受听众欢迎的程度,其涉及三个方面的内容:报道内容、报道形式、广播语言。因而,广播播出的内容能否吸引观众,能否实现较好的传播效果,新闻写作技巧的高低,语言表达是否符合广播的特点等等,都成为影响广播新闻可听性的因素。因此,在广播新闻写作中还应当做到保持口语风格。广播覆盖广泛,听众人数众多,年龄差异很大,文化程度参差不齐,对新闻的理解力、接受力也不尽相同,加之广播声音稍纵即逝,深奥的书面语言,复杂的语句结构,可能使听众在思考前面的内容时错过了后面的内容,影响及时收听和准确理解,不适合广播新闻写作。

②广播新闻写作要具体明确。模糊概括性的语言信息,在印刷媒介中可能会增强人们的阅读兴趣,而在广播中却显得枯燥乏味,容易让听众困惑,更快地分散收听广播时的注意力。因此广播新闻写作,必须选择更有助于听众理解和把握的表达方式写作,即具体明确。这不是要求作者降低写作的知识水准和理解力,而是尽可能地用个性化的生动形象的表达方式让听众感到你是在"一对一"地和他们交流、"对话",使听众对广播新闻喜闻乐见。

③广播新闻写作要简明易懂。广播的声音转瞬即逝,新闻播出时间和速度的限制,使听众不可能有时间去仔细品味词与词、句与句之间的细微差异,也没有可能延缓收听速度以进行认真思考,所以广播新闻的写作,要选择每个受众都熟知的词语。故弄玄虚或者尝试去教会听众新名词,结果往往是失去更多听众。越是清晰鲜明的词语,越有助于受众的理解和把握。要寻求一种鲜明的表达方式,选择简洁明了的词语有时会很困难。如果找不到更好的方法避免枯燥、冗长的表达,那么就尽可能说得直截了当。

(4)要控制好信息冗余度。信息冗余度,是指广播新闻中不携带信息的符号量与总符号量的比率。所有的符号全部携带信息,则冗余度为零。当新闻的冗余度为零时,信息接收者基本无法译码。所以,不携带信息的符号对理解主要信息是必要的。广播是通过声音传播信息的。声音稍纵即逝,为了让观众能听得清楚明白并留下印象,就要控制好信息冗余度,保留必要冗余而剔除绝对冗余。绝对冗余是那些不携带信息而且干扰有效信息的文字。必要冗余本身不携带信息,但却是理解主要信息不可缺少的语言文字。适当重复、必要解释,是控制信息冗余度的基本方法。广播新闻的信息冗余度通常要高于报纸新闻和电视新闻。

二、广播新闻的分类

根据体裁特征和写作方法的不同,广播新闻大体上可以分为以下几类:

(一)广播消息

广播消息是广播新闻中运用最广泛、使用频率最高的报道体裁。广播消息除具有其他媒体消息报道的共性外,还具有鲜明的个性特征:

1.更强的时效性

与其他媒体相比,广播自身的媒体优势在广播消息中体现得最为突出。它不像报纸消息,有明确的发稿、截稿时间,要经过印刷、发行的环节,也不像电视新闻,要受到复杂的采、编、播过程的限制,而可以随时播报或插播,加之广播消息篇幅简短,传播快速,因而体现出了更强的时效性。尽管随着现代传媒技术的发展,广播受到了来自网络媒体的挑战,但广播消息在时效性上依然具有较强的竞争力。

2.更简洁精练明快

篇幅短小精悍,是所有消息的共同特点,广播消息在这点上则有更高的要求,这是因为,广播新闻播出时间有限,要在限定时间内播出更多的信息,必须浓缩每一条消息的内容;另一方面,人们听觉的临时记忆只有 6～10 秒,在如此短的时间内,听众很难从冗长复杂的句子中判断出自己需要的信息并记住它。还有一点就是,长时间收听高信息负载的广播新闻,容易使听众产生疲劳,分散注意力,丧失收听兴趣,影响广播新闻的传播效果。因此广播消息不仅要篇幅短小,还要注意避免信息负载过大,做到内容精炼,语言简洁,表述明快。

3.结构单一,具体生动

广播新闻是线性传播,人们接受广播新闻的过程也是一维的、线性的,即获得广播新闻信息,是通过声音的形式,按时间顺序进入大脑而完成的。与此相适应,广播消息要一事一报,结构单一,尽量不用复杂的结构和语句,避免信息负载过多,因为跳跃的、复杂的内容结构,较长的语句,过多的信息负载不利于听众在较短时间内清楚地收听和准确地理解。广播是想象的艺术,它不受视觉形象的限制,可以用语言、对话,辅以音乐、音响,创造出更鲜明、更生动的形象。单一的结构,具体生动的表述语言,是广播新闻更"简"的体现和要求。

(二)广播通讯

广播通讯是广播新闻中一种重要的报道形式。它由报刊媒体中的新闻通讯发展演变而来,与报刊通讯有许多的联系和相同点。作为一种独立的报道形式,广播通讯在不断发展完善的过程中,不但具有了报纸媒体通讯的共性特征,还体现出了自身集新闻性、形象性和论理性于一体,具有报道新闻真实、具体、细致、形象、生动、深刻的个性特点。

1.广播通讯具有新闻性

作为一种新闻报道形式,新闻性是广播通讯最本质的体裁属性。只有在具有这一本质属性的前提下,才能显现出其具有的个性特征来。首先,广播通讯报道的人物,必须是新闻人物,报道内容要具有相当的新闻价值,具有真实性和鲜活性的特点。其次,广播通讯采写的事件,必须是具有新闻价值的新闻事件。所报道事件的全部过程包括细枝末节都必须真实准确,不能有凭空想象和夸大其词的成分,更不允许任意虚构和歪曲事实本质。再次,广播通讯关注的新闻现象必须真实、鲜活,具有典型意义和一定的新闻价值,并应对其进行深入的分析、探讨,揭示其社会意义。

无论是报道人物、事件还是社会的各种新闻现象,广播通讯都必须要保证其最高的时效性。

2.广播通讯具有形象性

广播通讯要真实、客观、全面地反映新闻事实,要从新闻事实中探寻规律,启发人们的思想,陶冶人们的情操,指导人们的行动,不仅要用事实说话,而且要用形象说话。要有细节,有情节,把新闻事实形象生动地报道出来。因为用具体生动的形象来报道人物、事件和新闻现象,能更好地发挥广播的媒体优势,更有利于听众的接收。一些优美的广播通讯,之所以发人深省,感人落泪,靠的并不是空洞的议论和抽象的说教,而是对新闻人物、新闻事件、新闻现象生动的描写、形象的刻画,使报道的内容鲜活、逼真,具有很强的立体感。为达到这种表达效果,广播通讯在写作的过程中,通常运用更多的表现手段和表达方式,比如用更多的描写来刻画形象,用议论和抒情来分析事实,阐述观点,表达情感,用典型情节和细节来展示人物、事物的内在联系和风貌等,在这一点上,它和消息有着明显的不同,而显示了较强的文学和政论色彩。

3.广播通讯具有倾向性

新闻的基本职能,决定了广播通讯具有倾向性的特点。所谓倾向性,是指广播通讯的舆论引导功能和理性思索方向。广播通讯写作中要尊重事实,用事实说话,但并不意味着没有自己的思考判断和价值取向。在当今社会中,任何传媒,都从属于一定的阶级、一定的阶层,都有自己的政治属性。面对新闻事实,不同的传播媒介都会站在各自的立场上作出不同的评价和判断。要真正发挥舆论导向作用,广播通讯就不可能模棱两可,而必须旗帜鲜明地表明自己爱憎褒贬的倾向性。

4.广播通讯具有论理性

广播通讯,只做到用有价值的新闻吸引人,用具体形象的事实打动人,用鲜明的倾向性引导人,还不够。它还应该进行分析议论,揭示规律,阐述观点,表明态度,从总体上表现出论理性。所谓论理性,就是广播通讯中对新闻事实的分析、评述、判断乃至引导必须具有的逻辑力量,也就是我们常说的摆事实,讲道理。广播通讯没有论理性,就很难达到让听众快速从新闻事实中发现新闻价值的目的。在广播通讯的写作中,事实论据固然非常重要,但是,如果不能从事实中抽象出自己的论点,找出规律性的东西,这篇通讯也无法显现应有的价值。另一方面,即使是有了论据和论点,而缺少精彩有力的说理论证,没有逻辑力量的加入,也很难真正说服听众,因而无法更好地实现其传播效果。广播通讯的论理性,不仅是运用逻辑的方法对新闻事实进行分析,得出结论,找出规律,还是作者本人主观能动性的反映,也是作者的态度倾向和内心思想情感的自然流露。这种论理性色彩的强弱,通常与广播通讯的感染力成正比。

广播通讯中的议论,通常是在叙述和描写的基础上进行的,其穿插在叙述和描写之中,是精彩的事实的升华,也是作者个人见解和感受的抒发,对新闻事实起着画龙点睛的作用。

总而言之,很好地理解并掌握了广播通讯新闻性、形象性、倾向性和论理性这四个基本特点,才更有利于我们更好地运用和发挥广播传媒的传播优势。

(三)广播新闻专稿

广播新闻专稿,通常也被称为广播专题,是指在新闻广播中运用的除广播消息以外的所有新闻报道体裁和形式的总称。也就是说,广播新闻专稿不是某一种具体的、独立的广播新闻体裁,而是指一类体裁。因而有别于印刷传媒中的新闻专稿。

目前,在我国新闻界,特别是在广播电视领域,一般把广播新闻专稿分为两大类。一类是可以和印刷传媒共享共用的体裁,包括调查报告、访问记、新闻速写、新闻特写、记者来信、听众来信等,甚至包括与新闻背景材料相关的新闻链接性文章。另一类是充分体现广播媒介特性、广播专用的体裁,主要包括广播讲话、录音访问、实况广播、录音剪辑等。

在新闻实践中,广播媒体内部以有无音响为标准,把广播新闻专稿分为录音专稿和口播专稿两类。录音专稿一般通常指有录音或音响要素的广播新闻专稿,包括广播讲话、录音访问、实况广播、录音剪辑等;口播新闻专稿则指无录音、音响参与由播音员直接播报的专稿,包括广播速写、广播特写、广播调查报告、记者来信、听众来信等。

广播新闻专稿的特点主要表现在以下三个方面:

(1)报道事实详尽,注重内涵开掘。广播新闻专稿和其他所有新闻体裁一样,以内容的客观真实为前提。在反映新闻事实的过程中,力求做到具体全面。对新闻人物要叙述其生长和生活经历,反映其内心世界和精神境界,挖掘其之所以能够成为新闻人物的背景和根源,揭示其社会意义。对新闻事件和新闻现象,要反映其发生发展的全过程,特别是新闻事件发生的原因,新闻现象产生的背景以及结果的形成,要进行分析,找出规律性的东西,显示其典型意义。在详尽的叙述和深刻的阐释中,还应注重对典型情节和细节的表现,并对其蕴涵的新闻价值进行挖掘和提取,因此,对新闻事实反映深度和广度的追求,是广播专稿的第一大特点。

(2)强调追根寻源,注重报道的完整性。和广播消息相比,广播专稿的时效性要弱一些,但其更强调对报道内容背景和根源的探寻,更注重对新闻事实报道的全面性。新闻专稿在报道新闻的过程中,花工夫对新闻要素中的"为什么"和"怎么样"进行深入挖掘,揭示新闻产生的背景,追溯事实发展的根源,显现出理性的思辨色彩。与此同时,新闻专稿的写作还追求完整的情节和典型细节的表现,通过完整的情节和典型的细节,突出新闻的真实感和现实感。

(3)追求形象生动,善于使用多种表现手法。新闻专稿在表现性格上的灵动与兼容,使其可以调动和利用各种表达方式和表现手段,把新闻内容表现得生动形象,魅力无穷。

三、广播新闻体裁的写作要点

广播新闻体裁的写作体裁包括广播消息、广播通讯、广播新闻专稿等三类,各种体裁有不同的写作要点:

(一)广播消息

1.广播消息的基本分类

消息是广播新闻中的一大报道门类。依据不同的标准,可以有不同的分类方法。以其对新闻内容报道简繁程度和篇幅长短的不同,广播消息可以划分为以下几种:简讯、短消息、长消息。

(1)简讯。

简讯又被称为简明新闻。这是一种以最简练的文字迅速地报道最近发生的新闻事实的新闻报道体裁。它简洁明快,是广播消息中常见常用的报道形式。

无论是"硬"新闻还是"软"新闻,简讯报道的事件一般都比较单纯,但又具有一定的新闻价值。简讯对新闻事件只做概括性的报道,对新闻不做展开叙述,一般也不做细节的报道。但要求要交代主要的新闻要素,要保证总体结构的完整。简讯篇幅通常短小精悍,语言简洁明了。

广播新闻中的简讯,通常以不同形式出现在新闻节目中,如以专栏形式出现的简讯,有新闻快报、今日要闻等,还有一些简讯是以成组的形式出现在综合新闻节目中,这些简讯不是节目主体,时间也不长,因此对内容简洁程度的要求也更高。

在广播新闻中还有一种短讯——快讯,也叫一句话新闻,也是简讯的一种变体。写作一句话新闻,要求作者能够迅速分辨事件中新闻要素的轻重主次,还要有准确、清晰、简明的语言表达能力。可以压缩成一句话新闻的简讯,通常都是事件单一,线索单一,新闻价值较高的新闻。因此,清楚、简洁、明了是一句话新闻的根本要求。

广播新闻中经常播报的"最新消息",也是简讯的一种形式。它在结构简明,信息负载程度和对象的准确把握上都有严格的要求。

(2)短消息。

这是中国新闻界约定俗成的一种消息体裁分类,开始于20世纪50年代,以区别于简讯和800字以上的长消息。与简明新闻相比,短消息对新闻事实的产生、发展结局的全过程作基本的展开,有妥帖的导语,主体部分还可根据不同的需要和结构方式进一步展开,结尾也比较规范。在西方新闻界看来,短消息,尤其是500字左右的短消息,是最规范的,我们日常收听到的大多是这类新闻。

(3)长消息。

与短消息相比,长消息的不同,不仅仅体现在篇幅的长度上,也体现在信息负载和传播强度上。作为长消息,其无论是题材内容、结构线索,还是其中的矛盾冲突都比短消息更复杂,它报道的新闻往往是多种问题、多种矛盾纵横交织的。在表述中还可以引入背景材料、典型情节和细节,报道的新闻事件比较全面具体,新闻要素齐全,主题通常比较丰富深刻。

2. 广播消息的基本结构形式

适应广播的传播特点,尽快把最新鲜、最重要的新闻内容告诉听众,并吸引听众的注意力和收听兴趣,是广播消息写作中结构方式的基本原则。在此原则之下,根据新闻材料内容和主题表现以及节目要求等具体情况的不同,广播消息在写作的过程中有以下几种不同的结构方式。

(1)倒金字塔式结构。

倒金字塔结构是广播消息写作最常用的一种结构形式。它起源于19世纪60年代的美国。当时的美国,正处在南北战争中。一些新闻记者已开始用电报传送新闻稿件。但因当时的电讯技术和设备都处在研创初期,在传送过程中,电报信号经常中断。为了尽可能地把新闻的主要内容及时发送出去,就必须把最重要的内容放在最前面。记者在消息的写作中按照新闻的重要程度排列报道的先后顺序,这就形成了倒金字塔式的内容结构。这种结构要求按照事实的重要程度来安排材料,把最重要的材料放在最前面。从报道层次上看,后一段是前一段的展开、说明或补充。在写作中、不需要交代过程,报道的层次靠逻辑关系来联结。这种结构形式的优势在于:能够及时、迅速地把最新鲜、最重要的事实和事情的结果告诉听众,符合新闻传播的心理规律。写作时,可以省略过程性的叙述,跳跃性较强;节约了笔墨和时间。同时由于稿件是按照新闻事实的重要程度依次排序,编辑可以根据需要,做适当取舍,依次从下往上删,也不会影响稿件的完整性,方便了编辑对稿件的处理。倒金字塔结构的写作方式,便捷实用,因而成为新闻报道写作中最常用常见的结构形式,风行了半个世纪。

随着人类通讯技术水平的不断提高和新闻事业的不断发展,这种倒金字塔结构在长期使用的过程中也逐渐显现出了一些不足,比如新闻中最重要、最精彩的内容都集中在最前面,后面内容的吸引力会逐渐降低,势必影响听众继续收听的欲望。其次,一般来说,人们在收听新闻时,比较习惯于接受自始至终、头尾完整的顺序结构,而倒金字塔结构较强的跳跃性可能会使一些人觉得思路不畅甚至凌乱。第三,记者在用这种方式进行写作的过程中,常常要打乱事实发生发展的原本的时间顺序,再按重要程度进行重新组合排序,往往要花费更多的时间和精力。

鉴于以上原因,广播消息写作在采用倒金字塔式结构时,要注意以下几点:

第一,安排材料的顺序要符合听众的心理需要。倒金字塔结构是按照事实的重要程度来安排材料的,如果记者的判断和听众不一致,而听众又无法自主选择收听的先后顺序,他们就会感到别扭,甚至拒绝收听。比如一场重要的足球赛的报道,人们最关注的首先是比赛结果,然后是谁进的球,然后是比赛场面,最后才是对比赛的评论等,也就是说,听众对信息的需求是分层次的,按需要程度由强到弱排列,第一个层次的需求满足以后,会向第二层次延伸,欲了解更进一步的情况。新闻事实的重要程度要体现在这样的心理需求层次上,并依此安排材料,才能满足听众的需要,反之,则会影响传播效果。倒金字塔结构就是要最大限度地满足听众的这种心理需求。第二,在倒金字塔结构的广播消息中,段落、层次之间具有跳跃性,因此写作时,要注意段落、层次之间的起承转合。一般来说,在报道新闻之前说明消息来源,或者强调时间、地点,总之要尽可能地做必要的铺垫,给听众以心理准备。如果报道的新闻事实线索不是单一的,要交代清楚时间地点,避免造成混乱。第三,倒金字塔结构的使用容易使广播消息从整体上显得过于程式化,呆板而缺乏生气,因而在写作中应尽量选用生动活泼的语言和具体形象的表达方式,以弥补消息结构形式上可能出现的弊端。除此之外,在广播消息的写作中,还应特别注意倒金字塔结构中极易出现的标题与导语、导语与主体之间的内容重复现象。

下面,我们通过点评一篇广播短消息,体会广播短消息的结构形式和语言特点。

案例分析

沙尘暴正袭击内蒙古西部能见度小于800米

呼伦贝尔4月24日消息(本台记者刘源源　阿拉善台记者王欣　额济纳台记者李吉福阿丽)沙尘暴目前正在袭击内蒙古西部。在阿拉善戈壁地区,目前西北风已达5～6级,阵风为7级,能见度小于等于800米。

在达镇,天空灰蒙蒙一片,屋内空气充满了浓重的泥土气味。额济纳旗也出现了强沙尘天气,最高风速每秒8米。当地气象台今天上午10时30分紧急发布沙尘暴黄色预警信号:预计未来12小时内额济纳旗大部地区西北风5～6级、阵风7级,将出现沙尘暴天气(最小能见度小于800米)。沙尘天气给行人出行带来不便,出行的人戴上了围巾口罩,但逆风行走、骑车都十分困难。路旁的小树被刮得东倒西歪,路边停放的摩托车也被大风吹倒。

【点评】

这条消息,在写作方法上采用了倒金字塔式结构。导语中交代了最重要的新闻要素:事件、时间、地点等。主体部分对导语中概述的新闻要素进行了详细展开和描述。篇幅短小,层次清晰,语言简明晓畅,整体体现了广播短消息的结构和语言特点。

(2)金字塔结构。

这种结构方式是指在广播消息写作中以事实发生的时间为顺序,来安排材料。事实的开端就是消息的开始,事实的结局就是消息的结尾。这种结构方式,一般要先交代事实的发生发展过程,结果或者最重要的新闻要素往往在最后交代,因此也被称为"悬念式结构",这种结构一般用来写内容比较复杂,或者故事性强,情节比较曲折的新闻事件。

金字塔式结构比较适宜说和听,因此在广播消息中经常使用。但是它不能一开始就把最重要的新闻事实告诉给听众,容易使听众的注意力发生转移,相对来说,这种结构形式的消息吸引力和可听性逊色于倒金字塔结构。另外,事实过程的叙述,使篇幅易长,因而在写作过程中应注意详略变化,避免拖沓冗长,平铺直叙。

(3)螺丝型结构。

这是指在广播消息写作中,先在开头提纲挈领地介绍新闻的主要内容或中心事实,然后再逐步展开的结构形式。这种结构形式实际上是保留了倒金字塔结构的前部分,即导语部分,主体部分按照新闻事实发生发展的时间顺序或者逻辑顺序安排材料。这种结构形式中,消息的导语和主体部分从重要性上来说,差别不大,作用也基本相同,其形状就像头大杆直的螺丝,故而称其为螺丝型结构。螺丝型结构主体部分的材料安排大体有两种,即时序结构和逻辑结构。

时序结构是按事实发生、发展的时间先后为顺序,导语中先交代新闻的核心事实,之后则按照事实发生的时间线索尽可能的顺序,避免跳跃性的倒叙和插叙。

显而易见,这种结构的突出优点是:层次清楚,顺理成章,写起来自然顺畅。

逻辑结构是按照事实发展的逻辑关系组织材料。在这种结构中,材料的安排基本不受时间顺序的限制,也不像倒金字塔结构那样按重要性程度排列,而是按照事实内部的逻辑关系来进行组织,材料与材料之间形成诸如因果、对比、并列、点面等关系。

下面,我们通过点评一篇广播消息,体会螺丝式结构方式的特点。

案例分析

鸡西8·14透水事故升井九人状态良好搜救继续进行

(本台消息)截至目前,黑龙江鸡西市城子河安之顺煤矿8·14透水事故25名被困矿工中已有9人顺利升井,目前身体状况良好,搜救工作仍在紧张继续,事故原因正在调查中。

经过紧张的营救,昨天上午10点多升井的9名被困矿工,目前在医院观察。虽然获救的矿工们精神都比较紧张,但身体已无大碍,截至目前,仍有16人被困井下,现场仍然在进行着24小时不间断的抽水和救援工作,凌晨2时,鸡西市安监局局长方东初刚刚从井下指救救援工作出井。

方东初:我们现在抽水已经抽到210标杆了,现在接着往下抽呢,全力以赴抽水,别的方法都没用,就是全力以赴都在抽水。

方东初说,目前未救出的16个人,经探测已在水位标高以下,虽然很困难,但会想尽一切办法营救。

方东初：在这个位置还有 15 个人，这是第六片的斜下，这里有 15 人。

记者：还有一个人在什么地方？

方东初：这个人也冲下去了。往上跑的时候看到有个人被冲下去了。16 个人都在水位标高以下，我们希望在判断的过程中，因为图纸还是比较准确的，我们判断下面还有一个上升，我们看看还有没有空气柱能把他们存活下来。

当地政府表示，只要有一线希望，就会尽百分之百的努力，尽量做好家属的安抚工作，事故的原因仍在进一步的调查中。（《中国之声》2014 年 8 月 16 日《新闻和报纸摘要》）

【点评】

这篇消息，采用了螺丝式结构方式。导语部分提纲挈领地概括交代最重要的新闻要素。主体部分按照时间先后顺序叙述事实。消息中，注意了多种语言符号的综合运用，新闻中人物录音和记者的现场提问录音，增强了消息内容的真实感和现场感，更好地体现了广播新闻的特色。

（4）散文式结构。

这是一种内容真实、形式活泼的消息写作形式。它突破了新闻写作的固定模式，吸取了文学创作中散文化的写作手法，在反映事实客观真实的前提下，不拘一格，把广播消息写得活泼清新，感情丰富，文采浓郁，饶有趣味。这种结构形式兼取新闻真实可信、简洁明快和散文的灵活自由，富于文采二者之长，更有利于反映千变万化、纷繁多彩的社会生活，因此得到新闻界的提倡。但这种结构形式不太符合广播传播以快取胜的特点，难以最大限度地满足听众在较短时间内获取大量信息的要求，因而在广播消息中使用较少。

散文式结构的广播消息在写作中应注意以下几点：首先，导语部分不一定将新闻中最新鲜、最重要的事实和盘托出，而是通过描写、议论等方式逐步引出最精彩的内容。其次，主体部分的叙述不受先背景后过程再结果的程式限制，可以灵活自如，一切为表达主题服务。第三，多写细节，多用现场来表达新闻事实的真情实感。

3. 广播消息的基本写作要点

广播消息的结构组成和印刷媒体中的消息一样，由标题、消息的开头、导语、主体、背景和结尾几部分组成。

广播消息的标题，通常就是整篇消息最前面的那句话，在新闻播报中，有时播报出来，有时不播报出来。消息的开头，也称消息头，则是告诉听众消息的来源或出处，比如"本台综合消息""本台记者报道"等。消息的导语是消息中最重要的新闻要素的概括，消息主体是导语中概括的新闻事实的展开或补充，背景是用来说明、解释新闻事实的来龙去脉，与周围环境关系等其他新闻要素的材料，结尾通常是消息的最后一段，但不是必不可少的部分，有时广播消息也可以没有结尾。

（1）消息头。

广播消息的消息头，在正式消息内容之前，用来说明消息的来源，和与消息有关的时空因素，一般电台通常使用的消息头的形式有：

①一般电台在通常的消息播报中使用的消息头是"本台消息""本台记者报道"等。

②中央台采用地方台报道，或者不同地方台之间发稿，一般用"据×××台报道"。

③采用报纸、通讯社，或者网络报道，需在消息开头部分用"据××报道"，如果别的媒体还不是信息源，则应在消息开头用"据××援引××报道说"进行说明。

④对一些事实和内容都较有分量或者比较重要的报道，在播报消息内容之前，通常要先报出采写此条消息的记者姓名，如"本台记者××报道"。目的是表明有人为报道负责。

（2）导语。

导语是消息的先导部分，通常是消息开头的第一句话或第一段话。它主要用新鲜的事实、简明生动的语言，概括新闻最本质的内容，吸引读者的注意力。

关于导语在新闻中的地位与作用，前面章节中已有论述。广播消息导语遵循新闻导语写作的基本准则，同时还要突出自己的媒体特点。广播消息导语的写作要注意以下几点：

①广播消息的导语，通常兼有新闻标题的功能。广播消息的标题在节目中，通常是不被播出的，消息的提要只在新闻节目开始时播出，距消息的播出有时间距离，因此消息的导语常常要起到新闻标题的作用。在写作过程中不能太简略和抽象，要用简洁的语言概述最核心的新闻事实。

②广播消息的导语要突出最主要的新闻要素，体现事实的变化发展。现代新闻的导语，趋向于越来越短，新闻要素俱全的导语往往会淹没主要的新闻要素。与印刷媒体和视觉媒体相比，广播新闻对时效性有更高的要求，在导语中突出最新的时间，最新的事态变化，最先交代何时何事，可以强化消息的新鲜感，提高新闻价值，更好地发挥广播新闻在传播速度上的优势。

③广播消息导语的语言，要简明朴实，尽量用单句，少用复和句，不用倒装句。广播消息的导语，常常就是一句话，因而应该特别注意句子的组织结构。单句即由主语、谓语、宾语构成的句式，语意最清晰明了，也最符合人们的听、说习惯，因而适宜于广播消息的导语。复合句包含的语句成分较多，句子一般比较长，语意内容也比较复杂，播音员播读时吃力，听众收听时也会很费劲。而倒装句常常是主语、谓语顺序前后颠倒，或者是主语、谓语和宾语前后位置颠倒。在广播消息中，标点符号是读不出来的，尤其是语句较长时，引用的内容，容易被听众误认为是作者或是媒体在发自己的议论。因此，广播消息导语中的引语的出处要尽可能避免后置，也可以把直接引语变为间接引语。

广播消息的导语有多种写作形式。采取哪种形式，完全要看消息的具体内容而定。内容决定形式。要写好广播消息的导语，总的要求是：

a.要引起观众的随机性注意。因为听众在听广播时大多数处于"一心多用"状态，注意力不集中且容易发生转移，只有突然听到自己感兴趣的或是具有刺激性的内容，才能促使他专注于节目内容的收听。

b.要简洁精要，直奔主题。广播消息的导语最忌讳包罗万象，缺乏提炼。特别是一些初学写稿件的人，为了强调自己所写内容的重要性，总喜欢在叙述事实前"穿衣戴帽"，或者离题千里，或者不做精心提炼、罗列新闻要素。这样强调的内容多了，也就没有了重点，使听众在收听时不得要领，难以把握要点，最终导致兴趣转移，影响传播效果。

c.要语言精粹，言之有物。只有简洁明了，才能让听众听得清楚、明白。言之有物则是叙述平实具体，避免过度概括，造成笼统抽象，缺乏具体新闻事实的所谓"瞎导语"出现。

d.广播消息的导语要避免过多的数字、术语。广播消息的导语中过多的数字、术语，难记难懂,会让人产生枯燥乏味之感,因而产生厌烦情绪。

e.注意交代新闻依据,新闻导语一般都应该交代新闻依据,以显示所报道事实的新鲜性。新闻依据交代不清楚,会导致新闻事实的时间概念不准确,影响广播消息新与快的特点体现。总而言之,广播消息导语的写作,要符合广播新闻传播的一般规律,要适应广大听众的接受心理,在此前提下,可以不拘一格,不断创新。

(3)主体。

广播新闻的主体,从位置划分上在导语之后,它承接导语,就导语概括的新闻要素或提出的观点和问题,进行展开叙述,用具体的事实,阐述新闻的中心思想。主体是消息的主干,主体部分写得好坏,决定着广播消息写作的成败。

①主体的作用。首先,主体展开导语中概括的新闻事实,使之具体、完整。其次,主体补充导语中没有交代的新闻要素,充实新闻内容。主体部分的事实不仅是导语部分事实的具体化,也是导语部分新闻事实的进一步追溯、延伸和补充。第三,主体对导语进行解释和说明。有些广播消息,在导语中已经把最新鲜最重要的新闻事实做了叙述,主体部分无须再进一步展开,而只需对与这些事实有联系的背景材料等进行解释或说明。

②主体部分的写作要求。作为广播消息的主体,首先应该承接导语,展开导语中概括的新闻事实。通常的消息,除简讯外,都有主体。只要消息导语的功能不发生变化,新闻主体的功能也不会改变。因此,消息主体写作的第一要求就是能够承接导语,展开导语中概括的新闻事实,使其具体完整。第二,在展开事实的过程中,要注意选取具有典型意义的材料,说明导语中提出的观点和问题。主体中的材料典型与否,是否具有说服力,是导语中的观点和结论能否确立的关键,因此导语中的材料一定要精炼精选,以一当十。第三,主体部分在写作中要精心布局,详略得当,逻辑严密。一般来说,消息的主体部分涉及材料较多,在叙述过程中,应该对材料进行认真选择和精心布局,根据主题的需要合理剪裁,做到详略得当,重点突出,逻辑严密。第四,消息主体的写作,还应特别注意表述文字的简明扼要。消息主体部分要对事实进行全面展开,涉及的材料往往很多,出于时效性的考虑,篇幅又不可能长,要解决这一矛盾,除了严格选材之外,就是要做到文字表述的简洁精粹,语意明确。

(4)背景材料。

背景材料是新闻中用来说明新闻事实,显示新闻价值和意义的相关材料。通常用来对新闻事实的发生发展历史、环境、原因等做说明,或对新闻事件发生,新闻人物成长的主客观条件进行解释。在广播消息的结构组成中,背景材料虽然不是必不可少的部分,但在广播消息的写作中,其也占有重要的地位。

①背景材料是交代新闻事件或客观事物产生的原因,说明新闻事件发生发展的具体条件。新闻报道是客观事实的反映。新闻事实的发生,会有其原因,新闻事件发展过程,会有其具体的情况和条件,这就是新闻的背景。对新闻事件发生的原因,发展的具体条件和情况如果缺乏必要的交代,可能会削弱事实的新闻价值。交代新闻事实与周围事物的联系,阐明新闻事实的意义,会使事实的新闻价值与内涵更加明显。世界上没有孤立的事件。任何新闻事实和事件,都会与周围环境或者其他事物有着密切的联系,在写消息时,只有准确反映出这种联系,才能更好地突出事实的新闻价值和意义。广播消息中的许多背景材料是介绍与新闻主题相关的各种知识的,这些内容往往具有知识性和趣味性,常常受到听众的重视与欢迎。适当的背景材料

不仅可以增强可读性,还可以赋予旧闻以新意。广播消息中报道的事实并非全部都是新近发生或正在发生的,有些可能是最新事实和历史事实的结合,有些可能是历史事实的发展延续。在这些新闻中,最新事实是新闻报道的由头,大量的历史事实则作为背景材料出现,以说明主题。这种背景材料运用得好,可以使旧闻新鲜化,使历史资料具有新意。

②背景材料写作的基本要求。广播消息中的背景材料是为新闻主体服务的,如何使用背景材料,要依据表现新闻主题的需要而定。广播消息报道的内容千差万别,不同的事实需要不同的背景材料。不同的听众,对消息关注的角度、程度有所不同,这就决定了其对背景材料的要求也有所不同,因此在写作背景材料时,首先应当考虑消息主题的需要,注意做到以下几个方面:第一,抓住需要解释的关键问题交代背景材料,对一条消息来说,与其主题有关的背景材料可能很多,但在这条消息中不可能全部用上。因此必须根据新闻主题的需要,根据听众的实际需要和兴趣,抓住新闻中需要解释的,听众最关心的问题交代背景材料,其才能起到应有的作用。第二,针对消息中听众需要明白而又比较难懂的问题交代背景材料。广播消息涉及的内容极其广泛,有些高深的知识、专业术语,以及一些特别情况、特殊关系等,如果没有必要的解释,一般听众就可能无法正确理解和把握其内容,进而影响对新闻的接受。通过背景材料进行介绍和解释,才能帮助听众扫清收听障碍,提高收听效果。第三,交代背景材料,要适应新闻主题需要,言简意丰。在广播消息中,背景材料没有固定的位置,安排在哪里,完全依据主题表现的需要。背景材料的使用要真正出于必要,表述语言要力求简明扼要,不能拖泥带水。

(5)结尾。

对于广播消息来说,结尾不是必不可少的组成部分。在消息写作过程中,结尾部分往往不能受到应有的重视。这是因为,一方面广播消息大多采用倒金字塔结构,最重要的内容已在前面写过,结尾的内容已不太重要甚至有可能在编辑过程中被删掉;另一方面为了追求时效,作者不可能也不愿意花较多的时间和精力去琢磨消息的结尾。所以,很多广播消息都有给人戛然而止的感觉。其实写好结尾,对广播消息具有重要的意义。其一,写好广播消息结尾,可以使消息在形式上更臻完美。任何好的作品,都是内容和形式的完美统一。而要做到形式完美的前提,是结构的完整和谐。其二,写好广播消息的结尾,可以进一步揭示和深化新闻的主题。新闻主题的表达,主要靠的是新闻事实,而写好新闻的结尾,有利于详尽地交代新闻事实,使其更具完整性和说服力,进而更好地揭示和深化主题。其三,写好广播消息的结尾,可以增强新闻的感染力。尽管新闻报道的感染力主要来自于新闻事实本身,但记者表述这些事实时的手法和方式也会起到相当的作用。许多好的新闻作品证明,写好消息的结尾,使之充满感情和哲理,可以明显地增强报道的感染力,使报道中的情感得到升华。好的结尾,画龙点睛,令人回味,还可以激起广大听众的共鸣,加深新闻在受众中的影响。

总而言之,广播消息的结尾不应被忽视。在考虑广播消息的整体结构时,怎样写好结尾,应该是不可忽略的构思内容。一条好的广播消息,应该是有好的导语、好的主体的同时,也有一个耐人回味、发人深思的精彩结尾。

(二)广播通讯

广播通讯和广播消息一样,也是广播新闻中常见常用的一种基本体裁。它从报刊通讯发展演变而来,是融叙述、描写、议论、抒情于一体的报道形式。广播通讯在内容上具有更大的信息容量,不仅叙事,而且记人,在主题开拓的深度和广度上更具优势。在表现形式上,广播通讯表达形式灵活,表现手法多样,情节完整,细节生动,具有强烈的情感色彩和鲜明的人物形象,是广大受众喜闻乐见的报道形式。

1. 广播通讯的基本结构特征

所谓广播通讯,实际上是从报纸通讯发展而来,适合播(说)、便于收听的广播新闻报道体裁。由于受到广播媒介传播特点的制约,广播通讯必须为听而采写制作,借由听觉来实现它的传播效果,因此它的基本结构带有鲜明的个性化的烙印。

(1)线索清晰,层次分明。广播传播是线性传播,为了适应听众的听觉习惯,让听众听得清楚明白,广播通讯一般以单线结构为基础。即在广播通讯中,通常只集中说一件事,尽可能避免交叉叙述,即使本来就是并行或交叉发展的内容,叙述过程中也应采用"花开两朵各表一枝"的方法,分开来交代。因此,广播通讯比较适合报道一个人、一件事的单纯题材。对于脉络比较复杂的事物,要突出主线。

以单线索为基本结构特征的广播通讯,在内容的安排上,讲究循序渐进。这个"序",就是指事物的内部外部的各种联系,所谓循序,就是强调内容之间的各种联系,顺乎听众思路,让听众在收听时有序可循。这包括新闻事实的时间发展,空间转换,情节变化,各种逻辑关系等。当然,强调循序渐进,也并非一概排斥倒叙、插叙等表达方式的运用;广播通讯的写作在要求脉络清晰、层次分明的同时,也追求波澜起伏,跃宕生姿。只是要交代清楚,防止线索纷繁,枝蔓横生。

(2)精于剪裁,简繁得当。广播通讯要用的材料很多,篇幅又不宜很长,因而需要精心选材,精心剪裁,简繁得当,疏密有致。广播通讯当致力于表现主体事实的典型材料的选择和雕琢。典型材料构成广播通讯的基本事实,揭示主题,展现事实,能否很好地选择和使用典型材料,决定着广播通讯写作的成败。

繁总是相对而言的,突出主体事实,就体现了对材料的精心剪裁,在这个过程中,情节和细节对广播通讯有着特殊作用。典型的情节和细节,往往具有较大的故事性,包含很多感性因素,用它来表现主题,不仅具体形象,生动感人,而且易于记忆,给人留下深刻印象。

(3)通俗易懂,明白如话。和任何广播新闻稿一样,广播通讯也要求语言晓畅通俗,交谈式、口语化的表述,让听众一听就懂,明白清晰。

2. 广播通讯结构安排的基本原则

广播通讯的结构安排,可以根据不同的事实材料,适应不同主题表现的需要,有各不同的思路和方式,但在总体上应该把握以下原则:

(1)在广播通讯结构安排的过程中,应当考虑音响音乐的使用和位置,使音响音乐文字形成一个有机整体,共同为表达主题服务。在能鲜明地刻画人物形象,生动地描述事件和强烈烘托环境气氛的前提下,尽可能在广播通讯中使用音响资料,这是广播通讯的优势所在。但是要注意音响不能游离于主题之外,要尽可能地做到在通讯中使音响和文字互为补充,互为依托,互为照应,互为说明,缺一不可。

(2)全篇要统一、完整,切忌主题分散,有始无终。广播通讯结构安排所要求的完整,包含整体结构的严整统一和内容集中两层意思。广播通讯无论是反映人物还是报道事件,都应让人听后对事件的前后经过、起因后果,人物的思想变化、生活变化等清楚明白。

(3)无论是广播通讯的文字还是录音,都应该逻辑严谨,层次清晰,讲究过渡和照应。这是由于广播声音的易逝性所决定的。缺乏必要的过渡和照应,就可能使听众产生听知障碍,影响整个通讯的收听效果。

(4)要使整个通讯报道富于变化,耐人寻味,引人入胜,使听众听后能产生鲜明的视觉形象,并认同这一形象所代表的思想内涵,人文价值。

3.广播通讯的基本结构形式

通讯写作的基本结构方式主要有以下几种:

(1)纵式结构。纵式结构是指广播通讯的材料组织和结构安排,完全按照新闻事实在时间上的先后顺序为依据。纵式结构的广播通讯更适合广播的线性传播的特点,叙事以时间的先后为顺序,先发生的事实先说,后发生的事实后说,线索清晰,听起来自然明白。正因如此,这种结构方式在几种常用的结构方式中使用频率最高。纵式结构比较适合表现事件完整情节曲折的新闻事实,以及那些人物单一关系简单的报道题材。

(2)横式结构。横式结构是指在空间排列和逻辑关系上处于平行和并列地位的新闻材料在同一主题的统驭下而组织起来的结构形式,也被称为并列式结构。这种结构形式在材料安排上,可以不受时间顺序的限制,具有更大的机动性和灵活性,便于从不同方面、不同侧面反映事实和表现人物,可以把报道的触角伸向更广阔的空间领域,由于各部分内容之间不受时间顺序的制约,采制也比较灵活方便,因而也是常用的结构形式。

(3)纵横交错式结构。这种结构方式是既以时间的先后顺序为依据,又以事实的空间顺序和逻辑关系来组织和安排通讯结构的方式。纵横交错式的结构方式,长处在于量大,兼有纵横两种形式的优点,能增加报道的深度和广度。但其弱点也很明显,即内容庞杂,线索繁多,容易造成结构层次的混乱,如果采制不精良,容易造成观众的幻觉。

4.几种主要类型的广播通讯的基本写作要求

(1)人物类广播通讯。

人物类广播通讯是指以新闻人物为主要报道对象,以人物的主要事迹和成长过程为基本报道题材的广播通讯。人物类广播通讯的报道对象可以是具有典型意义和教育意义的各种新闻人物,包括先进模范人物和反面典型。

人物类广播通讯在写作中应注意以下几方面的问题:

①突出所报道人物的新闻性。要以人物新近的事实为依托并从中发掘新闻信息,避免把广播通讯写成人物的工作总结或者人物事迹报告。尽管广播人物通讯不像广播消息那样有极高的时效性的要求,但事实也应该是新鲜的,具有新闻价值的。

②要精心选材,用翔实典型的细节描写,揭示人物的内心世界,展现人物的精神风貌和思想品格。注意把人物置于他所处的那个时代的大背景中,从各种社会联系中,表现人物身上蕴涵的深邃的时代内涵。

③要尽可能地用人物的行为、活动等事实材料表现和刻画人物形象。新闻用事实说话,广播通讯也不例外。因此,在广播人物通讯的写作中,应由事而起,因事见人,无论是优秀模范人物,还是落后反面人物,他们的内心活动,品格境界,都是通过言行举止来显现的,所以只有具体生动的事实,才能把人物表现得血肉丰满,形象感人。

充分了解报道对象,准确表现人物的个性特征。世界上没有两片相同的树叶,人物在丰富多彩的社会生活中,扮演着各自不同的社会角色,具有各自不同的性格特征;在广播通讯中,个性化的人物,才能鲜活,才能感人,才能引起听众的共鸣与认同。

④注意选择人物报道的角度。选择了一个适当的角度,可以给人物报道增添亮度,角度选择不好,可能会使新鲜典型的新闻素材也显得老、俗、沉闷。实际上,广播人物通讯在思想上、视野上的创新,也往往体现在角度的选择上。

(2)广播事件类通讯。

事件类广播通讯是广播新闻中以现实中人们关注的重大事件和具有社会意义的典型事件为基本报道内容的通讯类型。事件类广播通讯以记录和反映新闻事件为主,形象地再现事件的特征,完整地报道事实的全过程或某个方面,对事件中具有新闻价值的情节和细节进行具体的描述。

事件类广播通讯写作的基本要点:

①事件类广播通讯要以反映事件的过程、事实的全貌为主,其中也要涉及写人,但写人是为叙事服务的,要围绕着叙事来刻画人物形象,而不能为写人影响对事件、对事实的关注和描述。

②事件类广播通讯在材料的安排上要有所侧重,突出事件和事实中最精华、最具新闻价值的内容。注意在报道事件、事实的过程中,着重表现事件事实发展的不同阶段中那些有波澜、有趣味、有冲突的情节和细节,使整个报道富有活力,有亮点,有高潮,甚至可以适当地设置悬念,唤起听众的期待心理,增加通讯的魅力。

③事件类广播通讯的结构形式应符合听众的收听心理和习惯,所报道的事件事实发展脉络要清晰,叙述线索尽可能单一。一般来说,事件类广播通讯通常是按照时间顺序安排结构,听众听起来头绪清楚,有条不紊。

(3)风貌类广播通讯。

风貌类广播通讯是以报道和反映某一地区、某一行业、某一部门所出现的新气象、新成就、新面貌为基本内容的广播通讯,它通常取材于快速变化的社会现实,展示国家建设事业中的新景象,反映今昔变化,介绍各地民俗风情等。

风貌通讯题材广泛,重点是国家各项建设事业中的新成就,各条战线、各个地区发生的新变化。

风貌通讯的写作要点如下:

①风貌类广播通讯从总体上着重求新求变。风貌类广播通讯是对一个地区、一个行业或部门进行总体的概括式的反映,新意、变化是应该突出的重点,就需要作者能从不同的角度,抓住具有个性特征的新闻事实,运用不同的表现手法,从点到面,表现对象所体现的"新意"与"变化"。

②要突出风貌通讯的直观性和现场感。风貌类广播通讯应充分发挥音乐、音响表现逼真、可感性强的优势,尽可能用音响材料表现和反映事物形象,让听众有身临其境之感,增强报道的真实性、可信性。

③风貌通讯题材丰富,视野开阔,在反映变化的过程中,作者可以把自己的耳闻目睹、亲身感受,通过文字音响等传递给听众,有利于产生共鸣和共识。

④在风貌通讯的结构安排上,可以不拘一格,用灵活多样的形式,表现丰富多彩的内容。

广播电视新闻学

（三）广播新闻专稿

广播新闻专稿是随着广播这一传播工具的出现，在逐步适应广播的传播特点，适合听众的听知规律的过程中，从报刊新闻专稿分离发展而来的广播新闻报道体裁。广播新闻专稿以是否应用音响为标准可以分为录音专稿和口播专稿两类。录音专稿包括广播讲话、录音访问、实况广播、录音剪辑等体裁形式。口播专稿包括广播特写、广播速写、广播调查报告、记者来信、听众来信等体裁形式。我们就体裁个性特征比较明显，新闻实践中常用的两种体裁形式做讲解。

1. 录音访问

（1）录音访问的概念和特点。

录音访问是记者对某个人物、某个事件或问题进行专题访问的一种音响报道形式。这种报道形式通常采访问题集中，采访对象多为一人，结构比较简单。报道中，一般没有记者的叙述描绘，通过访谈介绍新闻人物，传播新闻事实。录音访问具有信息量大、时效快、现场感强的特点，这是广播中常用的也是非常受听众欢迎的一种广播新闻报道形式。

录音访问的话题非常广泛，可以涉及政治、经济、军事、法律文化、体育娱乐等社会的各个方面，既可以是大众普遍关注的新闻事件、新闻现象，也可以是社会上的热点、焦点问题，访问的人物可以是政界要人、社会名流，也可以是专家学者、平头百姓，采访录制时间、场合，也可以顺其自然，机动灵活，不受限制。录音访问要忠实记录传播记者和访问对象的谈话内容，要尽可能地使用现场原声，传达真实可信的现场感，同时还应体现记者的提问风格。

（2）录音访问的分类。

根据内容的不同，录音访问大体分为三种类型：

①人物录音访问。人物录音访问介绍先进人物和新闻人物，展现人物的精神风貌和思想境界。访问过程中采访对象现身说法，真实直观，通常会给听众留下较深印象。在录音访问中，先进人物和模范人物以其自身的魅力和特点感染打动听众，一般来说，比记者的转述更直接，更鲜活，更具说服力和感染力，因而传播效果也更好。

②事件录音访问。事件录音访问通常是对新闻事件的当事人、目击者或者相关人进行采访，从而报告新闻事实，揭示新闻事件的意义，表现其新闻价值。

③问题录音访问。问题录音访问是就听众普遍关心的，具有普遍社会意义、典型意义，或者具有新闻价值的某些社会现象等，对相关的当事人或者具有回答阐明此问题资格和能力的人进行采访，以期给听众一个满意的解答。在问题录音访问中，记者应该选择的话题应该是公众所关注的热点、焦点问题，或者是与人民群众的生活密切相关，且具有新闻价值的问题。这类录音访问针对的听众对象是社会大众，因此无论是选择问题还是提出问题，都要做到大众化、通俗化，达到深入浅出、明白易懂的效果。

（3）录音访问的采写要点。

选好采访对象，做好采访准备。在录音访问中，能否选好访问对象是录音报道成功与否的关键。在选择采访对象时，注意把握以下几个原则：①显著性。录音访问的对象可以是有影响的先进模范人物或者公众新闻人物，也可以是有较大社会影响，有一定教育、警示意义的反面人物。无论哪类人物，其都必须具有共同的特点，即具有显著性，能体现出相当的新闻价值。②权威性。录音访问的采访对象应是对采访的事件或问题最了解、最有发言权的人，他不仅能

146 -

把事件或问题谈清楚,还应当谈得准确、深刻、有说服力。③代表性。录音采访的采访对象应有一定的典型性和代表性,能够代表一部分人或者某一方面的意见。同时还应注意录音访问采访的对象要具有相当语言表达能力和水平。

2.广播特写

(1)广播特写的定义和特点。

广播特写源于报纸新闻中的新闻特写。特写,原是电影艺术中的一个术语,指特写镜头,即把拍摄对象的某一片段或某一细节作为焦点,进行放大、定格,作为强调,从而造成视觉上的特殊效果,使拍摄对象某个片段、某个局部或某细节的特征比一般的镜头画面更清晰,更逼真,更突出,从而表达更鲜明、更清晰的思想或意义。

作为新闻报道体裁中一个类别的广播特写,正是借鉴了电影特写的表现方法,截取新闻事实中特色特点鲜明的部分,通过音响、音乐和文字对其进行细致的刻画和描述,使报道对象特征鲜明、形象具体生动。

据此我们给广播特写下这样的定义:广播特写是广播新闻中以描写、刻画为主要手法,通过对新闻事件和事实中最具有表现力的情节或片段进行具体、生动、形象的放大和再现,真实形象表现新闻事件和新闻人物的报道体裁。

广播特写和广播消息、广播通讯同属新闻报道,因此都有要求内容真实、讲求时效、追求事实的新闻价值等共性,但作为不同的报道体裁,广播特写和广播消息、广播通讯也有着明显的差别。首先同样报道最新时事,特写比消息反映得更为具体、生动和形象,广播消息只告诉听众新闻事实、新闻人物的基本概况,侧重报道事实的发生和存在,而广播特写则强调事实是怎样发生的,重点再现事实发生过程中的瞬间情景和情节,突出现场感和画面感。广播通讯在报道新闻的过程中,需要用情节、细节表现和反映事件、人物,通过完整的情节、细节来反映新闻事实的全过程。而广播特写则只须撷取最富有特征性,最具有表现力的瞬间片段或某个细节侧面,进行描述放大或者仔细刻画,并以此再现新闻事件和新闻人物。广播特写的个性特征突出地表现在报道内容的瞬间性和再现性,报道篇幅的短小性,表现手法的描绘性和灵动性。

(2)广播特写的分类。

据报道内容的不同,广播特写大致可以分为以下几类:

①人物特写。人物特写是以人物为主要报道对象,着重表现最能反映新闻人物特点,最具有新闻价值的瞬间言行、细节的新闻报道体裁。其特点表现在报道新闻人物时,往往只抓住某一个典型的、极富表现力的行为、动作或神情,进行聚焦放大,仔细地描绘刻画,把其生动、形象地再现出来,其间不允许有过多地背景材料交待,而主要以现场见闻,以即时状态下的捕捉为基本报道内容,在时间、空间上具有一定的限制性。

②事件特写。这是以报道新闻事件为主,选取新闻事件最具典型细节进行仔细描绘和形象再现的新闻报道形式。事件特写在反映新闻事件时,一般不对新闻事件的全过程做交待,而只截取事件中最精彩、最吸引人的横断面,或某一典型情节、场景进行表现。

事件特写中,也写人物,但事件特写中的人物是围绕事件来写的,往往有不止一个人物,但人物写作的核心是事件。

③风貌特写。这是以描写自然风貌为主要内容,形象再现自然景物、旅游风光的报道形式。风貌特写题材内容广泛,自然风光、地理地貌、民俗风情、各种新貌等都可以成为其报道的

内容。风貌特写常常是记者现场把自己的所见所闻、所思所感,形象传神地传播给听众,立足现场,以动态的形式表现报道对象的变化,给听众以立体的印象和强烈的动感。

(3)广播特写的写作要点。

在广播特写写作的过程中,应注意做到以下几点:

首先,选材精当,焦点集中。广播特写,不像广播通讯那样,面面俱到,交待事物发展全过程,刻画人物全貌,而只须像特写镜头一样,截取新闻事件或新闻人物生活中最精彩,最具有代表意义的"瞬间",进行聚焦放大,集中描绘,形象再现。因而,选材精当,聚焦点的选取和把握,对广播特写的成功与否具有至关重要的意义。

当然,我们强调新闻特写选材要精当,突出重点,也并不排斥必要的背景材料的交待。很好地把握和使用背景材料,可以使新闻特写内容更充实,信息量重大。

其次,精于描写,疏密有致。描写,是新闻特写写作最基本的表达方式。在新闻特写中,对于具有典型意义的情节、细节、新闻人物和心理特征的言行,应细致描绘,以反映人物内心的世界。有时,为了表现一定的环境气氛,也可以对相关的背景以及现场景物进行粗线条的勾勒。

最后,作者自身应具有深刻的观察力、准确的判断力和极强的表现力,这是写好广播特写的基础条件。

新闻特写对现场感和情节细节的要求较高。一个记者不到现场进行仔细深入的采访,或者即使深入了现场,但缺乏深刻的观察和感受能力,也无法获得最准确、最生动的新闻材料。因此,要写好广播特写,首先有良好的采访作风,有深入细致的工作态度。同时,还应具有准确的判断力,能准确地抓住新闻事实中或新闻现场最具特点、最有代表性的瞬间情景。记者的表现能力,也是很重要的。一个优秀的新闻记者,应当不仅能够抓住最精彩,最有价值瞬间情景,还应能够用各种方式和手段,把其表现出来。因此,具有相当的感受能力、判断能力和表现能力,也是写好广播特写所必须的主观条件。

广播特写,在近年来的新闻报道中,出现的频率有越来越高之势。在写作的不倦努力中,广播特写的内容越来越广泛,构思也日益精巧、别致,这种新闻报道体裁,在广播新闻报道中,也日益显示出生命活力和发展前景。

下面,我们通过点评一篇广播特写,体会广播特写的体裁和语言特点。

案例分析

除夕夜,600米井下的坚守

新华社合肥2月14日电(记者于杰、卢尧)"新年好呀,新年好呀,祝福大家新年好",除夕之夜,欢快的歌声在安徽皖北煤电集团钱营孜煤矿井下约600米深处的3212综采工作面上回荡。为了表达对节日期间坚守在一线岗位煤矿工人的敬意,集团和矿上领导深入到井下慰问,矿上4名女子安全协管员也随同下井,给矿工们送来歌声和鲜花。

尽管室外滴水成冰,但3212综采工作面上,一片欢声笑语,春意融融。在狭窄的工作面上,同样挂起了大大的"福"字和火红的中国节,烘托出节日氛围。矿工们晃动头上的矿工灯,照亮了黑暗的井巷,为演出"伴奏"。和着女子安全协管员的歌声,矿工们情不自禁地加入到演唱的队伍中,享受着井下的欢乐时光。

钱营孜煤矿是一座新建的现代化矿井,试投产时间不长,但日产量迅速提高到1万吨左右,占皖北集团煤炭产量的五分之一,为缓解近期电煤紧张出了大力。在万家团聚的时刻,仍有 40 多名矿工坚守在 3212 工作面上,在工作中迎接新年的到来。

尽管与过去相比,井下工作条件有了很大改善,但是工作环境仍然十分艰苦。井下工作面昏暗狭窄,闷热潮湿。巨大的割煤机一开动,煤屑粉尘飞扬,记者在井下呆了 3 个多小时,出来时身上全湿透了,脸上变得黑乎乎。在长达 200 米的综采工作面上,煤矿工人常年累月坚守在这里。

新年的脚步声越来越近了。万家灯火中,家人团聚在一起,包饺子、看春晚。下井慰问的皖北煤电集团董事长葛家德问起了工人:"上面春晚已经开始了,你们在这想不想家? 安不安心?"

44 岁的矿工凌从喜自参加工作以来,每个除夕都是在井下过的,他在井下已经过了 24 个除夕。他露出憨厚的笑容:"不想是哄人的,但我们都已经习惯了。都回家过节了,谁来下井挖煤?"

葛家德听了这话,深情地对矿工们说:"习惯就是一份责任,你们对万家灯火作出了贡献。你们要在确保安全的前提下,要多出煤,出好煤,履行好自己的责任。"

此刻,钱营孜煤矿有 700 多名员工正坚守在工作岗位上,整个皖北煤电集团 3 万多名员工中,有 7000 多人在工作中度过除夕之夜,为集团超额完成电煤供应任务尽自己的一份力。(中国之声 2010 年 2 月 15 日《新闻和报纸摘要》)

【点评】

这篇广播特写截取了最具特色的时间——"除夕夜",以及最具特色的地点——"矿井下"。在这个特定的时空中,矿井下的典型场景,既有对人物言行的细致描写,也有线条粗疏的白描,既渲染了井上井下的节日气氛,对有关的背景情况,也做了必要的交待。整个报道在内容上,层次清晰,重点突出;在形式上,结构完整,疏密有致,显示了较强的现场感和感染力,鲜明地体现广播特写的体裁特点。

第二节　电视新闻写作

电视新闻写作是建立在电视媒体的产生、发展以及技术不断进步的基础之上的。综合性、多元化的电视语言符号为电视新闻写作提供了更多的表情达意、传播信息的方式和手段的同时,也增加了电视新闻写作的难度和复杂程度。电视新闻写作的各种体裁在不断发展更新的过程中日渐体现出鲜明的个性特征。要掌握电视新闻写作的基本方法,就必须从了解电视传播的语言符号系统入手,在熟悉掌握和综合运用电视传播语言符号的过程中了解各种电视新闻报道体裁的个性特征,学习和掌握电视新闻报道体裁的写作规律和方法。

一、电视新闻写作概述

(一)电视和电视新闻写作的产生

作为 20 世纪人类最伟大的发明之一,电视是在科学技术不断进步的基础上诞生的。1936 年,英国广播公司在位于伦敦的亚历山大宫建成了世界上第一座正式的公共电视台,它的开播,标志着世界电视事业的开端。

世界上第一座电视台自问世至今,走过了将近 80 年的历程。在经过了从机械电视到电子电视,从黑白电视到彩色电视,从模拟技术到数字技术的不断发展后,电视从国内传播到国际传播,目前正以其极大的覆盖率,全面快速的报道功能,成为世界上最具影响力的大众传播媒介。

电视的出现和飞速发展,对广播产生了巨大冲击。与广播相比,电视不仅在传播形式上更加多样化,而且在传播符号上也更加多元化。由于电视能够满足人们迅速而全面地传播信息的需要,因而从它诞生之日起,就被人类当做了最佳的新闻传播工具,成为了当今最普遍、最重要、最有影响的新闻传播媒介。从现实来看,无论是电视作为最有效的传播媒介,还是电视新闻成为最热门的新闻门类,都从不同角度证明,通过电视传播新闻,已经是电视业最基本、最重要的社会职能。因而,电视新闻写作也就随着电视新闻的自成体系,而成为写作中自由度最高,难度也最大的新闻门类。

电视新闻写作是在对报纸新闻写作进行学习、借鉴,对广播新闻写作进行进一步综合的基础上,通过与电视画面这一传播要素进行整合而完成的,这就是在为电视新闻写作提供了广阔空间的同时,又使电视新闻写作面临了更多的复杂性,尤其是如何把握电视新闻写作过程中,语言文字这一传播要素与电视新闻的其他语言符号的完美整合问题。

电视新闻的传播要素——画面、声音、文字三位一体,缺一不可。在三位一体的电视新闻写作中,必须要注意文字稿的写作要达到能够独立实现电视新闻传播新闻信息的目的。报纸新闻业的传播只限于视觉,广播新闻传播限于听觉,而电视新闻的传播则兼有视、听的双重特点,因而,电视被称为“视听媒介”,这就决定了电视新闻的写作具有诸多个性的特点。

和广播新闻写作一样,电视新闻写作,也经历了一个文体变迁的过程,只是由于电子技术的飞速发展,使得电视文体变迁的过程也变得快速和不明显而已。

在电视台开办之初,所播出的新闻,绝大多数是依赖报纸和广播。除了新闻内容之外,电视新闻的传播,还借鉴了广播新闻的传播方式,即由播音员播报新闻,从电视台播出电视新闻开始,这种传播方式就开始使用并流行至今。当然,为了充分发挥电视新闻中画面这一传播要素的巨大优势,在电视新闻的播出中,画面加解说,一开始就成了电视新闻的首要播出形式。

随着电视拍摄和传播技术的不断进步,以记者出镜,现场进行新闻播报这一形式,在电视新闻传播中出现了。

进入 1960 年代以后,电子新闻采集和卫星新闻采集手段使电视新闻出现了很大变化。比如,卫星电视使现场报道的空间大大拓宽,现场报道的新闻优势更加突出,由此,主播制逐渐成了世界各大电视台进行新闻播报的主要形式,从此以后,电视新闻主持人,也逐渐摆脱了“播音员”这一单纯“传声筒”的形象,以主持人的形象出现在新闻采访和播出现场。电视新闻采制手法的不断改革和多元化,早已突破了单纯的画面拍摄与文字解说的早期模式,不仅出现了声画同步的电视新闻传播,而且较多地同期声技术,使众多电视新闻栏目、电视新闻以多姿多彩的制作和写作形式,吸引广大的观众。

目前,中国具有综合新闻频道的电视台,都开办了各种电视新闻栏目,不仅滚动播出电视新闻,还有电视新闻深度报道、电视新闻评论,开办一些专题新闻栏目等。电视新闻中的表达语言从视觉文字到听觉口语的灵活应用,在这些活泼多样的电视新闻播出形式和内容的协调一致方面,发挥了重要功能,促使电视新闻传播三要素之间的关系,更加和谐,从而使电视新闻写作也随之进入了一个新的发展时期,语言文字不再仅仅是对画面、音响进行解说,而是通过语言文字的符号编码,对画面与音响进行整合和补充,推动电视新闻的制作和写作同步发展。

(二)电视新闻传播的语言符号体系

电视新闻以其传播的快速性、传播符号的多元化综合性、传播内容的传真性以及观众参与性构成媒介自身的鲜明特点,这些特点决定了电视新闻写作的自由性和复杂性,也对电视新闻的写作提出了特殊的要求。因此,要了解电视新闻写作的基本特点,必须先从了解电视新闻传播的语言符号体系入手。

电视新闻传播符号,由三大系统构成,即图像符号系统、声音符号系统和文字符号系统。

1.图像符号系统

与其他媒体相比,电视传播最大的优势就在于它可以用真实的、活动的画面反映事实,表达思想与情感。因而,其所传播的新闻事实,总能给人一种真实可信,甚至身临其境的感觉。同时,画面还具有叙事的多义性特点。因而仅用画面叙事是有缺陷的;所以电视新闻必须借助文字和人声语言才能实现准确、清晰、完整叙事的功能。

2.声音符号系统

声音符号在电视新闻中主要用来传达理念、意图、情感等,具有重要的地位,其作用是其他语言符号所不能代替的。

电视新闻的声音符号系统主要包括音乐、音响、人声语言(同期声和画外配音)。

一般来说,音乐出现在电视新闻中的情况比较少见。新闻现场出现的音乐应该划分在同期声或现场音响的范围内,是新闻的有机组成部分。同期声和现场音响的作用主要有两点:第一,推动新闻叙事;第二,渲染气氛,使现场感更强烈和突出。同期声和现场音响在声音符号系统中也可称为播音语音。在电视新闻节目中,有时也采用画外配音。画外配音运用的好,能与播音员的解说一起,有助于新闻事实的叙述和增强新闻叙事的真实性和感染力,新闻写作的重要性也主要体现在这里。离开了电视新闻写作,不仅播音员的口播语言会成为无源之水,还会使现场音响、同期声音的意义和准确性衰减,甚至苍白。

在电视新闻中,播音语言是凭借文字稿的基础施展其魅力的。尤其是电视播出的大量的短讯中,播音语言承担着所有的新闻内容和诠释工作。在深度报道中,播音语言的作用更重要,其不仅要交待新闻要素,而且要揭示音响、音乐及画面无法实现的新闻"深层次"内容。对于播音语言来说,文字稿又起着举足轻重的作用。

3.文字符号系统

相对于图像系统和声音系统,在电视新闻中,文字系统似乎显得并不特别重要,但如果离开了文字符号,就会使新闻信息缺乏应有的准确性和清晰度,直接影响电视新闻的传播效果。因此,可以说,电视新闻中的文字符号的地位与作用,是建立在电视新闻画面和语言的局限性和缺陷的基础上的,其具体表现为:第一,电视新闻中的文字,可以加深观众对新闻事实的印象,并更清晰、更准确地把握信息实质。电视语言是形象的语言,电视新闻传播,以具体形象的画面语言为基础,具象的画面无法负载抽象的信息,比如哲理、观念、思想等,而抽象的文字语言却可以很好地弥补这些缺陷,图像、声音的形象思维和文字的理性思维完美结合,优势互补,有利于电视新闻信息的多方位立体传播。第二,电视新闻中适时适当的屏幕文字,可以更准确地说明新闻事实的时空状态,使画面反映的新闻事实过程具有连续性和完整性,同时体现出更深入更全面的信息量和完美的节奏感。

另外,电视新闻中的文字系统,还可以以字幕的形式,直接播报新闻,而不会影响、割裂正在播出节目的完整性,图像系统、声音系统和文字系统的相互配合、相辅相成,使电视新闻的优势得到淋漓尽致的发挥,也为电视新闻写作开辟了广阔的空间。

(三)电视新闻写作的语言特点及要求

电视新闻写作,尽管也要凭借语言文字来表达思想与情感,但是,与其他媒体的新闻写作有着明显的不同,它的语言文字有着特殊的要求。电视新闻写作,既要把文字转化为声音,同时还必须与活动的画面和音响产生有机的联系,从而构成画面、声音、文字三合为一的"立体新闻"。因此,电视新闻写作语言体现出下列个性特点:

1.注重受众的视觉感受,处理好声画关系

电视的最大特点是声画一体。电视文体给人们提供的是与画面紧密结合的视听综合感受,因此电视新闻写作的一个基本特点就是依托图像系统,为看而写,在与画面结合的基础上,寻求文字表达的最佳效果。

电视新闻写作虽然写法比较自由,可以不受时间、空间的限制,可以单线索,也可以多线索发展,但其不能像文学作品那样,完全依靠文字完成形象的塑造和信息的传达。电视,是一种呈现,因而电视新闻写作不可能离开画面去独自发挥,它必须依托画面,把文字转化为声音,让声音走进画面,使画面形象活起来,由文字、声音、画面共同用各自的方式从最大程度上传达新闻信息。

电视新闻写作中,文字配合画面,又不能成其附庸,简单地重复画面,文字要有效地揭示画面中最富价值意义、最具有感召力和启迪意义的新闻内涵,使受众能在这种写作的帮助下,对新闻信息有全面而深入的理解,实现新闻信息含量和传播效果最大化。要达到这种效果,就必须把握电视画面与文字写作之间的诸多联系,比如,声画关系、画面与文字语言的有机联系等。

电视的声画关系,在新闻节目中,主要有两种组合形式:

(1)声画合一。

声画合一,是指画面中的影像和它所发出的声音同时呈现、同时进行、同时消失,密切不可分,吻合一致,这也是电视作品中,最简单、最常见的声画组合关系。

声画合一,是再现现实生活的一种手段,在电视新闻中,它可以加强新闻的现场感、真实感和可信性,提高视觉形象的感染力和说服力。形象的直观性、具体性和声音的可闻性、抽象性,互为依存,互为补充,丰富和深化了屏幕内容,增加了新闻的信息量。观众也可以耳目并用,视听兼收,加深对新闻内容的印象和理解。

(2)声画对位。

声画对位即画面中的声音和视觉形象不同步,不合一,而是各自独立,互相映照,二者围绕同一主题,各自按照各自的规律表达不同的信息内容。

这种声画组合方式,可以更有效地发挥声音的想象力、表现力和感染力,而不会减弱声音与画面二者之间的内在联系,是在更深层面上达到互相衬托、互相补充、殊途同归,使画面的内在含蕴更充实、更丰富。

这两种声画组合关系,各有优势,各有妙处,只有运用恰当,才能使其各显神通。在写作过

程中,要处理好声画关系,应注意以下三点:

第一,要遵循人们的视觉习惯。人们的视觉大多有"顺序性"的习惯,人们目光所至,总是先后有序地观察事物,电视画面的组接也应与现实生活中的真情实景相吻合。有效的方法是将不同时间、不同地点发生的事实,进行分割,按照时间先后顺序叙事,同时,以必要的解说、画外音等,使声画相互配合,相辅相承。

电视新闻中的解说文字,为与具体画面配合,应从具体的事物写到抽象的概念,从看得见的事实写到看不见的道理,在表达理念时,也应注意,把理念的阐述和具体的画互相结合起来。

第二,画面和声音不能互相竞争。明确电视新闻中的声画关系是相辅相承、相互配合,而不是相互竞争的关系。在电视新闻中,画面可以清晰地表达内容时,解说就必须少说或不说,要说也是画龙点睛,点到为止。而当画面含义表达不清楚或不充分时,解说就必须发挥作用,以做到优势互补。

第三,解说,不要重复画面。声画合一,是电视新闻运用较多的声画组合方式,但声画合一,并不意味着画面出现的景象,就是解说的内容。画面与解说的配合,不是简单的重复,而是相互弥补、相得益彰。

解说不能重复画面,也不应旁牵他涉。与画面无关的解说,会分散观众注意力,超越画面之外而又与新闻主题关联不大的文字解说,会干扰观众捕捉和理解画面提供的信息。这是电视新闻写作的大忌。

因此,电视新闻的写作,要以画面为依托,充实、丰富画面内容的信息含量,应防止为了卖弄文笔,而脱离画面。只有恰当地处理好声画关系,才能真正发挥电视新闻写作的作用,真正做到优势互补。

2.考虑观众听觉感受,处理好听说关系

电视新闻的传播,即要有画面,又要有声音,同时诉诸视觉和听觉,所以,电视新闻的写作,不仅要配合图像,还要伴随声音,同构共生,因而要为听而写。声音的传播,转瞬即逝,不留痕迹,没有重复、思考的余地,这是听觉语言的特点,也是听觉语言的弱点。做到扬长避短的关键,就是要注意增强电视新闻写作的适听性,处理好说和听的关系。做到这一点,应从以下两方面着手。

(1)文字符号口语化。

口语化的语言,最适合人们的听觉习惯,因此,适听性的语言,首先必须口语化。口语化的语言,是相对于书面语言而言的,是经过加工以后的规范的口头语。这种语言说起来朗朗上口,听起来明白晓畅。口语化的语言要求简洁、流畅,抑扬顿挫,具有节奏感,优美动听的口语都具有一定的韵律感。因而在电视新闻写作中,要尽量选用表意清晰的双音节词语,努力使受众准确把握信息,而无视听障碍。口语化的语言,还应是形象性的语言。语言本身不具备形象性,但它有描写、刻画形象的能力。这种能力并不取决于词藻的华丽。朴实自然的语言,同样能创造出生动鲜活的形象。

(2)文字语言少而精。

由于电视新闻写作的非独立性和节目的限时性,电视新闻的写作不可能长篇大论,不需要过多的叙述和描写。电视新闻写作的一个突出特点是少而精,要求用尽量少的文字,传递尽可能多的信息。电视新闻是视听合一的,要给其他的视听要素留足够的时间和空间,做到优势互补,形成多种语言符号的综合效应,解说词就不能写得太满,少而精,是基本要求。

电视新闻写作的少而精,还表现在语句的简洁明晰,具体实在,尽量避免对画面内容的重复,尽可能用写作文字把观众注意引向屏幕。

总而言之,电视新闻写作必须牢记文字要转化为声音,并且与画面结合,发挥自身优势,弥补画面不足,并尽可能丰富完善画面内容。

二、电视新闻的基本体裁及写法

新闻体裁,就是新闻的报道写作形式。电视新闻报道,是一个广义的概念,它包括电视消息、电视新闻专题、电视新闻评论等不同的体裁形式。

(一)电视消息

电视消息,通常被理解为狭义的电视新闻。在电视新闻的诸多体裁中,电视消息是最基本的报道体裁,也是使用频率最高、收视率最高的新闻体裁。

1.电视消息的分类

目前,在我国,按照不同的报道方式,电视消息分为活动图像新闻、口播新闻、图片组合新闻、字幕新闻、简明新闻、综合新闻、系列(连续)报道等。按照新闻的篇幅长短,可分为电视短消息和电视长消息两种。

(1)活动图像新闻。

活动图像新闻,也叫图像新闻,通常特指有现场画面形象的动态消息,早期称为电视新闻片。

图像新闻是电视新闻最早的报道形式,早在1948年2月,NBC开办的第一个电视新闻节目中,就开始模仿新闻电影纪录片报道图像新闻。我国最早的图像新闻,是1958年6月1日北京电视台播出的《中共中央机关刊物(红旗)杂志创刊》,这也是我国自己摄制的第一个活动图像电视新闻报道。

时至今日,图像新闻报道依然是电视新闻中数量最多,使频率最高的新闻报道形式。中外电视屏幕中的大多数新闻报道,都是图像新闻。

图像新闻的特点是篇幅简短,长度大多在40秒钟左右,时效性强,客观形象,注重用事实说话。

图像新闻的基本表现元素是画面、同期声和文字解说。通常情况下,画面占主导地位,文字解说居辅助地位。画面本身就是信息,大多情况下,画面内容无须解释,观众就能看懂,解说的目的是为了补充、扩大图像内容,文字解说的作用,也是提醒和引导观众关注和理解图像画面,因而,文字解说要对应和服从于画面。真正好的图像新闻是画面、解说、同期声有机结合的统一体。

图像新闻中,时间、地点的变更应按客观事物发展、变化的逻辑顺序变更,在文稿的写作中,转换时间、地点的方法通常是把不同时间、不同地点发生的新闻分割开来,以时间先后为顺序,这样,使观众在较短时间正确理解新闻内容。

由于图像新闻能够充分发挥电视传播媒体优势,因此,至今它依然是世界各国电视新闻节目中数量最多,使用频率最高的报道方式。

(2)口播新闻。

口播新闻是由播音员或主持人在电视屏幕上对观众播报文字稿的电视新闻报道形式。

口播新闻这种报道方式是随着电视开办新闻节目而产生的,我国最早的口播新闻以简明新闻播报为主,后来逐渐改为灵活穿插报道,内容大多是重要新闻或最新发生的新闻。

口播新闻通常以文字稿转化的语言作为传达信息的主要手段,没有新闻现场的影像画面,同时,口播新闻文字稿的写作和画面新闻解说词的写作有所不同,它与广播消息的写作相似,要求说明新闻的五要素,讲究谋篇布局,材料安排层次分明,新闻事实的交待要完整,语言表达要求口语化。

口播新闻的特点是简洁、灵活、迅速、及时,通常可配图片资料、插图、题头和背景画面,以增强可视性,同时,也可以起到点题、烘托、加深印象的作用。

口播新闻,具有较强的时效性,通常是重要新闻的最新动态。当其他报道形式来不及或无法传递时,或者由于各种条件的限制,电视摄像手段不可能拍摄到新闻现场时,都可将新闻写成文字稿,以口播形式及时播出。因其极强的时效性和灵活性,口播新闻在当今电视新闻报道中,仍占一席之地。

目前,口播新闻的播报方式,通常在两种情况下使用:一是需要在电视新闻中播报的文件类,如重要公报、命令、通知、新闻发布稿等。二是简讯类,对有些有新闻价值,但又无法得到图像画面的新闻,多采用口播形式报道。

(3)图片组合新闻。

图片组合新闻,是将成组的新闻图片组合起来,配以文字解说的报道方式。

图片组合新闻是在借鉴报纸、杂志的"专题照片""专题摄影"的基础上发展起来的,报纸、杂志的图片组合是配发简短说明或特定稿件,电视则是图片组合配以文字解说。

图片可以加深视觉印象,却难以使人产生活动画面那样生动、逼真的感受。但组合图片新闻,可以连续多侧面地提供信息,每幅照片有相对独立的内容,说明一个侧面,阐述某种思想。经过合乎逻辑的组合,各个图片相互联系,组成整体,表现一个完整、深刻的主题。欲达到这种效果,文字稿的写作至关重要。因为没有活动画面和同期声,解说文字的写作就占据了主导地位,因此,为固定图片写新闻稿成了相对独立的一种文体。

图片组合新闻的文字稿,不仅要解释、说明、补充图片内容,还要转折,过渡,提供新闻背景、基本事实和主要观点。

图片组合新闻是对活动图像报道的一种补充形式,一般发生时间较长,没有留下活动图像资料的背景材料大都采用这种方式,但必须要有新闻由头,否则就没有新闻价值。

随着电子特技技术的发展,许多图片组合新闻都使用特技手段,如放大、剪辑、翻页、滑动、叠化等,增强了图片新闻的视觉效果,尽管如此,随着图像新闻来源的不断扩大,在目前的电视新闻中,图片新闻的使用已日渐减少。

(4)字幕新闻。

字幕新闻是指用电子计算机控制字幕发生器,在电视屏幕上打出字幕,以最简洁的文字进行报道的方式。

字幕新闻是随着电视技术的发展而出现的一种报道方式,中央电视台从1984年开始使用,每当有重要新闻需要及时传播,又不便中断正常节目播出时,通常用字幕新闻播出。

字幕新闻往往只有一个词组或一句话,播出的时间只有几秒,最多几十秒,以简明的文字打出字幕在画面下方滚动或左右移动,尽管简短,但其传播的内容却是最新鲜、最重要、最具新闻价值因而也是观众感兴趣的。

字幕新闻是电视新闻中最简便的报道方式,这种报道方式可以充分体现电视新闻传播迅速及时的优势,目前,不少电视媒体都把它作为一种独立的报道方式使用。

（5）简明新闻。

简明新闻是只简要报道事实,而不做具体展开和说明的电视新闻报道形式。简明新闻也称短讯、简讯。通常每条长度有 15 秒左右,写作时,只需几十个字,用最简洁的语言把新闻事实进行概要的表述即可,这是电视新闻中最简练的新闻体裁,但写法并不简单,简洁、明了是关键,同时又必须准确、具体、言之有物,突出重要事实的最新动态。

简明新闻一般播出节奏较快,写作应该紧凑,在电视新闻中,简明新闻通常以编辑成组的形式播报,画面编辑应选择具有代表性的镜头。

通常情况下,头天的重大新闻已在晚间报道过,第二天在其他节目中再报道时,往往作简明新闻处理,一些不太重要的信息,或比较简单的信息,也用简明新闻的方式进行报道。

（6）综合新闻。

综合新闻,是将性质相同、各具特点的新闻事实综合起来,从不同侧面,不同角度,说明同一主题的电视新闻报道形式。

常见的综合新闻有两种形式:一种是点面结合,归纳综合,即把不同地区、不同单位的各具特点的事实综合起来,或者把不同人士对某一事件、某一社会现象的看法和观点综合起来,也可以把报道归纳为几个方面,将材料条理化,层层深入加表述。另一种是将国内国际发生的重大事件有选择地组合排列,进行综合报道,或是将某一事件引发的连锁反应综合起来进行集中报道。

综合新闻的写作,有一定难度。首先应该分析材料,理清思路,然后找出主线,分层次,最后进行归纳概括。由于综合新闻涉及内容多,层面广,而写作时间又有限,而应特别注意突出重点,体现新闻价值,避免面面俱到,主次不分。所以,作者分析、解剖事物的能力和选择事实、概括综合的能力显得尤为重要。

（7）系列（连续）报道。

系列（连续）报道,是指围绕同一新闻主题从不同侧面、不同角度作连续的多次报道的报道形式。

系列（连续）报道大体分为两类:一类是对同一新事实,以时间为顺序,随着事件的发生、发展进程而进行的连续性报道,称为连续报道;另一类是围绕同一新闻主题进行多方面、多角度的报道,各条报道之间虽没有时间的连续性,却有内在的逻辑,称为系列报道。例如,中央电视台《新闻联播》曾经播出过的《改革开放二十年》《三个代表在基层》《红色记忆》等系列报道都属此类。连续报道和系列报道都属新闻的深度报道形式,因此可以归为一类。

系列（连续）报道具有以下特点:

①连续性。系列（连续）报道,每条报道之间通常有着时间的连续性,或者报道内容具有思想上或逻辑上的连续性。

②递进性。系列（连续）报道,在报道的层次上具有层层递进的特点,通过不断报道,逐渐深入展示新闻事实的全貌。可以每次报道都留下悬念,下一次报道中做出解释。

③整体性。系列（连续）报道要求对新闻事实（主题）作完整的报道,而这种完整性是通过

多次报道显现出来的。一个系列就是一个整体,因此系列(连续)报道,在总主题、总基调上,甚至推出的时机上,都应有整体的策划。

④系统性。系列(连续)报道,是在同一主题、同一基调下进行的新闻报道,因此它是一个系统工程,在整体构思、结构安排、播出顺序中都呈现出系统性的特点。

⑤显著性。系列(连续)报道,通常主题集中,报道次数密集,传播范围广大,因而必然使报道处于显著地位,在宣传上容易产生强大声势,在观众中也容易引起较大反响。

2.电视消息写作的基本要求

(1)电视消息写作的格式要求。

电视消息的文字稿,不是独立的文体,它必须配合画面,并且按画面的需要进行写作,注意写作内容与画面对应,保证声音和画面相互协调,相辅相承,这是电视消息写作要求的前提,因此,在电视消息发稿纸的格式内容中,最主要、最突出的就是画面与文字解说的对应配合。除此之外,还有以下内容:

①消息的标题。消息的标题要简洁明了,适说、易听、好记。

②记者签名,表示文责自负。

③签发人签名,一般是新闻部的相关领导或当天的责任编辑,对此条新闻的播出负责。

④播出时间,由签发人安排、签字,通常只写月、日、时、分、秒,不写年份。

⑤长度,由记者签写,一般电视消息,最长不超过3分钟。

(2)电视消息写作内容上的要求。

电视消息写作总体的要求是:用事实说话,交待清楚五个W。

首先,电视消息和所有新闻体裁一样,首先要求用事实说话,必须交待新闻要素五个W,即Who(何人)、What(何事)、When(何时)、Where(何地)、Why(何故),在此前提下,要追求电视消息的最高的时效性,以快求新,以新取胜,并以此体现新闻价值。

其次,电视消息要讲究写作内容的形象性和直观性。电视新闻是诉诸视觉和听觉的双通道传播,这是电视新闻的独家优势,具体实在的活动画面,配以生动流畅的文字解说,以及同期声和音响,可以使新闻现场的情景一览无余,令观众一目了然,增强新闻的真实感、亲切感,使观众对电视消息喜闻乐见,易于接受。

(3)电视消息语言表述的要求。

电视消息的写作,在语言表述上要力求做到四个C,即Clear(清楚)、Concise(简洁)、Correct(准确)、Conversational(口语)。

四个C的提法最早出现在西方电视界。

1991年美国三所名牌大学印第安那大学、南加州大学、马里兰大学用四个C为标准对美国三大电视网晚间新闻节目的三位著名主持人的写作进行评估,得出了令人满意的结论,因此,这四个C也便成了电视新闻写作中对语言表述的基本要求。

①Clear(清楚)。条理清楚结构严谨是所有文章写作的基本要求。但电视消息的写作却另当别论,因为它不是独立存在的文体,而是依附于画面,与画面相配合的,所以不适合包含复杂逻辑性,也不讲究结构的严谨。电视消息的写作,要遵循与时间、空间相吻合一致的顺序,做到条理简单、叙述清晰、交待明白即可。

②Concise(简洁)。电视消息的图像和声音都是转瞬即逝,解说给予观众的机会只有一

次,既不能停顿,更不能重复,因此,表述语言必须简洁明了,要在不超过三分钟的时间内,清楚、完整地说一件事,必须学会用概括、精炼的语言把复杂的事件说简单。

③correct(准确)。电视消息写作所要求的准确,有以下几方面的含义:第一,内容的准确。新闻,以其真实为生命,准确是真实的保证,电视消息所报道的事实内容,包括每个新闻要素,必须做到准确无误。第二,表述的准确。电视消息的文字稿要转化为声音进行口语传播,因而表述的准确涉及文字和语言两方面,汉字中,有很多字词同音不同义,或者同义不同音,在写作时,就必须要注意选择那些意义明确,读音不会产生歧意的字词,保证表述意思的准确。第三,还要注意文字解说和画面的关系问题,防止声音画面两张皮,做到声音画面配合适当、表达准确。

④Conversational(口语)。电视消息的文字写作,最终是要以声音的形式传达给观众的,要让观众一听就明白。写作时,要做到表述语言的口语化,广播电视语言和生活中的初始口语都有口语化的特点,但广播电视的语言绝不等同于生活的初始化口语,而是在初始口语的基础上,经过加工、锤炼,具有简洁明了、通俗易懂风格的规范化口语。

口语化的语言,往往带有浓厚的生活化色彩,广播电视语言越接近生活,就越被广大观众喜闻乐见。

3.电视消息的基本结构内容

在电视消息中,由于画面和文字共同传达信息,而文字往往又是配合画面的,因为画面的关系文字部分通常是不完整的。所以,电视消息的组织结构要求并不严格,大体来说,电视消息的本体,要包括导语、主体、结尾三部分,这和一般的消息的构成大体相同。

(1)导语。

电视消息的导语比报纸消息的导语要简洁,和广播消息的导语类似,通常是"一句话立片言以居要",揭示报道主题,引起观众注意。导语是电视消息文字的精华,必须花工夫写好。导语的文字要适合口语表达,要使播音员(或主持人)说得清楚,观众听得明白。

文字导语相配合的电视画面,被称为"画面导语",画面导语应紧扣报道的主题,实现典型环境、典型人物和典型事态。画面导语应有一定的视觉冲击力,能给观众留下深刻印象。

(2)主体。

电视消息的主体是对导语的深化和补充。消息的主体要对导语中涉及的新闻要素作进一步的注释和充实,对导语中没有涉及的新闻要素作交待和说明,一般来说,消息的主体要对新闻事实做更详尽的报道,要提供更具体的细节,同时也需要必要的背景材料。与广播消息的主体相比,电视消息的时间更短,并且有画面,因此,要求文字更精炼、更简洁,要注意做到不重复、背景精、少描述。不重复,就是对导语中已经介绍过的内容不重复,对画面可以表达的内容不重复。主体文字要深化和补充导语,提供新的信息,使报道更丰富,更完整。背景精,是指在使用背景材料时,要紧扣主题,精挑细选,严格取舍。少描写,是说要充分考虑画面的直观性和生动性,注重发挥画面的实证作用,给画面留出足够的表现空间。

电视消息的主体,通常有以下几种方式:

①第三人称概述式。第三人称概述式,就是记者站在第三者的立场,对新闻事实进行客观的叙述。很长时间以来,第三人称概述式就被看作电视消息写作的固定格式,是最常见、最规范的写法。

②第一人称目击式。第一人称目击式,是指记者出镜采访,将所见所闻忠实记录、传递给观众。这种报道方式的新闻中,通常有大量的同期声。

第一人称目击式的写法,突破了新闻现场与受众之间的心理局限,生动、真实、可信,容易使受众产生如临其境的感觉,具有很强的感染力和说服力,成为电视消息越来越普遍采用的写作方式。

③特写式。特写式是在主体部分选择新闻事实中具有典型意义的几个侧面或几个片断,抓住"特写镜头",再现新闻场景。特写式的主体写法,有利于突出中心事实和消息中最引人的内容,但在写作时,要精心选择事实,抓准、抓活"特写镜头"。

④问答式。问答式,就是以记者采访形式提问,被采访对象回答的写作方法,记者可以出镜,也可以不出镜。

问答式主体的写法,可以使消息的结构层次清晰,事实交代清楚。问题提出和回答直截了当,事情说得清,问题讲得明。也是电视消息中常用的写作手法。

除此几种主要的方式之外,电视消息的主体写作,还有其他一些方式,比如:工作记录式,即以记录工作情况的方式进行现场报道;画面加字幕式,就是文字新闻中加图表,图像报道中在画面上加字幕、图表的形式等。

(3)结尾。

电视消息和广播消息、报纸消息一样,一般不刻意为消息写结尾,只要消息相对完整,常常止于所当止。在系列(连续)报道中,结尾部分要考虑为后续报道留有余地,以保证报道整体的连续性和完整性。

电视消息和广播消息、报纸消息一样,一般不刻意为消息写结尾,只要消息相对完整,常常止于所当止。在系列(连续)报道中,结尾部分要考虑为后续报道留有余地,以保证报道整体的连续性和完整性。结尾的形式是多种多样的。常见常用的有以下几种:

①小结式。小结式即把新闻的内容作一个概括总结,给观众一个完整而明确的结论。一般来说,小结式的结尾,都是在总结新闻内容的基础上,进一步点出新闻的主题。

②照应式。照应式是消息的结尾和导语中提到的主要事实照应,加强观众印象,进一步深化主题。这种形式,更适合电视消息,因为电视是一次性传播,结尾与导语照应,更能加深受众对新闻事实的印象。照应,并不意味着就是内容的重复,而是对新闻事实本质更深的挖掘,每一次照应,都应有新意、意思应该更深一层。

③评论式。评论式结尾,是对报道的新闻事实进行议论,说明其实质、意义等,明确揭示主题。

④展望式。展望式结尾是在结尾写出当前新闻事实的发展趋势,引起人们的关注。展望式结尾,适用于重大的新闻事实,或是群众普遍关心的事情。一般的和不太受大众关注的新闻,没有必要做展望式结尾。

⑤诘问式。诘问式结尾,是在新闻事实报道完以后,针对新闻事实所提出或揭示的问题进行追问、反问,以引起注意,促使问题更好得到解决。

诘问式导语,大多用于批评性、揭露性报道,因此,所提的问题应抓住关键,一语中的。

(二)电视新闻专题

1.电视新闻专题的概念

电视新闻专题,属于主题性报,是对某些重要事件和具有新闻价值的典型人物、典型经验或一些新生事物进行的多侧面、多角度的有一定深度的报道。

随着电视新闻实践的发展,电视新闻专题的概念在不断变化。在早期,电视纪录片包括在专题片中,电视新闻评论则不属于专题片的范围。现在,电视新闻专题的内涵与外延和报刊的深度报道逐渐趋同,可以说,电视新闻专题是电视新闻的深度报道。深度报道是在消息的基础上发展起来的,在联系和发展中把握新闻事实,对新闻事实进行解释分析的报道形式,是在信息社会大信息量条件下,对信息进行深加工和综合处理的产物。在电视新闻发展的过程中,有观点认为,深度报道是报纸的优势,电视不适合作深度报道。事实上,面对复杂的新闻事件和社会现象,电视新闻专题,以其灵活多样的手法,也可以进行游刃有余的深度报道。目前,一些以社会热点问题报道对象,融新闻性、社会性和评论性为一体的电视新闻专题,已经成为电视新闻中最重要的报道形式之一,且具有较高的收视率和广泛的影响力,因而也越受到重视和关注。

2.电视新闻专题的特点

(1)大容量,注重报道深度。

和电视消息相比,电视新闻专题,一般篇幅都比较长,通常在 20～30 分钟之间,甚至有长至 50 分钟的。较长的篇幅,使得电视新闻专题可以更详细地交待事实,更多地交待背景材料,也可以对新闻事实进行充分分析,深入挖掘。目前的电视新闻专题大多实行栏目化,每天或定期播出,还可以以系列或连续报道的形式进行播出,其信息容量大,同时,电视专题新闻在对报道内容进行充分解释分析的过程中,不能只停留在具体的事实或现象,而注重对事实本质的探究和新闻内涵的深层挖掘,注重报道的深度。

(2)立体化,体现报道广度。

电视新闻专题,在报道新闻的过程中,可以从多层次、多角度和多侧面进行。电视新闻专题的着眼点不是一个具体的新闻事件,报道一个孤立的客观事实,而往往是着眼于具有普遍社会意义被大多数人所关注的现实问题。在大的社会背景中,要选择具有典型意义的社会现象或新闻事实进行深层次的观察和思考。为了充分地解释和分析,电视新闻专题通常不仅需要具有若干递进的层次,或通过不同角度,展示事物不同侧面,还要展现事物之间及其与周围社会环境、社会背景之间的复杂关系,因而具有相当的广度。

(3)思辨性,立场观点鲜明。

电视专题报道,体现较强的思辨性。

首先,电视专题报道内容的丰富性和复杂性,要求记者具有很强的思辨能力,能够透过社会现象,分析社会问题,揭示事物本质,提出观点和见解。其次,专题报道的思辨性还表现在专题报道中越来越多地报道观点和见解。现代新闻观念认为,公开发表的观点和见解,是一种客观存在,从信息学的角度看,凡带有信息的事物都是事实,公开发表的观点和见解是意见性事实,从这个意义上说,专题报道中大量存在的访谈都属于这种既是主观意见,又是客观事实的信息。这种意见性信息本身就具有很强的思辨性。而无论是记者的观点和见解,还是作为信息报道的观点和见解,在电视新闻专题中,都必须是明确的。

(4)多样性,结构形式灵活。

电视新闻专题内容的丰富性和复杂性,决定了其表现手段的多样性和结构形式的灵活性。

一方面,电视新闻专题,为电视的多种表现元素提供了展现的空间,专题报道的时间长度使电视画面的叙述功能得以充分发挥，可以展现更多情节、细节，生动的形象和故事，使报道真实感人，增加了信息量；记者的采访活动也常常出现在报道中，缩短了和观众的距离。

另一方面，画面和声音的蒙太奇、解说、字幕、特技、动画及少量的配乐等，多样化的表现手法不仅使电视新闻专题具有更强、更灵活的表现力，同时为电视结构形式的多样化提供了条件，使电视新闻专题可以根据题材的特点，采用灵活多样的结构形式。在不违反新闻真实的前提下，电视新闻专题可以根据题材和主题的需要，灵活地使用多种结构形式，形成完全不同的风格。

3. 电视新闻专题的分类及基本写法

根据电视新闻专题的内容和基本结构特点，电视新闻专题大体可分为以下几种类型：

(1) 报道型。

报道型电视新闻专题是对新近发生的或正在发生的重要新闻事件进行充分报道，有时也对某一事物的某些侧面进行专题性的报道。报道型电视新闻主题具有一定的时效性，在报道方式和报道手法上具有较多的电视消息的特点。报道性新闻专题通常是对当日或近日重大的新闻动态进行整合、补充和深化。比如充分展开新闻要素，详细交待情节、细节，围绕报道主题，纳入大量的背景材料和相关事实，以及新闻事件的反响等。在结构方式上报道型新闻专题较多采用电视消息倒金字式提纲挈领的报道方法，通常是以典型事实的概括作"导语"，并由此生发报道主题。在报道型电视新闻的主体部分，则多采用围绕报道主题、多层次、多侧面的纵横交错式的结构形式，并且可以根据报道的具体需要在结构形式上灵活转换。和金字塔结构最明显的不同是电视新闻专题必须要有一个完整、明确、有力的结尾，而不能虎头蛇尾，不了了之。

(2) 调查型。

调查型新闻专题是对新闻事件或对某个热点问题进行深入调查的报道形式。

这种类型的新闻专题，通常是以具有较大社会影响，为社会普遍关注的新闻事件或社会现象为由头；从提出问题开始，以记者的调查为线索，完整地、层次清晰地展现调查的过程，以揭示事件真相，说明其社会意义。

调查型新闻专题的结构线索大多是主观性的，以记者的调查活动进程推进报道层次。这就要求记者有较强的发现问题、分析问题的能力。在调查过程中，记者的采访要有的放矢，要善于选择采访对象。遇到采访对象不合作、回避问题或有意掩盖事实真相时，记者要善于点其要害。采访中的问题设计很重要。如果问题设计得好，不管采访对象怎样回答，甚至默不作声，其神态表情都能说明问题。

调查型新闻专题的报道手法一般都是客观的。现在进行时的调查过程把观众带到新闻现场，观众可以和记者一起调查，共同思考。记者冷静客观地提出问题，调查过程层层递进；通过事物的逻辑发展，揭示事实真相，或得出结论。

调查型的电视新闻专题，是电视新闻中的重武器，是进行舆论监督的重要手段。涉及舆论监督内容的专题新闻，由于对社会生活干预程度较深，涉及的问题尖锐且错综复杂，因而要求记者(作者)要有强烈的社会责任感、丰富的社会经验、较高的政策水平和敏锐的洞察力。在采访开始前要做好充分的准备，精心设计采访方案和问题；在采访过程中，善于运用多种采访技巧，达到调查采访真实、深入、准确的目的。中央电视台的品牌栏目《新闻调查》就是这类节目的代表。

调查型电视新闻专题的文字写作,要注意以下几点:

①在讲述事实的过程中,表情达意,阐述观点。新闻专题的解说文字,通常是对新闻事实的概要介绍或某种认识、观念的表达,因此其在写作和播报的过程中,都带上了人的主观的因素,因而又被称为主观声音。它体现着记者的个性,是记者专业素质和语言水平的展示。

②过去有些电视新闻专题的文字解说,承载了较多的宣教作用,一些主观的认识和观念,不是体现在对事实的叙述中,而是直接说教、追求文字的唯美和煽情,这样做的结果,是忽略了新闻专题的个性特点,导致了新闻专题的"模式化"。

③电视新闻专题的写作语言,应该质朴、平实,通过对事实的讲述,来表达主题,使观众在了解客观事实的过程中,接受作者的观点。要善于用写作文字补充背景材料,增加电视新闻专题的信息量。因为新闻专题注重报道深度和广度,常常需要各种背景材料,从多方面、多角度说明问题,特别是一些非事件性、非形象性的画面不易表现的内容,更有赖于文字写作发挥作用,选择各种材料,来阐述观点,说明主题。要处理好声画关系,调查型新闻专题中,文字写作要注意克服两种现象:一是解说与画面脱节,即"声画两张皮";二是解说过多过滥,画面已交待的内容,文字再重复,这样,不仅影响观众对画面的解读,同时增加了观众理解的负担。

(3)访谈型。

访谈型新闻专题,是以访谈为主的新闻报道形式,访谈型新闻专题通常适用于有一定抽象性、有一定深度的题材,尤其适宜于人物报道,对一些较宏观的题材较适宜。

访谈式电视新闻专题报道的采访对象多为公众关心的新闻人物、社会知名人士或某方面的专家学者,访谈的话题可以以人物为主,也可以事件或问题为主,在谈话中,通常是记者提问,被采访者回答,为了使采访深入,记者往往采用叙述式提问的方式,即先叙述,后提问,在叙述的基础上提问。

这样做的好处是:第一,可以把报道中必不可少的陈述性、背景性、介绍性的内容进行简洁的概括,缩短观众对人物或报道事件的认识过程,从而缩短采访的过程;第二,在叙述基础上的提问,更有针对性、更深入,在已提供背景的基础上,记者可以提出更有特点的问题,提出更具实质性的问题,这种提问方式,可以使记者的每次提问都上升到一个新的层次,引发被采访者的"精彩"回答;第三,叙述式提问可以使访谈真正成为"对话",而避免一问一答的单调呆板。这种形式,有时也表现为只是叙述,而并不提问。例如,这样的叙述具有启发、揭示引导谈话的作用。在访谈中,作为谈话的一方,用叙述的方法推进谈话进行,使访谈更自然、细致、深入,其效果比提问更好。

叙述式提问的的要点,在于访前的充分准备,对访谈对象的认识和理解,要深刻,而这种准备应尽量从侧面获得,以保证访谈过程中,尽量不打断被采访者的谈话,保持访谈新鲜感。

最值得一提的一点是,访谈型电视新闻专题中的主体应是采访对象,记者应注意,不能喧宾夺主。

4.电视新闻专题解说词写作

(1)解说词的含义和作用。

解说词具有两层含义:一种是狭义的解释,指电视节目的旁白;另一种是广义的解释,指除去电视画面以外的电视元素,包括画外音、字幕、标题、对白等。在此,我们取其广义概念。电视节目解说词,是从纪录电影中借用的名词。在纪录电影中,解说词的作用通常是解释画面。在电视节目类型日益多样、电视新闻节目内容不断丰富的过程中,解说词的功能也不断得到开发。其从单一的解释画面逐渐延伸为解释新闻价值和新闻事件的本质意义等。从新闻写作的角度来看,解说词是报道新闻事实,表达、补充、说明、解释画面无法准确表现的信息,提升新闻(节目)思想性和信息内涵的文字稿。从本质上说,电视解说词是以画面为基础的新闻报道,它依托和配合画面,是为引申、补充、深化电视画面内容而编写的文字稿。

电视节目解说词的功能和作用是建立在电视画面的特性和在传播新闻信息过程中的缺陷基础上的。电视画面表现的永远是现在时态,难以表现以往,解说词可以用文字进行叙述和描绘;电视画面表现客观的具体实在,对抽象的内容比如思想、观念、哲理等无能为力,解说词的文字则可以以技巧概括抽象表现力弥补画面的不足;在新闻报道中,画面通常难以全面表现新闻要素,比如时间空间概念等,文字则可以准确说明;画面具有多义性和内涵的不确定性,解说词中的画面则可以对画面进行解释、说明,使画面含义明白,意义揭示深刻。

(2)电视新闻专题解说词的写作要求。

电视新闻专题节目中的解说词写作,其实与广播新闻专题的文字写作一样,都是通过文字来表达作者的思想意图,以此来反映生活。但由于不同媒介的传播方式和传播语言符号不同,电视专题文字也就形成了一种独立的文体。在电视新闻专题节目的解说词写作中需遵循四点原则:

①具体。解说需要言之有物,不空不泛,切忌空话连篇。这就需要解说与画面协调配合,相辅相成。除了表现画面本身特点以外,解说词还需要向观众介绍画面以外的信息和内容,深化主题、烘托气氛、宣泄主题等,以达到最大的传播扩张力和最佳的艺术效果。如一些记者在报道旅游业绩时写道:“今年游客总人数较去年大大提高,百姓收入显著增加。”关键词“大大提高”和“显著增加”,这样的文字,实际是空口白话,毫无说服力。

②形象。解说需要言之有画,所谓言之有画就是以画面为基础进行文字创作,但不是看图说话,而是文字对画面生动活泼的叙述、议论和抒情,使观众产生联想,了解到画面以外的事物。如画面上一个女人伤心的哭泣,解说词写道:“她伤心的哭泣,泪水从眼眶里不停地流下来。”这样的解说多此一举,无疑是整个节目的败笔。

③准确。解说需要言之有度,要介绍符合常理,符合事物发展逻辑和观众的审美情趣的内容。如一些新闻专题片在汇报一项惠民项目取得成效时,这样写:“这个项目建成后,这个县居住人口的生产生活条件将会快速改善,人们的幸福指数也会大幅度提升。”这样没有事实根据的推断,只能是主观臆想,没有说服力。

④简明。解说需要简洁明了,避免重复累赘。由于电视的线性传播特点,简洁明了的文字解说更容易使观众获取信息,得到娱乐。往往那些通篇都是文字解说的“满堂灌”专题节目早已被观众所唾弃。电视专题节目解说词的写作,应该做到解说出于画面和主题表现的需要,少而精,解说文字不与画面竞争,真正使解说词和画面完美配合,相得益彰。

(3)电视新闻专题解说词写作的语言特点。

①多用平声字。平声字发音响亮,容易听清楚。同音字尽量少用,或者其他字词代替使用。多使用押韵的字,这样读起来朗朗上口,听起来也容易明白。

②多用双声词。双声词是我国现代汉语中最基本、最常见的词组。不过在选用双声词的

时候应避免方言中的双声词出现,如湖北方言中的站脚(等待、等车),山西方言中的道糟(糟糕、倒霉),陕西方言中的颇烦、幙乱(麻烦)等,这些词汇在它的使用地域范围含义特定,在此地域之外,受众可能就无法准确解读其准确含义。

③多用短句。电视文字与平面文字有着传播特性的区别。电视传播的速度快,声画易逝且不可复制;而报纸、杂志等平面文字可以反复咀嚼、反复品味,所以在电视文字写作时,应该多选用短句,做到明白晓畅,言简意赅。

(三)电视新闻评论

1.电视新闻评论的概念

关于电视新闻评论的概念,学术界存在两种不同观点。一种观点认为,电视评论并非指某一具体的评论形式,而是电视媒介播出的所有新闻评论类文体的总称;另一种观点认为,电视新闻评论就是电视台编辑部针对某一新闻事件或社会现象进行评论的新闻体裁。

我们认为,第一种观点更客观,更符合实际。因为这种定义,包含了以下几方面的内容:首先,电视新闻评论是新闻评论;其次,它是电视中常用的,具有电视传播特点;再次,电视评论的内容、形式和表现手法都是多样性的。在电视媒介的社会影响越来越大的今天,电视新闻评论具有强大的舆论导向的功能。

2.电视新闻评论的特点

电视新闻评论,即具有一般新闻评论的共性特征,又具有不同于其他媒体新闻评论的个性特点,其具体表现在以下几方面:

(1)可以综合运用多种语言符号。

电视新闻评论具有可以发挥多种语言符号作用的综合优势,画面、音响、字幕、解说、同期声、音乐以及蒙太奇都可以作为电视新闻评论的表现手段。

活动画面是电视的独特优势。在电视新闻评论中,画面既具有叙述功能,又有实证作用。典型画面、蒙太奇编辑手法和特技的运用,既可以"让事实说话",又可以产生强烈的视觉冲击力和情感冲击力,画面为评论提供有形论据,发表无声的意见,使评论建立在有理有据的基础上。

同期声具有叙事和实论功能,声画一体体现了真正意义上的现场纪实。在电视新闻评论中,各种人物的同期声加强了意见表达的直接性、客观性。电视评论中的同期声具有立体表现人物,用事实说话,体现评论的群众性等多方面的意义。

字幕以简洁的文字概括评论的思想观点,具有画龙点睛的效果。作为一种补充手段,文字常常补充了画面和声音不能表达和不易表达的内容。

文字解说是提出论点,归纳演绎分析推理和得出结论的能动的线索。在政论性的电视评论中,论述性的解说往往是电视评论的主体,在各种表现手段中常常处于主导地位。

视觉形象鲜明、生动,是电视新闻评论区别于其他媒体的新闻评论的最突出的特点和优势所在。

电视新闻评论表现手法的多样性使其具有较强的表现力和说服力。多种表现手段的综合运用,增大了评论的信息量,也增强了感染力。

(2)声画融合,视听互补。

在电视新闻评论中,画面和声音具有交互作用视听互补的特点。画面和声音分别从两个感觉通道加强观众对事物的理解,消除对事物认识的不确定性,使观众从感性和理性两个方面认识事物,由感性上升到理性。

电视新闻评论中的声画相融、视听互补表现为两种形式:其一是声音和画面合二为一,理从事出,论述性的语言直接阐述画面内容,在画面的基础上分析评述,论述和画面互相印证,实在有力。其二是声画对位,即论述性的语言和画面内容若即若离,相互对应,论述语言具有宏观性和概括性,与之相应的画面则具有实证性和相关性,论述和画面相互补充,激起联想,产生认识上的飞跃和升华。

在电视新闻评论中,抽象的论述和具象的画面相结合,用具体的视听形象来支撑和强化论述,论述则阐释具体现象之间的内在联系,进行理性思辨,使电视评论产生以理服人、以情感人的综合效果。

3. 电视新闻评论的分类

电视新闻评论,沿袭报刊新闻评论的分类方法,通常以评论的规格等级不同,将电视新闻评论分为本台评论、评论员文章、短评、编后话等形式。这些评论大多是以口播形式播出的。从写作学的角度上,最能体现电视特点的电视新闻评论,可以分为三大类:谈话体评论、主持人评论和电视述评。

(1)谈话体评论。

谈话体评论,是以电视谈话形式播出的电视评论节目。一般由主持人主持,邀请嘉宾和现场观众参加,以某一新闻事件或公众关心的热门话题为内容,在演播室通过访谈、讨论等面对面交谈的方式进行。这种节目类型通过谈话者之间双向和多向的人际交流进行思想和观点的沟通和传播。一般来说,谈话体评论按事先的计划进行,在进行过程中又有一定的随机性和自发性。谈话者可以畅所欲言,发表自己的见解,这就需要主持人具有很强的驾驭谈话的能力。经验丰富、随机善变的主持人,引人入胜的话题,有典型性和影响力的访谈对象,独到的见解,不同观点的争鸣和碰撞往往是谈话体电视评论的魅力所在。谈话体是电视评论有嘉宾座谈式和观众现场参与两种形式。

(2)主持人评论。

主持人评论是由电视新闻节目的主持人在主持节目或者对新闻事实报道过程中所做的有针对性的电视评论。主持人评论通常采用第一人称和口语化的评论,具有鲜明的人性化和人格化的特征。主持人参与评论的写作和制作过程,其个性化特点通过评论角度、表达方式、语言风格、动作表情等表达出来。主持人评论的形式灵活多样,它可以穿插于主持人主持的新闻节目中,夹叙夹议,对已播或正在播出的新闻报道进行评论,也可以就某一问题发表评论,可以三言两语,也可以长篇大论,中央电视台的《今日说法》和《焦点访谈》节目中的许多内容都具有主持人评论的鲜明特点。

(3)电视述评。

电视述评,是以深度报道为基础的电视评论形式。电视述评以新闻事件或社会现象为报道、评析对象,发挥电视声画共用的纪实优势,以记者的报道、解说、分析为主线,按照事物发展的逻辑顺序和人们认识、分析事物的逻辑规律,综合权威人士和专家学者及各界群众的意见,由主持人做画龙点睛的点评的评论形式。

电视述评的突出特点是客观的报道和评论的说理性有机的结合,体现出鲜明的导向性和深刻的思辨性。述评的话题通常是群众普遍关心或具有普遍意义的问题,权威人士和各界群众可以广泛参与意见,因而具有广泛的群众性和影响力。

电视述评可以综合运用多种传播符号和多种述评方式,是表现手段最丰富、形式最灵活、最能体现电视传播特点、发挥电视传播优势的电视新闻评论形式。

电视述评,根据其内容的不同,可分为形势述评、工作述评、思想述评、事件评述、人物述评等。

形势述评,通常是以国内外形势,包括政治形势、经济形势及其他领域的形势变化为对象的评论,可以就宏观,也可以就微观,通过事实概括背景交待、现象分析、趋势预测使受众对相关形势有全面而深入的认识。这类述评的写作,需要作者具有相关领域的丰富知识,视野开阔,写作中,可以借鉴相关领域专家或权威人士的观点和评论,帮助人们全面、正确地认识形势。

工作述评是以实际工作中的经验、教训或问题为对象的述评。工作述评涉及的往往是相当范围的实际工作中一种经验、一类现象或问题,涉及社会管理层面的观念和政策。工作述评往往抓住一个典型事例,并以此为据,从理论、政策、法律的角度从全局出,提出问题,分析实质,提出具有启发性、教育性和指导意义性结论。这类述评常常涉及管理层面的问题,当报道涉及负面报道的内容时,往往产生较大影响和连锁反应,其舆论监督力度较强,中央电视台播出的《违法收缴违民心》就是一篇很好的工作述评。

思想述评是以具有时代特色的思想领域中的问题和现象为对象的述评。它通常是通过对某种具有社会代表性的思潮、观念进行分析,评论指明趋势,得出结论,给人以某种启示。

事件述评是以具有较高新闻价值的新闻事件为对象,通过对其生平事迹和精神实质及是非功过的述评,使受众对人物及社会现实有深刻认识和正确理解。

在事件述评和人物述评中,往往述多于评,因此,报道的成分和色彩更多一些。

✦ 思考题

1.从报纸上选择一则消息,仔细阅读后,将其改写成广播消息。

2.看一则电视新闻报道,以描述给朋友听的方式,将其新闻内容写下来,使之成为一条内容完整、格式规范的广播消息。

3.观察身边人和事,写一篇广播特写。

4.比较报纸消息和广播消息的信息冗余度。

5.讲评同学的消息习作,指出其中绝对冗余和必要冗余。

6.策划一个访谈型电视专题节目,写出访谈提纲。

7.看一条点评性电视消息,针对消息内容写一篇主持人评论。

8.调查周围同学中有关消费、旅游、择业等方面的问题,选一个你感兴趣的话题,拟出调查型新闻专题节目的写作思路(提纲)。

第七章　广播电视播音与主持

学习目标

1. 理解广播电视播音与主持的概念。
2. 了解广播电视播音主持的产生与发展。
3. 掌握广播电视播音主持的语言表达方式。
4. 了解广播电视播音主持的角色定位。

广播电视节目主持人是广播电视媒介发展到一定阶段，广播电视节目成熟后的产物。在大众传播媒介，尤其是电视媒介的活动中，节目主持人的作用和影响无疑是巨大的。自它诞生之日起，就作为电视与受众最直接、最活跃、最能激发情感交流的中介，作为电视节目中最适宜承上启下、组织串联、传情达意的主导人物，为电视这一媒介实现有效的传播发挥了不可替代的作用。主持人的出现，改变了电视节目原有的传播模式，将人际传播的优势融入大众传播，展现出了一种更具魅力和吸引力的传播模式，缩短了广播电视媒介与受众之间的距离。

在我国，对于节目主持人的研究只有短短 20 多年，却走完了西方主持人半个世纪的历程。这其中，有缺陷，有不成熟，不完美，但也正因为此，面对如今社会的新形势，我们才更有必要去探讨和研究，中国的节目主持人应该如何把握时代的机会，如何应对未来的挑战。

第一节　广播电视播音主持的产生与发展

广播电视节目主持人，简称主持人，是指广播或电视节目中为听众、观众主持节目或栏目的人，通常需要具备广播电视节目的采、编、播、演等多种业务能力，是当今广播电视模拟人际传播来进行大众传播的一种方式。随着我国广播电视事业的发展，节目主持人的队伍也不断壮大，成为广播电视行业里不容小觑的一支有生力量，也是新闻传播业中最有影响力的一个方面军。

节目主持人作为一个舶来词汇，从 1980 年代至今，也已走过了 30 多年的历史。它不单单是一种职业，也是一门学科。作为一门学科，我们需要从理论的角度对它进行深入的研究。本节将对节目主持人的概念、发展历程、节目主持人的传播特征以及主持人的角色定位进行分析探讨。

一、节目主持人的概念

（一）节目主持人概念的出现与含义

节目主持人这一称谓及概念的提出是在 20 世纪 50 年代，由美国哥伦比亚广播公司《60

分钟》的编导唐·休伊特提出的,他在 1952 年的美国总统大选中首次使用"Anchor"一词,也就是我们现在所说的主持人。1952 年正值美国总统大选,参议院的尼克松被共和党提名为副总统候选人,大批记者围堵采访,而哥伦比亚广播公司的记者却被挤出在外,情急之下,唐·休伊特灵机一动,他让记者直接摘下话筒递给尼克松,这样演播室里的主持人就可以直接采访尼克松了,而别的记者只能听见尼克松在回答问题,却不知道谁在提问。这样,哥伦比亚广播公司在别家的记者还没搞清楚怎么回事的时候,就已经播出了对尼克松的独家采访。这次的采访体现出了"Anchor"在报道中的重要的作用。而这次在演播室里采用联机的方式进行异地采访,也成为唐·休伊特的独特发明,他也被称为是电视界最有想象力的人物,因为他不仅创造了节目主持人,还赋予主持人特别的内涵。

"Anchor"一词是借用于体育界术语,它的本义是"锚:危险时可以依靠的人。"产生的引申义就是在接力赛跑中跑最后一棒的运动员,也是跑的最快、最具冲刺力的人。唐·休伊特把它引入电视新闻节目后,把电视新闻传播这种形式安排比作接力赛,其中最强的队员跑最后一程,也就是"新闻节目主持人"。休伊特认为,电视新闻对重大事件的报道既分散又呆板,应该"让最有利的记者在最后把所有的报道串联在一起,高度概括起来"[①]。由此可见,Anchor 应该具有这样一种能力:具有强有力的速度和冲刺力,能协调和衔接各方面,并把不同的新闻稿件有组织地串联,获得最佳的传播效果。唐·休伊特最终选中具有丰富记者经验的沃尔特·克朗凯特来担任 Anchor 这个角色,克朗凯特也被公认为是世界上第一位电视新闻节目主持人。

节目主持人作为一种职业,首先出现在美国。在美国,节目主持人在不同的电视节目中有不同的表现。一般有三个词语来表示:Anchor、Host 和 Moderator。Anchor 一般指新闻节目主持人,意为在节目中起着主导、控制的作用,唐·休伊特当年把 Anchor 引入新闻节目,也是用了 Anchor 原意中"锚、支撑点、协调"的意思,换句话说,就是 Anchor 是在关键时刻可以依靠的人。而 Host 本义为主人,多用来指综艺节目和访谈类节目的主持人,以突出主持人在这类节目中作为主人的地位和作用。在这些类型的节目中,主持人往往以主人的形式同嘉宾交谈,并把握整个节目的气氛、进程,是整个节目的核心、灵魂。与 Host 相似,Moderator 也指娱乐节目主持人。moderator 原意为"缓和、仲裁人、协调人",最初是在游戏或竞赛类节目中做主持人,后来也在一些采访类节目中出现,起到调节、客串和仲裁的作用。Moderator 和 Host 同在采访类节目中出现,但两者却不相同。Host 一般指综艺节目和明星访谈的主持人,是以"主人"的身份对来宾进行采访;而 Moderator 还是以调解、客串的作用为主,不以"主人"的身份出现在节目中。在英国,节目主持人还叫 Presenter,意思是展示者;也叫 Compere,意思是电视节目的介绍者。

值得一提的是,"主持人"这一职业的出现和主持人概念的提出并不是同步的。早在 20 世纪 20 年代,广播电视中就有作为"主持人"职业出现的"新闻评论员""电视评论员",但 Anchor 作为"主持人"这一概念的提出却是在 20 世纪 50 年代,由唐·休伊特提出。像我们知道的著名的主持人爱德华·默罗,虽然早期并没有以"主持人"的头衔出现在观众面前,但他们依然是享誉世界的著名主持人。

与国外相比,我国的"节目主持人"现象出现的比较晚。1952 年的美国已经出现了电视节

---

① 赵淑萍.新闻权威与个人魅力——美国电视新闻节目主持人成功之路[M].北京:华文出版社,1999.

目主持人和主持人节目,而在中国,直到 20 世纪 80 年代初,大陆广播中才正式出现了这种新的节目形式——主持人节目。1981 年元旦,中央人民广播电台对中国台湾广播由徐曼主持的《空中之友》节目问世,徐曼也可以算是我国广播史上第一个以正式名义出现的节目主持人。同年 4 月,广东电台由李一萍主持的《大众信箱》也相继出现。之后,其他省市广播台也陆续办起了主持人节目。

节目主持人现象在我国出现后,人们一直想给它下一个准确的定义。但研究者不同,给出的定义也有差异,没有形成一个公认的定义。

作为一个舶来词语,"主持人"一词是由陈汉元和于礼厚先生先后从海外华人刊物的报道和归国华侨的介绍中了解来的。在 20 世纪 80 年代初,它主要是被用来表达与传统"播音员"概念的不同而提出的。但随着主持人节目的发展,节目主持人也开始参与到节目的策划、拍摄、制作、编辑和播出的全过程,其中一部分主持人节目还独立承担采访、编辑等摄制任务,使得节目的风格与主持人自身的语言习惯、风格等相协调。以下是不同学者对节目主持人概念的界定:

1985 年,于礼厚在《新闻工作手册》中对主持人的解释是:"在广播或电视中出场为听众或观众主持各种节目的人,叫节目主持人。主持人不是一个表演者,也有别于新闻通讯和文章的播报者。主持人是以他自己的身份、自己的个性直接面对听众或观众的人,主持人在节目中处于主导地位,他的职责是组织、串联一次节目的各个部分,但也直接向观众或听众传播信息。"[①]这一表述明确了主持人与表演者、播音员之间的区别,一定程度地揭示了节目主持人的本质属性。

俞虹在《节目主持人通论》中的观点是:"节目主持人是在广播电视中,以个体行为出现,代表着媒体群体观念,用有声语言、形态能动地操作和把握着节目进程,直接、平等地进行大众传播活动的人。"[②]

陆锡初在《主持人节目学教程》中对主持人的定义是:"所谓节目主持人是指以'我'的身份在广播电视中组织、驾驭、掌握节目进程,与受众平等交流的大众传播者。主持人是以第一身份出现在广播电视媒体中,它是节目的主人,主宰着节目,又是媒体的代表,成为'台'的标志。作为传播者,他与受众(受传者)之间是一种双向的互动关系,是一种彼此平等的朋友关系。"[③]

(二)节目主持人与播音员的区别

节目主持人和播音员,同是作为联系广播电视媒介和广大受众的"纽带",肩负着传播信息、宣传政策、普及知识、提供多种服务、串联节目等任务,但两者却分属于不同的范畴。

在我国早期广播电视传播实践中,节目主持人与播音员的区别并不是很明显。这是因为在主持人节目发展的初期阶段,节目主持人这种形态尚未成熟,播音员的存在就有着合理性,也担负了重要的宣传任务。许多在屏幕上被冠以"主持人"名称的出头露面者,实际上只是编导的一个被动的"传声筒",仅仅是把串词背熟,把书面文稿变成口头语,他们缺少了作为一个真正主持人的灵魂。随着主持人节目的不断发展,受众需求的不断增长、丰富,当播音员面对

① 刘洁.电视节目主持人[M].武汉:武汉大学出版社,2004:2.
② 俞虹.节目主持人通论(修订版)[M].北京:中国广播电视出版社,2004:7.
③ 陆锡初.主持人节目学教程[M].北京:中国广播电视出版社,2006:33.

受众时,也渐渐融入了主持人所具有的"平等""亲切"等特质;而当节目主持人面对受众时,也具有了播音员"规范""严谨"的特质。

正因为节目主持人与播音员密不可分,在对二者进行区别,不能简单地"一刀切",需要从认知的角度理清它们之间质的区别。

1.播音员与节目主持人产生于不同的时期,属于两种不同的传播形态

20世纪初至30年代末,在传播学界流行一种传播效果研究理论,叫做"子弹论"。这一时期也是大众报刊、电影、广播等媒介迅速普及和发展的时期。大众传媒的迅猛发展对社会的冲击是巨大的,大众传媒不仅成了人们获得外界信息的主要渠道,还深深地渗透到个人、家庭和社会生活的方方面面。同时,人们受到第一次世界大战中利用宣传战所取得的显著效果的影响,普遍认为大众传播拥有极大的影响力。在这种社会背景下,一种无视受众,以传播者为中心,居高临下的传播形态自然形成。这也是早期"播音员"所呈现出的基本特征。

从20世纪40年代起,"子弹论"受到质疑,"有限效果论"被提出,于是,出现了一种服务于受众,与受众地位平等,注重交流、沟通,具有鲜明个性的传播形态,节目主持人在这种背景下便应运而生了。这也正说明了节目主持人的基本特征。

2.播音员与节目主持人的传播目的不同

不同的传播理念,呈现出不同的传播形态。由于播音员没有具体的交流对象感,很难与受众做到平等、直接的交流,其传播方式基本都是居高临下的,传播目的就是要通过自己的语音播报,准确传达编导给的稿件的意义和情感。因此,客观、准确、规范、严谨,是对播音员的基本要求。而节目主持人是在一种拟态的平等交流氛围中,与虚拟的、特定的、具体的对象进行交流,目的是"有效传播"。因为,当节目主持人面对镜头的时候,实际上是模拟人际传播形式而实现大众传播效果,虽然是"目中无人",但却是"心中有人"。在节目传播过程中,节目主持人所讲的话,只要发音清晰准确、表述清楚、感情基调正确就可以了。

3.播音员与节目主持人的主体意识不同。

播音员面对受众,承担的主要职责是准确地播报编导提供的稿件,传达稿件的主旨及感情色彩。因此,播音员的主体意识仅仅是电视传媒的"传达者""播报者"和"转述者"。播音员不需要突出个性,也不应该在节目中直接展现自己的主观思想或主观情绪,要求使用标准纯正的语音,讲究字正腔圆,语气相对庄重严肃,风格严谨规范。而且,播音员从来都不会用第一人称"我"来播报。节目主持人面对受众,其主体意识则是真实的"自我"。在具体节目中,这个"自我"是个性与共性的统一。相对于播音员客观冷静的播报方式,节目主持人与受众的交流就随意灵活得多,可以具有鲜明的主观态度和感情色彩。节目主持人参与到整个节目的制作中,节目内容在不同程度上都在体现他个人的情感和思想,体现出自己与受众的交流意向,而这种交流是播音员办不到的。

著名主持人沈力说:"主持人工作的一个重要特征就是主持人是以个人身份出现在观众面前的,因此,他与观众不能只是我播你看的关系,而应该是站在一条线上的朋友关系。要把自己置身于观众之中,与观众平等相处、诚恳相待、信任他们、尊重他们。"①

---

① 沈力.谈主持人的个性形成[M]//话说电视节目主持.北京:文化艺术出版社,1989:8.

4. 播音员和节目主持人对语言的应用要求不同

播音员非常注重对有声语言的使用，相对于无声语言的使用则相当有限。而节目主持人，往往为了达到有效的传播目的，更注重有声语言与无声语言的综合使用，组织、串联节目内容，掌控节目的进程与节奏。在节目中，主持人对于无声语言的恰当使用也会给节目增添不少特色。

二、广播电视播音主持的历史发展沿革

(一)西方节目主持人的发展脉络

要认识某一事物的本质属性以及它的发展趋势，一个很重要的方法就是要了解它的过去，把握规律，才能探究未来。那么要了解节目主持人的基本属性，同样也需要梳理它的起源与演变过程。

1. 节目主持人产生的社会背景

(1)人类传播活动的更迭。

交流与沟通是人类与生俱来的精神需要，传播是人类社会的粘合剂，在劳动中产生和发展。从最初的人与人之间的人际传播，到群体传播、大众传播，伴随着社会的发展进步，传播手段有了多层面和多样化的发展。随着世界的进步，人们民主平等意识的不断增强，参与意识的增强，不再满足于自己过去那种被大众传播媒介控制的被动的受传者的地位，这样的人们无法参与的传播活动，也不能称之为真正的双向交流活动。

因此，当电子媒介以更直接、更生动地对接受者的视觉、听觉产生强烈冲击力的时候，人们再无法忍受原先的那种单向的、缺乏交流的单一的传播形式。于是，大众传播媒介和受众都在试图寻找一种更民主、参与性更强的互动的大众传播方式。"由于电子新闻采集设备的传播优势，使之很快在全美国、全世界推广普及，并进而与电脑、控制技术等相结合，使电视传播手段日臻完美，这就为节目主持人这一传播形式的诞生提供了物质保证。"[1]所以，当主持人节目以轻松的生活气息、浓郁的人情味出现在大众面前的时候，从心理上和现实上满足了人们对直接、平等、互动交流的情感需求。主持人亲切平等的传播方式代替了以往报纸"我写你读"和广播"我说你听"的缺乏人情味的形式，受众在接受信息时更容易获得一种认同感。

主持人的传播形式从表面上看是对人类最原始、最直接的口语传播方式的回归，但从本质上来看，是现代文明的发展导致人类自身对传播的内在需要深化发展的体现。

(2)信息急剧膨胀的冲击。

20世纪中叶以来，科学技术突飞猛进，人类社会的信息量倍增。"这是一个惊人的速度。即使以5年为周期来计算，也意味着，在今后不到70年的时间内，人类积累的信息量将达到我们今天信息量的100万倍。"[2]这对新闻媒介发出了挑战，对已有的传播形式产生了极大的冲击。人们开始思考，去寻找一种更新的方式去快速捕捉信息，筛选信息，传播更多更精的信息。电子媒介的出现，已经在扩大信息量、提高传播时效性上有了明显的进步，但节目形式的单调、板滞阻碍了其潜在功能的发挥，无法应对这个信息爆炸的时代。

---

①　徐德仁,施天权.时代的明星[M].上海:复旦大学出版社,1990:6.
②　郭庆光.传播学教程[M].北京:中国人民大学出版社,1999:39.

在此背景下,主持人节目应运而生,丰富的节目内容和多样的节目形式取代了过去单一的节目形态。在节目中,主持人可以将表面上看起来互不相干的内容有机地组合成一个整体,形成信息板块,大大加快了受众对信息的接收能力,为受众应对海量信息提供了有效的手段。

（3）有效的竞争机制。

西方国家的媒介大多是以商业媒介为主。媒介要生存必须依赖广告收入。要想争取到丰厚的广告收入,就必须要有优秀的节目可以吸引受众,有了受众,广告商才会给节目投资。没有哪个广告商会把钱投到没人看的节目上。

为了让自己的节目形式、节目内容都较之以往更具有吸引力,广播电视媒介纷纷推出了主持人节目和节目主持人。竞争带来了良好的广告效率,竞争也使传播活动更具活力。

（4）传播手段的现代化。

科学技术是人类社会进步的动力,科学技术的飞速发展,也促使着电子媒介不断的动态发展,这种更新与进步,也带动着主持人节目的发展与完善。现代化的传播技术为广播电视节目的时效性、真实性、丰富性、参与性等都提供了传播技术上的保证。可以说,传播技术的现代化是主持人节目的载体,也是主持人产生的先决条件,更是其能快速发展的必要因素。

2.西方节目主持人的发展脉络

（1）萌芽时期（20世纪20—40年代）。

如同广播先于电视发展、兴盛一样,主持人节目与节目主持人也首先在广播中产生。1928年,荷兰对外广播开播了第一个主持人形式的节目《快乐的电台》。这个节目主要是介绍荷兰各地的情况,如各种节日的来历、旅游、民俗等,内容包罗万象（不涉及政治内容）,具有浓郁的生活气息和人情味。主持人艾迪·勒达兹将这些充满生活气息的内容,轻松愉快地传达给听众,很受听众喜欢。他把自己的一生都融入了这个节目中去。除了在第二次世界大战期间被迫停播了5年外,他一直在这个节目中工作直到1969年。他也被后人誉为"历史最悠久、最富有个人独特风格的国际广播节目主持人"。这个节目也被公认是最早的主持人节目。

在美国,节目主持人最早也是在广播节目中出现的。20世纪20年代末至30年代初,美国的广播节目中开始出现了由电台新闻播音员、记者主持的新闻节目。其中,比较突出的有汉斯·冯·卡尔登邦,爱德华·默罗等,他们都是电台最先涌现出来的,表现卓越的"新闻评论员"。[1]

①汉斯·冯·卡尔登邦。在历时20天的慕尼黑危机期间,"卡尔登邦一直呆在纽约市他的第九播音室里,为哥伦比亚广播公司的欧洲记者张罗支撑,分析新闻报道,并且主持分析和评论节目。他把希特勒激烈的讲话翻译给美国听众听,并且预测针对事态发展会采取什么外交措施。在这三个星期中,人们听他播讲了85次。工作间隙时他只是蜷缩在一张帆布床上打个盹。"[2]卡尔登邦的播讲简洁明快、抑扬顿挫,后来他作为全国广播公司的首席政治评论员主持并分析新闻长达20年之久。应该说,卡尔登邦是最早的新闻节目主持人。

②爱德华·默罗。爱德华·默罗是从广播节目主持人向电视节目主持人过渡的代表人物。默罗早在1938年就开始报道第二次世界大战欧洲战场的战况。不久,他在哥伦比亚广播

---

① "新闻评论员",这是在"节目主持人"称谓出现之前,人们对"新闻类节目主持人"的早期称呼。
② 埃德温·埃默里,迈克尔·埃默里.美国新闻史[M].北京:新华出版社,1982:537.

公司开始主持《现在请听》，在主持这个节目期间，他养成了客观、平静、庄严而准确的播报风格。他的声音富有感染力，叙述问题时显得沉着，深思熟虑，态度克制。这个节目对美国民众的思想产生了很大的影响，促进了当时中立的美国人领悟这场战争的性质。20世纪50年代初，由于电视的迅速发展，默罗从广播转向电视，同时把他在《现在请听》栏目中的主持方式移植到电视中来。1951年开始，他开始在电视上主持《现在请看》节目。1953年他还开始主持另一档著名的访谈节目《面对面》，该节目后来成为美国收视率最高的"十大"节目之一，于1959年停办。

第二次世界大战期间，也有一些国家尝试在对外广播中使用"主持人"的形式，也取得了不错的效果。比如当时日本对美国广播中有一位被称作"东京玫瑰"的主持人，她以充满喜悦、温馨的语调和柔美迷人的嗓音与美国士兵交谈，节目中浓郁的人情味极易唤起士兵们的思乡之情。据说当时对瓦解美军起了不小的作用。英国广播公司对德国的广播也采用了主持人的形式，由林德里·法瑟主持，他的特点是谈吐中富有智慧、幽默和权威性。①

由此看来，20世纪20—40年代末，已经有一些具有远见卓识的广播工作者，利用无线电广播的优势，在尝试摸索着广播的新形式了。

（2）发展时期（20世纪50—60年代）。

20世纪30—40年代，是美国无线电广播的"黄金时代"，到了40年代的后期电视出现以后，广播的黄金时代宣告结束。美国的三大广播网虽未放弃广播，但却把注意力转移到电视上来，连同在广播中备受关注的节目以及节目中的明星主持人，都被移植到了电视中去。比如，默罗从广播电台被调去电视台，他的节目《现在请听》变成了《现在请看》。

20世纪50年代初，美国的电视节目大胆启用主持人的形式，并取得了广泛的成功。到20世纪60年代开始，美国三大电视网的早间新闻、午间新闻、晚间新闻的播音员都换成了主持人，新闻节目主持人形式基本定型。这期间，电视新闻节目主持人开始走向成熟，为电视网带来了更高的收视率和广告收入。主持人的作用和影响初步显现出来。这个时期，出现了一批有重要影响力的主持人，如默罗、克朗凯特、亨特利和布林克利等。

①爱德华·默罗。默罗早年就读于华盛顿州立大学，半工半读修完大学专业。他成熟稳健，热情正直，一表人才。他曾担任过全美学联主席，发起并组织过美国大学与欧洲大学的辩论活动。这些活动对他日后成为主持人起到一定的作用。他一生创办和主持过三个广播电视节目：《现在请听》《现在请看》和《面对面》。他主办的节目"不落俗套，使美国人多次领略了货真价值的新闻"②。默罗认为信息本身比它的传播手段更重要，所以他倾注所有的心血用于精心写稿和剪辑片子。而在电视实况时代，他正在把自己对新闻的正直感和敏锐性传递给电视机前的美国观众。"他那为人熟悉的深沉而又富于说服力的声音，就像他严肃的表情和庄重的举止一样，增强了节目的感染力"③。在主持《面对面》节目的过程中，他渐渐喜欢上了不拘礼仪的方式，跟各种人讨论生活中的各种问题，也取得了很好的效果。

②沃尔特·克朗凯特。沃尔特·克朗凯特是美国哥伦比亚广播公司的著名节目主持人。

①　谷月.国际广播节目形式的演变[J].新闻广播电视研究，1986(3).
②　埃德温·埃默里，迈克尔·埃默里.美国新闻史[M].北京：新华出版社，1982：546.
③　埃德温·埃默里，迈克尔·埃默里.美国新闻史[M].北京：新华出版社，1982：546.

在克朗凯特的身上,延续了默罗沉稳、老练、庄重的风格,他以努力工作和出色的表现,为节目主持人的发展开创了一个新的时代,同时也为美国电视节目主持人乃至世界电视节目主持人开创了一个兴盛的时代。克朗凯特1916年1月14日出生于美国密苏里州的圣·约瑟夫城。他从小就热衷于播音和记者工作,1937年进入美联社,供职11年。在第二次世界大战期间,他投身战地报道,为期两年。1950年,克朗凯特由爱德华·默罗推荐,进入美国哥伦比亚广播公司工作,成为《晚间新闻》的节目主持人。从1952年开始,克朗凯特就是历届美国两党大会的新闻报道主持人,采访过杜鲁门以来的历届美国总统和国际上许多政界首脑人物,他曾就总统选举、越南战争、种族冲突、水门事件以及空中飞行等做过几十次的专题报道。由于他成绩斐然,多次获得了包括美国总统自由勋章在内的各种大奖,曾五次被公众选为"美国十大最有影响的决策人物"之一,是美国电视界最光彩夺目的巨星。克朗凯特也被看做是西方节目主持人的"鼻祖",是节目主持人的开拓者、实践者。直到1981年退休,在长达30年主持节目的历程中,克朗凯特和蔼可亲、值得信赖的形象深入人心,他那富有魅力和权威的口才,也给电视观众留下了极其深刻的印象,不愧是美国最有影响、最有威望的超级明星主持人。

③切特·亨特利和戴维·布林克利。切特·亨特利和戴维·布林克利自1956年报道美国两党大会起,就一直共同主持美国全国广播公司的电视新闻节目,直到1970年亨特利退休时,整整14年。这期间全国广播公司的夜间新闻吸引了全国51%的电视观众,使他们名噪一时,成为一对颇具影响力的"超级明星"搭档。亨特利嗓音深沉、面相粗犷,而布林克利却是玩世不恭、想入非非。两个截然不同风格的人物,联袂主持节目后,却表现出令人吃惊的效果。在节目中,亨特利擅长为现场图像配解说词、作报道,而布林克利则擅长把广播电视新闻稿件写得简洁明快、清晰质朴,同时他特有的播音风格,也成为美国不少播音员模仿的对象。他们二人联手主持的新闻节目,敢于突破旧的模式,适时地穿插现场报道、人物专访、突发事件的第一手材料等,令人耳目一新。亨特利和布林克利的成功,开创了伙伴型主持人节目的先河,使"搭档式"的主持节目形式,成为当时以及后来许多广播公司各档电视新闻节目纷纷尝试的样式,并使他们成为合作型节目主持人的楷模。同时,他们的成功,还使电视由娱乐性的"小电影"开始转变为新闻节目唱主角的主要传播媒介。他们给予公众的影响,在当时甚至超过了正在竞选的美国总统的候选人。

(3)兴盛时期(20世纪70年代—21世纪)。

从20世纪70年代起,美国电视节目主持人进入兴盛时期。

美国电视节目是纯商业化的运作模式,为了获得更高的收视率,增加广告收入,在竞争中立于不败之地,美国各个广播公司都更加重视电视节目主持人的影响力。节目的发展和时代的需要使得节目主持人逐渐走向兴盛。这种兴盛的标志,主要体现在出现了一批家喻户晓、深入人心的明星主持人和与他们相互依存的栏目。

这些明星主持人主要包括:哥伦比亚广播公司的1981年接替克朗凯特主持《晚间新闻》的丹·拉瑟;1976年被美国广播公司的以5年500万美元高薪从全国广播公司挖来的明星芭芭拉·吉尔·沃尔斯特和她主持的《今日》晚间新闻;全国广播公司的被誉为美国最有思想和最为认真的节目主持人之一的约翰·钱塞勒。除了这些赫赫有名的人物,还有一些同样闪光的名字,比如美国广播公司的彼得·詹宁斯,全国广播公司的汤姆·布罗考,他们和丹·拉瑟一起分别在美国三大广播公司主持《晚间新闻》节目,被称为美国80年代的"三大巨星",他们都是具有丰富经验的老记者,主持"黄金时间"的晚间新闻节目,收视率都很高,在当时形成了三足鼎立之势。

　　进入 20 世纪 90 年代后,电视谈话节目的大量出现,更造就了一批重量级的明星主持人。CNN 的王牌节目主持人拉里·金主持的《拉里·金直播》是全世界第一个开通观众热线的电视谈话节目,也是 CNN 收视率最高的节目。《奥普拉·温弗瑞访谈》也是一个家喻户晓的著名节目。哥伦比亚广播公司的《60 分钟》节目虽然创办于 1968 年 9 月,走过了 35 年的历程,收视率依然位居前茅。《60 分钟》有六位主持人,其中最著名的当属迈克·华莱士,他因 1986 年在中南海参访过邓小平而被中国观众所熟知。

　　当美国电视节目主持人获得巨大成功的时候,世界各国,特别是其他西方国家也将节目主持人这种形式引入本国的电视媒介传播活动中。英国、法国、加拿大等国家都采取了节目主持人的形式,以扩大电视的影响。

　　随着第四媒体的兴起,电子计算机技术和网络技术普及,网络用户数量迅速扩张,网络传播也出现了主持人,使主持人这一形式又有了新的内涵。

(二)中国节目主持人的发展脉络

1.中国节目主持人产生的背景

　　20 世纪 50—60 年代,美国已经兴起节目主持人这一传播形式,到 70 年代达到兴盛。而在中国,直到 80 年代才开始尝试主持人节目和节目主持人。节目主持人在我国的兴起和发展,主要有以下几个方面的原因。

　　(1)政治因素和新闻观念的影响。

　　中国的电视节目主持人诞生在 1981 年,这是中国在经历了十年"文化大革命"之后,迎来的改革开放时期,也是人们在历尽磨难、痛苦之后的一个新的转变时刻。灾难过后,人们痛定思痛,渴望打破人性的束缚,追求个性解放,反对教化式的灌输,希望平等交流。20 世纪 70 年代末,党的十一届三中全会后,国门渐开,新思想、新理念、新知识扑面而来,打开了国人的视野。在大众传播学、接受美学、文化学等信息学科的传入,为中国广播电视工作者和研究者提供了可以学习和借鉴的理论基础。宽松、开放的政治氛围和不断更新的新闻观念,推进着电视事业的发展,中国的节目主持人就在这样的大环境中,悄然地出现在了受众面前。

　　(2)广播电视人的大胆探索是催化剂。

　　改革开放前,广播电视单纯强调传播的政治宣传功能、政治教育功能,让传播附加了太多的政治内容。进入新时期后,广电人意识到,除了宣传、教育之外,广播电视还有提供信息、提供服务、提供娱乐和审美等功能,应当努力将这些曾经忽略掉的功能挖掘、发挥出来,尽量满足受众多方面的需要。此时,主持人这种形式在广播中的出现受到了普遍的好评。1981 年元旦,中央人民广播电台对台湾地区广播推出的由徐曼主持的《空中之友》受到好评,紧接着,在全国各省份开始推广节目主持人形式,都取得了不错的成绩,被听众广泛接受。这些大胆探索的成功,鼓舞了广播电视人。

　　(3)经济基础和物质条件的具备。

　　早在 20 世纪 30—40 年代,收音机已经在西方各国逐渐普及,到了 50 年代,电视也开始普及。相比之下,我国的情况并不容乐观。经济的落后,使得中国的电台、电视台的建设和发展被西方发达国家远远地甩在了后面,与之相应的广播电视事业、节目主持人的产生和发展也受到了阻滞。改革开放后,中国的经济日益繁荣。经济建设的大发展使我国的各项基础设施进一步现代化,通信也得到了空前的发展。电子高新技术在广播电视节目制作中得到应用,卫星传输、数字技术等的使用更使媒体如虎添翼。媒体凭借这些技术使受众能直接、同步地参与到节目中来,现场报道、热线接入等形式让受众与主持人能够进行双向或多项交流。所有这些,都为主持人节目的展开提供了物质和技术的保证。

2.中国节目主持人的发展脉络

(1)第一代主持人阶段(1980—1984 年)。

1981 年 1 月 1 日,中央人民广播电台对台湾地区广播的《空中之友》节目开播,首次在广播中使用"主持人"称谓,徐曼成为中国广播节目主持第一人。这一天被中国主持界定为广播主持人节目的创办日和广播节目主持人的诞生日。同年 4 月,广东电台由李一萍主持的《大众信箱》与听众见面。之后,四川、江苏、浙江、黑龙江等省级电台和一些市台也相继办起了主持人节目,出现了自己的主持人。

1980 年 7 月 12 日,中央电视台播出的新闻评论节目《观察与思考》是我国第一个电视主持人节目,第一期《北京居民为何吃菜难》刚播出就引起强烈反响。主持人庞啸集采、编、播于一身,开创了"用事实说话"的电视新闻评论模式。这一天被定为电视主持人节目的创办日和电视节目主持人的诞生日。中央电视台由沈力主持的《为您服务》节目,虽创办于 1979 年,但一直到 1983 年才成为设有固定主持人的专栏节目。沈力成为第一位主持固定栏目的电视节目主持人。

迅速崛起的主持人节目和节目主持人,突破了广播电视节目的固有模式,使受众耳目一新。因此,主持人节目一时间成了广播电视界的热门话题,徐曼、李一萍、沈力等也成为知名度颇高的新闻人物。贯彻"自己走路"方针后崛起的主持人节目和节目主持人给我国广播电视事业带来了新的生命力。

80 年代初的主持人基本上分为两种类型。一种是主持人自己具有采、编、播的能力,同时也具备播音的条件,在整个节目生产、播出的过程中,主持人处于主导地位,是节目的总体设计人。像广东电台的《大众信箱》主持人李一萍就可以归为这一类。另一种主持人只做播音工作,在节目的筹备阶段,主持人与编辑、记者合作,编辑、记者按谈话体的要求提供稿件,最好是能按照主持人的口吻和语言习惯写稿,由主持人播出。这种播音员式的主持人有时也参加少量的采编工作,但基本上只是对既有稿件的语言再加工。中央电台对台湾地区广播的《空中之友》节目主持人徐曼就属于这一类。[①]

(2)第二代主持人阶段(1985—1992 年)。

1985 年 6 月 1 日,中央电视台开播少儿栏目《七巧板》,其中"鞠萍姐姐"的出现标志着我国第二代主持人开始走上电视屏幕。

1987 年 1 月,中央电视台第一次推出综合板块栏目《九州方圆》,每周一次,每次 110 分钟,由多个主持人串联主持。1987 年 7 月,上海电视台推出第一个新闻杂志栏目《新闻透视》,由李培红主持。同一时期,山西电视台高丽萍主持的《记者新观察》、福建电视台程鹤鳞主持的《新闻半小时》也成为颇受当地观众喜爱的主持人节目。这一时期,广东电视台也推出《市场漫

---

① 赵明玉.中国广播电视通史[M].北京:中国传媒大学出版社,2004:356.

步》《金融窗口》等经济栏目，并设置了专职的节目主持人。

1988 年 10 月，中央电视台改版推出以肖晓琳为专职主持人的《观察思考》，这位语调平静、目光深邃的主持人一经出现，立刻受到知识界、文化界的喜爱。

1989 年 12 月 18 日，中央电视台《综合经济信息》改版为《经济半小时》，敬一丹等几位经济节目主持人登台亮相。主持人节目从此渐入佳境。

1990 年 3 月 14 日，中央电视台推出倪萍和王刚联袂主持的综艺节目《综艺大观》，倪萍以热情质朴、雍容大度的形象赢得了大众的喜爱；同年 4 月，《正大综艺》开播，刚刚大学毕业的杨澜以其青春气质和赵忠祥珠联璧合的主持，使《正大综艺》成为家喻户晓的名牌栏目。赵忠祥、倪萍、杨澜从这一时期开始，走上主持生涯的巅峰。

1990 年 7 月 15 日，又一个娱乐型综艺栏目《今夜星辰》在上海电视台开播。拥有"荧屏智多星"美称的叶惠贤担当主持，他集制片人、主持人于一身，在上海地区广受欢迎。

1991 年 11 月 18 日，电视系列片《望长城》开播，在社会上引起轰动。焦建成朴实无华的本色主持，开创了主持艺术的新境界。在节目中，焦建成以访问者和"导游"的身份出现：在与采访对象的交流中，尽可能从多元化角度对长城进行开放式解读；在"画外音旁白"中，以叙述性话语来"追述"现场意境，表现出创作者的意志和态度，从而达到主观与客观的统一。这一特定形象开启了主持人平民化的前奏。

这一阶段，是我国主持人节目大发展、大推广的时期，从中央台到省级台乃至地市台都相继开办了主持人节目。主持人类型也突破了过去单一的模式，从新闻节目主持人向竞赛节目主持人、生活服务节目主持人，乃至经济节目、综艺节目主持人方向扩展；主持人队伍不断壮大，向风格独特、追求个性方向发展。"主持人现象"成为大众文化的热点，民间评选活动开始兴起。

（3）第三代主持人阶段（1993 年至今）。

1993 年 5 月 1 日，中央电视台隆重推出《东方时空》栏目。这个集新闻性、社会性、知识性、娱乐性于一体的早间杂志性栏目，开播不久便大受欢迎，这档节目改变了国人早晨不看电视的习惯。主持人平实的语调、平易近人的主持风格彻底改变了过去新闻播音员高高在上的套路。1993 年 5 月 10 日，中央电视台播出《一丹话题》，这是我国第一个以主持人姓名命名的电视栏目。

1994 年 4 月 1 日，一个更具震撼力的栏目诞生了。中央电视台推出了以批评、监督为己任的《焦点访谈》，每天排在《新闻联播》之后播出，仅一年就成为名牌栏目。这个栏目延续至今，主持人敬一丹、白岩松、水均益等人成为家喻户晓的明星主持人。

1995 年，中央电视台体育频道开播，地方台也相继开办了体育栏目。北京电视台率先在足球直播中启用专业人士张路"说球"，标志着体育节目主持人由解说型向评论型的转变。其后，以韩乔生等为代表的以专业口径评述体育比赛的主持样式开始出现。

1996 年 3 月 16 日，第一个谈话类节目《实话实说》出台，主持人崔永元以机智幽默的谈吐迅速蹿红，风靡大江南北。崔永元也因此赢得"中国第一脱口秀主持人"的美誉。1996 年 5 月 17 日，首个记者深度调查栏目《新闻调查》诞生，标志着记者型主持人的成熟；同年 7 月 1 日，文清以清秀的形象出现在《生活》栏目中，"锁定百姓生活，服务千家万户"的新一代服务栏目全新亮相。这些栏目的整体推出，标志着中国电视追求"平民视角、平民情感、平民语言"时代的到来。

1997年7月1日，湖南电视台隆重推出《快乐大本营》，主持人李湘、何炅随着"快乐旋风"席卷大街小巷，娱乐型主持人开始火爆。同一时期，香港回归的直播报道给了中央电视台新闻节目主持人整体在国际上亮相的机会，他们彻底走出了单纯节目串联功能的怪圈，以前期深度参与、适时驾驭节目、现场多点调度和即兴口语评述的成功表现，实现了新闻节目主持人的跨越式发展。

1999年2月22日，操着浓重地方口音的刘仪伟在《天天饮食》中与观众见面，"方言主持"凸现于国人面前，既有惊喜也有尴尬。同年3月5日，河北卫视播出王颖主持的《真情旋律》，情感类栏目开始走上荧屏。

2000年元旦，江苏电视台城市频道推出《南京零距离》，光头孟非成为"另类主持"的领军人物，同时，"民生新闻"开始走红。同年7月7日，王小丫在《开心辞典》中登台亮相，并且把益智类节目推向辉煌。7月8日，高层经济访谈栏目《对话》悄然问世，主持人陈伟鸿开始崭露头角。

2003年1月11日，一个有影响力的栏目《面对面》诞生了。它不同于以往在《东方时空》中穿插的同名小板块，而是一档与新闻人物直面对话的大型访谈节目。主持人王志这个在《新闻调查》中并不显山不露水的记者型主持人，通过《面对面》栏目，迅速蹿红成炙手可热的明星主持人，也将记者型主持人推向巅峰。

在我国主持人节目日益成熟的过程中，节目主持人日渐强大，逐步发展成为一支上万人的专业队伍，各种节目类型中都拥有自己的明星主持人。有关节目主持人的学术研究，也取得了较大的进展。主持人节目研究委员会也组建了学术委员会，每年都召开学术年会和各种专题研讨会，对外交往也频繁起来，国际上的优秀的节目形式在国内也都可以找到。

三、节目主持人的传播特征

就大众信息传播过程来看，需要具备四个基本要素：传播者、传播内容、传播媒介和接受者。在节目主持人的传播过程中：传播者是主持人；传播内容是节目内容；传播媒介是广播电视等电子媒介；接受者则是广播听众或者电视观众。通过对这四者间关系的分析，我们可以归纳出节目主持人的传播特征。

（一）人格化

在信息媒介多样化以前，人们对信息的选择几乎是没有的，信息媒介给什么，人们就接受什么，更不用说能够对节目，甚至对节目主持人评头论足了。随着广播电视事业的深入改革、发展，现在的节目主持人已经不再是过去那个简单的传声筒了，更多的节目主持人参与到节目的策划和制作过程中，很多节目主持人真正成为节目的核心，成为节目的主导力量、品牌形象。主持人在电子媒介和受众之间，能够自由、灵动地在节目中调动声音、画面、文字等元素，以人格化传播的形式向受众传播着各式各样的信息、传达着节目的内容。主持人的形象气质、语言内涵、个性魅力等直接地呈现在受众面前，让节目有了人格化的印记。

所谓的人格化，"就是以生活中的具体的人同听众、观众说话的形式播节目"[1]。节目主持

---

[1] 邓文能.人际传播与主持人节目[J].广电战线，1985(11).

人的人格化传播特征,就是指节目主持人用自身的人格力量所赋予节目的文化品位、思想情感、语言修养和独特的个人魅力,去塑造形象、传达信息、沟通情感,使节目更具亲切感和人情味。中央电视台节目主持人水均益说过,作为一个电视节目主持人,是一个一定程度的公众人物。而主持人的存在,主持人的生命力就在于主持人的人品、心态和文化。准确地讲,在于主持人面对关注的时候是否能静下心来,是否能有更高的文化追求。主持人拼到最后,其实拼的就是文化和人格魅力。

在信息多元化的今天,受众对信息的接受程度,一方面是信息本身,另一方面也取决于传播者。很难想象,如果一个人品有问题的节目主持人,观众如何会信服于他,尤其是新闻类的节目主持人。沃尔特·克朗凯特正是因为经历了一系列的重大历史事件——总统选举、越南战争、种族冲突、暗杀事件、水门事件以及阿波罗登月等,并在这些新闻事件的报道中,始终保持真实性原则,他以高尚的人格赢得了全美国人民的尊重和爱戴,美国人亲切地称呼他为"克朗凯特大叔"。有人评价说,克朗凯特最大的贡献在于他就是克朗凯特,美国人就信任他。他始终保持着沉着、自信、忍耐、执着、持之以恒和严肃认真的品质,他的人格化主持也为哥伦比亚广播公司赢得了极高的收视率。

那么,主持人的人格魅力怎样才能和节目和谐的融合在一起。人格化传播要求主持人在提供信息的同时,还应该营造出一个具有亲切感和人情味的传播环境。因为不是每个人面对摄像机的时候都能放松自然地进行沟通。比如在鲁豫采访现代著名儿童文学家梅志老人的时候,是这样开头的:"……来,梅老您坐在这儿,我们打扰您休息了,您是不是一般中午都要睡一会儿啊?"一个令被访者很和谐的谈话就此开始了,于是梅老说:"不要紧的,我恐怕配合不好。"自然而然地引入了围绕梅志老人写的《胡风传》和《我陪胡风坐牢》两本书进行的一系列回忆。

人格化传播,还要求主持人要具有较强的能动性,能积极、主动地传播信息,并在传播中体现人格化的特点,有效地传播信息。1997年香港回归72小时的特别报道,是新中国成立以来第一次,也是规模最大的一次全方位、多角度、立体式的报道。香港直播室的主持人与各地的现场主持人以及现场记者彼此交流,以中央演播室为核心,将各地的信号进行串联,形成多点直播。这一次报道不仅事件本身是具有重大历史意义的,在中国主持人传播发展进程中也是具有里程碑的性质。比如在彭定康撤离总督府时,由于中间有些降旗和士兵走队等场景,过程拉得比较长,这时主持人能够及时为观众补充总督府的建筑情况,介绍历届英国总督肖像,还补充了新任特区长官董建华不想进驻总督府,还介绍这里将来可能开辟为可供人参观的历史博物馆等背景资料。从而在电视画面视觉平淡时,能够通过丰富观众的听觉来加大信息量,显示了主持人在直播中及时补充背景资料来丰富主题、灵活调动现场的能动性。

以人格化传播的主持人,在传播的过程中还应该有情感的投入,体现传受双方的精神交流。主持人和受众能够沟通彼此的内心思想,表达各自的想法,以求获得情感共鸣,取得最好的传播。

在一次节目中,白岩松讲了自己的一个故事。1974年,白岩松的父亲从内蒙古到天津出差,临回家前去看了个病,当时医生就不让他走,因为怀疑是癌症,要他马上住院,但是父亲趁医生不注意,偷偷溜走了。父亲赶到火车站,就在火车发车前,他突然听到车站广播里在放找自己的广播,到门口一看,一辆救护车停在那里。原来医生看病时,记住了父亲的车票车次。这个故事是白岩松母亲说给他听的,最后白岩松引用她母亲的一句话结束了节目:"虽然最后你爸的病还是没有治好,但是如果当时的医生,加上现在的医疗技术,他的病是有救的。"白岩松是在以个人身份,带着个人的情感、情绪讲述这个故事,而故事引起的观点也具有了明显的个人特征。相比那种空洞的说教,主持人以个人角色讲述的一个故事更具感染力。它不仅以结论说服观众,更在叙述过程中感动观众;同时它也不动声色地把远在信号那端的主持人还原成一个具体而生动的人,贴近而且真实。

在这个传播过程中,白岩松就是一个有效的传播载体,其传播方式具有明显的人格化,他不再是一个冷冰冰的传声筒,而是一个有血有肉、有感情的人,这样观众就更容易接受他的观点。

奥普拉·温弗瑞是美国著名的谈话类电视节目主持人。这位相貌平平,体重达90公斤的主持人,成功的秘诀就在于与观众真诚的感情交流,既敞开自己的心扉,也能设身处地地体会采访者的心境。在一次讨论美国少女被强奸的话题的时候,她竟说出了自己在15岁时被亲戚强奸的亲身经历,这种坦率的勇气和真诚,就能让电视机前的观众真真切切地感受到,电视屏幕上的这个人不再是遥不可及的,而就是自己一个可亲可敬的朋友。

(二)个性化

主持人的个性化传播,就是主持人以朋友的身份及与大众平等的关系,以个性化的视角和个性化的叙述方式进行传播,使传播更具有新鲜感和吸引力。在如今信息爆炸、信息多元化的传播环境中,只有个性鲜明、独具魅力的传播才能引起观众的注意。

传播的个性化特征在主持人节目中主要体现为主持人的个性化。而主持人的个性化不应该仅仅包含外在的形象信息,更需要有丰富的倾向信息、情感信息以及独特的体验和感受。无论是丹·拉瑟、克朗凯特,还是布罗考、詹宁斯,都是以自己鲜明的个性取胜。就中国的主持人而言,沈力慈祥温和,崔永元幽默风趣、反应机敏,令人在会心的笑声中有所思考。这些都是个性的体现。主持人传播的个性化体现在这几个方面。第一,主持人主体形象的个性化。千人一面的形象是个性化传播的大忌。因此,节目主持人有一个个性化的形象是保证信息成功传达的因素之一。这里的个性化形象包含了较好的外在形象、风度气质、语言能力和知识修养,以及在这些基础上形成的有鲜明特色的主持风格。虽然观众会天然地喜欢那些外表较好的主持人,但是我们也看到,有一些相貌平平,甚至音质较差的节目主持人照样能够收到观众的喜欢。比如满脸忧郁的白岩松、嘴巴有点歪的崔永元、个子矮小的阿丘,他们主持的节目对观众的吸引力也绝不亚于那些美貌主持人的节目。所以,主持人的个性才是其永葆魅力的主要原因。第二,主持人有声语言和无声语言的个性化。语言表达是主持人风格组成的一个重要因素。主持人的个性化语言越鲜明越突出,就越能表现出特殊的魅力和感染力。比如在"加油,主持人"全国首届"金话筒"颁奖晚会上,主持人赵忠祥从信封里抽出了题目:"目前综艺晚会的通病是什么?"叶惠贤面带笑容,即兴说:"节目老一套,掌声挺热闹。不看舍不得,看后全忘掉。"接着他又说,"刚才我说的这些通病在今天的晚上一点也没有。"①这几句即兴的话,有打油诗的措辞,也有类似相声中的衬贴,充分体现了他的个性。时代在发展,主持人在有声语言个性的运用上也更加的自由,在综艺娱乐节目中,主持人的语言更是凸显出自身的个性。白岩

---

① 叶惠贤.荧屏瞬间——叶惠贤即兴主持100例[M].上海:上海人民出版社,1998:103-104.

松的言辞犀利,鞭辟入里;汪涵睿智温和且不失幽默。既然是个性,就没有一个标准的成功范本,语言风格就有千变万化,总之,只要能得到观众的认可都是语言个性化成功的表现。除了有声语言的个性表达,主持人的语言个性还体现在体态姿势、情绪等无声语言方面的表达,即运用一些肢体语言、面部表情等抒发情感。第三,是主持人思想的个性化特征。主持人的思想及审美倾向在主持传播中是非常重要的,有时,一定的思想和审美思考可以形成一个节目的灵魂。主持人特有的思想情感和审美倾向的流露,更易于感染观众。央视深度访谈节目《面对面》的制片人兼主持人王志,在主持节目时不摆架子,不拿腔捏调,但在痛斥社会的阴暗面的时候,却往往一针见血。在采访中,王志就是用透视的目光,在引领观众去思考。

(三)互动性

互动性是人际传播大众化的具体体现,是主持人传播的又一魅力所在。因为"受众参与传播过程,是当代传播的一个重要特征,也是营造良好传受关系的重要条件"[1]。

所谓互动性传播,是传播者在增强受众意识、尊重受众自主接受的心理习惯基础上,与受传者之间信息往返的流动,是传受双方平等的沟通交流。[2] 因为传播不仅仅是传播者向受传者传递信息的单向过程,而且是具有心理交流的双向性质……传播者、受传者总是处在互动之中。因此,传播者和受传者的角色是互相转换的。[3]

"主持人节目这种传播形式的根本特点就在于,主持人是直接面对受众的,它将人际传播的优势与大众传播的优势'嫁接'到一起,注重于受众的直接交流,吸引受众的参与。"[4]

过去的传播理论也重视受众的参与,不过那时主要关注受众接受媒介传播时调动想象和情感的介入程度,强调的是"心理参与"和"现场参与感",显然只是徘徊在参与的心理"感觉"上。社会发展到今天,受众收听广播节目、收看电视节目时,这种"心理参与"和"现场参与感"虽然还都是需要的,但仅仅有这些是不够的,受众更要"亲身参与"和"深度参与",也就是说,除了在节目播出后打电话、写信表达自己对节目的想法外,更希望能够直接参与到节目的制作播出中来,以兼有"传者"和"受者"的双重身份出现在节目中。于是,传播者也积极运用"受众参与"及主持人与受众的"互动"来改进节目传播方式,使受传者在传播中获得平等感并产生更多的能动性。

在一些互动性的主持人节目当中,一方面主持人可以与在节目录制或播出现场的听众、观众互动交流。比如在《天天向上》中,现场的观众可以参与到主持人的互动环节中,甚至可以在台下与台上的主持人对话,自主互动。另一方面,不在现场的受众也可以通过热线电话、短信、现场电话连线、网络调查、网络咨询等方式,与主持人或其他节目参与者进行直接的交流,尤其是利用手机,短信、微信扩大了广播电视受众参与并在节目进行过程中互动交流的途径。主持人节目参与的方便和互动的真实,让主持人节目形式的传播充满了实时互动沟通的魅力。

(四)参与性

一旦传播模式发生了变化,单向型传播发展为双向型甚至多向型的交互式传播,受众的参

---

① 郑兴东.受众心理与传媒引导[M].北京:新华出版社,1999:231.
② 陆锡初.互动——节目主持的亮点[J].现代传播,2003(6).
③ 陆锡初.互动——节目主持的亮点[J].现代传播,2003(6).
④ 吴郁.节目主持艺术探[M].北京:中国传媒大学出版社,1997:79.

与也就由一开始的"心理参与"变成了真正的"现场参与"和"亲身参与"。"心理参与"严格来说是一种伪参与，只是一种虚拟状态下的参与，比如说，观众在看电视节目的时候，假设自己作为其中的一员会做出怎样的反应等。这种心理参与所带来的反馈不能构成节目的真正的现实结构，只能作为幕后的一种参考。但转型后的现场参与和亲身参与则不同，这种参与的方式和影响使受众成为节目重要的构成部分，甚至是节目的主体（比如谈话节目、游戏娱乐、竞赛类节目、真人秀节目等），并享有了真正的主动权和表达权，主持人在节目中，也始终处于组织嘉宾和观众展开讨论或者参与节目环节等的动态的过程中。主持人节目中的这种参与性和互动性，在很大程度上改变了受众只有决定"中断"或者"继续"接受节目那种被动的地位。受众在主持人节目中与传播者平等的参与、积极的互动，极大地焕发了他们对媒体的热情，有一种"这是我们自己的节目"的亲近感，从而激发了受众进一步的深层参与，于是，从整体上促进了主持人节目收视率的提高，受众参与的程度在一定程度上也成为衡量主持人节目是否受欢迎的标准之一。

第二节　广播电视播音主持的语言表达

广播电视等电子传媒是大众传媒中的强势媒体，相对于报刊而言，电子传媒传播速度快，覆盖面广，对受众的要求低，这些特点使得广播电视等电子媒体在受众的媒体选择中独占鳌头。在广播电视传播的声像系统中，主持人是以媒介传播者、代言人的身份出现的，他们直接面向受众，通过有声语言进行传播，他们的语言质量、表达能力直接关系到信息传播、咨询服务、娱乐信箱、知识教育等广播电视功能的传播效果。同时，无论在严肃的新闻评论节目中，还是轻松的综艺娱乐节目中，个性鲜明的主持人在节目中的言语都会仰仗广电媒体的性质和广电事业在公众心目中的威望，产生具有特殊意义的权威性、示范性、普适性，并对社会生活产生潜移默化的巨大影响。这些影响涉及舆论导向、文化品位、审美情趣和民众的语言水准。因此，主持人的语言表达艺术有着必要的研究价值。

本节就主持人的有声语言表达和无声语言表达来具体阐述说明语言表达对于节目主持人的重要性和必要性。

一、主持人的有声语言表达

语言，是人际传播的主要工具，是人们赖以传递信息、表达情感、交流思想的载体。任何一个人要与他人交流和传递信息，都必须使用语言这个工具。对于主持人来说，语言——尤其是有声语言，更是和受众交流、与媒体沟通时必不可少的重要工具。语言的表达，不仅是主持人表达节目内容最重要、最直接的手段，也是反映主持人个性和才学的重要方面。

（一）主持人有声语言的特点

主持人在节目中，通过语言来组织并传递信息，通过语言来表达思想或情感态度。因此，观众总是首先通过主持人的语言来理解他们所接收到的信息。那么，主持人在主持节目中的语言表达应该具有怎样的特点，才能更有利于信息的传播和观众的理解呢？

1. 亲切、口语化和形象性

在主持人节目中，主持人以第一人称"我"向观众传递信息，以一个朋友的视角用亲切平和的语言传递信息、传达感受,与观众构成如同朋友交谈一般的传播情景。主持人要努力成为观众心中的"熟人"。那么主持人的语言就要口语化,亲切而自然,通俗而平白。这与播音员的字正腔圆、规范、庄重、严肃的语言风格是不一样的。这里的口语化所追求的是语言的通俗化,但非粗俗化、低俗化,是亲切而不媚俗,是自然而不随意。

近些年来说新闻形式的流行也说明了语言口语化的巨大魅力。说新闻,颠覆了传统的传受模式,主持人和观众的关系不再是上和下、教育与被教育的关系,而变成了一种平等的对话关系。"说"新闻,从形式上来说,更强调一种参与的互动关系,交流感强。

应该说,节目主持人让电视的话语方式发生了变化,主持人可以以个人身份,用精辟生动的口语,恰当适度的形体语言来传播信息。口语的另一个特点就是它的形象性。人类语言的魅力既有非常抽象的理性之光,更有颇具草根意味的形象之感,口语的清新、自然、流畅、生动,最适合主持人面对面的传播。任何深不可测或模棱两可的语言,都可能导致传播目的的偏失,因此,形象性的前提是语言要通俗、清晰也显得格外重要。

《南京零距离》是江苏电视台的新闻节目,这档节目用老百姓熟悉的语言来说家长里短,并弘扬新风尚,用朴实的语言来展现出原汁原味的百姓生活,深受当地观众的喜爱。主持人孟非就是采用说新闻的播报方式,语言简练而观点鲜明,节奏有张有弛、有起有伏,语气客观冷静又不失激情,有三言两语的客观点评,也有篇幅较长的主观评述,一针见血,入木三分,老百姓听得痛快,极富人情味。

2.对象感和服务性

沟通,是人与人之间进行的思想和情感传递和反馈的过程,以求达到思想的一致和感情的通畅。主持人的沟通不同于人们日常生活中的彼此沟通,是相隔屏幕内外的主持人与观众的沟通。这种沟通介于普通的人际沟通与公共场合的沟通之间,它是在一对一的基础上进行的沟通,并通过电视媒体的放大,扩大了传输和发送的渠道,在绝大多数的主持人节目中,这种沟通的环境是比较正式的。

作为沟通的语言,主持人的语言表达要注重对象感,这样面对镜头才能有面对面与人说话的感觉。央视《第一时间》的节目主持人欧阳夏丹主持风格清新、自然、明快,有着强烈的交流感和沟通感。

以下是2005年4月2日《第一时间》周末版的开场白,欧阳夏丹良好的沟通强化了与观众的互动。

享受充满资讯的早晨,欢迎收看《第一时间》。今天是我们《第一时间》第一次在周末为大家播出。以后的每个周末我们都会守候在这儿。既然是周末那么美好,大家不用去上班了,我想各位应该可以比较完整地看完我们的节目……

这样的开头,对象感强烈,对观众充满期许,沟通由此产生。再看她的另一段语言:

今天和大家谈论一个什么样的话题呢?首先想问问大家,喜欢安徒生吗?其实我个人是非常喜欢的……前两天一项关于童话的调查结果挺让我出乎意料的,我在想难道安徒生童话真的过时了吗?不知道电视机前的观众朋友你是怎么想的?

这段话里,主持人的每一句都有针对性,对象感明确。欧阳夏丹能置身于观众的角度来揣摩收看者的心理反应,把自己的疑问和思考说出来给大家一起探讨,增强节目和观众的互动,让自己融入节目的同时也把节目和观众融合在一起了。

镜头前的说话毕竟不同于日常生活中真实的面对面的说话,沟通感自然就能产生,面对镜头说话,既要考虑稿件,又要照顾镜头另一端的观众,虚拟的面对面,让这种沟通变得难度很大。从这个角度体察主持人的语言表达,其沟通的终极目的必然是指向节目的传播宗旨。所以,主持人的语言必须服务于节目,服务于观众,服务于媒介。它并不完全是作为"个人"的表达,它的服务性决定了语言表达的特点——通俗易懂、指向清晰、态度明确。

主持人语言的服务性,使节目宗旨和媒体倾向能在一定程度上得到实现。事实上,媒介也是借此来规范和约束主持人的语言表达。新闻节目主持人要重视语言表达的倾向性,即使是娱乐节目主持人,对语言的传播也不能随心所欲,要依具体的舆论环境而论。比如中国台湾的综艺节目主持人吴宗宪,到中央电视台主持《情艺在线》后,也不得不放弃他在台湾惯用的主持风格,而迁就于内地有限的"色情语言"的底线。

3. 个性和创造性

个性和创造性在某种程度上是相联的。具有创新的东西往往具有独特的个性。比如说方言播报新闻,利用方言的独特性、民间性、通俗性、幽默性,博观众眼球。主持人语言的个性并没有一个确定具体的定义,但有一点可以肯定的是,主持人需要根据自己说话的特点,找到最适合自己的一种说话方式。比如崔永元、周立波、谢娜等,他们的主持风格、个性的语言表达都是非常突出的。

有必要在这里提及的是,不同于娱乐节目主持人,新闻节目主持人在追求语言的个性表达的时候,必须保持新闻事件基本的真实性、客观性和严肃性,即使是评论类节目,其评论的基础也不能完全按照个人的世界观和价值观,甚至是个人的喜好。一旦公共传播的平台成为个人的独角秀场,那么再好地语言表达都不能令观众信服。

(二)主持人有声语言的表达技巧

既然有声语言是主持人的必备本领,栏目的宗旨、自身的素质最终都是要通过有声语言传达出去,那么对于主持人的语言功力、语言表现力、语言魅力等语言能力就要高标准、严要求。语言表达的清晰且准确是一个节目主持人最基本、最起码的要求,要达到这个要求,需要通过多方面的表达方法和技巧的训练。

停连、重音、语气、节奏是有声语言表达的外部技巧,对于主持人来说,只有掌握了语言表达技巧,才能更好地传情达意。

1. 停连

停连包括两个方面,"停"指停顿,"连"指连接,有停顿、有连接才能更好地传神达意。在主持艺术实践中,语言的部分之间、层次之间、段落之间、小层次之间、语句之间、词组或词之间,总有休止、中断的地方,时间有长有短,都属于停顿的范围。有些不休止、不停顿的地方,特别是文字稿件中有标点符号而不休止、不中断的地方,就是连接。停顿和连接都是有声语言中显示语意、抒发感情的方法。

停与连在有声语言的表达中常常是同时存在的,既是生理需要,同时也是心理需要。从生理上说,一口气说完一个话题是不可能的,中间要换气,要调节声音,要休息声带、唇舌,没有停顿不成。同时,也没有必要一字一顿地说话,没有连接也不成。从心理上说,停连应该是积极主动的,以自主地服从思想感情运动的需要,思想感情的运动需要在哪里停顿,就要在哪里停顿,需要停顿多少时间就要停顿多少时间,需要在哪里连接就要在哪里连接,这样才能发挥有声语言运用停连来表达思想感情的起伏、转折、呼应的作用,以达到吸引人、感染人的目的。在停连的运用上,生理需要必须服从心理需要,不可因停害意、因停断储,停顿是思想感情运动状态的继续和延伸,而不是思想感情的终止、中断和空白。恰到好处的停顿,应该起到"此时无声胜有声"的作用。散文《茶花赋》中有这样一句话:"今年二月,我从海外归来,一脚踏进昆明,心都醉了。"为了真切地表达"我"内心的激情,可以在"心"之后安排一个较长的停顿,再轻轻地深吸一口气,好似在闻着花香,体味着无以言尽的对祖国的热爱,正是"声断情不断",而后随着气的"下松"说出"都醉了",这样才能够比较细腻传神地表达出作者的感情。

又如魏巍的散文《谁是最可爱的人》中的一段话:"谁是我们最可爱的人?我们的部队,我们的战士,他们是我们最可爱的人。"这是作者满怀激情地讲述了志愿军战士在书堂山战役中勇猛顽强,与敌人殊死搏斗的壮烈场面之后又一次的设问,然后自问自答。领起句的设问,停顿较长,以引起人们的思考,此时,文章中讲述的志愿军可歌可泣的英雄事迹一幕幕涌上心头,赞美崇敬之情在积蓄。以较快的语速、肯定的语气不加停顿地说出"我们的部队,我们的战士,他们"之后做一个大的停顿,凝聚的深情有一个转入内心深处的迸发,轻声而又激动地说出"是我们最可爱的人"这个答案。此处对停连的大胆运用在"他们"之后会产生一种强烈的感情激荡的震撼和共鸣。

2.重音

在语言的表达中,语句中的词或词组并不处于完全同等重要的地位,有的重要些,有的次要些,有的感情丰厚些,有的感情淡薄甚至中立。为了能够更好突出、明确地表达出具体的语言目的和具体的思想感情,就需要对那些重要的词或者词组在表达中着重强调。这里,我们着重要强调的词或词组,就是重音。

语言在表达时,重音不光要位置准确,还要从声音形式上有所体现,让人在听觉上就能鲜明地感受到、领悟到语言发出者的感情态度,这样才能把语句目的准确、清楚、完整地传达出来。事实上,重音的表现手段并不单一,而是丰富多样的,避免了情感表达过于生硬。一般有以下几种类型:

(1)高低强弱法。

这是指用声音高低、强弱的转换和变化来强调重音。

例:"一所由山东烟台市福山区塔寺庄村民筹资兴办的乡镇成人大学,明年将面向社会招生。"

这个新闻导语中,我们可以用音高的变化强调"村民",突出强调村民是因为这所大学不是政府筹办而是村民集资兴办的,之后的"大学"和"社会"则用加重的方法强调,显示新闻的主要信息。

(2)快慢停连法。

这是一种用声音的长短、急缓、停连等变化来强调重音的方法。

例:"十年啊,十年的流离失所,十年的卧薪尝胆,我钟雪儿终于等到了这一天。"

《走西口》这个朗诵稿件中,钟雪儿的这句话有着丰富的情感变化。第一个"十"声音加重并较缓地说出来,展现"钟雪儿"内心的感叹和悲愤。之后的"十年的流离失所,十年的卧薪尝胆"用较快的语速连接起来,在"终于"前停顿,较慢地说出"终于等到了这一天"。声音的紧连和缓、促的变化再加上贴切的语气,使钟雪儿这个人物的内心复杂的情感变化很好地得以诠释。

（3）虚实转换法。

这是通过声音的虚实变化来强调重音。

例："那天，我又独自坐在屋里，看着窗外的树叶唰唰啦啦地飘落，母亲进来了，挡在窗前。"

这句话摘自史铁生先生的《秋天的怀念》，作者用细腻的感情写出了母爱的伟大。整篇文章的基调是低沉的、沉重的。在播读时要注意运用虚实声的变化，尤其是这句中的象声词"唰唰啦啦"，如果用虚声甚至是叹息声来展现会更好地展现出作者内心的情感。重音的强调方法是相互交融的，也必须和停连、语气等相互配合。因此，主持人在进行播音创作的过程中，要使有声语言表达的内、外部技巧有机地融合在一起，才能传达出正确的"意味"。

3. 语气

语气可以表示说话人对某一行为或事情的态度和看法，是思想感情运动状态支配下语句的声音形式。通过定义我们知道，语气由两方面构成：一方面是一定的具体的思想感情，另一方面是一定的具体的声音形式。两者相辅相成，思想感情不同会导致声音形式的变化，而恰当的声音形式可以准确地体现思想感情的运动状态。具体的思想感情包含两个方面的内容：一是语气的感情色彩；二是语气的分量，它是语气的灵魂。语气的感情色彩主要指语句包含的喜、怒、哀、欲、惧、爱、憎等感情方面的具体性质，不同的感情色彩需要通过不同的声音才能显露出来。比如，说一句"你好"，要想体现爱怜的感情色彩，就应"气徐声柔"；要表现喜的情绪，就可以"气满声高"；要显得冷漠，可以"气少声平"，等等。语气的分量就是在把握语气感情色彩的基础上，还要进一步掌握其"度"的要求，也就是要把握好感情色彩的分寸、火候。为了便于说明，我们把语气的分量分为重度、中度、轻度三个等级。语气的感情色彩和分量共同构成了具体的思想感情。正是语气感情色彩和分量上的细微差别，造就了丰富多彩的情感表达，形成了语言的个性化，也决定了声音形式的千变万化。

4. 节奏

节奏主要表现在相对独立的节目中的有声语言那抑扬顿挫、轻重缓急的回环往复。把握节奏，首先要引发思想感情，使之处于运动状态，可以说思想感情的运动状态便是"内心节奏"或"内部节奏"。主持人在表达中必须"有动于衷"、有感而发，积极主动地驾驭有声语言，才会使语言产生抑扬顿挫、轻重缓急的变化。

把握节奏重要的是把握有声语言的变化。这变化不同于停连、重音，也不同于语气，关键在于抑和扬、顿与挫、轻与重、缓与急等形成语流中既富于变化又很有规律的回环往复。抑扬是声音高低的变化，低或较低是抑，高或较高是扬，欲扬先抑；顿挫是声音间歇的长短，或停顿或稍挫，行于当行，止于当止；轻重是声音的强弱的变化，表现为相对的轻重对比；缓急是语流节拍、长短、快慢的变化，必须有快有促、有长有短，表现为语节内音节疏密的差异。

运用节奏技巧具体要把握这几种方法：第一，欲抑先扬，欲扬先抑；第二，欲停先连，欲连先停；第三，欲轻先重，欲重先轻；第四，欲快先慢，欲慢先快。以上四对矛盾，完全是浑然一体的，不应割裂，不应单一使用。这四种方法各有长处，不同语篇可以有所侧重。四种方法的核心是加强对比，控纵有节。在把握基调、统摄语气、驾驭回环往复的基础上，根据节奏类型，加强抑扬顿挫、轻重缓急的对比，控制与放开都有一个"度"，不可不及，也不可过。

主持人在实际谈话时，也在不断地密切关注听众对讲话的反应状态。当缺少响应或响应不顺畅时,主持的节奏就有可能被打乱,主持人就可能会出现重复、语塞、结巴等语流不畅的情形。这也就告诉我们,主持人不仅在自己讲话的时候要根据内容、语境把握好讲话的节奏,迎合受众的听觉舒适度,而且,在聆听别人讲话的时候也要给予适当的响应,从而才能形成良好的互动。

中央电视台《半边天》主持人张越,思维敏捷、快人快语,她常常运用排比句,使相关的信息在一定的层次上叠加,给受众造成强烈的听觉冲击,从而形成一气呵成的酣畅感和抑扬顿挫的审美愉悦。一次,她把新华社摄影记者唐师曾请到节目中一起讨论"沧桑感"。她这样介绍唐师曾:"提起'唐老鸭'这个外号,新闻界的同行们都知道他就是新华社战地摄影记者——唐师曾。(对唐师曾)你好:长久以来很多年轻女性都被这么一个问题困扰着,她们觉得现在的男性越来越女性化,越来越没有男子气,越来越缺乏沧桑感。好多女孩子苦于找不到自己心目中的高仓健,所以我们一直想找一个有资格来谈这个问题,来谈沧桑感的男性跟我们来谈这个问题。于是,我们就找到了唐师曾。为什么呢?别看他年龄不大,可经历却非常丰富。他毕业于北京大学,曾经在秦岭的深山里拍过野生的大熊猫,曾经在神农架寻找过野人的足迹,曾经在藏北高原可可西里无人地带与野狼共舞,曾经经历过天数次的大火、地震、水灾,曾经在中东战火纷飞的地带多年奔波,而又曾经采访过阿拉法特、卡扎菲、加利、拉宾、纳尔逊·曼德拉这些非常具有神秘色彩的政坛人物,而且据说他曾经独自一人不借助武力突破以色列军的防线,使得以军不得不派直升机去抓他。关于他的传奇故事,我早就听朋友们讲了很多,所以您应该是一个饱经沧桑的男人了吧?"

这一段话是个人独白快节奏的典范之作,非常符合主持人自身的气质和讲话的一贯风格。

白岩松在一次《面对面》栏目中谈起常常为人们所忽略的日常生活中的幸福时,他动情地说道:"其实幸福就是像水一样的东西。就在我们身边流过。就像一杯好茶、亲人的一张笑脸、午后的一抹温馨阳光、半夜下班时万家灯火中为你点亮的那盏灯。"

白岩松讲这番话的时候,语速很慢,他所举的在人们身边的那些具体的事物和景象,非常具有表现力,能唤起人们心底的真情。而较缓的节奏给人以回味的空间,仿佛一阵清风拂过心灵,让人平静,让人思索。假如这段话以张越讲上段话的节奏说出,那韵味和深意显然就不可能让人这样印象深刻、感悟良多。

张颂教授对广播电视语言的语音形态曾做过精辟的论述:"广播电视语言既表情达意又和谐悦耳,既富于文学性又有音乐性,表情达意要选择恰当的词语、合适的句式,同时也要采用相宜的声调声韵,加之以轻重、停连、语气、节奏等表达技巧,创造出动听悦耳的艺术效果,表现出作品内在的旋律、韵律。"[①]

二、主持人的无声语言表达

无声语言,在传播学中被称为非语言符号,是指语言以外,可以通过视觉、听觉、触觉、嗅觉感受到的姿态、音容、笑貌、气味、颜色及其他所有传播信息符号的总称。语言学家爱德华·萨丕尔把非语言符号称为"一种不见诸文字、无人知晓但大家全都理解的微妙代码"。

电视节目主持人的无声语言,主要体现在主持人在节目中表现出来的音容笑貌、行为举

---

① 张颂.广播电视语言艺术[M].北京:中国传媒大学出版社,2001:141.

止、服装佩件、化妆修饰。这种无声的语言表达着特定的含义,体现特定的情感,具有鲜明的直观性和视觉的可感性。电视节目主持人是一种特殊的媒介角色,他们总是以面对面人际交流的形式进行信息的传播活动,总会不自觉地用一些无声语言来传达信息。传播学家和社会心理学家的研究表明,在人际交流的过程中,非语言符号传达信息的含量可以占到信息总量的40%～65%。所以说,非语言符号和语言符号同样重要。主持人在电视节目中合理、巧妙地运用非语言符号传递信息势在必行。

(一)体态语

体态语又称作身体语言,是以人的动作、表情、服饰等表示特定含义的无声语言。比如,在紧张的比赛之前,参赛选手对别人说"我不紧张",但是双手却在发抖。那么传递出来的信息,其实就是他很紧张。可见在人际交流中,身体语言是非常重要的。一般来说,体态语有以下几个类型:

1.身姿

身体姿势是一种处于静止和无声状态的非语言交流,一般有站姿和坐姿两种。自古以来,中国人就讲究"站有站相,坐有坐相"。站姿和坐姿在一定程度上可以反映出一个人的精神状态和文化修养。挺胸抬头、双目平视是充分自信的表现,给人以器宇轩昂、居高临下的感觉;站立时双臂交叉抱于胸前是一种敌视或习惯性的防御动作;低头弯腰既可以表示对他人的尊敬,又可以表示在心理上处于略势,甚至是因为惧怕而表现出来的谦恭顺从。

作为一名主持人,在节目中无论是站姿还是坐姿,既不能过于拘谨,也不能过于松弛,自然挺拔、落落大方,才是充满生气的表现。其实,也并不是在任何时候都要正襟危坐,应该根据对方和自己的状态适时作出调整。一般站立的时候,应该下颌微收,目光平视,双肩放松,挺胸收腹,腰板挺直,小腹微收。男主持人两脚自然分开,身体重心落在两脚中间。女主持人可以一脚朝前一脚稍微往后,呈"丁字步",身体重心在两脚之间或略向前。这样的站姿可以给人精神饱满、充满生气的感觉。切忌弯腰驼背,含胸塌肩,给人以松松垮垮、不稳重、不端庄、不正式的印象。

主持人的坐姿一般分播报式和访谈式两种。播报式主持人一人或双人同时或分别面对镜头进行播报,一般端坐在桌子后面,手放在桌子上面,镜头里只出现主持人的上半身,上身挺直,目光平视镜头即可。访谈式主持人的坐姿更容易全面地暴露于镜头前,因此主持人在坐下时要注意双腿或脚部不要交叉,因为那是拒绝或封闭的象征;双腿不要随意地颤动,那样表现了焦躁不安的心理状态;另外,以双脚踏地也是应当避免的动作。坐下后,主持人应采取比较平稳的坐姿,坐在座位上的位置要深一些。如果位置较浅的话,就会显得局促不安,但是也不宜"坐满",那样会给人很死板的感觉,身体要微向前倾斜,显出积极听取谈话者谈话内容的状态。

2.手势

手的动作是形体语言当中最能体现传情达意功能的部位,是辅助有声语言表达的主要手段之一。主持人在节目中对手势的运用程度,显示了主持人对于节目的把握程度:手势运用得当,可以强化有声语言的表达;运用不当,则会分散观众的注意力。主持人在主持节目的时候,必须讲究手势的明确、简练、自然。"所谓明确,就是讲究手势动作的目的性,要有内在的根据和清晰的意图,不管是补充还是强调,都要有明确的作用;所谓简练,就是使用少而得当的手势、动作衬托强调关键性的话语,实现信息的生动和高效传递;所谓自然,就是不做作,不僵硬,符合主持人自身性格,符合节目内容的实际需要,适切具体场景。"[1] 比如,主持人向观众介绍一个人说"他有这么高",用手势比着一定的高度,或者说一根水管"有这么粗",用两手合成一个圈等。这里要提醒一点的是,要尽量避免做一些毫无目的意义的琐碎的动作,比如身体的摇晃、腿部抖动等,不仅无助于有声语言的传达,反而有损主持人的形象。比如,李咏在《幸运52》节目的场景转换过程中有一个经典的动作:握起右拳,朝屏幕的正前方做狠狠砸状,这个动作就十分符合李咏的定位,给人一种阳刚而有力的感觉,也很活泼,能有效地调动起观众激昂的气氛。[2] 王刚在主持北京电视台的《东芝动物乐园》时,经常模仿动物的姿态,做出夸张、滑稽的动作,如以手臂张开扇动模拟鸟儿的飞翔,手臂从鼻尖画一个弧以示大象的鼻子等。王刚是演员出身,形体动作灵活,富有表演才华,这些形象化的动作,既与栏目和谐,还展现出王刚幽默、活跃、平易近人的个性风采。

此外,使用手势的时候还要注意:给嘉宾或者观众指示时,不能用一根手指指向他人,这是非常不礼貌的动作,带有指责的意思,容易让对方产生反感情绪。在一期《健康之路》节目中,主持人对嘉宾说"王医生您是营养专家……"的时候,面带微笑,右手放在身前的桌上,左手手心向着斜上方手掌深处,指向嘉宾。这样,不仅准确传递给了嘉宾"现在是在跟您说话"的信息,也体现了对嘉宾的尊重。

(二)表情语

表情语在体态语中占有重要的地位。正如美国学者尼伯格·卡莱罗所说,在所有非言辞沟通的范围中,最不易产生争论的就是脸部表情。因为这是最容易看到的,而且一目了然。这里的表情具体指人类的面部表情。美国传播学家罗斯认为,在传播活动中,在人们得到的信息总量中,只有35%由有语言符号传播的,其余65%的信息是非语言符号传播的。在这65%的信息中,仅表情传递的信息就占55%。

1.目光

人们常说:"眼睛是心灵的窗户。"目光是人们交流思想感情的重要通道,是人们内心情感活动的真实反映。在节目中,主持人眼神中任何的游离、呆滞、涣散或斜眼看人,都会让观众感到主持人心神不宁、心思不稳、紧张、懒散或态度的高傲。因此,对于电视节目主持人来说,目光语是非常重要的。

在很多情况下,电视主持人需要独自一人面对电视镜头,目光应该与摄像机镜头的下沿在同一水平线上,这样给观众的感觉不会出现俯视与仰视。主持人虽然面对的是镜头,但需要想象自己所面对的是广大的观众,与观众进行"虚拟交流",此时的目光不可以简单机械地双眼望着摄像机镜头,而是应投出和节目内容相符合的眼神,以积极的目光感染电视机前的观众。主持人的目光应该始终是炯炯有神的,并总是充满了真诚、友好和执著。虽然是坐在演播室面对镜头与观众进行交流,但是眼神中应该能够让观众感觉到你是在对"他"讲,在和"他"交流。美国华裔主持人靳羽西说,她主持节目就像面对一个人说话,而不是许多人,不是像在大会上讲话。因为做电视节目主持人,你就是坐到别人家里头了,坐在人家面前,就像在家里交谈一样。

① 李水仙.有感于主持人形象[J].现代传播,2004(2).
② 孙卉.论电视节目主持人的非语言传播手段[J].新闻界,2007(6).

所以观众看靳羽西的节目,她热情、亲切的目光总让人感到仿佛就坐在你的面前向你娓娓道来一样。

主持人除了在演播室独自面对摄像机镜头的这种形式外,还要和节目现场的嘉宾、观众进行真实的目光的交流,和他们相互配合、沟通,形成节目的互动。例如在谈话类节目中,由于节目需要,主持人和被邀请嘉宾之间的距离很近,这样彼此之间的目光交流就会更频繁,更易被察觉。这时的主持人就要特别注意交流中的注视。目光绝对不能紧紧地凝视对方的眼睛,应较多地停留在嘉宾的双眼与嘴部之间的三角区域,注视而非紧盯,还要时而面向镜头或者现场观众。在交谈的过程中,随着话题内容的变化,还应该及时地做出恰当的反应,或惊或喜,或微笑或沉思,或认可或疑问,这会使整个交谈的过程融洽、和谐。因为主持人用期待、充满热情的目光才能激起嘉宾的倾诉欲望,并与嘉宾一起探寻他内心深处的故事,持续建立交流的关系。提起凤凰卫视的鲁豫,很多人想到的往往不是她的机智,也不是她的睿智,而是她那双炯炯有神的大眼睛一眨不眨地望着被采访者,右手托着下巴,全神贯注地倾听被采访者的神态。鲁豫这种友好的眼神不仅给被采访者以尊重、鼓励,还给观众留下深刻的印象。

在这里还要强调一点的是,在主持人目光传递的过程中,要注意眨眼的频率。生活中的眨眼,不大容易引起注意,但在电视屏幕上出现的面部表情,会把眨眼动作放大得清清楚楚,频繁的眨眼不仅会分散观众的注意力,还会让人觉得紧张不安。主持人应当适当控制眼睛的眨动,首先要控制眨眼的次数;其次要将眨眼安排在说话的句末,不要在倾听别人讲话时频繁眨动眼睛,这表明你内心思维十分凌乱,没有深入分析你听到的意见和看法;也不要在句中频繁眨眼,这可能会让人感到你对他所讲的话并没有认真思考。

不同的节目类型,主持人的目光也应有所不同。比如,评论类节目应敏锐犀利,服务类节目应热情和蔼,文艺类节目应热烈奔放,少儿类节目主持人在置身于儿童中时,眼睛里需要闪烁的是关爱、赞许的目光,而综艺娱乐类节目的主持人需要一出场就调动起全场兴奋的气氛,眼睛环视四周,给人活力四射的感觉,把自己的热忱带给现场的每一位观众,用喜悦欢快的目光为节目现场定下基调。

2. 微笑

微笑是一种"情绪语言"。微笑可以表现出对他人的理解、关心和爱。微笑是辅助主持人传递信息的桥梁,微笑在很大程度上决定了主持人的亲和力,可以有效地缩短主持人和嘉宾的距离,给对方留下美好的心理感受,从而形成融洽的交谈氛围。主持人大多情况下不做大笑的表情,不过现在很多的综艺娱乐节目主持人,遇到很滑稽好笑的场景时,已经不再只是拘谨含蓄的微笑,而是自然的大笑甚至捧腹大笑。比如谢娜在《快乐大本营》中,正是因为她常常的夸张的笑法,让观众印象深刻。这样的笑因为是自然感情的流露,就会很有感染力,可以感染电视机内外的观众,如果仅仅是为了娱乐搞笑而笑,会给人做作矫饰的感觉。但应当注意的是,并不是什么时候、什么场合都适合微笑。有些节目受到节目内容和风格的限制,不恰当的笑反而会引发不好的效果。

事实上,主持人在主持播报节目的过程中同样有因笑误事的情况出现。海霞是中央电视台资深主持人,一直以来以轻快明朗的播报风格深受观众喜爱,但早年却也因笑误事,在一次直播节目中因保持了惯常的微笑而受到网友质疑。

2007 年 7 月 10 日 12 时 28 分,安徽王家坝地区为了保全上下游地区的安全,第 15 次成为泄洪区。据了解，此次泄洪要淹没18万亩庄稼，淹毁树林，损坏交通道路、通信设施等，直接经济损失约6亿元，会给当地人民造成重大的损失。在当天中央电视台新闻频道关注淮河的特别节目中，主持人海霞连线王家坝现场的记者时面带微笑，略有些激动地问道："我看到大坝周围有很多围观的群众，都带着过年般的心情，是这样吗？"此话一出，引起观众、网友的诸多讨伐。"真不敢想象，面对自然灾害，主持人的笑容竟然这样的灿烂，问候竟然这样的悠闲，心情竟然这样的美好！要知道，此刻关注着电视节目的观众并非带着过年的心情，经受水灾的安徽人民再乐观也乐观不出过年的心情！过年？老百姓过年的心情是欢欣鼓舞！海霞同志，您知道您现在面对的是什么情景吗？那不是过年，而是特大自然灾害，那是肆虐无情的洪水，那是随时可能带来的灭顶之灾！那么多人无家可归，你居然问人家是不是怀有过年般的心情……"

海霞在工作中惯有的职业性的微笑播报却让她在此次连线中意外落马，引起了观众的强烈反响，虽然央视有关负责人就实际情况做了相关解释，但是这句话说出来，主持人和王家坝人之间的距离却立刻被放大，仿佛是活在两个世界里一样。①

（三）服饰语

服饰不仅仅包括服装，还有穿戴装饰之意，体现出的是一种综合性的视觉艺术。电视媒体作为一种可视媒体，主持人在节目中的服饰装扮是节目整体的有机组成部分，传达着主持人的思想、个性、文化修养和艺术品位。服饰语言是否得体，与节目的成功与否交相呼应。因此，主持人应该学会并重视服饰语言的运用。

1. 着装

节目主持人的着装，首先必须服从节目的需要，与节目内容和谐。具体地说，在新闻类的节目中，由于新闻本身要求客观公正严谨，主持人的着装也应该端庄、素雅。生活服务类的节目中，则应生活化，随意而又能体现出个人风采。而少儿节目的主持人应尽可能使自己的服饰天真活泼、富于奇特的想象，甚至可以有些夸张。比如，中央台少儿节目主持人"小鹿姐姐"、"金龟子"等造型都是借助卡通人物形象，吸引小朋友的目光和收看兴趣。娱乐节目的主持人则应通过时尚、前卫的服饰展示其个性风采。当然，作为主持人，在现场节目的各种场合中要格外注意自己的衣着与环境是否和谐。如主持电视文艺晚会就必须盛装打扮，不然则会破坏晚会的艺术气氛；在采访重要会议、重要人物的庄重场合，主持人应着正装，这样才能显示出对所采访人物的尊重，才能与环境相配。但如果是在街市上、工厂、车间、列车上，时尚的休闲装扮便是主持人很好的选择。

在服装的视觉表达语言里，服装中的色彩是最先闯入人们眼帘并迅速刺激人们的视觉器官，从而间接地左右着人们的心理、情绪，产生各种感情的变化和反应。因此，主持人的服饰色彩在很大程度上影响到电视媒介的整体形象和传播效果。例如，新闻类节目主持人以传播信息、引导舆论为主要任务，这就决定他们在屏幕上必须树立信息传播者所具备的成熟、稳重、真实、可信及权威的形象。此类节目主持人在选择服装时，一般选择较稳重、淡雅、朴实中性色，服装色彩和款式尽量简约，避免因花哨而产生的轻浮感。当然在节日或重大庆典时，主持人的着装色彩可根据节目主题变得丰富一些，以烘托节日气氛。综艺类节目是要给受众营造轻松、

---

① 郑娟. 正确运用表情语对主持节目的重要性[J]. 视听纵横，2008(3).

时尚、活泼的氛围,给人带来欢乐。综艺类节目的主持人一般来说青春、时尚、幽默、活泼,有煽动性和感染力,因此,他们的服饰可带一些创意和艺术味较浓的设计,选择热烈艳丽时尚的色系,让主持人的形象向青春俏丽、活泼方面靠拢。例如,2009 年 4 月 11 日的湖南卫视《快乐大本营》栏目的主题是"找朋友",五位主持人均穿着了以大红、玫红、柠檬黄、淡绿、天蓝色等亮丽色彩搭配而成的服装,唱着儿时找朋友的歌曲出场时,整个舞台充满了活泼、快乐而又不失时尚的舞台氛围,也使观众朋友们似乎又返回到了自己的童年时代。[①]

2.化妆

化妆是电视节目主持人修饰容貌塑造屏幕形象的重要手段,通过化妆产生的效果,同样可以向观众传情达意,也是辅助表情语的一种无声语言。

电视节目主持人的化妆是一种特殊的艺术。它既不同于表演舞台妆,也有别于日常生活妆,要求妆容干净利落,自然大方,不浓妆艳抹,矫揉造作,失去自然,要把握分寸,过分的彪悍与妩媚都不适宜。不同栏目对妆容要求有所不同,但是有一点是肯定的,要贴近栏目,贴近观众。比如,有的场合侧重庄重沉稳,有的强调亲切活泼,有的需要重妆出场,这就需要因节目、因环境、因对象而做出调整和把握。综艺节目由于现场氛围热闹、环境大、背景丰富,妆面一般可偏重一些;而在现场采访的自然光条件下,可以生活妆或原貌出现,亲切而自然,从而贴近被采访者,拉近与观众的距离。另外,主持人的妆面要相对稳定,不宜常更换,因为这样会影响节目形象和主持人个性形象的相对稳定性。比如,杨澜自从《正大综艺》第一次亮相,至今都没有改变她那清新、明快、自然、大方的妆面。当然,主持人的妆面要从整体着眼,客观地找出自己脸型、五官的优点与不足,进行多方面调整与修饰,突出长处,弥补缺陷,扬长避短,而且也要慎重选用色彩,应避免选用纯度较高的红、黄、绿色,而应选用不饱和色系列,这样可以达到自然柔和的效果,以寻求最佳屏幕形象效果。

(四)道具语

在电视节目中,主持人所使用的各种道具也属于非语言符号传播。道具,一般是指演出中用于装饰舞台,形成特定表演场所造型所需的物件。主持人恰当地使用道具也能在传播效果上起到锦上添花的作用。

一般来讲,电视谈话类节目运用道具语言较为常见。湖南卫视的谈话节目《背后的故事》中有一期节目叫《颠覆 T 台的东方灰姑娘》,主持人马东采访国际名模吕燕,讲述吕燕从矿场一步步走上国际 T 型台的历程。节目组事先准备了很多道具:石头、扫帚、快译通、鸡蛋等。在谈到吕燕的家乡时,马东拿出了一块石头:

马东:我们找到了一块矿石,据说你的家乡是一个矿场?

吕燕:对,萤石矿,就是出萤石。

马东:你帮我们鉴定一下这块石头有什么价值?

吕燕:我不知道,这一看就是萤石。

马东:看来你对矿山一点了解都没有,这是我们在马路上捡的一块石头。

吕燕:真的,萤石就是这样的,你敢说这是假的吗?

---

① 任红霞,许青春,华长印.电视节目主持人服饰色彩的研究[J].艺术与设计(理论),2009(10).

马东：可能就像那些矿石一样，从外表你看不出它是什么东西。这有点像你，我们愿意把它联想到你从那个矿山走出来，当初你在矿山的时候，大家从外表上看，跟你接触的人都没有想到四年之后你会是现在这种状况。

一块矿石引出对吕燕家乡——她从小生长的矿场的回忆。矿石作为道具，直接参与了节目的内容，成为节目叙事的重要手段，并且把吕燕的特质和矿石作比较，意蕴深远。接下来，谈到吕燕刚到法国时的经历。

马东：你的语言问题呢？

吕燕：第一次出国，我不会说英文，也不会说法语。

马东：这东西你熟悉吗？

吕燕：快译通。

马东：当时你就带这么个东西去的？

吕燕：比这个小一点。

马东：你怎么跟别人交流？你试试看，如果我是一个法国人，你怎么跟我交流？

吕燕：我把它设置成汉英，我输入中文，它就会出现英文。我给法国人看，他们就知道了。法国人又把英文打给我，我一看，面试，我要去面试了。因为头三天，有一个法国人带着我去面试，他就拿地图告诉我怎么走。

……

马东：法国是个烹饪非常讲究的国家，法国大餐。你也很爱吃，我们这两天跟你吃饭的时候发现了这一点，你也很好吃。我们给你准备了一个你最爱吃的东西（注：从盘子里拿起一个鸡蛋），法国大餐，尝尝吧！

吕燕：我刚吃饱。

马东：你在法国就一直吃鸡蛋？

吕燕：因为刚去法国的时候，我吃不惯那边的东西，装油盐的瓶子写的都是法语，不是英文，我不知道应该买什么，所以对于我来说，最简单的就是吃鸡蛋。鸡蛋从超市里买回来煮好就可以吃了。

马东：你在那么长时间就一直吃煮鸡蛋？

吕燕：不光是这种，还可以炒、蒸、炸。

马东：花样还挺多的，你要不要尝尝。

吕燕：不用，我吃饱了。

马东：偶尔吃一个鸡蛋，味道挺好，一个月都吃鸡蛋估计会有点问题，这种生活你过了多长时间？

吕燕：一个多月以后，我就学会了单词。有的时候，我会打电话给朋友，问这个单词怎么念，我会拿笔记下来。让他们教我怎么读，后来我学会了说一些单词，他们再帮我写成法语，我可以去超市买油盐自己做饭。我也知道有中餐厅，可以去买一些吃的。刚开始，我去超市买一堆吃的东西回来尝。

在谈话节目中，一件小道具就是谈话嘉宾的一个故事、一段回忆，表达中自然会流露真情实感，主持人对道具的恰当运用，可以丰富谈话的内容，调动现场的气氛。

（五）空间语

空间语是人们利用空间来表达某种意思的一种社会语言，属于无声语言的范围。

1.距离

每个人在与他人相处时，潜意识中在身体周围都有一个属于自己的个人空间。主持人在节目中的位置和空间距离，一方面应根据社会对身体空间的习俗来正确灵活地运用；另一方面要特别考虑到电视机前观众的存在，以及他们潜在的参与心理，还要依据电视画面的屏幕效果进行调节，让观众从屏幕上看起来合乎情理，构图也不别扭。两位主持人搭档主持时，在大型晚会上，一般并排站立，这样视野开阔，能让各方位和角落的观众都能看到；在演播室里坐姿的联袂主持，对电视机前的观众谈话时，两人并排，正面对镜头，两人交流时要自然地侧转头与对方的目光相接；主持人在演播室与采访对象交谈时，主持人要把光线好、背景有典型意义又显眼的位置让给采访对象。

2.环境

访谈节目中，主持人还经常设置一些相应的环境作为开启被访对象心灵的钥匙，为访谈营造一种和谐亲切的气氛，从而缩短主持人与被访对象的心灵距离。比如在《艺术人生》的节目现场，节目背景常常会贴满被访人各个时期的照片，被访人一上场就仿佛感到时光倒流，自己的人生道路被一幕幕地展现在眼前。此时主持人只要稍加提示，被访人就会将回忆梳理得清清楚楚。对受众来讲这种非语言信息的运用，真有一种此时无声胜有声的强烈感受。同样，运用好环境还会使不会说话的场地也产生意想不到的好效果。

第三节　广播电视节目主持人的角色定位

要想成功地制作一档节目，并在播出后取得预期的效果，需要精心考虑并衔接节目制作的每一个环节，团队的每一位工作者都要准确地了解自己的定位，各司其职。作为节目主导的节目主持人，更是如此。因为所有前期的准备能不能取得预期的完美效果，很大程度上取决于主持人在节目中掌控节目的能力。虽然在不同的节目中，主持人的作用和定位都各不相同，甚至同一档节目，随着时间的推移、节目的发展，主持人的定位也会出现一些改变，而且相同类型的节目因主持人个性的差异，在节目定位、节目效果、主持人作用的发挥等方面也会有所不同，但是如果我们从共性上来说，节目主持人的角色定位还是相对固定的。

一、媒介意志的体现者

节目主持人应该也必须是媒介意志的体现者。节目主持人虽然在主持节目的过程中是以个体形式出现的，但这并不意味着他可以在镜头前随心所欲地表现。因为他不仅仅代表着他个体，更代表着群体观念。

电视节目主持人是社会主义大众传播媒介岗位上的一员。广义上，他是党、政府和人民的宣传员。因此，节目主持人首先要有明确的喉舌意识，为党、政府和人民把好政策关、舆论观。电视是大众传播媒介的重要组成部分。长期以来，电视都是我国进行政策宣传和舆论引导的主要阵地。节目主持人作为国家传播机构的参与人员，要明确自己作为"喉舌"的责任担当。

当然，我们所指的喉舌意识并不是指张口政治，闭口法令，图解政治，搬弄教条，而是要将党和国家的方针政策融入到具体的工作,用人民群众切身可干的丰富多彩的形式传递出去,在与受众的交流中于细微处见精神,产生潜移默化的积极作用。

既然电视节目主持人是党和国家以及电视台的代言人,那他(她)就必须注意维护自身形象和提高自身素质。因此,节目主持人必须严格要求自己。首先,要做一个正直的人,有较高的人格境界,有积极的人生观、世界观,敢于维护真理,挑战不良风气。其次,要有一定的修养和涵养,注意自己的一言一行、一举一动、一笑一颦,稳重不轻浮,大方不拘谨,不矫揉造作,不自吹自擂。再次,要爱护自身的公众形象,珍惜自己和受众共同造就的好名声。主持人对节目要严格把关,不适合自己的节目不要主持,不要像膏药一样到处贴,像万金油一样到处抹,反而弄巧成拙。在节目以外的公众场合,主持人也要成为社会精神文明的表率,做一个维护社会公德、遵纪守法、谦虚谨慎、以身作则的领头人。

二、先进文化的传播者

主持人节目是一种文化产品,节目主持人是文化的载体,因此,主持人也应当是一种文化角色。主持人应该责无旁贷地担负起传承精神文明、传播先进文化、在社会转型时期参与文化建设的历史使命。

所以主持人应该摆正自己的传播身份——广播电视传播工作者,明确自己的媒体责任——应该考虑社会成员的欣赏习惯和审美情趣,自觉规范自己的传播行为——在着装、发型、语言,以及整体风格上应该做到高雅、端庄、稳重、大方,特别是在语言表达上倡导文明用语、规范用语,净化语言文字环境。由于这些规定强化了传播者的责任意识,因此对于主持人而言,其主持行为应该是在自觉遵守的基础上带有创造特性,创新而不以求异为目的,个性而不以另类为标志,关键是要肩负起应该承担的传播责任,推动社会主流文化的传承。

三、主导意识明确的主持人

节目主持人是主持人节目运作中最主要的工作,也是最重要的一个环节。在这个阶段,节目该怎样开始、怎样继续、怎样收尾,以及在节目过程中如何起承转合,都是在主持人的言语引导下展开的。在节目的整个进行过程中,主持人始终处于一个主导者的地位,操纵着交流的进程及方式。

看一个反面的例子。倪萍在她的《日子》中回忆到:"我记得1993年我们曾专为几对金婚的老朋友举办过一期《综艺大观》。他们都是我们国家各行各业卓有成就的科学家。其中有一位是我国第一代气象专家,曾多次受到毛主席、周总理的亲切接见。她年轻时曾留苏、法、日等国学习,是一腔爱国之心让她放弃国外的优厚待遇,又回到中央气象台工作。当我把话筒递给她的时候,她顺势就接过去了。对于直播中的主持人来说,如果把话筒交给采访对象,就意味着你工作的失职,因为你手中没有了话筒,现场的局面你就无法掌握了,更严重的是,对方如果说了不应该说的话,你更被动!但那时众目睽睽,我又不能再把话筒要回来。'我首先感谢今天我能来到你们中央气象台。'这位阿姨第一句话就说错了,全场观众大笑。我想,这正是我把话筒接过来的好时机,可我伸手,她却躲开了我,我只好追上话筒伸长脖子说:'阿姨,这里是中央电视台。''是啊,我感谢你们中央气象台。'全场观众更乐了,我也乐了,我想替她解释,可我手中没有话筒,我只好又伸手,那位阿姨推开我的手,我只好再次伸长脖子说:'今天阿姨金婚,在这幸福的日子里她太激动了,对气象台太有感情了。'她并没有理睬我,继续说:'我当年在苏联、日本留学,都比中国……'我强行抢下了话筒,我担心她说错,她一定是想说,都不如中国好,因为她是一个爱国的科学家。现场直播时的气氛是很容易让人紧张的,特别是面对镜头时,就很容易说错话。这位阿姨个性太强,愣是第三次从我手中夺去话筒,舞台上的我们来回夺着话筒。原规定她只讲 30 秒钟,结果她讲了将近 5 分钟。台下的导演急得向我做停的手势,领导也向我挥手,我更是浑身出汗、七窍生烟。面对上亿观众,我绝对不应该再抢话筒,再说咱们中国人最讲礼貌,不能随便打断别人的讲话,更何况年轻人对长者。但没有人知道我们的直播时间一分一秒都是事先周密安排的,她要占了 5 分钟,就意味着后面要有一首歌今天唱不了。"[①]倪萍这次失败的掌控,不但打乱了节日的安排,影响了节目的进程,更使得自己在节目中处于被动的位置,颇为尴尬与难堪。

余秋雨在《电视节目主持人的内在素质》一文中提出,作为一名主持人,理应对播出的节目从各组件到结构过渡都了如指掌,理应在现场表现出一种如数家珍的游刃有余,理应由敏锐的当场感受能力和快速的随机应变能力而成为广大观众审美心理的充分执掌者。作为电视节目中进行大众传播活动的中心人物,主持人在节目过程中应当主导意识明晰,这是由其性质、地位决定的。

思考题

1. 节目主持人产生和发展的原因是什么?
2. 节目主持人有哪些传播特征?
3. 试析播音员与主持人有哪些区别?
4. 节目主持人的有声语言应该具有哪些特点?
5. 节目主持人的表情语分为哪几种,分别可以起到哪些特殊的表达效果?
6. 简述节目主持人的角色定位的重要性。

---

① 倪萍.日子[M].北京:作家出版社,1997:131.

第八章　广播新闻录音与电视新闻摄像

~~~~~~

学习目标

1.了解模拟信号和数字信号的划分和主要区别。

2.了解音频文件的几种储存格式及其利弊。

3.掌握 MIDI、MD 的使用方法。

4.了解影响景深的光圈、焦距、距离的特点及相互关系,掌握摄像机镜头的聚焦方法。

5.了解不同景别的主要叙事功能和表现功能。

6.掌握电视画面构图基本方法和运动摄像的基本方法。

　　从物理层面来讲,广播是一种声音媒介,它看不到,但能听见;从心理层面讲,广播是一种情感的媒介,它是由力量将心灵与社会合二为一的共鸣箱(马歇尔·麦克卢汉语)。从广播电视新闻节目制作的角度来看,录音对于广播新闻尤为重要,故此,我们有必要对广播新闻录音的方法和技巧进行梳理;由于电子媒介的传输手段和方法的特性以及电视新闻视听一体的属性,电视新闻的摄像有其自身的规律性。本章将介绍一些广播新闻录音和电视新闻摄像的基本原理和方法。

第一节　广播新闻录音

　　广播新闻,是指以广播为传播手段对新近发生的或正在发生的新闻事实的报道,泛指所有的新闻性广播内容和报道形式。在广播新闻中,录音发挥着重要的作用。广播记者、主持人、播音员的语言叙述,以及新闻人物的讲话录音、背景音、新闻事实的实况音响等都能充分呈现广播媒体的特长,让广播新闻变得生动丰富。同时,录音技术、音响设备等也是影响录音质量的重要因素。随着新媒体的兴起,广播媒体迎来了巨大的挑战,因此,提高录音质量、采写优秀的录音报道已成为广播新闻生存的重要手段。

一、数字技术音频技术基础

　　声音是一种能量波,因此它有频率和振幅的特征,频率对应于时间轴,振幅对应于幅度轴。声波可以看成由无数点组成的无限光滑的波形,由于存储空间是相对有限的,在数字编码过程中,必须对声波的点进行采样。采样就是将模拟音频信号转换为数字音频信号的过程,采样率就是单位时间内对音频信号进行采集的次数,它以赫兹(Hz)或千赫兹(kHz)为单位。通常来说,采样率越高,单位时间内对声音采样的次数就越多,获得的声音信息也就越完整,音质就越好。很显然,在1秒钟内抽取的点越多,获取的频率信息就越丰富。为了复原波形,一次振动中,必须至少有2个点的采样。人耳能够感觉到的最高频率为20kHz,因此要满足人耳的听觉特性的需求,则需要至少每秒进行40000次采样,用40kHz表达。我们常用的CD音频格式,其采样率为44.1kHz,即每秒要对声音进行44100次采样。光有频率信息是不够的,还必须获得该频率的能量值并量化,用于表示信号强度。量化电平数为2的整数次幂,我们常见的CD为16bit的采样分辨率,即2的16次方。采样分辨率相对采样率更难理解,因为它更抽象一些。举个简单例子,假设对一个波进行8次采样,采样点对应的能量值分别为A1~A8,但我们只使用2bit的采样分辨率,结果我们只能保留A1~A8中4个点的值而舍弃另外4个。如果我们进行3bit的采样大小,则刚好记录下8个点的所有信息。采样率和采样分辨率的值越大,记录的波形就越接近原始信号。

一般来说,只能把高采样率的音频文件转换成低采样率的文件,而把低采样率的音频文件变成高采样率的文件,就相当于想要把VCD格式的图像直接转换成DVD的图像,是不可能的,会出现失真类型的噪音。

MP3文件的基本采样率是44100kHz,如果转换成8000kHz的WAV格式文件,文件会小很多,但音质肯定会差很多。在转换后播放时,应注意播放的采样率问题,如果你的文件的采样率是44100kHz,而你播放时选择不是44100kHz,那么播放出来的声音将会严重失真,音调和节拍都会发生变化。如果播放时的采样率高于文件的采样率,那么声音音调将比原来高,但节拍变快;如果播放时的采样率低于文件的采样率,那么声音音调将比原来低,但节拍变慢。只要播放时的采样率和文件的采样率一致,那么,声音的音调和节拍就不会改变,当然,采样率越低,音质越差。一般的MP3或WAV播放器都能根据原来文件的采样率来播放。

比特率是另一种数字音乐压缩的参考指标,表示记录音频数据每秒所需要的平均比特值(比特是电脑中最小的数据单位,指一个0或者1的数),一般使用kbps为单位(全称为kilobits per second,也就是千位/秒)。CD音乐是以每秒1411kbps的速率记录和传输的,这样1分钟的数据就要大约10MB空间;MP3音乐一般为96~320kbps,用128kbps速率制作的MP3文件,1分钟的数据只需不到1MB的存储空间。速率越快,每秒记录的数据就越多,当然记录的音乐信息就越丰富。

(一)模拟信号与数字信号

声音,不论人的说话声还是音乐声及效果声,要想记录或传输,都要首先通过话筒将声源产生的声音变成相应的电信号。这种电信号,按时间和幅度取值的不同情况可分为:

(1)时间和幅度都连续的信号;

(2)时间离散、幅度连续的信号;

(3)时间连续、幅度离散的信号;

(4)时间和幅度都离散的信号。

通常,我们把时间和幅度都连续的信号称为模拟信号,模拟信号的传输与交换称为模拟通信;把时间与幅度都离散的信号称为数字信号,数字信号的传输与交换称为数字通信。

(二)模拟信号数字化

将时间和幅度上连续变化的声音信号变换为脉冲数据的过程称为模拟信号数字化。此脉冲数据可由按一定特点构成的数码表示。信息的数字化很早就进入人们的生活当中,明码电报中的数字代码表示为汉字就是一个实例。声音数字化是经过对连续变化的声音采取采样、量化、编码等环节形成二进制脉冲序列。用高、低两种电平表示脉冲序列中的基本单元称为比特(bit),其中高电平为"1",而低电平为"0",将 1、0 称为比特值。如采用 8 个比特为一组表示某个时刻的幅值,共有 256 种组合表示 256 个幅度,例如 11011000、11100110、11111100 分别表示 5V、5.5 V、9V。此时可用一系列的数码来替代连续变化的声音,称这个变换为模数转换,即 ADC(Analogue Digital Conversion),常用 A/D 简化表示。当需要转换回在连续的时间上连续变化的幅值时经译码后即可恢复,这个变换为数模转换,即 DAC(Digital Analogue Conversion),常用 D/A 简化表示。

(三)音频驱动简介

MME(Multi—Media Extensions),即一般的 Windows 驱动程序。由于本身受到 Windows 的直接控制,响应速度很慢。但它在 Cakewalk Sonar 中使用似乎有着优良的性能,在一些独立的软件合成器使用中,MME 也具有相当好的性能。

GSIF(Giga Studio Inter Face),是 NemeSys 为其著名的软音源 Giga Sampler/Studio 制定的接口规范。符合这个规范的声卡在应用 Giga 软音源时能获得零延迟的效果。ASIO(Audio Stream Input Output),直译就是音频流输入输出接口,通常这是专业声卡或高档音频工作站才会具备的。采用 ASIO 技术可以减少系统对音频流信号的延迟,增强声卡硬件的处理能力。同样一块声卡,假如使用 MME 驱动时的延迟时间为 750 毫秒,那么当换成 ASIO 驱动后延迟就有可能降低到 40 毫秒以下。

(四)常用的数字音频接口标准

目前在数字音频应用领域中,数字音频接口的数据格式标准有很多,以下对一些主要标准做一下简单介绍。

AESIEBO 是美国和欧洲录音师协会制定的一种专业数字音频数据格式,接口硬件主要为卡农接口,如图 8-1 所示。目前用于一些高级专业器材,如专业 DAT、顶级采样器、大型数字调音台、专业音频工作站等。

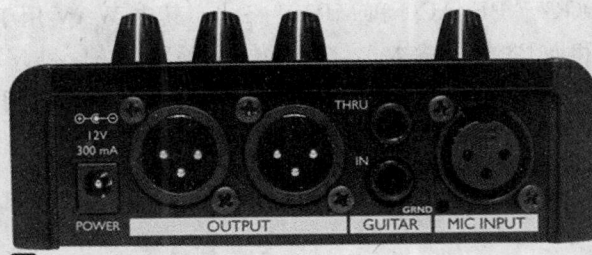

图 8-1　卡农接口

S/PDIF 是 Sony 公司和 Philips 公司制定的一种音频格式,主要用于民用和普通专业领域,接口硬件使用的是光纤或同轴口,现在的 DAT、CD 机、MD 机和计算机声卡音频数字输入输出口都普遍使用 S/PDIF 格式。

ADAT(又称 Alesis 多信道光学数字接口)是美国 Alesis 公司开发的一种数字音频信号

格式,因为最早用于该公司的 ADAT 八轨机,所以就称为 ADAT 格式。该格式使用一条光缆传送八个通道的数字音频信号,由于连接方便、稳定可靠,现在已经成为一种多声道数字音频信号格式,越来越广泛地使用在各种数字音频设备上。目前许多公司的多声道数字音频接口,像 Frontier 公司的一系列产品,使用的都是 ADAT 接口。

图 8-2　ADAT 接口

TDIF 是日本 Tascam 公司开发的一种多通道数字音频格式,使用 25 芯类似于计算机串行线的线缆来传送八个声道的数字信号。TDIF 的命运与 ADAT 正好相反,在推出以后 TDIF 没有获得其他厂家的支持,目前,越来越少地被各种数字设备所采用。

R-BUS 是 Roland 公司新推出的一种八声道数字音频格式,也被称为 RMDBII。它的插口和电缆线都与 TDIF 相同,传送的也是八声道的数字音频信号,但它有两个新增的功能:第一,R-BUS 端口也可供电,这样当将一些小型器材连接在其上使用时,这些器材可以不用插电。第二,除数字音频信号外,R-BUS 还可以同时传送运行 MIDI 控制和同步信号。这样,当两件设备以 R-BUS 接口连接时,在一台设备上就可以控制另一台设备。比如将 Roland 公司最新的 VSR-880 多轨机通过 R-BUS 连在 Roland 的 VM 系列调音台上时,就可以在 VM 调音台上直接控制多轨机运行。

二、音频文件的存储格式

音频文件包括声音文件和 MIDI 文件。其中声音文件是声音记录在载体的原始声音资料;而 MIDI 文件则是乐器的演奏指令序列,供声源(合成器等)与计算机连接的键盘、吹管、数字鼓及其他带有 MIDI 接口的乐器进行演奏。音频文件的格式多种多样,常见的有 WAV、REAL、MIDI、WMA、OGG、APE、ACC 和 MP3 等格式。其中 WAV 用于存储声音数据信息,为非压缩格式,REAL 和 MP3 是压缩格式。当播放 WAV、REAL 和 MP3 声音文件时,声音是相同的,但在音质上会存在差异。对于 WAV 声音文件来说,由于是非压缩格式,当采用较高的采样频率以及高的量化精度,如 44.1 kHz 以上的采样频率、16 bit 以上的量化精度时,其音质是上乘的,但相应的文件占据的存储空间大。

(一)MP3 格式

MP3 格式诞生于 20 世纪 80 年代的德国。MP3 指的是 MPEG 标准中的音频部分,即 MPEG 音频层。根据压缩质量和编码处理的不同分为三层,分别对应"＊.MP1""＊.MP2""＊.MP3"这三种声音文件。MPEG 音频文件的压缩是一种有损压缩,MPEG3 音频编码具有 io:1~12:1 的高压缩率,同时基本保持低音频部分不失真,但是牺牲了声音文件中 12 kHz~16 kHz 高音频这部分的质量。相同长度的音乐文件,用 MP3 格式来储存,一般只有 WAV 文件的 1/10 大,而音质要次于 CD 格式或 WAV 格式的声音文件。

(二)WMA 格式

WMA 就是 Windows Media Audio 编码后的文件格式,由微软公司开发。WMA 针对的不是单机市场,而是网络,竞争对手就是网络媒体市场中著名的 Real Networks。

微软声称,在只有 64 kbps 的码率情况下,WMA 可以达到接近 CD 的音质。和以往的编码不同,WMA 支持防复制功能,它支持通过 Windows Media Rights Manager 加入保护,可以限制播放时间和播放次数甚至于播放的机器等。WMA 支持流技术,即一边读一边播放,因此,WMA 可以很轻松地实现在线广播。由于是微软的杰作,因此,微软在 Windows 中加入了对 WMA 的支持,加上 WMA 有着优秀的技术特征,在微软的大力推广下,这种格式被越来越多的人所接受。

(三)WAV 格式

WAV 是由微软开发的一种专门用于存储数字化声音文件的格式,它符合 RIFF(Resource Interchange File Format)规范。WAV 对音频流的编码没有硬性规定,除了 PCM 之外,几乎所有支持 ACM 规范的编码都可以为 WAV 的音频流进行编码。以 AVI 为例,因为 AVI 和 WAV 在文件结构上是非常相似的,不过 AVI 多了一个视频流而已。AVI 有很多种,因此我们经常需要安装一些解码才能观看一些 AVI 格式的文件,我们接触到比较多的 Divx 就是一种视频编码,AVI 可以采用 Divx 编码来压缩视频流,当然也可以使用其他的编码压缩。

同样,WAV 也可以使用多种音频编码来压缩其音频流,不过我们常见的都是音频流被 PCM 编码处理的 WAV,但这不表示 WAV 只能使用 PCM 编码,MP3 编码同样也可以运用在 WAV 中。和 AVI 一样,只要安装好相应的解码,就可以欣赏这些 WAV 格式的文件了。在 Windows 平台下,所有音频软件都能完美支持,而支持最佳的是基于 PCM 编码的 WAV 音频格式。由于本身可以达到较高的音质要求,WAV 也是音乐编辑创作的首选格式,适合保存音乐素材。因此,基于 PCM 编码的 WAV 被作为一种中介的格式,常常使用在其他编码的相互转换之中,例如 MP3 转换成 WMA。

(四)OGG 格式

OGG 全称是 OGG Vobis。OGG 是一个庞大的多媒体开发计划的项目名称,涉及视频、音频等方面的编码开发。OGG Vobis 有一个很出众的特点,就是支持多声道,随着它的流行,以后用随身听来听 DTS 编码的多声道作品将不再是梦想。OGG Vobis 在压缩技术上比 MP3 好,它的多声道、免费、开源这些特点,使它很有可能成为一个流行的趋势,这也正是一些 MP3 播放器对其支持的原因。

(五)APE 格式

APE 是 Monkey's Audio 提供的一种无损压缩格式。Monkey's Audio 提供了 Winamp 的插件支持;这就意味着压缩后的文件不再是单纯的压缩格式,而是和 MP3 一样可以播放的音频文件格式。这种格式的压缩比远低于其他格式,能够做到真正无损,压缩速度也相当快,在现有不少无损压缩方案中,APE 是一种有突出性能的格式。

(六)AAC 格式

AAC(高级音频编码技术,Advanced Audio Coding)是杜比实验室为音乐社区提供的技术。AAC 号称"最大能容纳 48 通道的音轨,采样率达 96 kHz,并且在 320 kbps 的数据速率下能为 5.1 声道音乐节目提供相当于 ITU-R 广播的品质"。和 MP3 比较,它的音质比较好,也能够节省大约 30% 的储存空间与带宽。它是遵循 MPEG-2 的规格所开发的技术。

三、MIDI、MD 的使用方法

MIDI 是 Music Instrument Digital Interface 的缩写,即"数字化乐器接口",含义为一个供不同设备进行信号传输的接口。如今的 MIDI 音乐制作全都要靠这个接口,在这个接口之间传送的信息也就叫 MIDI 信息。MIDI 最早是应用在电子合成器———一种用键盘演奏的电子乐器上。由于早期的电子合成器的技术规范不统一,不同的合成器的连接很困难,1983 年 8 月,Yamaha、Roland、Kawai 等著名的电子乐器制造厂商联合指定了统一的数字化乐器接口规范,这就是 MIDIl.O 技术规范。此后,各种电子合成器以及电子琴等电子乐器都采用这个统一的规范,这样,各种电子乐器就可以互相连接起来,传达 MIDI 信息,形成一个真正的合成音乐演奏系统。

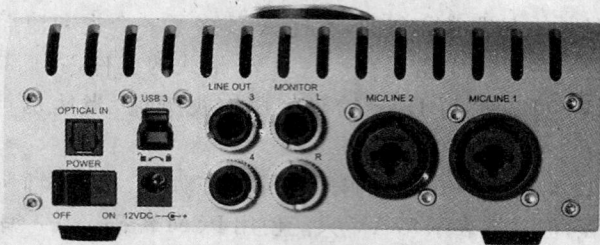

图 8-3　数字化音频接口

由于多媒体计算机技术的迅速发展,以及计算机对数字信号的强大的处理能力,使得计算机处理 MIDI 信息成为顺理成章的事情,所以,现在不少人把 MIDI 音乐称为电脑音乐。事实上,利用多媒体计算机不但可以播放、创作和实时地演奏 MID 音乐,甚至可以把 MIDI 音乐转变成看得见的乐谱(五线谱或简谱)打印出来,反之,也可以把乐谱变成美妙的音乐。MIDI 的这个性质,可以用于音乐教学(尤其是识谱),让学生利用计算机学习音乐知识和创作音乐。

(一)MIDI 文件的性质

所谓 MIDI 文件,实质上是指计算机中记录的 MIDI 信息的数据,MIDI 文件的扩展名是 *.mid。它和另外一种计算机中常用的声音波形文件 WAV 文件有什么不同呢? 表面上,两种文件都可以产生声响效果或音乐,但它们的本质是完全不同的。普通的声音文件(*.WAV 文件)是计算机直接把声音信号的模拟信号经过取样—量化处理,变成与声音波形对应的数字信号,记录在计算机的储存介质(硬盘或光盘)中。通常,声音文件都比较大,如记录 1 分钟的声音(立体声、CD 音质),大概需要 10.5 M 的储存空间。一首几分钟的歌曲需要几十兆的硬盘,一张 CD 光盘只能容纳十几首歌曲。为了减少声音文件储存的空间,近年来在计算机技术上采用了压缩技术,把声音文件经过处理,在不太影响播放质量的前提下,把文件的大小压缩到原来的 1/12～1/10,这就是近年流行的 MP3 文件格式。而 MIDI 文件则不是直接记录乐器的发音,而是记录演奏乐器的各种信息或指令,如用哪一种乐器、什么时候按某个键、力度怎么样等,至于播放时发出的声音,那是通过播放软件或者音源的转换而成的。因此,MIDI 文件通常比声音文件小得多,一首乐曲只有十几 K 或几十 K,只有声音文件的千分之一左右,便于储存和携带。

(二)MIDI 软件

MIDI 软件有多种类型,有 MIDI 播放软件、演奏软件和创作软件几类。通常,大多数的媒体播放器都可以播放 MIDI 音乐,如 Windows95/98 的媒体播放器(Windows Media Player)就可以播放 MIDI,而且通常是系统的默认播放器,这类播放器在使用中不能对 MIDI 音乐的参数进行调节。除了媒体播放器以外,MIDI 演奏软件和创作软件都可以作为 MIDI 的播放器使用,这些软件在播放 MIDI 音乐时,还可以选择不同的音源(波表)播放方式,以获得最佳的播放效果,而且还可以改变 MIDI 的参数产生新的播放效果,如改变播放速度、改变乐器音色(如把钢琴演奏曲变成小提琴演奏曲)、升降调等,大部分软件还可以显示 MIDI 音乐所对应的乐谱(五线谱或简谱)甚至歌词内容等信息,还可以把乐谱打印出来。

四、数字音频广播概述

随着电子科学技术的不断发展,数字技术已经渗透到人们生活的各个领域。传媒数字化已全面普及,数字广播应运而生。数字音频广播是新一代的广播系统,它包含数字音频广播、数字媒体广播、数字调幅广播、卫星数字广播等。数字音频广播是将广播传送的模拟音频信号经过脉冲编码调制(PCM)转换成用二进制数代码的数字式信号,然后对其进行数字信号处理、传输、存储,以数字技术为手段,传送高质量的声音节目。数字音频广播除传送声音信号外,还传送数据信号。

(一)数字音频广播的特点

中短波模拟调幅广播系统的主要缺点是双边带调幅,占用的频带宽、功率大、耗能高、业务单一,并且音质差,尤其短波广播的音质更差;调频广播属于窄带传输,虽改善了音质,降低了耗能,但多径传输抗干扰能力差。与之相比,数字广播技术主要具有以下突出特点:

1.声音信号质量高,可达到 CD 音质水平

一般的模拟音频信噪比只能达到 60 dB,很难满足音质的高保真要求。与传统的广播相比,数字音频广播能够减少声音失真,改善音质。数字激光唱机简称 CD(Compact Disc)的信噪比可达 90 dB 以上,使得音质大大提高。

2.对多径传输抗干扰能力强

编码采用 MUSICAM 编码技术来降低传输差错,可保证高速移动状态下数字音频信号源的接收质量。对于移动接收造成的衰减,主要通过频率交织和时间交织来对误码进行纠错;同时采用保护间隙来解决多径造成的码间的干扰。

3.发射功率小,覆盖面积大,频谱利用率高

数字音频传输采用单频网同步运行,功率不需要很大,通常为一千瓦或几百瓦;本地电台、卫星传输、电(光)缆传输可扩大覆盖面积;在同一通道内发射多个业务或用一个频率来覆盖广大地区。由于数字广播每个电台所占用的频带非常窄,因而在同样的可利用频段中,它所能容纳的电台数量就多。

4.可附加传送数据业务

数字音频广播还可传送附加数据业务。使用数字播音,同一个频率上面可容纳更多的与声音广播节目有关的信息数据业务,如广播电台的新闻库、素材库、主持人信息等,也可以是独立的数据业务,如股票行情、交通信息等。

数字音频广播还有其他强大的功能,如可以对听众的情况进行监测,比如什么人在收听以及他们在什么时候收听,他们都在下载什么,他们认为播放的歌曲怎么样,等等。这一功能会使电台能够以最快的速度改变其节目来适应听众的需要。一旦有了一台便携式的数字收音机,人们还将能够看电影、读新闻、下载游戏等。

(二)数字音频广播在我国的发展

由欧共体首先发起开发研究的数字音频广播,于 1988 年 1 月 1 日正式实施,成为国际电信联盟(International Telecommunications Union,ITU)认可的地面数字音频广播系统。到20 世纪末,经国际电信联盟认可的另一套数字音频广播系统已进入筹备试运行阶段,这就是由世广卫星集团(World Space Corporation)推出的卫星数字音频广播系统。这套系统由三颗地球同步轨道卫星、广播上行站、数字接收机及地面控制运营网组成。这套系统具有强大的传播优势和功能,并将在 21 世纪全球传播领域中显示出巨大威力。

DAB 技术是欧洲开发的(尤里卡 147 - DAB),经过多年试验和不断改进,DAB 已是一项成熟的技术,并经过标准化后,于 1995 年秋在英国和瑞典正式投入使用。整个欧洲 DAB 频率分配任务已经完成,对 DAB 推广应用起决定作用的用户终端设备的开发和生产,已经以惊人的速度发展起来,设备功能越来越齐全,体积越来越小,价格也越来越容易被听众所接受。

采用数字压缩技术进行数字广播,欧洲 DAB 是第一个具有国际性的标准,我国对其标准反应很快。1994 年欧洲 DAB 标准尚未完成时,中国已经开始了关于中国 DAB 标准的研究,并把目标基本锁定在欧洲的标准,国家技术监督局也在 1994 年正式启动了该标准项目。1996年几乎与欧洲 DAB 标准正式公布同步,广播科学研究院也完成了基于欧洲 DAB 标准的中国DAB 标准,但此时国际上的数字声音广播格局已发生了变化。

中国与欧共体合作,于 1996 年年底在广东佛山、中山和广州建起了中国第一个 DAB 先导网进行试验广播;北京、天津、廊坊地区的 SFN(单频网)也已于 2000 年 6 月 28 日开通进行试播。广播影视科技"十五"计划和 2010 年远景规划是在数字广播技术的研究和应用方面的重要项目,是继续进行数字广播的应用研究、试验,确定我国技术标准,制订广播数字化过渡方案以及全国的频率规划,提出我国数字广播技术政策并组织落实,在"九五"国家重大科技产业工程项目——数字声音广播先导网试验——的基础上,研制具有我国自主知识产权的系统与设备,建立数字广播试播台。

2006 年由国家广电总局广播电视规划院负责发行的《30MHz～3000MHz 地面数字音频广播系统技术规范》规定了 30MHz～3000MHz 地面数字音频广播系统的音频编码算法、音频节目以及数据业务的复用、信道编码和调制方式,同时定义了与节目业务相关的辅助业务,以及在总系统容量范围内传送与节目相关或非相关的附加数据业务。该标准还规定了有关系统配置的信息,其中包括有关总成信号、业务、业务分量及它们之间联系的信息。该标准还描述了地面数字音频广播发射信号应具有的特性。该标准适用于在 30MHz～3000MHz 频段内,向移动、便携和固定接收机传送高质量数字音频节目和数据业务。

北京 DAB 移动多媒体广播已经在 2007 年 9 月 6 日正式开播，DAB 移动多媒体广播转播 12 套北京人民广播电台现有节目，预计今后还将陆续转播中央人民广播电台和中国国际广播电台的节目。这是我国数字音频广播的一个突破。而国内第一款支持 DAB 功能的手机也随之诞生。"移动多媒体广播"是以数字广播的方式为用户提供集广播节目、电视节目、各类数据信息等服务为一体的服务，用户可以通过手机等移动设备实时接收多媒体视频、声音及数据信号。和其他方式相比，DAB 数字多媒体广播是通过中央电视台直接发射信号，拥有接收设备的用户将可以免费收听广播，因此其前景被业界广为看好。"DAB 移动多媒体广播的出现，使得电台成为以听觉通道为主、兼备视觉通道的综合媒体，为拓展传统广播媒体的经营空间提供了可能。"

图 8-4　广播电台数字音频工作站

五、广播节目制作的技术基础

随着传媒技术的不断发展，广播节目制作设备也在不断地更新。由模拟设备到数字设备，由线性设备到非线性设备，制作方式和存储技术都有了飞快的发展，对广播节目制作的各种元素也提出一些新的要求。

广播节目制作的元素包括制作人员、节目演播人员、制作环境、制作设备等。

（一）广播节目的制作要求

广播节目的后期制作包括录音、采访、编辑、合成及输出等多个环节，而首先是录音环节。所以下面对相关录音的一些要求及参数进行介绍。

1.录音师及广播编辑的素质

广播节目的录音制作是一项综合性的技术工作，涉及面很广。它要求录音技术人员除了要具有较高的文学艺术修养以外，还需具有较全面的电声技术知识，即艺术与技术相结合的综合能力。录音师在电声技术方面应掌握录音室的声学特性、广播节目的制作技术标准，熟知录音用的话筒、调音台、录音机、音箱等设备的基本原理和性能，掌握它们的连接及使用方法。

广播编辑除了要有过硬的文学编辑知识外，还需要掌握广播编辑系统设备的性能及其正确的使用方法。

2. 室内录音环境的基本要求

要录制一个高质量的广播节目,除了要求录音师具备综合素质以外,还要根据节目性质选用具有合适声学特性的演播室或者录音棚。录音棚或演播室一般要求有吸音效果,要求演播室的混响时间尽量短,并应具有强扩散的特性。同时在演播室内应有好的扩散声场,录制的声音才会清晰、真实,没有杂音或回音,达到高音质的效果。

(二)录音设备

一般录音用的主要设备有话筒、调音台、录音机、录音笔或数字音频工作站等。

1. 话筒

语言节目的录音与制作是指以语言为声源的录音与节目制作,如广播新闻报道、诗朗诵、电影电视节目解说、电视剧配音及广播节目主持等,应根据语言信号的特点、节目的特殊要求及话筒的特性来选用适当的话筒。语言节目录音一般可选择动圈或电容式话筒。动圈式话筒的特点是传出的声音清晰,也耐用,价格便宜,因此,应为首选。而电容式传声器的幅频特性好,灵敏度高,所以,宜在高质量语言节目录音时采用。

图 8-5　电容式话筒

当只有一位播音员播读新闻稿、解说词时,通常只用一支单向性电容式话筒。话筒与声源的距离大约在 20 cm 左右。如果两人共用一支话筒时,则两人都必须对准话筒的有效拾音区,可以轮流对着话筒的方向,否则拾音效果不好。若两人共用一支双向话筒录音,可根据两人的声音特点和强弱,适当地分别调整两个人与传声器的距离,以求达到两人的声音和谐与音量平衡。当然,多轨录音还可以通过调整录音设备的输入电平和音质控制钮来实现两人的音质及声音的平衡。

采用单支单向话筒录音,较易确定拾音位置,调节操作也较简单,但只适合小规模的录音场合。若要录制广播文艺节目、广播剧或广播广告等广播综艺类节目时,往往同时要录音的人数较多,就得用多支话筒连接到 8 路以上输入的调音台进行录音。多支话筒录音适合两人以上的对话或座谈,或录制 MIDI 音乐作品。话筒之间的距离不能太近,以免声波相互干扰而产生啸叫声。各路话筒拾取的信号应经过调音台进行音质、音量和均衡的调整,同时还要注意各路之间声音的平衡,再输出到录音机就可录音了。

2. 录音笔

不管是录音采访还是现场报道,都得携带录音设备。出外采访,编辑、记者对录音设备最为关注的就是其能连续录音时间的长短问题。广播新闻现场采访以前用的都是传统的录音机,其录音长度取决于磁带的长度,一盘磁带的可持续录音时间为 0.5~1 小时,有些录音机在中间还必须将磁带翻面。随着信息技术的迅猛发展和数字产品的不断更新,体积小、存储容量

图8-6 是一款索尼 ICD—SX66(512 MB)数码录音笔,其各项技术参数如下:

存储容量:512 MB

录音时间:192 小时 20 分

录音性能:高音质 LPEC 声音压缩技术

大、录音时间长的数码录音笔蜂拥而出。

录音笔的连续录音时间,高达数小时以上。由于数字技术的支撑,数码录音笔通过对声音进行采集、压缩,存储到闪存(Flash Memory)中,数码录音笔的录音音质也相当高。

有些录音笔还具有特别的功能,如电话录音,可以直接将电话信号转化为数字信号存储起来。只要将电话线的接口接在一个转接器上,然后用音频线直接输入到录音笔,就可以通过一台普通的电话机记录电话交谈了。具有这种功能的产品有 SAFA。

3.录音机

录音机包括模拟和数字录音机两大类。而模拟录音机包括盘式录音机(专用)、卡式录音机以及盒式录音机。数字录音机更是新型产品,样式与型号很多,包括多数手机都可以录音。

4.调音台

调音台是声音提取并对声音进行处理、混合输出必不可少的重要设备之一。直观地说,调音台是连接各种信号源设备和声频输出设备的中心。录音制作人员使用调音台将各种音频信号按高保真要求进行必要的调节、加工和处理,再进行混合和分配,以实现其艺术构思,然后输送给录音机或者录音软件进行记录。

图8-7 调音台

(1)调音台的功能。

①信号的混合。调音台,其英文名称直译就是"音频混合控制器"。它的最基本的功能是将来自各种输入方式的各路音频信号进行处理,最终混合输出,当然也有扩音功能。在录音或

扩音过程中,调音台将来自各种音源(如话筒、卡座、CD机等)、各种电子乐器(如电子琴、电子合成器、电吉他等),或各种电子设备(如混响器、延时器等)的音频信号按一定的比例混合为两路立体声或多路输出信号,再分别送入监听系统、母带录音机或数字录音机。

②信号的分配。为了对多路输入信号进行均衡、混响、延时、压缩、扩展等效果处理,将处理好的信号按要求送到双轨母带录音机或MP3录音机;同时,调音台还必须提供监听和返听信号,故调音台必须具备对信号进行分配的功能,即将指定的信号送入相应的立体声输出母线、辅助输出母线、监听选择母线等。

(2)调音台的分类。

调音台分模拟调音台和数字调音台两类。模拟调音台广泛用于广播、剧场、舞厅、体育馆等场所。常见的模拟调音台有8路、12路、16路、24路等,每路均可单独对信号进行处理,如信号放大、音调调节、声音的空间定位、混合等。调音台可分为输入、母线、输出三部分。有的模拟调音台如Yamaha Mx系列还有加声音特效的部分。母线部分把输入部分和输出部分联系起来,构成了整个调音台。

对于人声,可将100 Hz以下切除,以消除低频噪声,使音色更加纯净;500~800Hz做少量衰减,使音色不太生硬;2~4kHz提升3~6dB,可使声音明亮;对6kHz以上适当衰减,可大大增强声音的清晰度,防止不必要的气音和嘶音。

一般对CD、VCD、DVD及MP3、MP4等数码音源,因其音源音质本身较好,可不加修饰。

用推子和PAN调节声源的空间声像,即空间位置。对于演唱声和主乐器声,将PAN调至中间,推子推大,以突出它们;如果声源为立体声,则不可任意摆放PAN和推子,否则演唱声与音乐声合不到一起,声音混乱,应左、右声道各用调音台一路,分别将PAN调到左、右边,两路推子在同一高度上。

数字调音台是带有电脑液晶显示屏的调音设备,显示屏亮度均可调。有20多路输入,其中既有模拟的MIC输入,又有数字输入。输出部分包括总线输出、效果输出和数字输出。

数字调音台还包含效果器、混响器、均衡器等。限制器等周边设备的数字处理器,有多种操作菜单可供调用。

数字调音台也可分为输入、母线、输出三部分。下面是一款数字调音台的简单介绍,如图8-8所示。

图8-8 旗舰级数字调音台

YAMAHA旗舰级数字调音台主要用于扩声、广播、剧院等场合的PMID,用于音频录音和音乐制作的 DM2000、DM1000 和 02R96 等。

　　YAMAHA 在原有的 24196 规格支持、100mm 电动推子、ADAT 界面标准、可扩展达 40 个输入、外加 DAW 遥控、MIDI 控制的基础上，通过升级系统软件又推出了 OIV96 V2 版，此版本保持了 OIV96 的所有功能，又新增了 50 多种全新性能，如允许用户用电脑软件控制 OIV96 的所有参数、场景记忆等，这些操作都是通过图形界面来完成的，现在又改进了编辑、管理以及遥控的功能，所有功能都以符合逻辑的、易用的方式在屏幕上显示操作。另外，还提供了一种整体系统调出的平台，更方便了与 02R96 V2 以及 SPX2000 的协同使用，拥有可扩展的 DAW（数字音频工作站），可运行 YAMAHA 效果器包。

第二节　摄像机的基本结构、原理及其分类

　　摄像机是电视新闻采访活动中不可缺少的一台机器，它承担画面的拍摄以及现场声音的录制。电视新闻最重要的特点是声画合一，给观众带来丰富的感官体验。因此，一个优秀的电视新闻报道，与它本身所包含的合理的画面比例、丰富的画外音效果是分不开的。由此来看熟练的掌握摄像机的使用方法，是新闻专业学生必须要掌握的重要方法之一。本节主要介绍摄像机的基本结构和原理，介绍摄像机的基本分类，目的在于学生了解掌握摄像机的基础知识。

一、摄像机的基本结构和原理

（一）基本结构

　　摄像机通常是由光学系统、光电转换系统、图像信号处理系统与自动控制系统组成。其中，光学系统由变焦镜头、红绿蓝分光系统、滤色片组成，这里主要指的是镜头。光电转换系统主要由 CCD 或摄像管构成。自动控制系统包括白平衡调整、自动光圈调整、自动变焦、自动增益、自动聚焦等装置。另外，摄像机还有一些附属部件，主要有录像机、彩条信号发生器、寻像器、电源等。

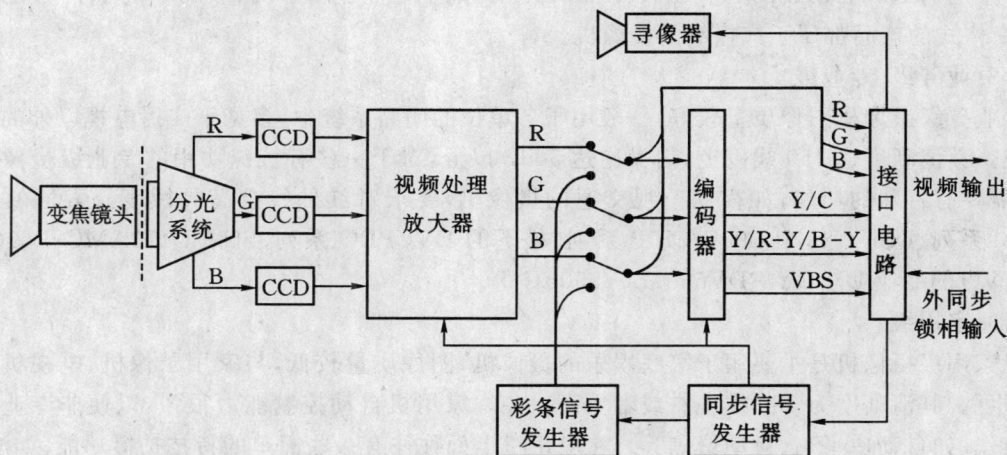

图 8-9　摄像机的基本组成图

(二)基本原理

通过摄像机光学系统对光学图像(光能)的摄取,经过分光、滤色等过程,可以得到成像于摄像器材(如 CCD)靶面上的红绿蓝三幅基色光像,再由摄像器械(如 CCD)为主体的光电转换系统,将成像于靶面上光像转换成电信号,然后经图像信号处理系统放大、校正和处理并同时完成信号编码工作记录在磁带或存储卡上,最终形成彩色全电视信号输出。

二、摄像机的分类和发展

从不同的角度出发,摄像机有不同的分类方法,常见的摄像机分类方法有以下几种:

(一)按质量由高到低,摄像机可分为广播级、专业级、家用级

1.广播级

广播级摄像机的各项技术指标最优,图像质量最好,适合各级电视台、电视传媒使用。一般要求其水平方向分解力达 550 线,垂直方向分解力达 575 线,信噪比达 54dB 以上,在允许的工作范围内达到较低失真或无失真。价格比其他类型的摄像机昂贵,体积大,重量也比较重。

图 8-10　广播级摄像机

索尼的 BETACAM 系列、BETACAMS-X 系列,松下的 DVCPRO050 系列,JVC 的数字 D-9 格式的产品都属于广播级的摄像机。

2.业务级(专业级)

业务级摄像机图像质量较好,一般用于各单位的闭路系统中,多见于广播电视以外的专业领域。其清晰度达 450 线以上,信噪比达 50dB 以上,对于一些有特殊功用的专业级摄像机来说,需要有特殊的功能,如夜间监视交通的摄像机,要求对红外线有高灵敏度。索尼的 DV-CAM 系列、DSR-250P/390P/570P 系列,松下的 DVCPRO 系列、SG-D410AMC/D610WA 等,JVC 的专业 DV GY-DV5001EC/550EC 等。

3.家用级

家用级摄像机是主要用于家庭娱乐的摄像机,图像质量较低,与家用录像机、电视机相匹配即可。其清晰度为 350 线左右或者更高一些。家用机自动控制能力很强,以便非专业人士的操作(如自动白平衡、自动聚焦等),在家用机上面往往有一些简单的特技拍摄功能,如淡变、划像、频闪等)。索尼、松下、JVC 的掌上宝系列是典型的家用级摄像机。

图 8 - 11　业务级摄像机

图 8 - 12　家用级摄像机

（二）按节目制作方式，摄像机可分为 ESP 用、EFP 用、ENG 用摄像机

1. ESP 用摄像机

ESP 摄像机在演播室使用，图像质量非常好，通常非常沉重，常采用长焦距、大口径的镜头，需要一些机架或其他类型的摄像机底座设备来支撑，不方便随意搬动。它往往需要通过电缆把摄像机头和摄像机控制器 CCU、同步信号发生器、电源等一系列制作高质量的图像所必须的设备相连接。

2. EFP 用摄像机

EFP 用摄像机往往是便携式的，相比较 ESP 方式摄像机，这种摄像机体积小、轻便，方便在现场进行移动拍摄，一般演唱会、晚会现场多会用此类摄像机。它的图像质量与 ESP 用摄像机相似，一般需要两台以上 EFP 用摄像机，加上一台切换控制台和一些特技设备就可进行现场录制编辑。

3. ENG 用摄像机

ENG 摄像机一般也为便携式，甚至有的是摄录一体机。ENG 用摄像机工作于复杂多变的环境中，要求体积小，重量轻，便于携带，对非标准的照明情况有良好的适应性，在恶劣的气候条件下有良好的工作稳定性，自动化程度高，在实际操作中调整方便。

目前，摄像机都向高质量化、固体化、小型化、数字化、高清晰化等方向发展，所以以上三类摄像机的界限也在逐渐被打破。

（三）按摄像器件，摄像机可以分为摄像管摄像机与 CCD 电子耦合器摄像机

1. 摄像管摄像机

摄像管相当于此类摄像机的"心脏"，其靶面材料常采用氧化铅、硒砷碲等。因此摄像管摄像机可分为氧化铅管摄像机与硒砷碲管摄像机（用于专业级）等。摄像管摄像机还可按管子数分为单管、两管、三管摄像机。两管趋于淘汰。摄像管直径的大小与图像质量有很大关系，有管摄像机可以按摄像器件的尺寸分为 1 又 1/4 英寸、1 英寸、2/3 英寸、1/2 英寸等摄像机。尺寸越大，有效像素越多，图像清晰度越高，灵敏度越好，体积也越大。

2. CCD 电子耦合器摄像机

采用 CCD 电子耦合器件代替摄像管，实行光电转换、电荷储存与电荷转换，按数量可分为单片、两片、三片式摄像机，三片质量最好。按 CCD 的感光面积可把摄像机分为 2/3 英寸、1/2 英寸等 CCD 摄像机，尺寸越大质量越好。CCD 摄像机还可以按 CCD 电子耦合器件的工作方

式分为 IT(行间转移)方式、FT(祯间转移)方式和 FIT(行帧间转移)方式三种摄像机。一般 FIT 摄像机最好,FT 次之,IT 最次。

图 8-13　电子耦合器件摄像机

CCD 摄像机有体积小、重量轻、寿命长、低工作电压、图像无几何失真、抗灼伤等优点,能拍摄高速运动物体的清晰图像,如飞机和火车的运动。目前电视台使用的摄像机绝大多数都是 CCD 摄像机。

(四)按信号方式分类,摄像机可分为数字摄像机和模拟摄像机

模拟摄像机处理输出的是模拟信号,即视音频信号的幅度和时间都是连续变化的信号。数字摄像机输出的是数字信号,即视音频信号的幅度和时间都是离散的数据。

数字电视信号便于编辑处理,可以长期保存并进行多次复制,抗干扰和噪声能力都较强,不会失真。模拟摄像机信号不便于保存,设备体积大,复制损耗大,失真度高。

三、摄像机镜头的使用方法

(一)聚焦

1. 拍摄固定镜头的聚焦方法

拍摄过程中,按照主要被拍摄对象与摄像机的距离,调节透镜组的距离直至影像在成像装置上得到清晰正确的反映。

2. 使用变焦镜头的聚焦方法

尽量将镜头推进到所要拍摄的物像,使物像最大。然后旋转调焦环,使寻像器上的影像最清楚,然后拉开,会发现镜头内的景物都是清晰的。这是因为景深的关系。

3. 景深

当镜头针对某一被摄物体平面准确调焦后(该平面称为调焦平面或被摄主体平面),在像平面上,只有该调焦平面处的物体才能结像最清楚。而位于调焦平面前后两方之其余景物的影像均非最清楚,其中离调焦物平面愈近者,其清晰度相对愈高,离调焦平面愈远者,其清晰度相对降低。

那么到底什么是景深?

（1）定义。位于调焦平面前后的能结成相对清晰影像的景物间的纵深距离，也即能在实际像平面上获得相对清晰影像的景物空间纵深范围。

景深能保证清晰拍摄的范围，如果拍摄对象走出了景深范围，那么就应该及时地调焦。对于移动的景物，在很多情形下还需要跟焦。

（2）景深近界和景深远界。景物中能够结成相对清晰影像，又距镜头最近和最远的物平面，分别被称为景深近界和景深远界。

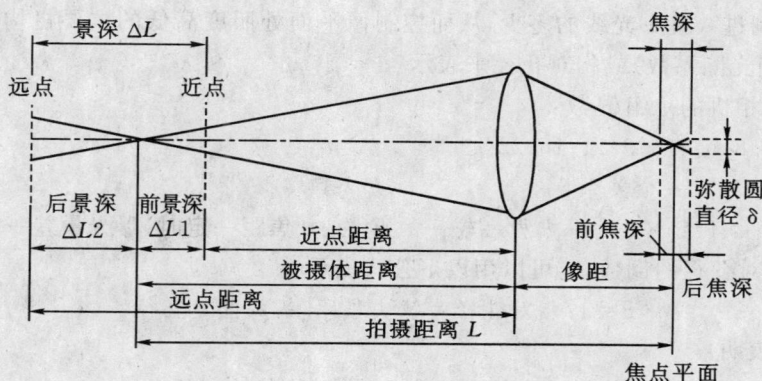

图 8 - 14　景深示意图

从景深近界到景深远界的距离长短，习惯上称为景深大小。距离越长，景深越大，距离越短景深越短。

（3）前景深和后景深。调焦物平面至景深近界和景深远界的距离，分别称为前景深和后景深。而且，前景深小于后景深。

（4）影响景深大小的三要素——光圈＞焦距＞距离。

①焦距。镜头的焦距越短（像角越大），景深越大；镜头的焦距越长（像角越小），景深越小。

②光圈。光圈越大，景深越小；光圈越小，景深越大。

③摄像机与被摄物体间的距离：摄像机离物体越近，景别越小（越特写），景深越小；摄像机离物体越远，景别越大（越全景），景深越大。

4. 超焦距

（1）定义。超焦距是景深的一种特殊情况。在镜头的焦距和光圈确定的情况下，能够获得最大景深时的物距，称为在该光圈系数和该焦距下的超焦距。物距为超焦距的物平面称为超焦距物平面。

（2）近似定义。当镜头的焦距和光圈系数确定后，将镜头对无限远处调焦，此时，由景深近界至镜头物方主点之间的距离，称为此镜头在该焦距、光圈下的超焦距。

把摄影镜头调至无限远，这时景深标尺中与所使用的光圈系数值对应的那一刻线所指示的景深近界的调焦距离值，即为该镜头在该光圈、该焦距下的实用超焦距。

当摄影镜头的焦距和光圈系数选定后，对超焦距物平面调焦可获得最大景深。对使用超焦距处的物平面调焦时，景深近界的物距将刚好为 1/2 超焦距。从 1/2 处到无限远出都能相对清晰的结像。

使用超焦距,可获得最大景深,适用于大远景画面的拍摄和抢拍镜头。

5. 自动聚焦

自动聚焦镜头发射出红外线光束,碰到被摄物体发射回来,摄像机根据反射回来的红外线,计算出景物距离并相应调焦。

(二)光圈与光圈作用

1. 定义

光圈是控制进入镜头光线的多少,从而控制像平面处照度高低的重要机构。光圈大小一般用 F 数(F/制光圈系数)或相对孔径来表示。

(1)以下是相机的一组 F 数:

1;1.4;2;2.8;4;5.6;8;11;16;22。

相邻两级 F 数有一个关系:

较低的 F 数×2 的平方根＝较高的 F 数。(焦距一定时、曝光量差一级)

(2)F 为相对孔径的倒数,它可以用以下公式表示:

$$F＝1/相对孔径＝镜头焦距/镜头开口直径$$

这个公式表明:

$$相对孔径＝镜头开口直径/镜头焦距$$

用 F 数、用相对孔径能更准确地描写打到像平面的光亮大小,它不仅考虑了镜头开口对像平面处光亮大小的影响,而且考虑了镜头焦距对像平面处光亮大小的影响。C、F 数越大,镜头的相对孔径越小,像平面的照度越小。F 数越小,镜头的相对孔径越大,像平面的照度越大。D、F 数越小,镜头越好。表明镜头的通光能力越强,能在较低光线情况下拍摄。

一般镜头最小的 F 数为 4,最小 F 数小于 2 的镜头被称为快速镜头。

(3)考虑镜头的透光率光圈的大小还用 T/制光圈系数表示,它更为科学。

$$T＝F/镜头透光率$$

2. 作用

(1)可以控制进入镜头的光线,使感光材料获得适宜的曝光量。

(2)光圈是控制景深的主要手段。合理选择光圈大小可以使所拍画面获得预期的艺术效果。

(3)光圈是影响画面成像质量的重要因素。一般来讲,最大光圈缩小 3 级别使得成像质量最好。这个值一般在 5、6~8 之间。

(4)光圈是摄影师进行艺术创造的得力手段。

四、摄像机的操作使用

要使摄像机在一次节目的拍摄过程中保持连续顺利的工作状态,就需要进行摄前的充分准备以及对摄像机进行一系列的调整工作。

(一)摄前准备

1. 电源和磁带

决定好需要的电源、磁带的类型,并且要带足,避免因电力或磁带的不足而停机。

2.话筒

不同场合情况使用不同类型的话筒,在摄前一定要事先做好准备。同时,要注意话筒所用电池的容量。

3.摄像机电缆

传统摄像机与便携录像机之间的连接线是多芯电缆,外出拍摄时要带上这根电缆,一体机则没有这个问题。而如果需要在外景地通过监视器播放已拍镜头,就要带好需要的音视频线等。

4.三脚架

如果要求画面的稳定性较高,一定要带上三脚架。

5.彩色监视器

随时监视拍摄的画面质量,看是否符合要求。

6.照明设备

要了解拍摄现场的情况,节目内容是否需要灯光的照明,从而事先准备好照明设备、电源转接头和有关工具等。

(二)摄像调整

1.拍摄准备

电池、磁带、开机预热;找好拍摄机位,固定好摄像机,最好将摄像机置于三脚架上进行调整,接好摄像机与外围设备的连线,插好电源,放好电池,使摄像机预热,并放置磁带。

2.选择滤色镜

旋转滤光镜转盘,选择适合拍摄环境中光源色温的滤光镜档数。

(1)应根据具体的色温情况选择1、2、3、4号等滤光镜。如1号用于室内以卤钨灯作光源的场合,3号适用于室外日光下或阴天等。

(2)IN DOOR/OUT DOOR/AUTO是家用摄像机特别的色温选择档次指示。按照是室内3200K照明还是室外5600～6800K照明来选择相应档位,如选自动档,则可以对色温进行大致的调整,以保证拍摄过程中色温的变化不至于太大而影响图像色彩的协调。

3.调整光圈,正确曝光

光圈的正确调整对整个图像的亮度、对比度、视频电平的幅度等指标影响很大,所以在每个镜头拍摄前都应注意。在拍摄前首先要调整监视器显示标准,再确定摄像机的最佳光圈指数。调整光圈时应一边从寻像器或监视器中监看图像,一边逐步增大光圈,直到图像中最明亮的部分呈现出"层次"时为好。实拍时,可以利用寻像器,先调彩条的黑白对比度,通过经验加以判断并加上颜色。同时也可以通过斑纹提示(ZEBRA)来调整光圈的大小,即如果在寻像器中可看到图像中亮的部分会呈现出斑纹(0.6V左右),则可根据斑纹出现的条件来决定光圈的大小。

光圈调节的操作方法可分为手动、自动和即时自动。自动光圈使用起来非常方便,无论什么样的场景,自动光圈都能保持合适的进光量,得到规定的输出信号强度。拍摄运动镜头时,变化的景物会使图像亮度发生变化,即时自动光圈的使用就可以省掉不少调整的麻烦。但由于自动光圈是根据图像的平均亮度来确定光圈值,所以也会存在问题。例如,我们希望通过画面的亮暗来表现白天与傍晚的特定情景,自动光圈却得到的是同样的输出电平。所以,在光圈的调整时,建议先使用自动光圈测出光圈值,然后再换手动,改为半档或一档光圈使用。

4.电子调节

电子调节可包含增大增益、加大超级增益以及采用电子快门。

(1)增大增益(Gain)。在增大增益的同时噪声也加大,一般来说拍摄时增益设置在 0dB 处,只有在灯光不足的情况下,才考虑加大增益,一般也只用到 6dB 或 9dB 档。

(2)超级增益(Hyper－Gain)。超级增益只在低照度的情况下使用。如 18dB 这档已使图像上的噪声点明显可见了,对于技术要求较高的电视片来说是不合适的,除了在某些特殊情况下并在万不得已时才使用,一般均不采用。

(3)加电子快门(Shutter)。电子快门的作用是在拍摄快速运动物体时可以提升动态分解力。一般需要在强光下才能使用电子快门。总之,电子快门的特点是可将强光下运动画面拍摄得清晰;在曝光正确条件下,可起到加大光圈的作用;在拍计算机屏幕时可以消除黑白滚条等。

5.调节高亮背景

通过高亮背景调节,用电子方式衰减高亮信号的过亮部分的量,以增加可分辨的灰度层次,则过亮部分就可被限幅(过曝光所致)。

6.调整黑白平衡

因为在不同的时间、不同的场合下,色温条件是不同的,为了保证色彩的一致性,必须进行黑白平衡的调整。白平衡调整可以通过光学粗调、电子细调、自动跟踪来达到色温的调整正确;黑平衡调整可以使在暗处时色温也不变。它一般是通过自动方式来调整的,一周调整一次即可。

黑白平衡调整的次序一般为白平衡→黑平衡→白平衡。自动白、黑平衡的数据可以记忆,在拍摄条件不变、两次拍摄间隔不长的情况下,可以不再调整白、黑平衡。

7.聚焦调整

聚焦的调整包括前聚焦和后聚焦的调整。为了使摄像机镜头在变焦过程中,无论是长焦还是短焦状态都能得到清晰的图像,需要对镜头的焦点进行适时聚焦调整。由于前后聚焦的调整会互相影响,所以,一旦进行前后聚焦的调整时,应对前、后聚焦反复调整 2~3 次,以确保推镜头到最长焦距时图像被调清晰后,拉镜头到人和位置的全远景时所摄图像仍然是清晰的。

(三)摄像机操作要领

为了利用摄像机拍出更好的画面,摄像人员必须掌握最基本的操作要领,要稳、准、匀、清、平。

1.稳

电视图像的不稳定、晃动,将会使观众产生一种不安定的心理,并易使眼睛疲劳。在拍摄时应尽可能地使用三脚架,在没有三脚架或无法利用三脚架的情况下,利用手持、肩扛便携式摄像机进行拍摄,要注意持机技术,可利用身旁的一些依靠物作为辅助支撑,以使所拍画面稳定。

2.准

摄像机要准确地重现被摄景物的真实色彩,准确地摄取一定的景物范围,通过画面构图准确地向观众表达出所要阐述的内容。要避免由于画面的不准而造成观众对画面的含糊印象,甚至不清楚画面要表达的意思。

3.匀

无论是推、拉、摇、移,都会对观众的某种心理进行诱导,若是运动过程不够流畅,速度不匀,忽快忽慢,就会产生不协调感,所以在拍摄画面时要保证运动的流畅和协调性。可以利用镜头上的电动装置以及三脚架、云台、移动车等,来形成运动的匀速变化。

4.清

摄像机拍出的画面应该是清晰的,不能模糊不清。为了保证画面的清晰,首先就要保证摄像机镜头清洁;其次在调整聚焦时,最好要把镜头推到焦距最长的位置,调整聚焦环使图像清晰。无论是拍摄远处还是近处的物体,都要先把镜头推到焦距最长的位置再开始调整,因为这时的景深短,调出的焦点准确,然后再拉到所需的合适的焦距位置进行拍摄。

5.平

通过寻像器看到的景物、图形应该横平竖直,即景物中的水平线应与荧光屏横边框相平行,垂直线与竖边框相平行。如果这些线歪斜,会使观众产生某些错觉。要使拍摄的图像不歪斜,关键是把摄像机下面的三脚架及云台摆好放平。若三脚架或云台上有水平仪,则可以根据水平仪来调整摄像机的平正。若无水平仪,则应利用寻像器中的图像,看其是否与寻像器荧光屏的边框相平行。

第三节　电视摄像构图和运动方式

摄像与绘画一样是一种平面造型艺术,必然涉及构图。所谓构图,就是为表现某一特点的内容和视觉美感效果,将镜头前被表现的对象以及摄影的各种造型因素有机地组织、分布在画面中,以形成一定的画面形式。构图与摄像机的运动方式是分不开的,摄像机不同的运动方式,带来的景别大小不同,带给观众的视觉效果也不同。这一部分主要讲述电视新闻摄像的有关基本概念与基本方法,从电视画面、运动摄像、电视画面构图和电视拍摄场面调度等方面进行简单讲述。

一、电视画面

(一)电视画面的定义

电视画面可以借用电影画面的概念来定义:是"一段连续放映的影片中的形象,看来是由一台摄影机不间断地一次拍摄下来的,无论这段多么长都叫做一个镜头"(即画面)。一个画面的时间可以长到几分钟,也可以短到几秒钟,甚至可以短到不到一秒钟只有几个画幅。比如闪电、炮击,三、五帧即可构成一个画面。

(二)电视画面的造型特点

对于电视画面的特点,从事电视节目制作的各专业人员,会有不同的理解。我们则从摄像造型这个角度探讨电视画面的特性,了解电视画面的造型特点,在于了解和把握电视画面和其他造型艺术在表现上的不同处,以便发挥其表现优势。

1.运动性

与电影画面相同,运动也是电视画面的特性。运动性包含以下三个方面的涵义:首先,电视屏幕的图像每秒扫描(更换)25帧画幅(电影为24格/秒),这些连续动作的画幅记录了连续运动的对象,靠人眼的视觉残留作用,才构成了活动的幻觉画面。其次,电视画面能表现对象的运动过程。再次,运动表现,也称运动摄像,指摄像机在运动中表现对象的静止或运动状态。

2.分切拍摄组接叙述

单一的画面,不能构成完整的艺术作品,虽然每个镜头画面都有一定的涵义,但不能单独表达作品的主题。必须把许多不同内容、不同景别、不同角度的画面通过蒙太奇手段组接起来,才能塑造出完整的艺术形象,叙述一个完整的故事。这就是画面的分切拍摄组接叙述。

3.时限性

每个电视画面都有一定的时间限制,不可能像画展、影展那样让我们长时间地观赏每幅作品。

4.画幅形式的固定性

电视画面的画幅形式是固定不变的,虽有大小尺寸的区别,但长宽之比是不变的,多为4：3(或16：9)。

5.逼真性

在谈到电影画面逼真性时,法国电影理论家马尔丹在《电影语言》这本书中写道:"电影画面在某种情况下,是对观众激起一种强烈的现实感,使观众确信银幕上出现的一切是客观存在的。"这一论断同样适用于电视画面。

从摄像造型上来讲,真实性是追求屏幕视觉效果的逼真,日景不像日景,夜景不像夜景,灯光不像灯光,烛光不像烛光,一律亮堂堂都是不真实的。布景虽然可以塑料化,但不能看出"这是假的"。有些室内剧,用搭布景拍摄,布景显得很假。实景故然真实,但也有局限。"真中求美"这是当代屏幕造型的主流。逼真性对不同类型的节目有不同要求。

6.形象的具体可视性

电视画面的形象是具体可视的,不同于文学形象。文学形象可以描写很具体,但不可视,其具体形象要靠读者想象,这个想象是因人而异的,而且受文化程度的限制。

以上六个特性和电影画面特性是相同的,当然电视画面也有独有的特点:画面小,家庭化;画面层次不如电影丰富;可以和现实时空同步。

(三)电视画面的景别

从摄像角度来看,构成一个镜头画面的元素有画幅比例、画面景别、拍摄角度、光学镜头的使用、光线、色阶、运动、调度、时间的表现及构图这十个方面,这些是摄像师拍摄每个镜头画面都要考虑和处理的问题。

1.景别的意义和作用

电视画面的景别从外形上讲是指画面包容景物范围的大小,或者说画面主体(主要被摄对象)占据画面空间的大小;从创作角度来讲,它是一种表现手段。

第一,电视画面的景别变化对观众来讲意味着观看景物的视距的变化,造成一种忽远忽近的感觉,景别产生的生活依据是人们观察事物的视距变化。第二,景别的变化正是人眼视线分散和集中的反映。比如变焦距镜头由广角到窄角的变化就是如此。第三,景别是创作人员对观众视觉心理的限定,这种限定是创作人员对观众视觉注意力的指引,使得画面视觉形象的表达有了层次和重点。第四,景别的变化可以使作品形成不同的节奏。景别的变化是影响作品节奏的因素之一。不同景别的镜头进行切换,使观众在视距的变化中产生一种节奏的变化。景别跨度大(如远景切特写),视距跨度大,节奏就快,反之则显得节奏慢。不同景别对应不同的时间长度,也是影响节奏的重要因素。第五,是参与和解脱功能。对摄像来讲,景别是由摄距决定的。不同景别意味着观众在不同位置上观看。从生活经验得知,在不同距离上看,对事物的感受是不同的。

2.景别的划分

电视画面要划分景别首先是由电视画面特性决定的,是影视艺术区分其他艺术的主要标志之一。景别的划分,大致有两种方法:

(1)根据主要被摄对象(画面主体)在画面中的大小比例来划分,不管任何被摄对象,凡是摄录其全貌称为全景,摄录其局部则成近景或特写,被摄主要对象在画面中占很小的面积则成远景。在实际工作中,拍摄比较小的物件,比如墨水瓶特写、手表的特写,应拍其全貌,而不拍其局部。对较大的物件,一般是注明具体名称,比如"汽车轮子"特写,而不能把汽车轮子叫做汽车的特写。

(2)以人物为参照系,即以人物在画面中占据比例的大小来划分景别。人物在画面中很小,甚至成点状为大远景。全身像上下空白较小称为全景,半身称为中景,画面下边缘卡到胸部称为近景,肩以上称为特写这样分比较具体。

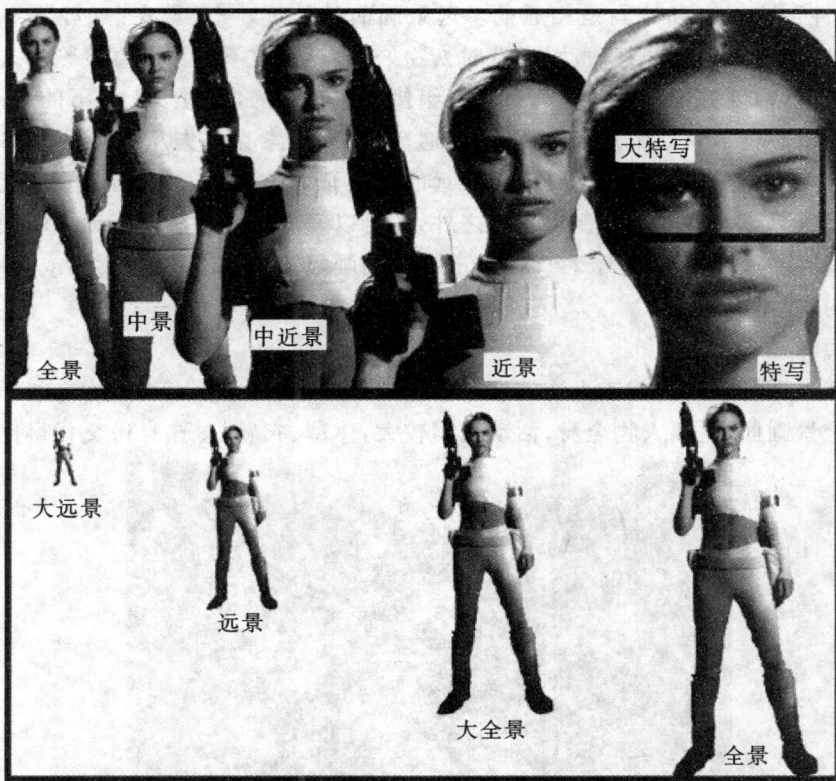

图 8-15　人物不同景别与画面关系对比

3.不同景别具有不同的叙事和表现功能

（1）远景。

图 8-16　远景镜头（摄影：袁源）

　　远景具有广阔的视野，常用来展示事件发生的时间、环境规模和气氛。比如表现开阔的自然风景、群众场面、战争场面等。远景画面重在渲染气氛，抒发情感。在绘画艺术中讲究"远取其势，近取其神"，这一点和绘画是相通的。远景画面的处理，一般重在"取势"，不细琢细节。在远景画面中，不注重人物的细微动作，有时人物处于点状，故不能用于直接刻画人物，但却可以表现人物的情绪，因为影视画面是通过画面组接表情达意的，通过承上启下的组接可以含蓄地表达人物的内心情绪。如影片《一个人的遭遇》当主人公索克洛夫从集中营中逃出后，拼命奔跑，最后躺在麦田地里，这时出现一个近拉远的镜头画面，含蓄地表现了主人公获得自由的内心喜悦。远景除了表现规模、气氛、气势之外，还可以表现一定的意境。远景画面，包含的景物多，时间要长些，一般不少于 10 秒。由于电视画面画幅较小，有人主张不用或少用远景。少用远景是对的，但不能不用。

　　（2）全景。

　　全景用来表现场景的全貌或人物的全身动作，在电视剧中用于表现人物之间、人与环境之间的关系。全景画面，主要人物全身，活动范围较大，体型、衣着打扮、身份交代得比较清楚，环

图 8-17　全景镜头

境、道具看得明白,通常在拍内景时,作为摄像的总角度的景别。在电视剧、电视专题、电视新闻中全景镜头不可缺少,大多数节目的开端、结尾部分都用全景或远景。远景、全景又称交代镜头。

(3)中景。

图 8-18 中景

画框下边卡在膝盖左右部位或场景局部的画面称为中景画面。但一般不卡在膝盖部位,因为卡在关节部位是摄像构图中所忌讳的,比如脖子、腰关节、腿关节、脚关节等。中景和全景相比,包容景物的范围有所缩小,环境处于次要地位,重点在于表现人物的上身动作。中景画面为叙事性的景别,因此中景在影视作品中占的比重较大。处理中景画面要注意避免直线条式的死板构图、拍摄角度、演员调度,姿势要讲究,避免构图单一死板。人物中景要注意掌握分寸,不能卡在腿关节部位,但没有死框框,可根据内容、构图灵活掌握。

(4)近景。

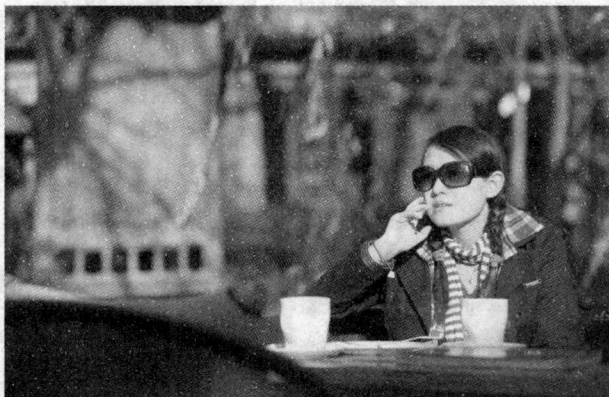

图 8-19 近景

拍到人物胸部以上或物体的局部称为近景。近景的屏幕形象是近距离观察人物的体现,所以近景能清楚地看清人物细微动作,也是人物之间进行感情交流的景别。近景着重表现人物的面部表情,传达人物的内心世界,是刻画人物性格最有力的景别。电视节目中主持人与观众进行情绪交流也多用近景。这种景别适应于电视屏幕小的特点,在电视摄像中用得较多,因此有人说电视是近景和特写的艺术。近景产生的接近感,往往给观众以较深刻的印象。

由于近景人物面部看得十分清楚,人物面部缺陷在近景中得到突出表现,在造型上要求细致,无论是化装、服装、道具都要十分逼真和生活化,不能看出破绽。近景中的环境退于次要地位,画面构图应尽量简练,避免杂乱的背景夺视线,因此常用长焦镜头拍摄,利用景深小的特点虚化背景。人物近景画面用人物局部背影或道具做前景可增加画面的深度、层次和线条结构。近景人物一般只有一人做画面主体,其他人物往往做为陪体或前景处理。"结婚照"式的双主体画面,在电视剧、电影中是很少见的。

(5)特写镜头。

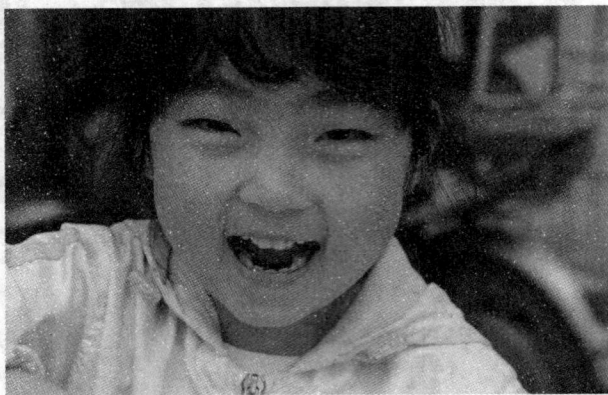

图 8-20　特写图例

画面的下边框在成人肩部以上的头像,或其他被摄对象的局部称为特写镜头。特写镜头被摄对象充满画面,比近景更加接近观众。背景处于次要地位,甚至消失,特写镜头能细微地表现人物面部表情。它具有生活中不常见的特殊的视觉感受,主要用来描绘人物的内心活动。演员通过面部把内心活动传给观众,特写镜头无论是人物或其他对象均能给观众以强烈的印象。在故事片、电视剧中,道具的特写往往蕴含着重要的戏剧因素。在一个蒙太奇段落和句子中,有强调加重的含义。比如拍老师讲课的中景,讲桌上的一杯水,如拍特写,就意味着可能不是普通的水。正因为特写镜头具有强烈的视觉感受,因此特写镜头不能滥用,要用得恰到好处,用得精,才能起到画龙点睛的作用,滥用会使人厌烦,反而会削弱它的表现力。尤其是脸部大特写(只含五官)应该慎用。电视新闻摄像没有刻画人物的任务,一般不用人物的大特写。在电视新闻中有的摄像经常从脸部特写拉出,或者是从一枚奖章、一朵鲜花、一盏灯具拉出,用得精可起强调作用,用得太多也会导致观众的视觉错乱。

(四)拍摄角度

拍摄角度又称摄像角度、画面角度、镜头角度。拍摄角度指摄像机和对象之间形成的方向关系、高度关系和远近关系。我们把这种关系称作几何角度。除此之外,角度还有主观角度、客观角度和主客观角度之分,这是从心理上区分的,也叫做心理角度。拍摄角度,按方向关系可分为正面角度、侧面角度、前侧角度、后侧角度和背面角度等几种。

高角度拍摄

水平视角拍摄

低酵素拍摄

图 8-21　平面角度示意图垂直角度示意图

按高度关系分为平角度、稍俯、稍仰、大俯、大仰等几种,其中平角度和稍俯、稍仰是常用角度。大俯、大仰则属于两个特殊角度。

1.平面角度

平面角度分为正面角度、侧面角度、斜侧角度和背面角度四种平面角度。

(1)正面角度。

正面角度有利于表现被摄对象正面特征,用正面角度拍摄人物肖像,能表达人物的本来面貌。正面角度有利于表现景物的横线条,可以营造庄重、稳定、严肃的气氛。其缺点是缺乏立体感和空间透视感,若用得不当容易形成无主次之分、呆板无生气的画面效果。

(2)侧面角度。

侧面角度有利于表现运动对象的方向性,线条富于变化,多用于对话、交流、会谈、接见场合,有平等的含义。其缺点是不利于立体、空间表现。

(3)斜侧角度。

斜侧角度包括前侧和后侧,是一种最常用的角度。在拍摄两个人时能分清主次。比如采访摄像,以记者的后侧为前景,拍摄被采访者的前侧,并使其位于画面中间,把视觉重点置于被采访者身上,主体突出并且有深度感,画面有变化。采用这种角度拍摄的镜头画面,叫做过肩镜头。

(4)背面角度。

用背面角度拍人物,被摄人物所看到的空间和景物也是观众看到的,所以这种角度拍的画面有把观众带到场面的纪实效果,有身临其境的参与感。比如背跟拍摄记者的镜头,就有这种效果。大型纪录片《望长城》中主持人焦建成"寻找陕西民歌手王向荣"的段落,用了很多背跟角度拍摄记者寻找王向荣的经过,给人以身临其境的感觉,突出了该片跟踪纪实的风格,增强了作品表现力。

2.垂直角度

垂直角度分平摄、俯摄和仰摄三种。

(1)平摄角度。

平摄角度指机器的高度位置与被摄对象同等高度,对人物来讲摄像机高度位于肩部称为平摄角度,简称平角度。

(2)俯摄角度。

俯摄角度有利于表现对象的立体感。表现物体的立体感关键是表现其多面关系。平面拍摄可以表现物体的正面侧面二个面,俯角拍摄可以表现正、侧、顶三个面,从而增强了物体的立体感。

(3)仰摄角度。

摄像机高度处于人眼以下位置或低于被摄对象的位置进行拍摄称为仰摄,仰摄的镜头称为仰视镜头。

大俯、大仰角度表现的是人眼不常见的视点,其影像往往是变形的,故称大俯、大仰角度为两个特殊角度。稍俯、稍仰角度则是常用角度。大俯、大仰角度如果和镜头的焦距、拍摄距离结合起来,变形效果将更加明显。

3.叙事角度

叙事角度也称为心理角度。角度作为叙事元素时,存在三种形态——主观角度、客观角度和主客观角度。主观角度是代表节目中人物视线的拍摄角度;客观角度不代表任何人的主观视线,是代表客观纪实的角度;主客观角度,在一个镜头里,角度的主客观性质有时是可以改变的。比如拍摄一个人在看画展,通过他的后背拍摄,这显然是客观角度,如果镜头随着观者的视线摇向另一幅画,人物出画,这时客观角度就变成了主观角度。

二、运动摄像

摄像机的拍摄和人的眼睛一样,也有固定和运动之分。这就是固定镜头和运动镜头。运动摄像指在一个镜头中通过摄像机的机位移动、摄像机光轴方向的改变和变化光学镜头焦距进行的一种拍摄方式。运动摄像必然造成景别、方向、视角、速度等的变化,这为摄像的表现提供了一种新的叙事方法。在一个镜头中通过移动摄影机机位,或者变动镜头光轴,或者变化镜头焦距所进行的拍摄称为运动摄像。通过这种方式所拍到的画面为运动画面。运动摄影分为推、拉、摇、移、跟、升降,或两种以上的方法综合使用。

(一)推

推又称推镜头。被摄体位置固定、摄影机借助于运动摄像工具或人体,由远而近渐渐向被摄体靠近,实现整体到局部的转移,形成视觉前移的效果。

推镜头具有明确的主体目标,主要是为了突出主体和细节,同时在一个镜头中介绍整体与局部、客观环境与主体人物之间的关系;推镜头在镜头推向主体或细节的同时,取景范围由大到小,随着次要部分不断移出画面,所要表现的主体或细节逐渐变大,"强迫"观众注意,并且它的落幅画面最后使被摄主体或细节处于醒目的视觉中心位置,给人以鲜明的视觉印象;推镜头使画面框架处于运动之中,直接形成了画面外部的运动节奏,因此推镜头速度的快慢还可以影响和调整画面节奏(注意:运用推镜头拍摄画面时,要注意落幅画面的构图要准确,焦点要准确,画面的景别要恰当,推镜头的速度要均匀并且与画面内的情绪和节奏相一致)。

(二)拉

拉又称拉镜头。被摄体位置固定,摄影机借助于工具和人体,由近而远移动,从而实现局部到整体的转移,形成视觉后移效果。它可以表示作者由近而远逐渐展示场景的意图,也可表示处于运动状态的人渐渐远去的视觉效果。

拉镜头有利于表现主体和主体所处的环境之间的关系。它使画面从某一被摄主体逐步拉开,展现出主体周围的环境或有代表性的环境特征,最后在一个远远大于被摄主体的空间范围内停住,也就是在一个连贯的镜头中,既在起幅画面中表明了主体形象,又在落幅画面中表明了主体所处的环境,这种从主体到环境的表现方法是一种以点到面的表现方法,它既表现了此点在此面的位置,也可以说明点与面所构成的关系。

拉镜头画面的取景范围和表现空间从起幅开始不断拓展,新的视觉元素不断入画面,原有的画面主体与不断入画的形象构成新的组合,产生新的联系,每一次形象组合都可能使镜头内部发生结构性的变化,这种对观众想象的调动本身形成了视觉注意力的起伏,能使观众对画面造型形象的认识不是被动地接受,而是主动地参与。拉镜头是一种纵向空间变化的形式,它可以通过纵向空间上的画面形成对比、反衬或比喻等效果。拉镜头的内部节奏由紧到松,与推镜头相比较能发挥感情上的余韵,同时由于画面表现空间的扩展反衬出主体的远离和缩小,从视觉感受上来说,往往有一种退出感、凝结感和结束感。在最终的落幅画面中,主体仿佛是像戏剧舞台上的"退场"和"谢幕"一般。

(三)摇

摇也称摄、摇镜头。摄影机机位固定,机身借助三角架的云台或人体做上下、左右、斜线、曲线、半圆、360 等各种形式的摇拍,用于表示人物处在静止位置,只做身体、头部、眼球转动时的主观视觉效果,或者作者向观众渐次展现场景。摇摄有水平摇、垂直摇、斜摇、不规则摇、环摇、主观摇、客观摇等多种形式。

摇镜头的运动形式是多种多样的,比如横向移动镜头光轴的水平横摇,垂直移动镜头光轴的垂直摇摄,中间带有几次停顿的间歇摇,摄影机旋转一周的环形摇,各种角度的倾斜摇等。不同形式的摇镜头包含着不同的画面语汇,具有各自的表现意义。

摇摄犹如人们转动头部环顾四周,因此它可以突破电视画面框架的局限,利用摄影机的运动将画面向四周扩展放大视野,包容了更多的视觉信息。摇摄多侧重于介绍环境、故事或事件发生的地形地貌,展示更为开阔的视觉背景,它具有大景别的功能,又比固定画面的远景有更为开阔的视野。摇摄能够介绍、交待同一场景中的两个主体的内在联系,也可通过性质、意义相反或相近的两个主体,通过摇摄将它们连接起来,表示某种暗喻、对比、并列、因果关系,如果表现三个或三个以上主体之间的联系时,镜头摇过时或作减速,或作停顿,以构成一种间歇摇,把几个主体串连起来。

运用摇镜头拍摄时,应当注意画面的起幅和落幅的构图要准确,焦点要准确,摇摄的速度要均匀并且与画面内的情绪气氛和节奏相一致。

(四)移

移又称作移动镜头、移动摄影。摄影机借助于任何运载工具或人体,做左右、斜线、曲线、半圆或是360等各种形式的运动。移可代表人物处于运动中的主观视线,也可表达作者特殊的创作意图。

移动摄影使画面的框架处于运动之中,画面内的物体不论是处于运动状态还是处于静止状态,都会呈现出位置不断移动开的态势,并且移动摄影通过摄影机的移动开拓了画面的造型空间,创造出独特的视觉艺术效果。电视艺术是通过电视屏幕表现生活图景的,但是电视画面的表现范围却受到四边画框的严格限制,移动摄影使电视画面造型突破这种限制成为可能。比如横移在横向上突破这种画面框架两边的限制,开拓了画面的横向空间;纵移在纵向上突破了屏幕的限制,在电视画面中直接通过运动显示了画面的深度空间,特别是在表现大场面、大纵深、多景物、多层次的复杂场景时具有气势恢宏的造型效果。

(五)跟

跟又称跟拍或跟镜头。摄影机以推、拉、摇、升降、旋转等方式伴随被摄体的运动而运动,均为跟拍。它可以表示人物处于动态的主观视线,也可造成观众的身临其境感。跟摄时画面始终跟随一个运动的主体,由于一般情形摄影机运动的速度与被摄主体运动的速度相一致,这个运动着的被摄对像在画框中处于一个相对稳定的状态,而背景环境则始终处在变化中。跟镜头的摄影机运动是以运动的被摄对象为契机和依据的,环境逐一连贯地表现出来,这种跟镜头重点在于通过人物的运动引出其所在的环境,比如在影片中表现追逐时常用跟镜头,被摄主体相对不变,而背景则一会儿是高速公路,一会儿是盘山公路,观众通过这个跟镜头看到了追逐经过了许多地方,更感受到了追逐的艰辛、逃跑的困难。

跟摄对人物、事件、场面的跟随记录的表现形式,在纪实性节目和新闻拍摄中有着重要的纪实意义,跟摄中被摄人物的运动直接左右着摄影机的运动,摄影机跟随被摄人物运动的拍摄方式体现了一种摄影机的运动是由于人物的运动而引起的被动纪录方式,这种表现方式不仅使观众置身于事件之中,成为事件的"目击者",而且还表现出一种客观纪录的"姿态"(注意:用摄影机跟随被摄主体拍摄时,为了保证被摄主体在画面中的景别和与画框的相对位置保持不变,摄影机的运动方向和运动速度要与被摄主体的运动速度和方向相一致。另外摄影机跟随被摄主体拍摄所带来的焦点的变化、拍摄角度的变化以及光线的变化等也都是应该考虑和注意的问题)。

(六)升降

升降又称升降镜头。摄影机机位做上下运动。同样可以表示主观视线,或客观的展示。升降有垂直升降、斜向升降和不规则升降等多种形式。升降拍摄是一种较为特殊的运动摄影的方式,我们在日常生活中很难找到一种与之相对应的视觉感受,除非跳水和跳伞等运动。可以说升降镜头的画面造型效果是极富视觉冲击力的,甚至能给观众以新奇、独特的感受。升降拍摄可带来画面视域的扩张和收缩,即"登高而望远",当摄影机的机位升高之后,视野向纵深逐渐展开且能越过某些景物的屏蔽,展现出由近及远的大范围场面,当摄影机的机位降低时,镜头距离地面越来越近,所能展示的画面空间范围也越来越窄小起来,在战争场面和大型文艺晚会中常常可见到这种拍摄方法,它利用高度变化和视点的转换给观众以丰富多采的视觉感受。

总之,升降镜头借助特殊装置所表现出来的独特画面造型效果,可以给我们提供丰富视觉感受和调度画面形象的有效手段。特别是我们把升降镜头与推、拉、摇及变焦距镜头的运动等多种运动方式结合使用时，会构成一种更加复杂多样、更为流畅活跃的表现形式，能在复杂的场面中取得收放自如、变化多端的视觉效果。当然，由于升降镜头带来的视觉感受比较特别，容易让观众感受到创作者的主观意图，从而产生对画面造型效果的"距离"感，因此，对升降镜头应慎重使用，特别是拍摄新闻纪实类节目时尤其需要慎重考虑，否则，画面造型的表现性可能会影响节目内容的真实感和客观性。

三、画面构图

这里的画面泛指绘画、摄影、影视画面，指一幅照片的布局和构成。就是把要表现的对象，根据主题和内容的要求，有意识地把对象安排在画幅之内，把摄影者的意图表达出来。构图的目的在于增强画面的表现力，更好地表达画面内容，使主题鲜明，形式新颖独特，主体突出，意图明确，具有形式美感是摄影构图的基本要求。

（一）画面构图元素处理

1.画面主体处理

（1）画面主体。

画面主体是表达画面内容的主要对象，画面若没有主体，内容就无法表现。主体又是结构画面的中心。主体可以是人也可以是物，可以是单人（物），也可是多人（物）。

（2）主体的位置。

主体在画面中的不同位置具有不同的表意性质，而且不同的构图形态对主体的位置安排具有不同的要求。传统的封闭式构图安排主体的位置大致有以下几种方法：

①几何中心法。几何中心就是画幅的正中心。把左右上下四边的中点用两条直线连起来相交一点，这点就是几何中心。主体置于几何中心最能集中观点注意力，而且能有稳定、庄重的感觉。比如一个人的近景正视前方或两人对话各居画面一半。

②趣味中心法。所谓趣味中心，是从心理上划分的。据科学试验证明人看画中心时间长了会产生视觉疲劳，因此引出突出主体另外一个范围。如果把画面当作一个有边框的面积，把左右上下四个边都分成三等分，然后用直线把这些对应的点连起来，画面中就构成一个井字，画面面积分成"九宫格"，井字的四个交叉点就是趣味中心。这就是我国很早就有的"九宫格"构图方法。

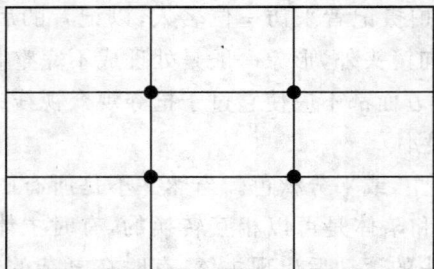

图 8-22　九宫格（井字）构图

③边角构图法。在画面构图处理中画面的边角一般是处理陪体、前景的部位。把画面主体放在画面的边角近而得到一种反常的视觉效果,这是开放式构图常用的方法。在绘画中,边角位置一般不表现主体,电视则可以用画面边角表现主体,主体置于画面的边角可以表达特殊的涵义。

④特意中心法。除了几何中心、趣味中心、边角之外的任何部位都可称为特意中心。特意中心,指表现特殊含意的部位。它的显著特点是主体安置部位异常,和边角一样具有特殊的表意作用。

⑤黄金分割法。黄金分割又称"黄金律""黄金段",是指事物各部分之间的一定的数学比例关系,即将一个整体一分为二,较大部分与较小部分之比等于较大部分与较小部分之和与较大部分之比,这个比例非常接近于"九宫格"即 $1:1.618$。

在影视构图中,"黄金律"仍有它的美学价值。按这个比例安排主体在画面中的位置最为醒目和突出,不仅如此,按此比例安排主体,画面最美,最容易被人接受。

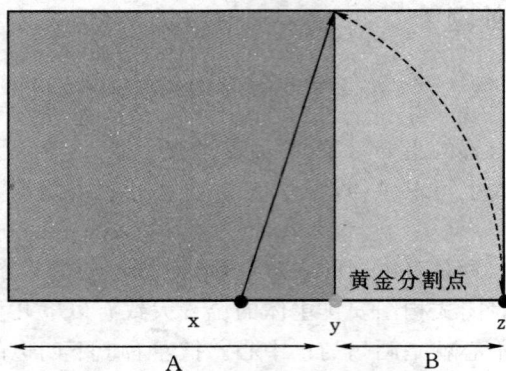

图 8 - 23 黄金分割构图法

(3)陪体处理。

陪体也称宾体、客体,是和主体有情节联系的次要表现对象。陪体的作用有三:其一,是陪衬主体,帮助主体体现画面内容,使画面内容表达更加明确,更加充分;其二,是均衡画面,美化画面,若把主体比做花朵,陪体就是枝叶,红花加上绿叶才能丰富多彩;其三,是对情节发展、事件的进展起推动作用。对陪体的处理,一般来讲其影像不能强于主体。为此,陪体的形象常常处理成不完整的状态。比如拍摄记者采访一位名人,以记者的后背拍摄名人正面,名人是主体,记者是陪体,记者除了背向镜头外,形象一般是处理成不完整状态,这是其一;其二,应在景别、光线、色彩、色彩和构图等方面都不应使它过于抢夺观众视线;其三,从整体上来讲,陪体在屏幕上占据时间要相对短于主体。

陪体的处理,切忌喧宾夺主,或平分秋色。当然并不是所有画面都有陪体,特写镜头就没有陪体。运动镜头画面主体和陪体是可以相互转换的,有时主体先出现在画面里,后出现陪体,有时先出现陪体,随着镜头的运动后出现主体,有时在复杂的运动镜头里很难辨别谁是主体,谁是陪体,这是和照片构图不同的地方。影视构图是以段落为单位进行的,所以每个镜头里主角不一定出现,但每个镜头都应有其主要表现对象(即主体)。

（4）环境处理。

在电视画面里，除了人物之外的一切景物均可称作环境。环境包括自然环境和社会环境，这里主要指自然环境。环境包括前景、后景和背景三个部分。在专题片摄制中讲四个真实，即时间、地点、人物、事件的真实。环境是构图重要的表现元素之一。

①环境要真实。电视艺术的逼真性决定它所表现的环境、时代背景如同真的一样，尤其对现代题材的作品更是如此，成熟导演都不会忽略真实环境的表现。

②通过环境创造气氛。对环境的处理从表现来看，除了完成剧本提供环境之外，还要表达导演和摄像等创作人员的创作意图，同一个环境，同一个场景（实景或布景），摄像可以处理成各种不同的情调、气氛。对环境的选择（采景、选景）首先要真实地体现剧本对环境的要求。

③表现作者情感，注入作者情绪。摄像对环境的表现有时要注入个人情感，可以表达摄像对剧本、对人物、对主题的理解，可以帮助观众对作品主题内容情节的理解。环境处理能暗示剧情发展未来的结局，也可表现人物情绪。

在同一环境中，不同角度拍摄，给人不同的感受。要根据画面表现情节、内容、人物性格选择不同角度拍摄。

四、电视画面构图的基本要求

初学摄像者总是想在一个镜头画面里交待许多信息，总怕镜头时间短内容表现不全，没完没了地连续拍摄，名曰长镜头。结果画面构图都是人物全身动作，没有景别变化，相似的景别画面组接在一起后让人看了乏味。电视画面的特性要求构图不能太复杂。

（一）画面简洁

电视画面的时限性，决定了电视画面构图不能像照片那样，可以容纳许多内容，必须简洁，内容必须少而精。每个镜头画面内容不能面面俱到，要简洁明了，精炼集中，否则观众谁也看不清。

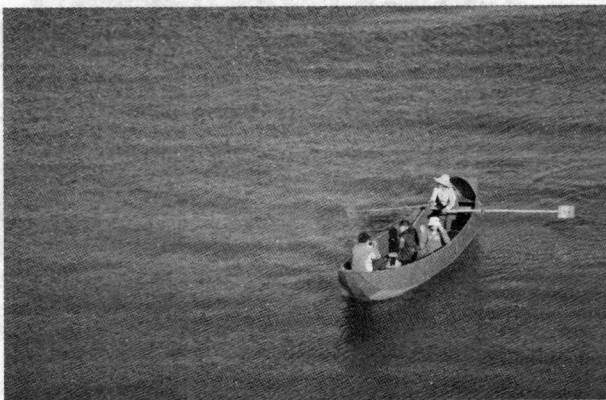

图 8-24　简洁的画面（摄影：袁源）

（二）突出主体

这也是电视画面时限性决定的。当我们看电视台播放电视节目时有一段没看懂，想再看一遍是不可能的，这种时限性，要求画面构图必须主体单一，不能有两个以上的主体同时出现在画面里。尤其近景特写,如果同时有两个或两个以上的主体在做动作,就会分散观众的注意力。拍双人镜头,两人均为侧面,看似例外,其实不然,当一个人物在某一时间内说话或有一种重要动作,他就占视觉优势,这个占视觉优势的人物就是画面主体。在双人镜头里(比如记者采访某人),有很多方法可以使一个人处于视觉优势地位,可以用他的谈话、动作、有利的光线、面部朝向、形象的大小等各方面把观众的注意集中在这个主体人物身上。画面中要一个主体,这并不意味着在前景后景不能有其他人物同时存在,不意味着画面中不允许有几个人或上百人同时出现,而是要有主次。主次分明、重点突出是构图的基本要求。

若干人物、群众场面、树木、建筑物、机群,都可以构成一个单一的群体主体。也有例外,有时表现战争场面、混乱、暴力的活动时,画面主体也可以成几个,比如《拯救大兵瑞恩》中开场一群士兵向四处逃窜的镜头,就是由多主体构成的,以强化混乱的战争场面。

(三)构图要有连贯性

电视画面对事件的叙述,对情感的表达不能像照相那样,单幅画面可以独立表达一个完整主题,而是要通过一系列具有承上启下关系的画面组接来完成。每个镜头画面都不是孤立的,而是作品这个链条中的一个环节。为此画面构图应注意画面组接后的视觉流畅。

(四)画面构图的均衡处理

画面的均衡(也称平衡)是画面构图的一般规律。所谓均衡是指以画面中心为支点,画面的左右上下呈现的构图诸元素在视觉上的均势。具体地讲,就是使画面中左右上下的视觉形象不要一边太满,另一边太空,或一边感到太重,另一边又感到太轻。均衡构图则给人以稳定、舒适、和谐的感觉。不均衡构图则给人以不稳定、异常的感觉。电视画面构图一般应使画面均衡。但画面均衡是可以突破的,在开放式构图中画面不均衡是它的表现特点。常常以此表现异常的心理状态。

图 8-25　画面构图的均衡处理

对称是最彻底的均衡。所谓对称是指画面左右上下形象完全相等的构图形式。对称构图有稳定、庄重、肃穆、神圣的感觉,同时又有单调、枯燥、呆板、窒息的感觉。

平衡画面要注意主体在画幅位置的安排。画面主体可以放在画幅任意位置,可以安排在几何中心,趣味中心也可放在边角,在不同幅面位置只是产生不同的表意效果。画面构图单纯用于叙事,应放在趣味中心位置,如果强调用构图来表意可以安排其他位置。如果主体是人物,人物靠画右,视线向左可以达到平衡。相反则不平衡。主体位于画面几何中心,视线向前最为平衡,但过于呆板,一般只用在主持人与观众交流的场面。

还可以利用前景和后景平衡画面。前景在画面构图中作用很多,在静态构图中,调整画面的平衡是最有效的方法之一。主体安排在画面一边或一角,可用适当的前景(人与物)来达到平衡。

五、电视场面调度中的总角度和轴线原理

(一)总角度

在进行电视画面拍摄的过程中,每一个不同的镜头都意味着存在一个拍摄的机位,在一个场景的不同的镜头之间,机位有的时候是相同的,有的时候是不同的。在拍摄电视剧或者其他类型的电视节目的时候,一个场景可以拍一场戏,也可以拍几场戏。而其他节目类型的片子中场景可能少一些,甚至有些节目类型中,只有一个场景存在(如某些新闻节目)。一个场景通常由若干镜头组成。只有在某些如转场等形式的场景中才只用一个镜头表现一个场景。不论用多少镜头表现一场戏,摄像师要根据这场戏的演员调度情况(如果不能进行演员调度的,如新闻类、纪实类节目,则要根据现场的其他实际情况),确定表现这场戏的总角度,即定向角度。确定总角度是为了使观众了解这个场景中的人物和环境的位置关系、方向关系和运动关系,通常由全景来体现。总角度是一个场景中的主要拍摄角度,也通常是一个场景中的第一个镜头所使用的角度,是充分表现场景内容的最佳角度。总角度通常确定在最能够反映场景环境全貌的位置,相应的拍摄总角度的机位也确定在这个位置,总角度确定之后,拍摄其他角度画面时应在总角度的相同方向进行机位安排。比如拍摄内反拍和外反拍角度(详细介绍见后)时都要在包容总角度的关系轴线一侧设置机位。

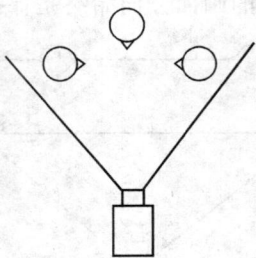

图 8 - 26 总角度机位

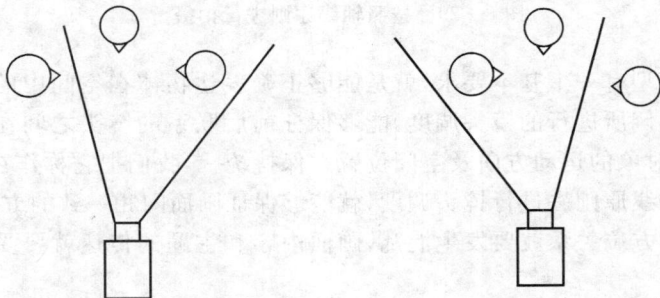

图 8 - 27 其他拍摄角度机位

(二)轴线原理

轴线又叫做关系线、方向线或 180 度线,它是指被摄对象的视线方向、运动方向和不同对象的位置关系之间所形成的一条假想的直线。

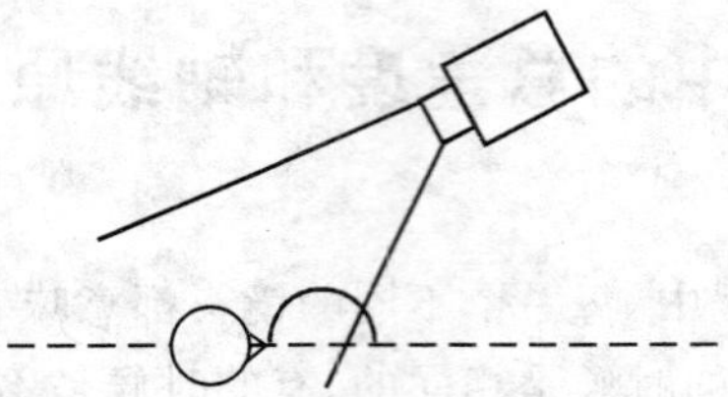

图 8 - 28　轴线示意

在一个拍摄场景中,摄像师对被摄人物和景物进行镜头调度时,要始终保证机位在轴线一侧 180 度范围内进行设置安排,这样,观众看到的画面将会始终保持正确的位置和统一的方向,才能不至于因为视点方向变化而引起景物方向混乱和对象位置错误的印象。这个原则就叫做"轴线原则"。轴线原则是形成画面统一空间感,镜头间接续时对观众在视觉上的连贯性、一致性的必要保障。只有保证在一个场景中拍摄时机位始终在关系轴线的一侧,那么无论摄像机的高低仰俯如何变化,镜头的运动如何复杂,不管拍摄镜头数量如何,从画面来看,被摄主体的位置关系及运动方向等总是一致的。比如,拍摄一组最简单的二人对话镜头,在进行机位设计的时候,连接二人位置之间的一条虚拟的直线,就是这个场景中的轴线。先在轴线一侧设定拍摄的总角度画面的机位,然后其他的机位就设立在和总角度机位相对于轴线来讲的同一侧,这样无论画面怎么变化,观众看到的画面方向始终是保持一致的。

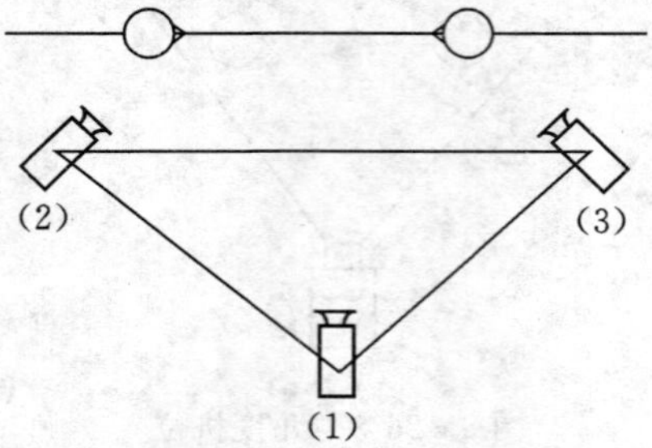

图 8 - 29　按照轴线原则进行拍摄

对于电视画面造型有一个基本要求,就是能够正确表达物体在空间中的位置关系和物体的方向性。在轴线一侧所进行的镜头调度,能够保证前后联系的镜头之间在组接的时候画面中人物的视线、被摄对象的运动方向及空间位置上保持统一,我们把它称作在镜头调度中的方向性的把握。遵守轴线原则去进行镜头调度,就能够保证画面间相一致的方向性。否则,在画面中被摄对象之间的方位关系就要发生混乱,画面内容和主题的传达就要受到干扰甚至得到反向表达的结果。

在拍摄的时候并没有按照轴线原则进行镜头的调度,在拍摄和组接画面的时候将两个分别在轴线两侧的画面连接到了一起,我们把这种情况称做"越轴"或者"跳轴"。在越轴画面中,被摄对象的方向性与按照原轴线拍摄的画面内的主体方向是不一致的,在进行越轴画面的组接的时候,将会发生视觉上的混乱现象。

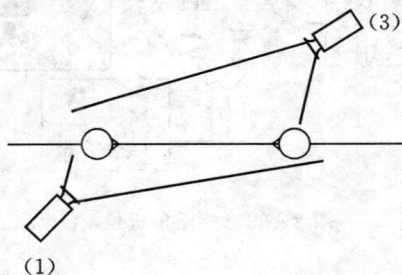

图 8 - 30 越轴

如上图所示,越轴前的画面中,拍摄机位处于轴线的一侧,人物 A 处于画面左端,人物 B 处于画面右端,而如果将机位拿到轴线的另一侧拍摄的话,由于角度的关系,则人物 A 处于画面的右端,而人物 B 处于画面的左端。如果这两个画面直接连接的话,对观众来说就将会产生视觉上的错位:A、B 二人的位置关系在瞬间产生了变化,直接影响到观众正常的视觉效果和视觉思维判断。

(三)遵循轴线原则拍摄时机位调度方案

1. 内反拍角度和外反拍角度

内反拍角度和外反拍角度是在拍摄两个人物画面的时候所使用的最常见的拍摄调度方法。内反拍角度是在轴线一侧两个相背的拍摄角度各拍摄一个人物,而外反拍角度是在轴线一侧两个相对的拍摄角度各拍摄一个人物。

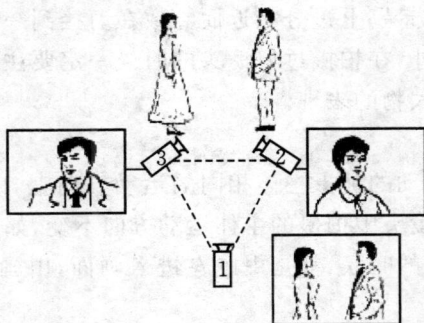

图 8 - 31 内反角机位

内反拍角度是拍摄中的主观角度,是代表画面中的主体的观察方向和视觉感觉的角度。在内反拍角度拍摄的画面中,画面内容相当于场景中的人物观察对方的视觉形象,因此有很强的主观性。并且,在将两个内反拍角度拍摄的画面剪辑到一起的时候,画面中两个人物的视觉方向是相对应的(视觉方向一个向画左,一个向画右),这样可以给观众一种很强烈的参与到画面中人物环境中的相互交流的主观感觉。

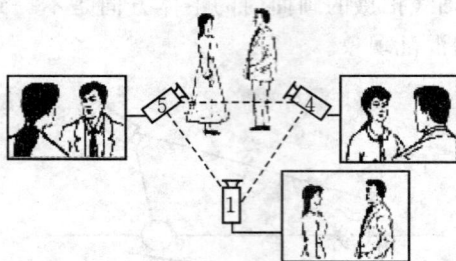

图 8-32　外反角机位

　　拍摄内反拍角度画面时应当注意，由于画面的观察角度是人物的主观角度，所以如果人物的位置高低关系不平等的话，如一方站立而另一方处于坐姿，那么在拍摄的时候需要注意两个机位的位置高低和仰俯关系，才能准确地表达画面中人物的主观视角。

　　内反拍角度画面通常情况下使用近景表现，有的时候也使用特写，这和两个人对话的时候的相互位置有关。

　　外反拍角度是拍摄中的客观角度，是代表摄像师进行客观表达的视角，也是作为旁观者的观察角度。在外反拍角度拍摄的画面中，画面内容通常是向观众表现场景中的人物的相互交流情况，因此有很强的客观性。如前图中所示，外反拍角度拍摄的画面中，通常同时拍摄两个人物，以其中一个人物的背影做前景，另一个人物做画面主体，这样能够很好地表现二人相互交流的客观状况。我们把这样的镜头称作过肩镜头。在一些新闻类节目和专题类节目进行采访画面的拍摄中，通常使用这样的过肩镜头来进行镜头调度，以便向观众交代客观环境和被摄对象的客观状况。

　　外反拍角度画面可以拍成近景画面，也可以根据要求拍摄成中景甚至全景画面。但是全景画面可能会与总角度画面在景别上过分相近而导致在剪接到一起的时候产生画面跳动的感觉，因此一定要谨慎使用。另外，在拍摄过肩镜头的时候一定要注意前景中的人物不能太过突出，以免影响画面对背景主体人物的表现。

　　2.平行角度和共同视轴

　　平行角度是指在与一个运动的被摄主体相同的运动方向上，前后安置两个或者多个不同的拍摄机位，这样前后连接的镜头中拍摄的主体运动方向不变，如下图所示，机位 A、B 拍摄的同一运动主体画面连接到一起的时候，都是由画左进入画面，由画右离开画面，保持了运动方向的一致性和连贯性。

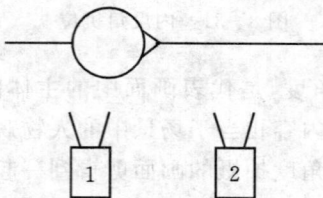

图 8-33　平行角度机位和画面示意

共同视轴是指摄像机在同一光轴设置两个或者多个不同的拍摄位置,这样在焦距一定的情况下,这些机位所拍摄的镜头中方向不变,只有物距和画面景别的变化。或者利用摄像机的变焦距镜头焦距的变化,在同一个拍摄位置实现画面景别变化,完成共同视轴上的镜头调度。

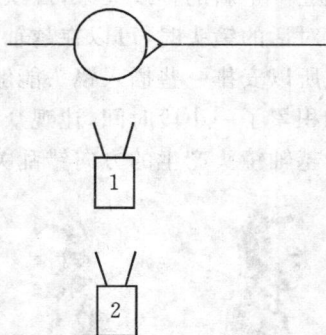

图 8-34　共同视轴机位和画面示意

3. 在轴线上进行的镜头调度

在轴线上进行的镜头调度,即在轴线上安排机位进行拍摄,这时候镜头的光轴与关系轴线是重合的,产生一个类似主观镜头的视觉效果。在这些位置拍摄得到的画面主体方向是正面或者背面的,在镜头连接之后看不到明显的方向感,因此称作中性镜头。中性镜头经常被作为连接在分别轴线两侧拍摄的镜头的中间镜头,以实现越轴画面之间的组接。

(1)　　　　　　　　　　(2)

图 8-35　轴线上进行的镜头调度

在以上所示的例子中,机位在人物运动的轨迹上,也就是轴线上。在前后两个机位拍摄的画面当中,被摄对象的运动是沿着镜头纵深方向上进行的,并没有很明显的横向运动方向感觉。因此前后两个镜头连接的时候,就不会产生视觉方向紊乱的现象。

4. 越轴的方法

在进行电视场面调度的时候,我们一方面要遵守轴线的原则,这样才能拍摄出符合艺术规律要求的画面,而另一方面,为了寻求到更加丰富多彩的、全方位的场景表达效果,有的时候我们往往需要不仅仅把机位设置在轴线的一侧完成拍摄,而把机位也设置在轴线的另一侧进行拍摄。我们就把这种在镜头拍摄转换时超越轴线一侧 180 度的范围界限的拍摄方法称作"越轴"。

越轴背离了原有镜头的排列规律和空间关系,如果直接编辑越轴镜头,会对观众在视觉上产生主体视线、位置关系和运动方向相反的感受,影响观众的视觉思维。所以,越轴是有条件的有规律的,我们在拍摄和编辑越轴画面的时候,一定不能任意为之,要遵循这些规律。

一般来说,越轴处理有以下几种形式:

（1）利用插入空镜头或者中性镜头间隔两边镜头实现越轴。

所谓空镜头，是指与现实场景人物关系不相联系的镜头。在越轴前的一个镜头中，插入一个空镜头，由于空镜头无人物关系概念，无空间概念，无视觉方向概念，所以即使在下一个镜头中改变原来的轴线关系，也就是建立一个新的轴线关系，观众也不会觉得在视觉上有很严重的跳跃感觉。比如，拍摄两人在桌边对话的镜头时，可以在越轴的镜头间加一个桌上摆放的花的空镜头，实现越轴镜头的相接。之所以安排一些插入镜头能够帮助我们实现越轴拍摄，主要是在视觉上产生了缓冲作用，准备和积累了一小段时间，让观众对插入镜头之后的越轴画面有了适应的心理，不至于被紧密连接的越轴镜头产生的方向错乱关系所迷惑。

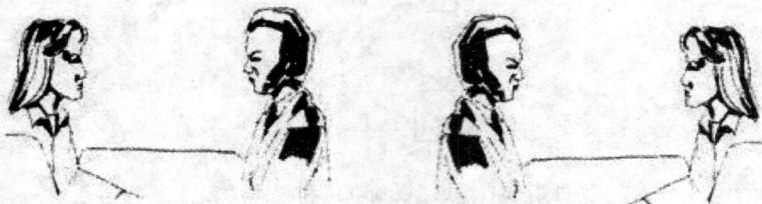

图 8-36　插入空镜头越轴机位和画面效果图

插入中性镜头越轴的方法与插入空镜头相类似，所不同的在于，中性镜头是在轴线上拍摄同一场景中的画面，被摄对象也是越轴前后的同一场景中的主体形象。它不像空镜头越轴，插入的是与主体基本没有关系的其他景物。比如在拍摄一辆运动的汽车时，如下图所示，1、2号机位互为越轴镜头，如果直接把这两个镜头拍摄的画面编辑到一起的话，汽车的运动方向就会突然间从由左至右变化为由右至左，好像突然折返回去了一样，将可能影响到观众对它行进路线的判断。所以在1、2号机位拍摄的画面之间，加入一个由3号机位拍摄的中性镜头，这是一个汽车向画面内纵深方向上开过来的一个无方向性的镜头。通过这个中性镜头的过渡，将刚才的越轴镜头连接到一起，可以使得视觉上的跳跃感和方向上的变化感不是很强烈。

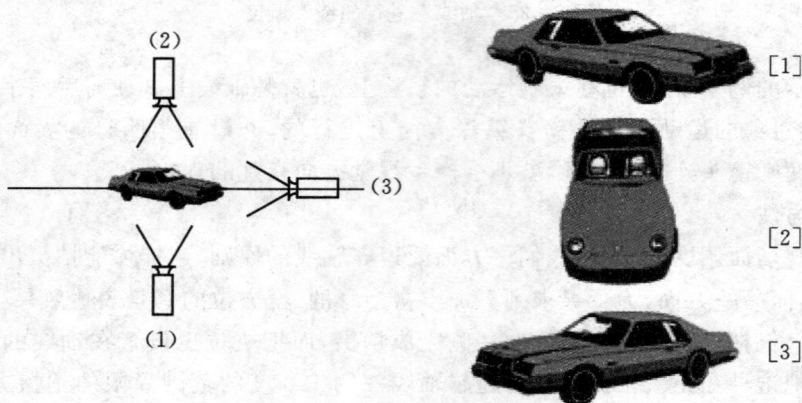

图 8-37　插入中性镜头实现越轴（汽车运动）

（2）利用被摄对象的运动改变原有轴线。

在进行场景拍摄的时候，某些条件下可以通过演员调度等方法，实现通过被摄主体在画面内的运动来改变轴线的效果。例如，在下图所示的拍摄 A、B 两个人物对话情况下，A、B 之间的连线构成了这个场景中的轴线。1、2 号机位拍摄的画面本来是两个相互越轴的画面,不能直进行组接的,但是,如果在 1 号机位拍摄的画面内,进行演员调度,人物从 B 位置运动到 B′位置,这样就打破了原本的轴线关系,等于产生了一条新的轴线 A、B′,这样两个机位变成了处于新轴线同一侧的位置关系,拍摄的画面组接到一起以后,也就符合了轴线调度的原则了。

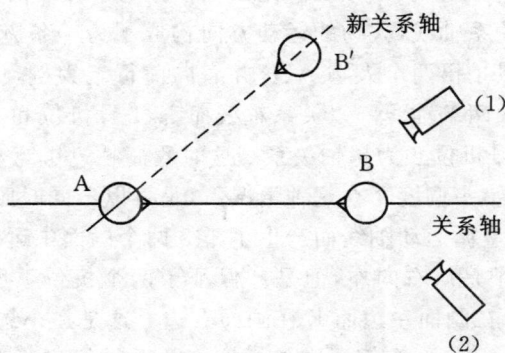

图 8 - 38 被摄对象运动改变轴线

(3)利用拍摄机位的运动改变原有轴线中。

在现代拍摄理念中,运动画面被越来越广泛地使用。运动画面包括机位运动、镜头焦距变化和镜头光轴运动三种形式。其中运动机位进行拍摄由于其主动性、灵活性强,画面效果丰富多彩而被作为一个重要的场面调度方式加以运用。而通过拍摄机位的运动改变轴线关系,实现越轴的方法,也是场面调度中的重要内容。虽然两个互相越轴的画面不能直接组接,但是可以在画面中通过摄像机自身的运动越过轴线,由于在这个越过轴线的过程中,观众从头到尾看到了机位的变化和因之而引起的场景中被摄对象的位置关系变化,所以也就能够清楚地了解这种位置关系变化的原因,不会像在看到两个越轴画面直接连接时候那样产生不适应的感觉。

例如,在下面的拍摄二人对话场景中,1 号机位和 3 号机位拍摄的画面互为越轴镜头,不能直接进行组接。1 号机位通过运动的方式运动到 2 号机位的位置上,即越过了原有轴线,虽

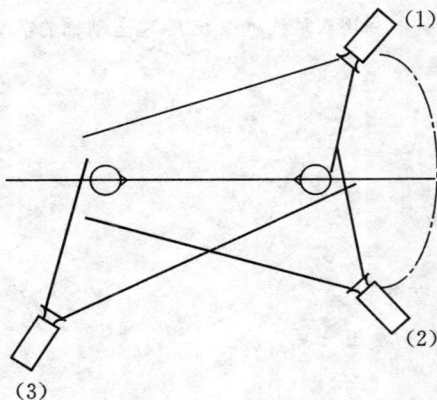

图 8 - 39 利用拍摄机位的运动改变原有轴线

然 1 号机位所拍摄画面中主体位置关系和 2 号机位拍摄的情况相反,但是由于连续不断运动画面交待了 1 号机位运动到 2 号机位位置上的过程,所以观众对人物位置能够了解。这样,将 1、2、3 号机位拍摄的画面顺次连接的时候,就实现了合理的越轴拍摄。

(4)利用双轴线,越过其中一个,由另一个实现画面空间的统一。

在某些拍摄环境中,存在不止一条轴线。比如在拍摄两个并肩向前行走的人物的时候,人物之间的连线构成了一条关系轴线,人物的运动方向构成了另一条方向轴线,也就是说,在这个场景中存在双轴线。就以拍摄两个人物 A、B 并肩向前行走为例,如图所示,两人之间产生了运动方向轴线和关系轴线两条轴线。以关系轴线而言,1 号机位和 2 号机位在同一侧,以运动轴线而言,1 号机位和 2 号机位互为越轴关系。这时我们越过了运动轴线,选择两人的关系轴线作为主导轴线,来进行镜头调度。在这种情况下,是可以不同时照顾和遵循两条轴线的原则的。可以看到,虽然因不遵循运动轴线而产生了 1、2 两个画面中运动方向的不一致,即画面 1 中是从左向右,而画面 2 中是从右向左,但是却保证了两个机位下所拍得的画面中 A、B 的位置关系相统一,即均是 A 在画面左边而 B 在画面右边。这是在小景别构图时我们通常采用的办法,即在进行越轴处理的时候,我们通常选择按照关系轴线进行调度,越过的是那条运动轴线。而在较大的景别构图并且进行越轴处理时,为了让观众能够更加清楚地看到主体的运动方向,就要考虑以运动轴线为主,越过关系轴线进行镜头调度。

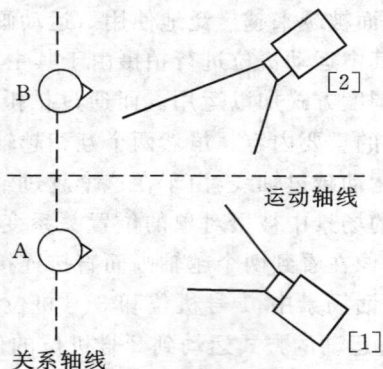

图 8-40　利用双轴线越轴方法(越运动轴的情况)

思考题

1.什么是模拟信号、数字信号?

2.什么是模拟信号数字化?

3.常用的音频文件有哪些存储格式?

4.MP3 和 WAV 格式分别有哪些特点?

5.音频数字信号有哪些特点?

6.什么是 MIDI? 什么是 MIDI 文件?

第九章 广播电视新闻编辑

~~~~~~

学习目标

1. 理解广播媒介的特点及其竞争优势。
2. 掌握广播新闻稿件选择与修改的处理原则。
3. 理解广播新闻节目的编辑理念。
4. 掌握突出重点新闻的排版手段。
5. 掌握电视节目编辑的工作流程。
6. 掌握电视节目解说词的撰写方法。
7. 掌握电视新闻编辑处理电视新闻画面的主要方法。
8. 了解字幕、图表和动画在新闻编辑中的作用。

广播电视新闻编辑是一门艺术,也是一门科学。编辑是新闻产品生产过程的重要环节,编辑水平的高下决定着新闻节目质量的好坏。了解并掌握节目编辑理念、方法与技巧,是做好广播电视新闻节目编辑的基础。在广播电视节目编辑过程中会遇到诸多实践问题,从实际出发,遵循一定的技巧与方法,才会使新闻编辑更加合理。

第一节 广播新闻编辑

广播新闻狭义上可以称为广播消息,与报纸消息类似。在广义上,它是一种以广播为传播手段对新近发生或正发生的新闻事实的报道,也就是新闻性广播内容和报道的形式。目前,我国广播媒体正处在快速发展阶段,媒体间的竞争也十分激烈,而新闻节目则被视为在竞争中取胜的重要砝码,是广播电台的"立台之本",是电台节目的"重中之重",亦被称之为广播的"支柱"。广播新闻编辑要做好本职工作,注重编辑技巧的多样性,多创精品,满足受众的需求,承担起广播媒体的社会责任。

一、广播新闻编辑工作的业务特征

广播新闻编辑是实现广播新闻编辑方针和传播意图、统一广播新闻节目编制各个环节的汇总性工作,节目编辑人员要根据广播新闻宣传方针、编辑思想和报道计划,负责完成约稿、组稿、选稿、改稿与新闻节目的编排制作等项工作。

广播新闻编辑思想是做好广播新闻编辑工作的核心。在节目编辑工作中,编辑思想的正确与否,直接影响到广播新闻的质量,影响到新闻编辑方针的实现。正确而清晰的新闻编辑思想,是通过长期的新闻编辑业务实践获得的,是新闻编辑人员勤于学习思考、勤于分析总结、不断积累的结果。

广播新闻编辑,不是简单地对广播新闻稿件的加工和装配工作,也不是等待上级布置、指示的被动性工作,而是富有生气与活力的创造性劳动,是"主动出击"的工作。因此,要充分认识广播新闻编辑工作的特点,积极主动地做好广播新闻编辑职权范围内的各项工作。

广播新闻编辑工作的业务特征,具有信息汇总性、运作高效性、语言适听性、人际交流性、节目创造性和言论导听性等,这些特征体现出广播媒介自身的特点和竞争的优势。

(一)信息总汇的媒介特征

广播电台每天都要收到大量新闻稿件和各种文件、资料、来信,还会收到大量录音记载的信息,如音响报道、录音讲话、电话录音等,同时也要收集和编发报刊上的重要新闻。广播新闻编辑每天都要将这些信息分门别类,从中选择有新闻价值、有报道意义的稿件编入节目,或从中发现新闻线索,再组织新的报道,这就是"汇总"。

广播新闻编辑的"汇总"工作包括稿件的选定、修改与组合,音响的选配和节目的合成等程序,它要将来自多方面的互不关联的单篇报道、独个信息,汇编成一个统一的有某种内在联系的组合报道;节目的各种不同组合,往往会产生不同的意义。好的"汇总"是新闻信息的"汇精",可以真实地反映全局的面貌,反映事物的本质,给听众正确的引导;如果汇总不妥,就可能给人以假象,带来不良的社会效应。

(二)运作高效的工作特征

新闻报道的时效性在广播编辑中体现得尤为充分,它要求广播新闻编辑特别讲求速度、讲求效率。这是因为广播以无线电波为载体,一些重要新闻,常常在事情发生后几小时、几分钟内就要报道出来,有的报道甚至要和新闻事件的发生、发展同步进行。广播传播的高速度,要求它所运载的信息高速度、大容量地传入,要求广播新闻编辑高效率、高速度地运作。在限定时间内,广播新闻编辑必须处理大量信息,决定取舍、修改、编排、制作,及时回收反馈信息;有时还要策划安排现场直播;有时临到开播之时甚至已经开始播出之后,才收到重要稿件,需要进行处理并及时播出。

近年来,一些电台的节目实行滚动式播出,不断推出已经发生或正在发生、将要发生的最新信息,意味着广播新闻编辑每日每时都处在上述紧张繁忙和快速的高效性运作中。

(三)以听为中心的服务性特征

广播是一种声音艺术,广播新闻是靠声音来传递的,广播新闻编辑需要把文字符号传达的信息转变成声音符号,以供人们收听。从业务角度来说,广播新闻编辑工作的全部立足点就在于让听众听得清楚明白,听得顺畅悦耳,因此,编辑工作是以"听"为中心来展开,目标是使节目具有良好的适听性。

所谓适听性,包含两层含义:

(1)要将所有的新闻信息转化为便于用声音表述的语言符号。广播新闻编辑是"声音"的编辑,凡经过广播新闻编辑修改的稿件、编排的节目,都要转化为便于用声音表述的语言符号。不仅要把文字变成声音,还要借助声音的优势,直接运用音响展开报道,增强新闻的现场感和感染力,更好地为听众服务。

（2）编辑的稿件和节目应该便于听众接受并赢得听众的喜爱。要做好广播新闻编辑工作，就必须研究听众收听的规律。听众在收听广播时多半还在进行其他的活动，常常是"一心两用"，所以广播新闻编辑必须下大力气使稿件和节目能够吸引住听众。如用日常人们交谈的开头语形式呼唤听众，引起听众对某件事情的注意；用短小的篇幅、有节奏感的短句表述新闻，缓解听众的收听疲劳；采用单线结构的表述形式迎合人们的听觉习惯；运用真切、生动的音响报道，使听众如临其境，喜闻乐见等。

使节目具有良好的适听性，首先要注意的是广播语言口语化的问题，力求广播新闻的播出语言通俗易懂、清晰顺畅、读起来朗朗上口、抑扬顿挫，听起来通晓流畅、亲切悦耳，具有音节、声调和节奏美，带给人以愉悦的心情。切忌语言的晦涩难懂、僵硬教条，不能高高在上，居高临下，充满教训、教导、教化的色彩。

（四）人际交流的互动性特征

孙敬修早年曾做过题为《谈家庭和睦》的节目，以此为例，我们来看看他是怎样组织语言的：

我来跟青年朋友聊聊天，谈谈家庭和睦问题。这是个很重要的问题……家庭要是不和睦，你鼓着，我憋着，三天两头闹别扭，动不动就拍桌子瞪眼，摔茶壶，摔茶碗，甚至闹离婚，这样的家庭成员，到了工作岗位，能把工作做好吗？

……家庭是后院、后勤，后院要是着了火，那怎么行呢？有这么一句话，家和贫也好，不义富如何。这意思就是说，家庭和睦，就是生活困难，贫苦一些，心里是舒服的；相反呢，家庭不和睦，整天吵嘴、打架，你就是有多少钱，多么富，屋里头有多少条"腿"，那又怎样呢？那也不舒服了吧！所以和睦非常重要。

这段谈话主要由口语和短语组成。说它主要由短语组成，是因为整段话最长的句子10个字，一般句子5～7个字；说它主要由口语组成，是因为整篇谈话平心静气，平等讨论，促膝谈心，非常便于交流，非常和蔼可亲，一点也不盛气凌人。这篇谈话可以说是最好的广播新闻人际交流的教材。孙敬修老先生的这段谈话启示我们，广播的人际交流，第一是指信息的交流，第二是指情感的交流。它要求我们打破以传者为中心的工作格局，转过来以听众为服务对象、传播主体，同他们开展信息与情感的双向交流，这样，广播新闻编辑工作才能从根本上体现广播的传播规律和特点，才体现出广播编辑有别于其他媒介编辑的工作特征。

广播新闻编辑工作也是一种人际交流工作。一次成功的广播新闻节目不可能是某个编辑个人的成果，而是编辑和同事们共同劳动的结晶。只不过编辑要在其中起设计、指挥和组织作用，和各位同仁开展真诚的交流与合作。广播新闻编辑自身的人际交流成功与否也会影响到传播过程的人际交流。

（五）节目创新的创造性特征

广播新闻编辑制作节目是一种复杂的再创造。从分散的新闻素材、单篇文稿、单个音响节目到系统播出广播新闻节目，编辑要做大量的创造性工作，如选择稿件、设计话题、组织录音、配发言论、统配稿件，以及编写新闻内容提要和串联词等，无不需要编辑精心设计，付出创造性的劳动。

广播新闻编辑的节目创新，包含了从内容的创新到形式的创新整个过程，具体有三个方面,即处理各种稿件、处理音响素材、编排制作节目。在处理稿件的过程中,他要千方百计地发掘和提升各种来稿的新闻价值,对稿件加工润色,修改提高,使其更精练、更完美;在处理音响素材时,广播新闻编辑要特别注意录音素材的挑选、剪辑、加工等技术环节,设法去掉杂音、噪音,使音响更加真实、清晰、悦耳、动听、和谐统一。从编排制作节目的总体布局来看,广播新闻编辑既要通盘考虑节目的设置构成,又要研究节目的规律、特点及编排制作的艺术。为了增强节目的可听性和吸引力,使新闻价值得到更好地实现和便于听众接受,要特别讲究稿件的组合排列,注意稿件之间的内在联系,重视稿件的综合处理和对比处理,努力使稿件焕发出新的光彩。

(六)言论导听的启示性特征

广播报道主要由传播事实信息的新闻和评述新闻的言论组成。传播新闻事实是广播新闻的主要职责,而广播言论则具有"导听"的性质,借以帮助听众接受新闻节目传递的信息,理解新闻节目隐含的意义。广播新闻节目要特别重视言论的导听性,是由广播传播的特点决定的。广播新闻一听即过,难以给人留下深刻印象,在这种情况下,广播需要针对一些重要新闻配发言论,既表明电台的立场、态度、观点,实施正确的舆论导向,又起到帮助听众明了新闻意义、加深新闻印象和引发听众思考的导听作用。抓广播言论的导听性是广播新闻编辑工作的独有特征。

二、广播新闻编辑的工作任务

广播新闻编辑工作的重要地位、特殊性质和广播新闻编辑的日常业务是密切相关的。广播新闻编辑在完成广播宣传总任务的过程中,还担负着自身特定的任务。概括地说,广播新闻编辑的业务范畴或者说工作要求包括如下几个方面:

(一)把握宣传方向,制定报道方针,组织广播新闻报道

把握宣传方向,制定报道方针,是广播新闻编辑工作的宏观业务,也是广播新闻编辑的首要任务。广播新闻编辑只有首先做好"定向"和"把关"工作,才能确保宣传方向同中央精神的高度一致。宣传方向是广播新闻传播的灵魂,广播新闻编辑必须牢牢把握,不可丝毫马虎。编辑方针是广播电台编辑工作的总的策略,也包括各个节目具体的编辑方针,是编辑部全体工作人员开展编辑工作的总的依据,是对电台的宗旨、指导思想、节目的基本内容和形式的一种确定。把握宣传方向,拟定编辑方针,是所有广播新闻编辑必须认真对待的一项重要工作。一个电台编辑方针的拟定是全编辑部乃至全台的大事,通常要求全体编辑经过充分的调查研究,进行反复讨论,有时还要倾听听众的要求和呼声。编辑方针拟定后要经上级批准才能执行。

报道计划是报道思想的书面体现,是对报道思想领会和演绎的结果。报道思想是广播电台在一个时期内宣传报道方面的指导思想。它包括宣传报道的目的、内容、范围和重点,是一个时期一个阶段新闻活动的中心。广播新闻编辑不仅要掌握总的报道思想,还要随时根据党的宣传精神和实际情况的需要,围绕某项中心工作或某个重大事件,提出新的报道思想,制定切实可行的报道计划或制定一些具体的报道计划。

(二)策划与设置广播新闻节目

从业务层面来看,广播新闻编辑的主要工作是经办节目和栏目。节目能否办得好与节目、

栏目的策划和设计是否科学合理、是否符合听众意愿,有着密切的关系。策划节目,通常是指对播出的具体节目的策划。通过策划,传达某种特定信息,体现某种编辑意图,阐明某种观点主张。这样的节目可以和其他节目相互组合成各种不同形式的播出单元,也可以是一次或数次连续播出的内容独立的单元。

设置节目,通常是指设置具有明确的编辑方针、固定的名称和播出时间、特定内容和播出风格的播出单元的节目,这种节目形式就是我们所说的栏目。如中央台的《新闻和报纸摘要》节目,湖北台的《城乡立交桥》节目,江苏台的《1860新闻眼》节目等。

节目设置是一项复杂的系统工程,是实现广播新闻节目整体化、提高节目系统内部结构的有序化程度、发挥节目整体效益的重要手段。节目的设置决定着编辑部人员的调配与使用,还牵涉到设备、技术、后勤等力量的统筹安排。

因此,从台长到编辑部以至电台的每一个部门都要参与设计,通力合作,才能做好这项工作。

(三)选择、修改、编写稿件与配发广播言论

选择稿件是处理稿件的第一步。选择稿件的主要工作是从新闻价值、报道思想和听众接受心理上判断稿件的价值,决定是"取"还是"舍",是"抢"还是"压"。

修改稿件,一是校正稿件中的差错,把好政治关、事实关、价值关和语言关,防止错误和不良倾向的出现;二是采用摘编、压缩、增补、改写和综合等新闻编辑手段,使各类稿件符合报道思想的要求和听众的接受习惯。对各种音响稿件,还要加以审听、剪接,使声音优势得到更好的发挥。

广播新闻编辑还要根据宣传任务的需要,自己编写或采写各种形式的有广播特点的稿件,如音响评论、广播对话、录音特写、配乐广播等,努力增强宣传效果。对一些重要的新闻事件、典型的新闻人物和重大的社会问题,编辑还要通过配发评论来表达编辑部对它们的评价和态度。广播言论是广播宣传的重要组成部分,它不仅有正确引导舆论的作用,还具有导听性质,具有引导听众全面理解一瞬即逝的新闻的意义,加深听众对新闻的理解和印象的功能。广播言论是编辑思想水平、新闻认识能力和广播语言表达能力的综合体现,不会写广播言论的人不是称职的广播新闻编辑。

(四)编排和录制节目

广播新闻编辑编排节目和报纸新闻编辑安排版面一样重要。广播新闻编辑要根据广播传播的特点,将各种修改、编好的文字稿件、音响报道、广播言论精心编排成一个个不同类型的播出单元。编排节目包括内容的搭配,稿件次序排列,编写新闻提要、串联词、结束语、节目预告,穿插歌曲、音乐等一系列繁琐细致的工作。

录制节目包括录制播出内容最基本的个体单位的节目(如音响报道)和录制固定的播出单元的节目。编辑收到的带音响的新闻稿件,其音响素材通常要求是原始录音磁带,经编辑审听后考虑采用,再决定加工剪接、录制成适合播出的音响节目。其间的播音、音响组合自始至终需要编辑组织、指导。

录制固定的播出单元的节目也不全是录音员、复制员的工作,它需要根据广播新闻编辑对节目导播的要求,大家通力合作完成。最好是编辑能熟练掌握录制节目的技术,以保证录制出

高质量的节目。

(五)导播和节目阐述

广播新闻编辑要担任导播和节目阐述工作。导播和节目阐述是广播传播过程中一个不可缺少的环节,是广播新闻编辑的一项十分重要的工作。导播的主要任务是组织并指导节目播出。在导播之前应该进行必要的节目阐述。所有节目制作人员都应该养成听取节目阐述的良好习惯。节目阐述还有助于编辑自身和所有该节目制作人员加深对节目的理解,明确节目宗旨、节目内容、节目意义和具体的制作播出要求以及有关注意事项;它有助于节目管理的科学化、规范化。

(六)做好听众工作,健全通讯网络

群众工作始终是广播新闻编辑的一项重要工作。群众工作的成败往往影响到电台的宣传效果和广播事业的兴衰。为了争取和联络更多的听众,负责群众工作的编辑要通过开展广播新闻节目活动、专题广播社会活动、大型广播宣传活动,寄发节目时间表、广播宣传品等和听众联谊,宣传广播和扩大广播的影响。还要重点联系一批听众,请他们有目的地收听广播,随时提供本人或附近听众对广播的意见、建议或要求。听众活跃而密集的地方可以建立固定的收听点,还可以在听众中评选"热心听众"。听众工作的基本方法包括处理听众来信来访、组织听众调查。

由于广播容量巨大、传播迅速、播出灵活,听众对广播新闻节目的期望值很高,因此,开展广播报道工作仅仅依靠电台编辑部的采编力量是远远不够的。只有广泛发动听众,大力培养通讯员队伍,建立起强大的通讯网络,才可能将有新闻价值的信息及时捕捉到手,并迅速传播出去。

三、广播新闻节目编辑

广播新闻节目是通过一桩桩一件件新闻事实的报道,通过一个个精心设计精心编制的节目,来忠实地反映社会进程和环境变化的一种公众信息传播方式,它通过声音传播这一特有的形式,起着沟通社会各个方面、各个层面联系的作用,是信息社会不可或缺的一种重要因素和进步力量。

广播新闻节目可以以最快的速度直接向公众报道国内外一切大事,可以做到既新鲜又准确,并且可以反复播出,造成极大的影响。特别是它可以集消息、评论、录音报道等多种报道方式于一身,既有面上的情况反映,又有个性化的典型报道;既有中央精神的及时传达,又有基层各方面情况的真实通报;既反映社会现实,又体现时代精神;既向公众告知社会变动的状态,又能通过新闻报道扶正祛邪,惩恶扬善,弘扬时代精神,培养人们的情操,激励人们乐观向上的进取精神;既能指导实践,又能潜移默化地引导社会进步。由于它诉诸人们听的感觉器官,故而可以显得亲切、平等,好似促膝谈心一般,具有报纸和电视所难以具备的亲和力和亲切感。

(一)广播新闻节目编辑思想

1.广播新闻

广播新闻是信息的总汇,节目具有包容性、时效性和适听性等特征。

广播有"汇天下之精华,扬独家之优势"的美誉。汇天下之精华,是说它具有包罗天下各类

信息的能力;扬独家之优势,是说它在传播信息方面可以显示出无所不能的本领。广播由于它的及时性、便捷性和超大容量性,因此可以汇集百家信息精华,成为最大的信息超市。它有极为丰富的信息来源,因此也就有了极为丰富的节目内容,无论是报纸、通讯社、电视台、互联网还是自己的记者和通讯员,甚至哪怕是公众的一个电话、一封来信、一条短信,都可以成为广播报道的内容,从而丰富广播新闻节目的内涵。

广播有比任何传统媒体巨大得多的信息包容性。据统计,中央人民广播电台每天要播出100多条新闻信息,达3万多字。这是任何一家报纸所无法达到的。电视更无法做到。因为电视要受到设备、现场、传送手段、人力资源和技术等方面的制约,其获取和传播信息的能量是难以和广播相比的。

广播电台是时效性最强的媒介。它不但可以依据无线电快速传播,而且因为它的制作技术要求简单,节目制作周期极短,不仅可以报道"新近发生的事实",而且可以使"刚刚发生"或"正在发生"的新闻得到及时播发,甚至可以与新闻的发生、发展同步播出,就使它具有了比任何媒介都能抢先一步的时效性。我们知道,人们接受信息有一个先入为主的心理效应,如果我们懂得了这个道理,就可以充分发挥其时效性强的优势,做到尽快反映瞬息万变的社会现实,满足人们求快、求新、求先(先人一步)的心理要求,成为人们获得信息的良师益友。

广播新闻节目的听觉效果离不开听众心理,广播媒介的传播效果要受到听众心理因素的影响和制约。一般来说,听众对新闻信息有着共同的心理要求,包括求快、求新、求短、求知、求实、求美、求名、求便、自尊、好奇等。听众的这些心理需求,最根本地体现在他们对广播新闻节目内容的选择上,这就是人们经常说的"选择性心理"。这种选择会逐渐成为习惯,心理学称之为"选择性注意"。选择性注意的结果是形成"选择性感应",然后形成"选择性记忆"。作为一个电台,了解这一特点非常重要,千万不要轻易让自己的传统听众随意离去,一旦广播听众开始流失的时候,就会出现"离去的是一人,带走的是一群"的"崩岸效应"和"多米诺骨牌效应"。因此,为了防止这种情况的发生,就特别需要我们经常研究听众的心理变化,及时调整节目内容构成和制作技巧,千方百计地满足听众的收听要求。

2.广播新闻节目的编辑思想

正确的广播新闻节目的编辑思想是编排出好的广播新闻节目的前提和依据。编辑思想是报道思想的具体体现,报道思想通过具体的新闻节目的编排体现出来。编辑思想与编辑技巧相比,编辑思想是灵魂,编排技巧是为体现编辑思想服务的。正确的编辑思想来源于对整个形势和全局情况的了解和把握,来源于对全部节目的认真分析和对听众意见的准确判断。

广播新闻节目的编辑思想,集中体现在四个观念上,即时局观念、政策观念、节目观念、听众观念。广播新闻节目编辑要胸中有全局,手里有典型,要高屋建瓴,对整个局势有清醒的认识,站在时代的高度认识稿件、选择稿件、处理稿件、编排节目,防止仅凭个人偏好,在新闻节目的编辑中,抓住一点,不及其余,只见树木,不见森林,一叶障目,不见泰山。"我们从开始就必须承认,一个真正伟大的报纸必须是比它的任何一个编辑或全体编辑的集体良心要伟大。它的伟大表现在:当它立论时,它的言论是这样一个人的言论,它比那些受了人类弱点和欠缺所腐蚀的执笔者要更聪明、更有理性、更公正、更富于同情心、更富于理解力、更正直……一个真正伟大的报纸必须是不受任何和一切特殊利益集团的束缚。"对于一个广播新闻编辑来说,树立全局观念,增强宏观意识和政策意识,懂得将手中的稿件放在全局的利益格局中来作通盘考虑,懂得学会平衡,学会十个指头弹钢琴,善于选择适当的比例关系,防止传播失衡,是极端重要的。

要树立节目观念,需要按照不同节目和不同栏目的性质、方针和特点来安排节目内容,不是简单地将一些新闻素材拼凑在一起,而要充分考虑每档节目和每个栏目内容的可听性和社会效果,下大力气研究新闻节目和栏目的内在规律、基本特征和编排制作的艺术要求,使编辑的节目符合这些规律,从而收到最佳效果。

编排广播新闻节目,心中一定要有群众,要知道他们是否有收听的可能,是否有收听的兴趣;他们对什么信息关心,他们对哪些社会问题关心,都要了然于胸,不可主观武断。"没有听众的广播是无效的广播",这个道理广播新闻编辑必须懂得。广播编辑要有意识地培养听众的收听习惯,特别要讲究和他们的心理互动,赢得他们对自己所编节目的认可和欢迎。

(二)广播新闻节目和栏目的编排要求

1.内容要求

广播新闻节目和栏目编排成功与否的关键因素是内容的选择与组织,任何好的策划、任何新闻元素的调动和配置,都是为有效地传播新闻内容服务的。要有好的新闻节目编排,需要注意以下问题:

(1)突出中心,兼顾一般。

这主要是要认真选好头条新闻,把当天发生的事关全局的大事、要事放在显要、突出的节目时间内播出。同时又要注意报道的覆盖面,防止单打一,造成报道的失衡。一般来说,每天的广播新闻节目都应该使听众做到"秀才不出门,全知天下事"。就是说,要把当天发生的各个领域内的新闻信息及时传播给听众,做到"重大新闻无遗漏",如政治新闻、经济新闻、文化新闻、科技新闻、法制新闻、社会新闻以及公众关心和感兴趣的,与他们切身利益密切相关的,他们应知、欲知和尚未知晓的其他信息都要进行及时、全面、客观的传播。

(2)要尽可能增加新闻节目传播的信息量。

为了增加传播的信息量,丰富节目内容,除了适度增加播出时间和播出次数外,根本的一条是要提高播出新闻信息的含金量,坚决删除那些"可有可无"的假话、空话和套话,新闻只报道事实,不做任何评论;对于发展中的事物,要采取动态的方法报道,努力使听众及时了解事态进展的每一个细节,不必等到事情有了结果后才予以报道。

(3)充分利用综合音响元素,以发挥广播可以利用多种声音元素制作节目的优势,努力争取到更多听众收听广播。

构成新闻节目的多种声音,不是简单的声音汇集和混合,不是声音的聚会或声音的"全家福",而是根据每次节目的编排思想和内容的需要,进行严格选择的结果,切勿滥用声音。过去采访录音报道中大段引用被采访者的声音,单调、枯燥是造成广播听众日益减少的重要原因之一,因此在编辑录音新闻时,要尽可能缩短被采访者的讲话时间,每次引用不要超过9秒钟(后来有人提出,不能超过7秒钟)。如果是大段的讲话,可以分成数段加以引用,中间要适时插进主持人、记者、播音员甚至听众参与活动的内容,包括对讲话内容的现场评价等,或者插播现场同期声、背景声等,这样节目就可以活起来。声音是为主题和内容服务的,声音运用恰当,就可以收到声情并茂的效果,为新闻节目增添魅力,增强可听性。因此,表面上看起来热热闹闹,但没情感的投入,是应该注意和避免的。

2. 编排要求

广播新闻节目稿件的排列,同报纸版面安排一样,不是一项单纯的技术性工作,而是一项具有高度政治性和社会性的工作,需要编辑具有相当的思想素质和政策水平。

报纸是平面编排,广播新闻节目是线性排列。一张报纸展现在读者面前,先看哪条,后看哪条,跳过哪条,都由读者做主,读者在报纸面前可以有很大的自主性和选择性。收听广播,听众就没有了这个自由,因为广播新闻节目的安排是以时间为线索,采用的是线性编排方式,听众除了可能事先得到一张节目表以外,他们就只能任由电台按照事先编排好的节目顺序播出,他们收音机旁除了通过调频选择不同的电台播出的不同节目外,别无办法。因此,广播新闻编辑在安排新闻节目时,就要充分考虑到这一实际情况,使自己所编排的节目选择的新闻信息都是与听众利益密切相关的,都是听众关心关注的,采用的编排方式都是听众喜闻乐见的。具体来说,要充分考虑以下几点:

(1)符合新闻价值原则。

编排广播新闻节目,总体来说应该把新闻价值大的排在前面,而新闻价值小的则排在后面。但为了防止听众在听了开头的几条新闻后就关闭收音机或转台去听其他台的节目,可以采用将重点内容有机分散的办法来安排节目,如先把节目分成国内新闻、国际新闻、文化体育新闻等,国内新闻又可以分为经济新闻、政法新闻、社会新闻等,然后再将各类新闻按价值大小作降幂排列。不过,最后的节目新闻价值可能不大,但趣味性却可以是很大的。无论是哪种编排方法,都要精心选择好头条新闻,因为头条往往是旗帜,能充分反映电台的态度主张和倾向性。

(2)遵循单元配套组合原则。

如前所述,所谓单元配套,是指在一次新闻节目中,把反映同一方面题材、同一内容或同一范围的几篇稿件集中编排成一组,不搞插花式编排。单元组合配套原则是根据广播的传播特点提出来的,它的优点是,由于将大致相同的内容进行了归类处理,所以听起来集中、清楚、有声势,且层次分明,适合听觉需要,整体听觉效果好。

(3)满足心理节奏需要原则。

听众在收听新闻节目时,其情绪会受到节目内容的深刻影响,因此,编辑在安排节目内容时,要充分考虑听众情感上的需要,将严肃紧张、感情强烈的内容和轻松愉快、充满情趣的稿件做合理的搭配,使听众的情感波澜起伏,避免造成或者一直处于高度紧张状态,或者一直不能集中注意力等状况,以提高新闻对听众的影响力。

(三)新闻排列次序

传统的排列次序机械、呆板,总是先国内后国际,先全国后地方,先政治后经济,先党和国家领导人后普通典型。随着对广播媒体内在规律的认识加深,人们已经充分认识到按照新闻价值大小排列对于吸引听众收听的重要意义,所以近年来广播在新闻编排上有了很大的改进,一般是按照新闻价值的大小来组织稿件,把重要的事件性新闻(特别是突发性新闻)、与公众利益密切相关的国内新闻、重大事件的进展性新闻放在前面播出,而把一般的动态性新闻、领导人的一般活动性新闻,不再放在重要时间段播出。

1. 注意结构组合

(1)篇幅长短的结合。

一般来说,长新闻舒缓深厚而易流于沉闷枯燥,短新闻简洁明快而易有急促肤浅之嫌。无论是长新闻还是短新闻,都要尽量避免过于集中地挤在一起,而应适当地穿插编排,可以通过互补来消除各自的不足,彰显各自的优势。

(2)节目节奏快慢结合。

考虑到各种不同新闻的内在节奏因素,在不违背内容整体完整性的情况下,可以对具有不同节奏感的新闻作品做适当的穿插,力求新闻节目的播出表现出层次感、节奏感。

(3)多样性写作方式的合理组合。

广播作品灵活多样,表现形式丰富多彩,这为通过多样性写作来提高听众收听兴趣提供了保障。一档新闻节目中,除以消息为主外,还应有通讯、评论、录音报道,既有单发的新闻,又有集束新闻的组合。

(4)区域远近的组合。

考虑新闻区域远近的因素,由近及远,先近后远,是编排新闻节目的一个原则,是密切信息与听众联系,加强两者接近性,增强节目可听性的重要手段。

2.运用多种编排手段,突出重点新闻

报纸是平面结构,重点新闻放在头版或其他有关版面的显要位置,还可以利用版面空间和字体、字型、花边、线条等手段强调重点、引导阅读,读者也享有选择阅读时间和内容的充分选择权。广播的线性传播方式决定了其任何稿件和节目都必须符合线性传播的需要,所以在节目编辑中,应着重处理好以下问题:其一,精心选择头条,同时认真为头条选择和撰写配套稿件,借以发挥头条带动整个节目,引导收听的内容。其二,恰当配置稿件,不仅考虑上下稿件内容的关联性,而且讲究形式多样性,力求长短相见、繁简有致、节奏和谐、气氛协调,赋予节目既丰富多彩、悦耳动听,又脉络清晰、层次分明的整体感。其三,合理协调口播新闻稿、录音报道的比例和播出位置,后者再现现场能力强,但不易精练,在一次节目中数量不宜太多,安排不宜太集中,制作则应力求精致。其四,在播出时间较长的节目中,除把最重要、最精彩的报道放在头条之外,适当运用西方节目编辑常用的"峰谷"编排手法,即把比较重要和富于吸引力的报道适当分散在同一节目的不同时间段落里,然后以它们为中心按重要性或吸引力递减原则配置相应稿件,形成若干类似高峰、低谷的播出单元。这种编排有利于形成若干收听高潮,让整个节目波澜迭起,保持对于听众的持续吸引力。其五,合理设置栏目,精心处理栏目与本次节目其他内容的横向关系,力求既保持栏目的风格特点,又成为节目的有机组成部分。以上主要针对新闻节目而言,但也适合多稿组合新闻性专题节目和新闻性杂志节目。

四、广播新闻节目的优化

新闻节目是广播电视节目的主体,在节目整休中占有重要的地位,所以,对广播电视新闻节目优化组合的研究,具有重要的实践意义和理论意义。

(一)优化目标

1.优化广播新闻节目的总体目标

随着媒体竞争的加剧,广播的传统优势受到严峻挑战,因此面临着一个如何通过节目优化来重新赢得市场的问题,否则,就可能在激烈竞争中错失良机,使自己的服务对象萎缩,自身的生存与发展受到威胁。广播节目优化的目标是千方百计扩大新闻报道领域,拓展广播服务对象,增加新闻信息的数量,提高新闻信息的质量,满足听众日益增加的对于新闻信息的需求,提高收听率和听众的参与度。

从事广播新闻工作的同志,要牢固地树立"新闻立台"的思想,树立"新闻信息第一"的观念,通过增加播出次数、延长播出时间、在每一档正点节目中都插入最新收到的新闻信息,以确保实质性地增加广播新闻节目的信息数量,提高广播新闻信息的质量,扩充广播新闻的信息丰度,增加有效信息的供给,想方设法地满足人民群众对于新闻信息日益增长的需求。可以说,这是优化广播新闻节目的思想和认识基础。

2. 优化广播新闻节目的主要途径

增加新闻报道的信息量,是广播新闻改革的重中之重。长期以来,我们只强调新闻事业是党的宣传工具、人民的教科书,而忽视了它同时又是大众媒介,具有信息传播功能、商业价值功能和公众通讯工具(即所谓社会公器)的特点。因此,当前特别需要更新观念,全方位地报道社会生活的各个方面,报道社会变动的各种信息,特别是与公众利益休戚相关、公众感兴趣的各种信息,以满足社会的需要。

增加有效信息供给的一个办法是增加新闻的条数。要多发短新闻,少发甚至不发长新闻。这样,一次 10 分钟或 15 分钟的新闻节目,就可以发布 30～40 条新闻信息,对于公众了解世界变动的状况、科学决策其行为是具有非常大的好处的。

树立系统论观念,增强节目的整体性、有序性和相关性,努力达到广播新闻节目的总体最优,是优化广播新闻节目的又一重要途径。系统论中一个至关重要的思想,就是整体功能不是各个部分功能的简单相加,更不能出现整体小于部分功能之和的情况,整体功能必须大于各部分所有功能相加的总和,而且整体功能必定会出现各个部分并不具备的新的功能。掌握并运用这个思想,对于如何编排好节目、提高节目质量,具有极大的意义。就节目整体结构而言,要注意各种节目之间的有序性,稿件的层次性,各栏目之间的相关性和有序排列、有机组合以及彼此之间的内在联系。排列组合的有序还是无序或紊乱不堪,将对广播新闻节目的质量产生直接的明显的影响。比如,报道同一事物的一褒一贬的两篇新闻稿,加上为此配发的一篇评论,其作用就一定大于各篇新闻的单发。

优化广播新闻节目的第三个重要途径是树立听众观念,注重信息反馈和反馈方法的运用,寻找最佳"交流点""接近点",不断调整和改进节目编排方式。在当前形势下,栏目化编排无疑是一种好的选择。它好就好在听众有了相当的主动权,他们可以根据过去收听这个栏目形成的好印象和坏印象来决定是否继续收听该栏目的节目。这样不仅把选择权交还给了听众,而且对栏目主持人、节目制作者形成巨大压力,使他们不敢稍有怠慢,而必须全身心地投入到对新闻节目的改造上来,全身心地投入到对新闻信息的选择、加工和优化上来,从而大大推进广播新闻节目的优化,提高广播新闻节目的传播质量。

在报纸、电视和互联网络等多形态媒体的围追堵截下,广播要认真解决"危机感""紧迫感"的问题,树立起强烈的为听众服务的观念,使听众从过去被动接受信息的地位提升到主动获取信息的地位,真正把听众当主人。要认真做好听众的调查工作,只有了解听众,才能有针对性地做好节目的设置和推广工作。

3. 优化广播新闻节目要防止形式主义

为了提高广播节目的竞争力,争取在激烈的媒体竞争中赢得一席之地,我国广播电台大多在走"优化"之路。但是,有一些倾向值得注意:一是不做周密的市场调查,不了解听众的需求和市场的走向,一哄而起,无限制地增加新闻播出的次数和每次播出的时间长度,但节目质量并没有多少提高;二是大多是在形式上做文章,靠节目的预告故弄玄虚,或者靠主持人花哨的语言、暗示性挑逗和故作神秘的悬念来"吸引"甚至忽悠听众;三是迎合听众的低级趣味,在节目中安排大量的"奇闻""趣事",甚至有些节目内容纯属"子虚乌有",这是一种饮鸩止渴式的"优化",是一种形式主义的改革,最终可能会断送广播事业的前途,因此需要特别予以警惕。

(二)广播时间与节目表

安排广播节目时间,制作广播节目表,是广播编辑的一项重要任务。广播是按时间顺序来传播的,时间对于广播来说具有特殊的意义。人们对于广播时间的了解是通过节目时间表来实现的,因此广播时间表就具有了预告、规范、导听、联系电台和听众、作为听众选择节目的依据等作用。

1.广播节目时间表的重要性

广播既是声音的艺术,更是时间的艺术。在所有广播节目中(并不只是限于新闻节目,但相对于其他节目来说,新闻节目对于时间的敏感度无疑是最高的),时时离不开时间,处处离不开时间。既要充分利用时间,又要严格遵守时间,并且要精确到秒、到微秒,任何超时或缺时都是绝对不允许的。因此,对于时间的认识和研究就显得十分的重要。研究广播时间,制定广播节目表,主要是为了开发时间资源,遵循时间转换规律,扩大电台的社会影响,尽可能多地把听众吸引在节目周围,以便发挥新闻节目信息的最大传播效益。广播的特点是以时间为单位而进行的顺时线性传播,时间在其中的决定性作用不容置疑,因此如果不了解时间的特点,就不可能科学合理地根据不同时间的特征设置相应的新闻节目,无法达到充分利用时间的目的。

了解广播时间的要素、特征及其运动规律,认识广播时间的基本结构特点,不仅可以寻求广播新闻节目要素在时间轨道上的最佳组合,而且在实践中可以提高单位时间的效益,直接影响全天节目时间的合理安排和整体播出,既有内在联系,又可互相转换。时间可以使空间扩大,也可以使空间缩小。认识时空相互转换规律,不断更新时间观念,对拓展广播创新思路、提高广播传播质量会大有裨益。

研究广播时间和节目表离不开研究听众的收听规律与特点。随着社会的发展和人们生活的变化,听众收听广播的规律也会相应发生变化,呈现出一种多元的比较复杂的趋势,节目时间的安排要与之相适应。在改革开放的新形势下,广播已进入全方位改革的新阶段,节目数量日益增多,播出时间不断延伸,节目形式也有新的变化。与此同时,广大听众的审美观念和收听心理也发生了明显的变化,如果广播新闻节目的安排不能适应这种变化,就会被市场无情地抛弃。

2.广播节目表的结构特点

1986年12月25日,广东珠江经济电台开播。一个地方台开播原本是一件平常的事情,很难引起人们的注意,但由于他们作了精心准备,设计了能够充分体现其办台特色的节目时间表,节目一经播出就在全国引起强烈反响,被称之为"珠江旋风",其节目表发挥了关键性作用。下面是几经改造后最终定型的节目(主要)时间表(见表9-1)。

表 9-1 广东珠江经济电台节目表

栏目、节目名称	播出时间	节目时长（分钟）	播出日期
开台，简明新闻，天气预报，音乐	5:00:00	90	全周
中央台新闻和报纸摘要节目	6:30:00	30	全周
音乐，广告	7:00:00	30	全周
珠江第一线	7:30:00	60	全周
秘书长热线	8:30:00	60	周一至周五
风生水起	9:00:00	60	周六周日
民声热线	11:00:00	90	

设置版块节目，构建以版块为框架结构的节目表，要特别注重发挥广播整体优势，重视主持人的作用。版块结构具有明显的优越性：它可以使全天播出时间成为一个整体，节目布局更为合理，给人以浑然一体的感觉；版块的栏目化赋予各个栏目鲜明的个性特点，有利于形成栏目的独特风格；栏目主持人化，确立了主持人在版块节目中的重要地位，有利于形成主持人的风格，发挥主持人的传播优势，使广播增加活力。

3.讲究广播节目表的编排艺术

运用系统科学的整体优化原则编排广播新闻节目表，使之取得系统大于部分之和的社会效果。在编排上突出以新闻为骨干，优先安排新闻节目，同时合理安排好其他节目，力求从整体上做到新闻性、知识性、服务性、娱乐性等各类节目的科学、合理布局。面向听众市场，遵循听众收听规律，不断开掘广播黄金时间，合理安排全天节目播出时间，而不是靠主持人的花里胡哨和哗众取宠，也不是靠所谓的"反常"信息来取胜。

（三）综合利用各种表现手段

1.压缩长度，增加条数

数量反映质量。没有一定数量就没有一定质量，因此优化广播新闻节目质量的基本办法就是增加每次播出的新闻的条数。一般来说，新闻节目的时间是相对固定的，新闻条数的多少与每一条新闻的时间长度成反比。为了增加新闻节目的信息量，努力扩充每一条新闻节目的信息丰度，就要求编辑对所有编发的新闻进行反复锤炼，删掉一切可有可无的字、词、句、段，使每一条新闻都很干净利索，字斟句酌，条理清楚，予以明白，毫不拖泥带水。

2.注重音响效果的运用

广播电台的节目，尽管品种繁多，内容丰富，但概括起来，不过是由语言和音响两部分组成。广播区别于报纸的主要特点有两个，一是借助于有声语言的传播，二是运用音响再现现实生活的场面。特别是音响作为一种媒介，直接作用于听众的听觉，给人以"耳闻其声，身临其境"的感觉。音响具有揭示环境、表明时间、显示动作、表现事物的特征、象征等作用，能够再现生活场面，是一种活动的、发展变化的现实，因而是引人入胜的。音响能够刻画生活场面，起到塑造人物和环境的作用。生活中的音响千差万别、多种多样，显示了不同事物处于不同状态下的不同特征，节目中的现场音响是现实生活场面的再现，容不得半点虚假，不能与一般的音响艺术混为一谈。

广播新闻节目中要注意音响的真实性和典型性,以有助于表现主题,有助于发挥节目的声音优势,使之生动活泼,增强感染力和说服力。

3. 做好节目和栏目的市场宣传工作

在市场经济不发达、没有信息表达通道、人们缺乏市场观念的时候,人们获知外面世界变动的信息是以"口耳相传"为基本特征的人际传播方式来实现的,所以"酒好不怕巷子深"是有道理的。但是,到了市场经济体制基本建立,人们已经习惯于通过大众传播媒介来获取信息,通过对各种信息进行比较来辨别好坏、做出决策的今天,如果有谁还不愿放下架子,主动走出去推介自己的产品,去说明自己的优势,去沟通与听众的情感,那就真是有些"不识时务"了。

要做好市场的宣传工作,办法很多,也不一定就必须花很大的投资。比如借助兄弟媒体"广而告之",组织节目知识有奖竞赛、栏目主持人与听众的见面会、评选最佳听众等,都可以收到好的效果。

第二节　电视新闻编辑

电视新闻是通过电子手段对新近发生或发现的事实进行的报道。电视新闻作为一种新闻传播手段,比其他媒体有着无可比拟的优越性,它也正以及时性、真实性、直观性、现场感和视听结合、声画并茂的特点,得到了越来越多观众的关注。电视新闻编辑可谓是电视新闻的"头脑",是新闻各个环节的把关者,电视新闻除了具有传播信息功能外还是党的"喉舌",由于电视这一媒体的特殊性质,有误或失实新闻一经播出便难以收回,因此在每一期新闻的内容、编排和制作技术的操作上,都要一丝不苟、认认真真地把好新闻关、受众心理关。

一、电视新闻编辑的意义和工作流程

电视新闻编辑意义重大,这是基于电视新闻编辑与报纸、杂志和广播编辑所面对的编辑对象有根本性不同而言的。其他传统媒体,编辑所面对的对象基本上是成品或半成品,即有完整的文本和成形的作品,编辑要做的工作是"加工、润色、提高"。电视编辑则不同,他们面对的是一堆尚未成形的文本和看起来杂乱无章的画面,需要在对文本进行加工之后,按照时长的要求,运用蒙太奇手法对镜头素材进行系统的剪辑与编排,然后再配以音响、特技、图表等其他要素,最终才能合成为电视新闻作品。因此电视新闻对编辑的要求更为苛刻,电视编辑对新闻传播效果的影响也更为直接。

(一)电视新闻与电视新闻编辑的概念

电视新闻节目编辑,是一个以新闻编辑思想为指导,以结构声画素材为中心,建立在先进的科学基础之上生产电视新闻节目的完整的有机过程。在这个过程中,传播信息序言形态、表述方式、工作方式、思维方式均有别于其他媒介,或者说,电视节目的制作与编辑更依赖于科学技术的支持。

电视新闻节目编辑,有两层含义,即广义的电视新闻编辑和狭义的电视闻编辑。广义的电视新闻编辑不仅包括了以电视节目(栏目)为客体,而且还包括在开展微观编辑业务之前对于电视台生态环境的认知适应性策划、收视群体的定位、节目与栏目的构思与安排、新闻采访机构的设置与运作机制的总体设计、采写编发的工作流程的安排、对各种新闻活动的计划与组

织、媒介社会性形象的设计与推广等。一句话,它是以电视台的全局工作为对象,是关乎电视台生存与发展的总体的谋划与设计。狭义的电视新闻编辑是以电视新闻节目的采访与制作为基础的。电视采访是指记者到新闻发生的现场去采集新闻画面和声音素材;节目制作,是记者、编辑对承载信息的视听符号进行机上操作,并将它们按一定的规律结构成片的表达形式,实现编辑意图、完成节目表现的过程。它需要掌握一定的现代电视技术,娴熟、准确地运用一系列电视节目制作手段,是一种高质量地进行节目创作的精神生产活动。

这里阐述的是狭义的电视新闻编辑工作,它的核心任务是对电视新闻文稿进行编辑和对电视新闻画面进行编辑,还要通过对若干屏幕要素(如播音员状态、现场画面的调度、演播室背景的设置等)的恰当组织、调度与运用,实现电视节目播出效应的最大化。

(二)电视新闻节目编辑的前提

画面素材的完备和文本稿件的完整是电视节目制作与编辑的前提。要制作和编辑出优秀的电视新闻节目,必须先要拍摄优良的电视新闻素材和写作优良的文本。既要注意作为新闻节目核心要素的运用——"挑、等、抢"等手法获取"不可再生的瞬间场面"和"不可重现的连续运动画面",又要重视电视节目的总体思考和文本写作构思。

以中央电视台 2005 年 9 月 25 日《经济半小时》播出的节目"全国罕见的特大招生诈骗案破获内幕"为例来加以说明。

全国罕见的特大招生诈骗案破获内幕

记者 卢小波

主持人:这几天我们来关注一起高校招生诈骗案。9 月份正是高校新生怀揣梦想,走进大学校园的时候。可是在武汉的几所高校却有大批新生被挡在了校门之外。因为他们手上花高价买来的录取通知书竟然是伪造的。这是一起全国罕见的特大招生诈骗案,2000 多名学生牵扯其中,涉案金额上亿元。案件主要涉及了两所学校,一个是华中师范大学武汉影视工程学院,一个是湖北水利电力职业技术学院,其中假冒华师武汉影视工程学院录取通知书的最为严重,受骗人数达 1750 多人。来看看记者的调查。

9 月 17 日本来是华中师范大学武汉影视工程学院新生报到的第一天,但记者来到这里时,发现与其他学校气氛不同的是学校大门口停放着几辆警车,进出口也增加了武警和保安站岗,新生接待处还增设了录取通知书的验证处和报警点。该校招生就业处处长潘敏告诉记者,从 8 月 20 日发现第一起假录取通知书开始,到现在已经发现了 1700 多起。

潘敏:"每天基本上一分钟一个电话,一天要上千个,来访家长也接待过 350 人左右。"

在学院招生办公室,记者还不时碰到前来鉴别录取通知书真假的家长。一位河南来的王先生告诉记者,因为孩子热爱体育,贪玩,这次高考只考了 200 多分,为了能读书,就通过熟人,花了 28000 元才买来了这张录取通知书。在得知通知书有假之后,他们一大早就坐火车从河南赶过来进行咨询。感到失望的不仅仅是王先生,在校门口张贴的新生名单处,记者碰到了从湖南来的一位家长。

湖南家长:"来验证一下,这个通知书花了 3 万多。"

验证处证实这是一张假的通知书后,这位家长急着给家里打电话。

家长:"录取单上没有名字,他们一看就说是假的,要我赶快回去报案,我快急死了!"

到了下午，记者看到仍然有受骗的家长带着孩子陆陆续续前来报名，一位坐了19个小时火车，从甘肃赶来的家长，孩子的行李也随身带来了；还有从山东来的一家，亲戚朋友也帮着送孩子过来；还有自己独自一人前来报名的一位女生，在得知是假通知书后一直沉默着，黯然离开了学校。在华师武汉影视工程学院门口，从浙江来的黄先生已经转悠了两天，在张贴的这些新生名单里，他没有找到自己女儿的名字；在这两天时间里，他也知道了自己花钱买来的录取通知书是假的，但他仍然心存侥幸在继续等待着。

黄先生："光路费就花了我1万多元，来了五趟了，这次我送孩子来。"

记者了解到黄先生之所以心存侥幸，是因为卖给他通知书的是一个自称是该学院招生办的人，名叫石岩。就在9月12日他们还通过电话。

黄先生："他说可以晚两天过来，他一直答应说孩子能上学。因为学校才建立起来的，报名的学生很少，他说上学是没有问题的。"

黄先生告诉记者，还是在今年7月份的时候，当时武汉影视工程学院办公楼还没有竣工，他们的招生点就设在湖北广播电视大学里面，为了保险，黄先生还坐车来看过这所学校。

7月初，黄先生女儿的成绩出来了，考了400多分，由于够不上国家本科线，黄先生就带着女儿一起又来到了武汉，住在了湖北广播电视大学对面的龙安大酒店里，然后到招生办找到了石岩。

黄先生："他说学校分数线是450分，他说能帮我在计划内给她招生。"

尽管有石岩的承诺，黄先生还是不放心，随后黄先生又到华师影视工程学院询问，核实有没有石岩这个人。

黄先生："我上影视工程学院学工部去查过了，我问他招生办是设在广播电视大学吗？他说是的，是有这几个人，电话而且跟招生简章一样的。"

来回跑了三趟之后，黄先生相信了石岩就是该学院的招生办人员，心底也就踏实了，在随后的时间里。黄先生和石岩保持着密切的联系，9月1日石岩通知黄先生一切都已经办好，在拿到通知书的同时按照石岩的要求，黄先生给了1.8万元的现金和价值6500元的一对手表。然而令黄先生没有想到，从9月15日以后石岩的手机就再也没有打通过。

没想到，钱到了石岩手里之后，就再也找不到这个人了。这让前来报名的黄先生心里没了底。不过直到这时候，他还心存一点侥幸。石岩曾经自称是华师武汉影视工程学院招生办的工作人员，因此黄先生认为，至少石岩会帮他女儿上学。可是随之而来的消息让黄先生措手不及。其实，在替女儿联系学校的过程中，黄先生也留了个心眼。他不仅亲自到武汉，到华中师范大学武汉影视工程学院招生办找到了石岩本人，而且还多次打电话核实过石岩的身份。可即使这样小心，他最后拿到的录取通知书还是假的。这个石岩到底是什么人，他和影视学院又是什么关系呢？

就在黄先生转悠的时候，河南来的谭先生也在学院门口等待，他的孩子也是花了2.2万元从石岩手中买的通知书；在得知两人的境遇相同时，他们俩决定一起到学院寻找石岩，谁知得到的消息让他们大吃一惊。

华师武汉影视工程学院招生就业处处长潘敏："石岩也不是我们学校招生工作人员，而是某某公司的，也就是今天来明天去。"

华师武汉影视工程学院院长陈家齐："他不能代表学校，我们整个招生工作人员都在华师现场录取，外面没有设招生点。"

陈家齐："石岩他既让家长受骗，同时也玷污了学校的声誉。"

石岩早在 9 月 13 日就已经被武汉市公安局抓获……

武汉市公安局文保分局局长梅艳珠:"他是所谓招生中介点的负责人,他们再通过招生中介点去网罗一些不法分子,来卖这个假的伪造的通知书。"

根据高某电脑中储存的资料显示,警方认定高某已经对外发出 78 份假通知书,就在警方搜查的过程中,先后有 11 名"下线"前来取"货"。据高某交待,他是从一个姓曹的男子手中以每份 2 万余元的价格批发到这些录取通知书的。

梅艳珠:"曹某,原籍是河南的,他在北京设立了一个网站,这个网站的名称就叫中国招生联盟,他自称为总经理。"

随后,警方顺藤摸瓜,9 月 7 日下午,曹某在深圳被抓获。曹某交待他的"上线"姓王,王某自称是武汉影视工程学院负责招生的工作人员。警方随即将王某及石岩抓获,并在王某的住处等地先后查获 1550 多万元涉案赃款。

梅艳珠:"它通过朋友找朋友,亲戚找亲戚,上级找下级,下级托上级这样一种人际关系来开展的,含有亲缘性。"虽然石岩落网了,被骗走的赃款也大部分追回来了。但 1700 多个学生损失的时间和机会,已经无法再弥补。现在早就过了高校的招生时间,他们再去另找学校根本不可能。那拿着一张假录取通知书,他们到底何去何从?

在采访的时候,很多学生家长告诉我们,发现上当之后他们的第一反应除了失望就是焦急。他们最着急的不是钱被骗了,而是孩子还能不能上大学。毕竟望子成龙是这些家长最迫切的愿望,那现在大学的校门能不能对他们网开一面呢?

为了能让孩子读书,黄先生又找到了华师武汉影视工程学院的陈院长。

黄先生:"我们不是通过中介,是通过中介的话,校长我不会来找你的,为什么呢?我是通过你们工作人员,就是你们招生办的,你现在耽误我们孩子一年,校长你看能不能补录?"华中师范大学的校长马敏明确表示,不会收一名持假通知书的学生。

报道中,我们可以看到受害学校开学时的混乱喧嚣场面,可以看心急如焚又无可奈何的镜头,可以看到公安机关、主管单位、教育部门的鲜明态度,画面线索清晰连贯,电视画面与主持人的文本叙述相互补充,相互照应,很好地表现了这一罕见的招生诈骗案件及其意义。其根本原因在于,在做这个深度报道之前,记者卢小波已深入研究了《楚天都市报》《楚天金报》《新京报》等多家媒体关于本案的报道情况,对案件的大致情况有了比较清晰的了解。为了使报道更加深入,他就提前做了采访构思,决定在报道中涉及如下内容:因持伪造通知书上学的学生纷至沓来给学校开学带来的混乱局面;对骗局的主要制造人石岩进行追踪;通过典型采访对受骗家长受骗过程进行全息报道;对学院院长的采访报道;对学院主管单位主要负责人的采访报道;对公安部门和省教育厅的采访报道;对受骗学生去向的报道,制定了相应的采访计划并向有关方面发出联系函,以期赢得支持。进入采访过程中,他又和摄像师共同研究如何一个一个落实采访计划中设计的各个场面中的镜头。因为摄像师具有较高的素质,对卢小波的报道意图领会准确,把握适当,所以拍摄时机掌握恰当,画面稳健清晰,抓拍镜头与报道主题联系紧密、全面、细致而且充实。正因如此,卢小波在做最后的画面和文字编辑工作时,有非常充足的素材,从而使进入传播渠道的新闻作品画面图像与文字解说相得益彰,使这一震惊全国的招生大骗局的全过程和若干不为人知的细节及暴露的问题准确地呈现在了观众面前。可见,拍摄或抓拍到好的画面、形成好的文字解说稿是电视新闻编辑的基本前提。

(三)电视节目编辑的设备及工作流程

画面是电视节目的主要构成因素,是吸引观众的基本元素,因此是电视新闻节目编辑的主要工作对象。在电视新闻节目编辑制作的流程中,担负处理画面信息的主要设备有编辑机、特技机和字幕机,而这种技术的发展可以说是突飞猛进,日新月异,应接不暇,现在已经有设备能够将上述各种功能集于一身,且操作十分简便,这就是非线性编辑机。

1.各种新闻图像编辑方式及其比较

自 1956 年美国安培公司开发成功世界上第一台四磁头二英寸磁带录像机以来,视频技术发展日新月异,信号处理方式从复合到分量,设备装置从大到小,从摄录分开到摄录一体。20世纪 80 年代出现的多媒体技术,使得人们可以通过计算机综合处理图像、声音、数据、文字等多种信息。20 世纪 90 年代进入电视节目制作领域后,极大地丰富了视频节目制作手段,传统的制作方式不断被全新的、充满创造活力的制作方式所代替,非线性编辑就是在这样的背景下脱颖而出成为视频编辑手段中的一颗明珠。

(1)胶片剪辑:电视新闻起步阶段的编辑手段。

在磁带编辑出现之前,电视业采用的是电影胶片剪辑的方法虽然有许多缺点,但它却有一个磁带编辑点非线性特点。电影胶片剪辑能按任何顺序将不同素术意改变顺序,随意剪短或加长其中的某一段。这实际上是低层次的非线性剪辑。只不过这种剪辑方法精度较差,效率较低,费用太高,因而被电子编辑淘汰。

(2)磁带简单对编:电视新闻编辑迈出的重要一步。

经过胶片阶段之后,线性编辑技术被发明和应用。线性编辑是指磁带编辑方式,又称为电子编辑。它是指用电子手段按照要求将拍摄的素材重新连接成新的连续的画面。该种编辑执行系统可以是一录一放加编辑控制器,也可以是多部录像机加特技动画设备组成的复杂系统。工作过程通常是先用"组合编辑"将素材按顺序编成连续的画面,再用"插入编辑"对某一段进行同样长度的替换,但是想去除、缩短、加长中间的某一段就不可能了。除非将那一段以后的画面全部抹掉重新录制。

简单对编(线性编辑的一种)是自 ENG 制作方式出自编系统。20 世纪 70 年代初,由日本索尼公司推出的传统的胶片式电视新闻制作方式,完全采用电视特有编辑方式,大大节省了时间,而且节目质量发生了根本性的变化。

传统的线性编辑方法最大的缺点是,在插入与原画面时间不等的画面,或删除节目中某些片段时都要重编,而且每编辑一次视频质量都会有所下降。

(3)磁带复杂编辑:电视新闻编辑的二次飞跃。

磁带复杂编辑原理与磁带简单对编原理并无二致,只不过磁带复杂编辑是指多机联动的"多对一"的编辑系统。它由两台以上的放像机、一台录像机构成。该系统是对"一对一"编辑系统的发展。在"多对一"编辑系统/特技系统中,可以考虑选用非线性编辑系统及动画工作站系统,这样,制作人员可以及时地制作配合新闻播出的地图、示意图、表格、图片等预播内容。这使新闻信息和节目质量得到很大的提高,大大减轻了编辑人员的工作强度,又能较好地体现编辑对节目结构的设想。

但是,无论是磁带简单对编还是磁带复杂对编,都有一些难以克服的矛盾:①ENG 素材难以共享;②新闻编辑程序复杂;③信号从开始记录到最终播出产生衰减;④播出时磁带录像机一旦出现故障,就必然造成播出事故;⑤新闻磁带不好保存。

(4)非线性编辑:电视新闻编辑走向成熟的标志。

非线性编辑(即电视编录的数字化)开始于 20 世纪 80 年代后期,美国 AVID 公司于 90 年代初首次推出了用于电视节目制作的多媒体系统,它是计算机与视频技术数字化相结合的产物。与传统线性编辑系统相比有许多优势:

第一,可以任意反复编辑,多代复制信号损失极小。除编解码、A/D(模/数)和 D/A(数/模)转换、压缩与解压、文件格式转换会引起一些信号损失外,其他任何处理都不会使信号质量下降。

第二,由于以多媒体计算机为平台,实现了实时字幕、动画特技处理,所有的处理一次合成,所以能使节目质量保持很高的水平。

第三,由于采用时间码记录检索,实现了素材的随机存取。所以可以方便地浏览素材和搜索编辑点,可以进行任意修改或插入,尤其适应滚动电视新闻播出的需要。

第四,设备实现了一体化、小型化、多功能化和开放式软件设计,比传统的线性编辑设备具有更高的性价比,同时由于硬盘非接触式的读写方式,寿命长,以实现机器的无磨损运行,使维护成本大大降低。

非线性编辑系统是把输入的各种视音频信号进行 A/D(模/数)转换,采用数字压缩技术存入计算机硬盘中,然后进行编辑处理。由于硬盘可以满足在 1/25 秒内任意一帧画面的随机读取和存储,从而实现视音频编辑的非线性,非线性编辑系统将传统的电视节目后期制作系统中的切换机、数字特技、录像机、录音机、编辑机、调音台、字幕机、图形创作系统等设备集成于一身,用计算机来处理图像和声音,再将编辑好的视音频信号输出,通过录像机录制到磁带上。能够编辑数字视频数据的软件也称为非线性编辑软件,如 Premiere。

非线性编辑与计算机处理其他数据文件一样,在微机的软件编辑环境中可以随时随地、多次反复地编辑和处理视音频数据。在实际编辑过程中是对编辑点和特技效果的记录,因此任意地剪辑、修改、复制、调动画面前后顺序,都不会引起画面质量的下降,克服了传统设备的致命弱点。加上非线性编辑系统设备小型化,功能集成度高,与其他非线性编辑系统或普通个人计算机易于联网形成网络资源的共享。

专业级的非线性编辑系统处理速度高,对数据的压缩小,因此视频和伴音的质量高。此外,高速度还使得专业级的特技处理功能更强。随着计算机硬件及软件技术的飞速发展,非线性编辑系统价格也在不断下降,低档产品已经可以进入家庭,只要一台多媒体计算机加一套视频模/数转换卡,再加一套编辑软件如 Premiere 就可以实现。

视频非线性编辑设备随着可录光盘和硬盘的介入,其应用得到了扩展。由于光盘和硬盘是平面检索,寻址快而准确,录放时工作头不接触盘片,没有磨损,反复录放图像质量不会降低。非线性编辑的巨大推动还在于视频码率压缩,码率压缩技术的进步使低码率下仍有很高质量的图像,这样就使光盘或硬盘的容量不再是制约使用的瓶颈。而且码率压缩可以很容易实现时间轴上的压扩。在对存储于光盘或磁盘中的素材进行非线性编辑时,只需要确定素材的长短并按连接的顺序编一个节目表,即可完成对所有节目的编辑。记录在硬盘上的数字信号具有随机存取的特性,节目或素材的搜寻可以瞬间完成。非线性编辑不仅方便实用,而且可以大大提高编辑质量。过去,想做一些叠加画面较多或者特技效果较多的节目时,常常因操作复杂及多次复制所带来的图像质量下降等问题而苦恼,因而不得不放弃,留下诸多遗憾。有了非线性编辑系统,这些问题迎刃而解。目前,美国许多电视台已经广泛地应用在线和离线非线性编辑来提高新闻节目的时效性和娱乐节目的虚幻性以争取受众。

但是,现在许多电视台仍然使用磁带录制电视节目,因此新闻专业的学生必须在掌握非线性编辑技术的同时,熟练地掌握磁带对编(包括简单对编和复杂对编)技巧。由于传统的新闻制作播出设备一般都为独立的模拟设备,对于新闻制作这样的工作程序,若仅是将相应的模拟设备更换为数字设备,使用独立的单台非线性编辑系统,不仅难以提高效率,反而会影响新闻播发的时间。因为把节目录入硬盘剪辑之后,还要再转录出来串成播出带,工作程序并未简化。只有将数字设备纳入网络化后,才能真正简化工作程序,提高新闻制作播出的效率,减少错误,降低投资。

2.特技支持与编辑

使用电视特技或者是为了美化视频效果,或者是为了帮助观众理解新闻节目的含义,或者是为了形成节目的品牌标志,因此对技术的要求比较高,许多年来一直是电视人十分关注的一个技术话题。

(1)从电影美工到电脑动画。

电视新闻离不开电视画面的美化,而电视画面的美化又离不开特技。电视新闻的特技不仅可以美化电视新闻画面,更重要的是它可以深化和显化电视新闻的内涵,增加电视新闻的可视性,提高收视效果。一般认为,电视新闻的特技支持经过了三个阶段,即电影美工阶段、电子特技机处理阶段、电脑动画制作阶段。

早期的电影美工特技主要由人工完成,劳动强度大,制作时间长,难以满足新闻播出的时间要求。为了提高特技制作效率,各电视台后来开始引进和采用电子特技机制作特技画面。我国的第一台电子特技设备是中央电视台与有关技术部门于1964年采用国产元件自行研制的。直到1983年,由于拍摄电视剧《西游记》需要采用大量的特技,中央电视台从美国购进一台数字特技设备,利用这台电子特技设备,可以进行图像混合、分割画面、软切换、键插入、画面转换、特技图案等处理,过去在制作特技时遇到的各种困难迎刃而解,大大提高了特技制作的效率和水平。进入20世纪90年代后,随着计算机技术的发展与电脑动画特效等技术的运用,电视节目制作水平有了极大提高,节目视觉效果日趋丰富多彩,节目传播效果也得到极大提升。

(2)字幕机系统。

电视字幕机是电视美术工作的重要组成部分,不仅用于制作标题和说明文字,也是整个播出中"串联"节目的重要一环。我国电视台建台初期,电视字幕的制作采用电影美工的做法,将字幕字写在白色璃板上,再投影到电视屏幕上,程序繁琐效果又不好。1985年我国从索尼公司成批引入字幕机,从此开始了电视字幕运用新时代。

国内比较先进的字幕集成系统名叫VJDirector,是江西省信息产业厅重点支持的软件产品,是一套具备广电一体机功能的软件系统,可替代硬件完成切换台、字幕机、调音台、硬盘播出系统、虚拟演播厅系统、信息电视制作系统等的工作,适用于活动实况、现场采编录播和后期视频制作,为互联网、教育、广电系统、政府、企业多媒体信息化建设的首选。

二、电视新闻编辑的职责

电视用来传播信息的符号是图像和声音,新闻节目生产的基本流程是"采集信息→编辑制作→播出→接收信息→反馈信息",其中由编辑完成的环节是"编辑制作"。电视新闻编辑与制作水平的高低,直接影响着电视受众的收视兴趣与传播效果,对培养受众的收视习惯、偏好度与忠诚度等也有着至关重要的意义。所以编辑工作的好坏,直接决定着电视台(至少是编辑所主管的那个栏目)的生存状态。电视新闻编辑必须非常清楚自己的工作目标与职责。

(一)电视新闻编辑制作的目标

电视新闻编辑制作的目标由三个梯次组成:首先是要遵循新闻编辑思想和编辑规律,真实、完整地叙述事实,完成对新闻素材的整合,实现节目的基本表达;二是凭借高强的采编功力和责任心,真实、有效地展现节目个性,力求出高品质的节目;三是要传达出一定的道德追求和价值观,真实、完美地表现某种精神,进一步获得强大的传播效果。

要实现这三个层次的节目目标,首先必须制定切实可行的报道方案,同时节目编辑制作人员应以方案为主要依据,全面、深入地掌握节目素材,精心选择素材,综合考虑并处理声音、画面中各种信息元素,调整好它们之间的结构关系,以达到最大限度地增强信息的传输量。在编辑制作过程中,要牢牢把握节目生产流程中的每一个环节,杜绝任何可能出现的漏洞。

节目制作过程是新闻理论、新闻业务相融合并与操作高新技术设备有机统一的过程,电视新闻节目的内容与形式是相互依存的统一体,一定的内容需要一定的形式来表现,一定的形式又为一定的内容服务,只有内容充实新鲜,而且形式又能完美地表达内容的节目才能引起观众的关注并得到社会的认可。

(二)节目采制编人员的职责分工

电视新闻节目是一个流水线工作过程,需要集体的明确分工与紧密配合,缺一不可。其大体分工如下(见表9-2)。

表9-2　电视新闻节目制作人员职责分工简表

岗　位	主要职责
制片人	对选择播出的新闻内容、工作进展及经费预算负责;在工作中常与责任编辑交叉配合,有时直接充当责任编辑
新闻导播	负责新闻编播业务的具体组织工作,在新闻演播室现场进行节目制播的调配,并对新闻播出(播出内容和节目节奏)承担主要责任
责任编辑	确定选题,给记者和后期编制人员布置具体的采编任务并审阅新闻稿件及节目完成片;为主持人撰写串联词、新闻稿,在新闻现场指挥现场素材的采集并负责节目的整体构成
记　者	根据采访计划和编辑、制片人的意见,负责采访新闻,作外景报道或新闻现场报道;指导摄像师拍摄画面;写作新闻稿件(有时兼做摄像师、录音师)
摄像师	在记者指导下,在新闻现场拍摄新闻画面
录音师	负责录制新闻现场的声音(包括新闻人物的声音、自然声音、背景声音等)
剪　辑	根据节目需要、编辑或制片人的要求剪辑录像带,一般由记者或编辑自己承担
主持人	通常是在演播室内作新闻广播的主要播报人员,有时在新闻现场播报或做现场报道,有时做出镜记者

(三)编辑的工作任务

作为一个电视新闻编辑,不仅要求具备超强的业务能力,还要有驾驭、组织、报道的能力。他的主要任务包括以下方面:

1. 构思节目总体结构

编辑工作的重要职责,是驾驭新闻报道的总体构想,对新闻节目做出总体规划。它要由编辑和记者一起,在报道思想的指导下,广开言路,集思广益,对节目总体安排做出谋划和设计,而又以构思节目的总体视觉、听觉内容为重要考虑对象,是节目制作的蓝图和出发点。它需要对节目的内容和形式做全方位的规划和评估,即使节目能够体现本台的传播宗旨和传播风格,又能满足观众不断变化的对新闻节目的收视要求。

内容上,要通过深入细致的采访提炼和深化主题,详细地占有和挖掘表现主题的材料,确定要突出表现的思想主题和客观事实。形式上,要考虑节目采取的表现方式和播出方式,节目结构,报道风格、基调等,总体构思电视节目制作的行动纲领。由于电视新闻节目的现场纪实特性,所以构思不能一次完成,而要在制作过程中不断修改、调整和完善。

在组织大型新闻报道及专题新闻节目报道中,编辑作为主创人员,不但要统领前期的策划选题工作,随同摄像组到拍摄现场,在现场进行整体报道调控,还要负责完成节目后期的编辑制作。

2. 组织新闻报道活动

所谓组织新闻报道,主要是指编辑根据报道计划,调动记者、摄像师、灯光师、调音师等人员参与新闻采制过程,实现对新闻节目的宏观控制与统筹编辑,这是做好新闻编辑工作的重要一环。

首先要确立报道思想。报道思想是指在一个相对稳定的时期内贯穿于整个新闻宣传过程中的基本思想。它是依据党和政府的方针、政策,在对现实(包括对观众)的调查研究基础上确立的。报道思想要突出宣传重点,要与现实生活紧密联系,能够对实际生活中本质的、主流的、代表性强的现象做出全面客观的积极反应。报道思想的制定是编辑部一项很重要的工作,一般由集体讨论形成,但编辑要发挥核心作用,主动提出建设性建议或意见。

其次要制定报道方案。报道方案是对报道思想的具体化,是将报道思想融入报道活动的关键步骤。报道方案由编辑(有时和记者共同确定)完成,主要任务包括两个方面:一是积极对报道做出统筹安排,如报道的重点内容、报道的阶段内容、报道中的主要选题等,使记者、编辑工作有一个明确方向。二是对报道形式进行统筹规划,如报道的规模、报道的方法、设备的调配等。编辑应该为记者的前期采访做好参谋,以有效地选择事实,并运用电视手段来实现报道计划。

3. 判断新闻信息价值

一个称职的编辑,应该随时对新闻素材做出准确的价值判断,做到抓住要点,沙里淘金,迅速决策"报什么",并能够快速而巧妙地选择好的报道角度,决定"怎么报"。同时,进而决定如何编,编多长,排在什么位置上播出等。一个好的编辑,要能够把看似平常的新闻,经过自己的再发现,将其加工成为引起社会强烈反响的好新闻。

4. 决定新闻素材取舍

电视新闻编辑要根据清晰地叙述事实、准确地表达主题的需要,判别和取舍素材镜头与素材声音,并依据剪接法将它们连接在一起,辅之以制作手段和技巧,形成新闻的结构、层次和节奏,形成电视化报道。具备对新闻素材的判断能力和处理能力是对编辑人员的基本要求,同时编辑还要有操作电子编辑机的技能。通过对新闻素材的取舍过程,将前期的节目构思进行完善,增加节目的内涵,提高节目的表现力,达到能动地再创作的目的。

5. 撰写、修改解说词、串联词、新闻标题、新闻提要和字幕

解说词是电视新闻中传递新闻事实、交代新闻背景、表达立场观点的重要语言符号,它要求编辑具备蒙太奇思维,有较强的文字写作功底,能够熟练地进行撰写、修改、加工各种新闻文字稿。

串联词是在对消息类节目进行编排时,在播送新闻之前或之后由播音员口播的那部分内容。它包括对要播出的新闻的介绍、揭示新闻的特殊价值和对已播出新闻的回顾和议论。主要是以提要的形式和配发编后的形式出现。在节目播出中起到承上启下、引出悬念和增强认识深度的作用。

新闻标题是对新闻主题的高度概括和集中,要用最简洁的文字、最能突出新闻核心的语言来表达,一般字数不要太长,可以通过打字幕的方式直接投影在屏幕上,在画框底部排列一行(最多两行)为宜,在屏幕上显示的时间一般在 12 秒左右。

新闻字幕的作用是明显的:一是突出新闻要点;二是显示人名(包括身份、职称、职务、主要成果等信息)、地名、数字、采访同期声、重要内容等。它起到加深理解、增大信息量的作用,一般主张简短、扼要,与播音内容同步显示。

6. 选择背景图像资料

电视新闻编辑的又一条任务是为主持人、播报员播讲新闻提要、串联词等口播内容时,选择背景图像资料。一般而言,新闻节目内容严肃,背景图像则以蓝色调为主,以显得庄重、厚实;如果新闻内容为社会新闻,反映人们的生活状态,则以明快的橙色调为主,以给人以温和、舒适的感觉。

7. 指导节目的合成与播出

这是电视新闻编辑需要完成的编播工作的最后一道环节。编辑要参与后期节目合成制作,负责现场监听、监看,指导合成,并配合导播(有时直接由编辑承担)进行现场协调制作。如果是录播节目,在节目播出前还要根据领导审看意见进行再修改、再协调;如果是直播节目,责任编辑一定要在现场参与制作播出,一旦发生情况可以及时负责处理,保证顺利播出。

三、电视新闻编辑的思维要求

电视新闻编辑离不开思维,编辑的思维方式能否满足电视新闻节目的需要是电视新闻编辑成败的另一关键因素。思维是人类认识世界特有的功能,是人区别于动物的根本性标志,是人的创造力源泉之所在。运用恰当,人们可以能动地改变客观事物。对于电视新闻编辑工作者来说,养成特殊的电视语言思维习惯,并运用良好的思维方式来指导工作,有着特殊的意义。

(一)电视新闻编辑的思维特点

电视新闻编辑的思维特点,可以用以下四个有机结合来概括。

1. 宏观思维与微观思维有机结合

一个电视新闻编辑,首先要有全局观念,善于从全局出发,从战略高度出发,把他所处理的每一条新闻信息都放在国家、社会和公众利益的天平上加以衡量,看它对人民、对社会、对国家可能带来的各种影响,进行利害评估和代价权衡。一个电视新闻编辑,如果没有为人民服务、为社会主义服务的思想基础,不遵从团结稳定鼓劲、正面宣传为主的宣传方针,没有大局意识、政治意识和责任意识,就很难适应这一重要岗位的工作要求。因此,电视新闻编辑处理的虽然是一个个具体的稿件,但他考虑的是宏观社会效益和经济效益的问题,这就是所谓电视新闻编辑需要有宏观思维与微观思维相结合的思维特点的含义。

2.逻辑思维与形象思维有机结合

一个合格的电视新闻编辑,首先必须是一个逻辑思维严谨、具有理性品格的新闻工作者。他要运用常识和社会主流价值标准对新闻事实进行合理性分析,看有无违背常理、不合常规、需要删除的成分;他要运用概念、判断、推理对新闻素材进行价值分析,发掘其中不为人知或知之甚少的深刻含义;他还要运用形象思维的能力,对画面、镜头、影像进行可视性、观赏性、娱乐性评估,确保画面真实、连贯、有冲击力,使其所编辑出来的新闻作品具有独特的美感。

3.现实思维与想象思维有机结合

立足现实,报道现实,反映现实,促进现实生活的变革,是所有电视新闻工作者或者说是所有新闻所有者的本质追求,因此,一个电视新闻工作者特别是电视新闻编辑,必须始终把自己融入现实生活之中,做现实的忠实代言人。但是,一个电视新闻编辑,又必须要有充分的想象力,以帮助自己圆满地完成工作任务。比如,当我们在审阅电视画面素材时,也许会发现素材存在明显的缺陷与不足,怎样指导摄像师补拍?这时电视新闻编辑就需要借助想象的翅膀,对新闻现场进行形象化构思,将画面空缺的环节加以合理推想。这样,编辑就掌握了指导摄像师补拍的主动权,而又不会限制摄像师通过补拍来完成他的佳作。

4.语言思维与画面思维有机结合

语言思维是文字记者和文字编辑的基本思维方式,由于电视节目也需要借助于语言,因此也要求电视新闻编辑有良好的语言修养,懂得各种语境下对运用语言的基本要求,能熟练地运用各种语言素材来表现新闻信息,讲究文法、辞章、修辞、呼应、过渡等各种写作方面的技巧。画面思维是指电视编辑要有一定的美学功底,能够在电视画面的编辑中对现成的镜头影像资料进行最佳组合,将零散的、缺乏联系的分镜头组合成有机的、完整的、联系紧密的电视新闻画面,在传播新闻信息的同时,能够带给观众以美感。

(二)电视新闻编辑思维方式的运用

除了上述各项要求之外,电视编辑在进行实际电视节目的编辑过程中,有许多特殊的思维要求,不过它们是在上述思维特点的基础上的发展和延伸,是对上述思维特点的丰富和实际运用。

1.运用形象思维,增强电视的观赏性

人们收看电视,一个重要目的就是获得视觉上的愉悦,而形象思维是以可视形象为材料来进行的思维活动,它是对生活的一种典型化的思维方式,是人类认识社会的基本思维形式之一,它可以提供这种满足电视观众需求的可能。在电视语言系统中,画面是构成电视新闻语言的要素之一,它所携带的信息一般都明白确定,不需要任何语言来加以说明。大千世界,万事万物,千姿百态,大都通过刺激人们的视觉才最后为人类所感知、所认识。电视新闻传播活动的得失成败,很大程度上取决于它是否拥有独具魅力的视觉画面。而视觉画面的优劣高下,又往往取决于电视新闻记者和电视新闻编辑视觉思维能力的强弱。

电视记者和电视编辑要注意在新闻现场自觉地运用形象思维去捕捉典型画面，不要总是以文字思维方式进行工作，不要只是为了印证文字稿的内容而去寻找电视画面。

2.运用理性思维，提升新闻的思辨力量

电视媒介的一个基本功能是要为公众提供对世界的解释和说明，使他们通过电视报道增加对世界的了解，深化对生活意义的认识，这就离不开理性思维。理性思维又叫逻辑思维，它是以严谨的文字逻辑为基础，是对事物的本质和规律进行的透彻分析和对复杂问题进行的严密推理和论证。理性思维在电视新闻中更多地直接体现在语言符号的逻辑叙事功能上，它对于电视新闻编辑有着极强的实践意义。有了逻辑思维能力，编辑才可能对节目的布局谋篇、写作解说词、驾驭主题等职业任务进行冷静的思考，对事物做出准确的判断，在纷繁复杂的信息中迅速抓住主线，找到主体及其表现方法。此外，理性思维也是新闻编辑进行思辨论证的保障，在新闻报道中，编辑、记者既要千方百计保证新闻报道客观公正，也要不失时机地通过各种手段来表达主观见解，在表达主观见解时，无论如何也不能脱离理性思维。否则，就无法对信息的主题做出准确的把握，也绝不可能对信息的意义做出中肯的评价。

3.运用逆向思维，尽可能向观众提供"出人意料"的信息

人们常说，变化出新闻，反常出新闻，这就要求新闻记者和新闻编辑要有逆向思维的能力，从而发现那些变化的事物和反常的事件，为读者、听众和观众提供他们喜闻乐见的新闻信息。所谓逆向思维，就是不按照常规思考方式思考，而是倒过来想问题，从相反或相对的角度来思考问题，从而找出别人没有注意或者没有想到的新鲜事物、新的报道角度，或者新的表达方法。特别是在报道一些"老生常谈"式的内容时，如果能采用逆向思维的办法，改变一下主题（即经常所说的换一个角度看问题），往往可以收到特殊效果。

4.运用发散思维，帮助观众多向度地认识世界

发散思维是指以一个目标或者任何一个事物为中心，把思路向四面扩散，沿着不同的方向和不同的角度思考问题，不是一条路走到底。发散思维的最大优势在于，它可以帮助我们打开思路，不断发现大量的新闻线索和报道领域。编辑在统筹节目内容、制定报道计划、组织新闻采访时，发散思维起着重要作用。否则，就可能只是两眼盯着"重大题材"、"独家新闻"等一些常规领域，而忽视更深层面的报道内容。

发散思维有三个特点，即流畅性、变通性、独特性。这三个特性分别表示了发散思维的低、中、高等三个不同的层次。所谓流畅性，是指发散思维的基本要求是在展开思维时，思路要沿着一定的方面发展，把事物某一方面的现象和本质都想清楚，并形成丰富的内容，思维不能跳跃，也不能随意改变方向；如果这时无法找到解决问题的答案，就需要对思维做出调整，从而开阔视野；那么，它就具有了变通性的特点，就上升到了第二个层次。变通的结果往往会使人有一些意想不到的新收获，即发现别人不曾发现的新情况、新认识、新思想，这就上升到了发散思维的第三个层次——独特性。

5.运用聚合思维，深化新闻主题

聚合思维是与发散思维相对的一种思维方式。发散思维是向四周拓展思维空间，思维领域越宽阔越好；聚合思维则是在掌握大量新闻素材的基础上，使思维的态势向中心聚拢，逐步缩小范围，做出归纳、概括和抽象，最终形成报道主题。一般情况下，采访需要更多的发散思维，而写作则需要更多的聚合思维。采访如果不充分运用发散思维作指导，就可能与极有价值的新闻失之交臂;写作如果没有聚合思维作指导,采访的新闻素材就会是一盘散沙,难以形成打动人的主题。编辑则既需要依靠发散思维,这是在评价新闻节目素材时必不可少的;也需要依靠聚合思维,这是在有了充分的节目素材后,评价新闻主题、最终形成播出节目时不可须臾离开的。

6. 运用前瞻性想象思维,获取预见性新闻

所谓前瞻性实际上就是预见性,也就是事先预测到事物的走向,能够提前做好相应的准备。凡事物在变化之前都会有一定的先兆,一个成熟的有经验的新闻编辑往往会依赖自己的"新闻鼻"从大量的来稿中"嗅"出这种先兆,这就是所谓的新闻敏感。对新闻的预见能力,是新闻记者和新闻编辑的核心竞争力。预见能力的形成,需要深厚的积累,需要丰富的材料和周密的思考。

(三)电视新闻节目中的画面元素

电视新闻编辑,实际上是对画面元素和声音元素的重新配置和优化组合,因此,认识这些元素对做好编辑工作意义重大。

1. 电视画面及其外部特征

电视画面就是电视图像,它是用电视摄像机拍摄下来的一个个镜头,是电视新闻节目的根本构成要素之一。摄像机拍摄的画面实际上是由一幅幅图像组成的,根据视觉暂留原理,为了使人看起来画面是连续不断的,在设计摄像机时就确定每秒拍摄 25 幅图像,播放时也是每秒 25 幅图像,这样观众收看时画面就是连贯流畅的,不会有时断时续的感觉。电视画面除了活动画面的素材镜头外,还包括图片、图表、字幕、电脑动画等。电视镜头画面的外部特征总起来说有三个,一是"运动",二是"连续",三是"写实"。

所谓"运动",是指电视画面必须吻合生活本身。生活本身是动态的,只有电视画面"动"起来,才能展示变动的外部世界,才能告诉观众世界的变动情况,才能对观众形成吸引力。所谓"运动",一是指被摄入镜头的主体(主要是人物)是一个动态的过程,通过被摄入主体的表情、动作变化、运动形态及其活动范围的转换,来表达人物的生活状态与意义。这样,画面才能生动,才能够带给观众以"动"感。二是指摄像机镜头总是处于不断运动的状态之中,通过推、拉、摇、移、跟、转、升、降、仰、俯等不同的运动方式,从各个侧面、各个角度、各种景别来展示人物和事物的立体形态及运动变化过程,从而让观众能全方位地了解他们要了解的事物的真实状况。

所谓"连续",是指电视画面衔接要有连续性。在新闻现场拍摄镜头时,摄像师是采用分镜头办法拍摄的,即各个镜头之间并没有外在的连续性。但是,编辑可以通过蒙太奇手法即剪辑组合的办法,把这些看似没有联系的画面有规律地组合起来,在各个画面之间建立起关联来,系统地表达特定的意义,而观众并不能觉察到各个镜头之间的转接,他们看到的是经过编辑加工后形成了内在连贯性并具备了韵律美的画面。

电视画面带给人以直观和直感,更多属于感性范畴的东西。电视节目的内容,一般是通过图像和语言相配合起来表达的,图像写实,语言论虚,图像信息与语言信息相互配合,就会使电视传递的信息更加生动,表达的意义更加明晰,反映的内容更加完整。

2. 画面内容的倾向性

画面记录的是纯客观的现实,但记录什么、不记录什么则是记者和编辑的主观选择,它不可避免地要带有倾向性。画面内容的倾向性,是指画面所表现的褒贬扬抑,是记者编辑的主观认知与主观评价和客观事实之间协调的结果。认识画面的倾向性,理解倾向性的表现手段和方法,对于编辑正确选用画面具有重要作用。但是,电视节目是做给各种类型的观众看的,如果倾向性体现得过度,给人以不公正、不公平或者失衡的印象,就会大大减弱电视新闻传播效果,而背离记者编辑的初衷了。那么,电视新闻编辑一般应该怎样选择画面以体现倾向性呢?在选用带倾向性的画面时应该注意一些什么问题呢?

(1)选择能够表达倾向性的画面。

电视新闻的画面并不是某种社会现象或自然现象的机械复制,而是记者有选择地对事实的报道。这种选择需要记者具有职业的敏感,善于从纷繁复杂的各种社会和自然现象中选择适合电视新闻报道、能够最大限度满足公众需要的画面。因此,电视画面不可能不是记者经过观察、分析、综合、概括之后,融入记者和编辑主观意识的成果,是用主观意识对客观事实内容进行选择和取舍的结果。但是,在选用带有倾向性的画面时,一定要体现自然、公允的要求,注意不露痕迹,善于用镜头说话,不要在镜头中直接表明自己对新闻事件或新闻人物的评价。

(2)采用能够体现倾向性的拍摄技法。

不同的构图和不同的拍摄方法,会产生不同的画面语言意义。在新闻类节目中,尽管由于写实的需要,纪实性长镜头得到了较多的运用,但事实上很少有完全用一个较大的固定景别的长镜头来完成对新闻事实的报道的。因此,拍摄角度、拍摄距离以及摄像机的运动,都是围绕着摄制人员想说明什么或突出什么而灵活运用的。这也是由摄制人员的倾向性决定画面内容的一种表现。但是,要防止为了体现倾向性,而不适当地运用仰拍、俯拍等变形手段,以至于造成观众产生被强加给某种观念的感觉。

(3)运用可以体现倾向性的画面组接方法。

画面组接是画面表意的极其重要的一环,在文艺类节目中,画面组接是一种再创造行为;在新闻报道中,通过画面剪辑来创造新闻的表意是不允许的,新闻内容的表意是由事件本身决定的。但是,这并不意味着编辑就无所事事,无能为力。相反,在材料的取舍、确定镜头的长短、再现新闻事实的表现形式等方面,记者编辑不能不带有一定的倾向性,只不过这种倾向性是通过对画面素材的选择和镜头长短的安排来实现的,而不是通过对画面的随意颠倒或者记者编辑直接出面来表达。比如,在表现新闻现场紧张气氛的时候,多采用短镜头;在表现新闻现场安详恬静的气氛时,又多采用长镜头,这就是一种选择方式和组接方式。

3.镜头画面的语义

镜头画面专指用摄像机所拍摄的画面内容,简称镜头。一个镜头就是一个画面,它是指在电视新闻拍摄的过程中,摄像机一次性由开拍到停拍这段时间内所拍摄的内容。从编辑的角度看,是选择画面的"入点"到"出点"之间的那段连续内容。无论一个镜头有多少时间长度,包含着多少镜头运动方式的变化以及被摄对象的动作形态变化,只要中间不间断,或不经过外部剪辑,我们都称它为一个镜头,或者把它叫做一个画面。

镜头作为一种具有表意功能的视觉语言,是构成电视节目(包括电视新闻节目和非新闻节目)的最小单元,镜头与镜头的组接形成一个个蒙太奇句子,也就组成了我们所说的画面语言。画面语言的运用是通过镜头组接来表现对社会及自然对象的取舍与安排,使之被记录组织成为一个可以理解的整体。

单个镜头可以直白地表现出画面内容的意义。一般情况下,它的表意功能是外在的,其表现形式有两种情况。其一,它可以表现具象的内容。既可以表现一个对象的存在方式,如形状、颜色、状态,又可以表现一个对象的运动方式,如快速、缓慢、直线、曲线、往复运动等,还可以表现被摄物体与所处环境的关系,表现出若干物体的状态和相互之间的关联。其二,它可以用来表示象征意义。如用鸽子表示和平、用微笑表示幸福、用拥抱表示谅解、用波涛表示内心活动的激烈、用乌云翻滚表示形势严峻等。在单个镜头的运用中,需要熟练地掌握各种景别和镜头的技巧。

四、电视新闻中的声音元素和多元视听要素

(一)电视新闻中的声音元素

电视声音是机械波。它是受众从扬声器里听到的所有声音成分的统称,诉诸受众听觉感官,属于听觉范畴。人能听到的声音频段大约在 20～2000Hz 之间。声音在视听媒介中是信息媒介的有机组成部分,它和视觉元素一样承担着传达信息的使命,它是构成电视节目有形有声、声情并茂、视听兼备这一传播特色的源泉之一。在电视新闻节目中,声音元素对新闻往往起到阐述、引申和补充的作用,如果缺乏声音元素与画面的配合,纯粹的视觉表现往往对传递新闻信息难以做到完整、准确。下面我们介绍电视新闻节目中声音的种类和功用。

1. 解说声

解说是播音员以有声语言的形式对新闻内容的播讲。在整个电视新闻节目的声音中,解说声是声音的构成要素之一,地位异常突出。它是从客观叙述者的角度,直接用有声语言来说明、交代或评论新闻事实的一种表达方式,多用来表达比较具有主观色彩、较抽象、较完整的内容。在新闻节目内容中,声音语言内容及表达方式要做到公正和朴实。

解说声的语言内容在新闻学层面上称为新闻稿,也叫解说词,它的作用第一是要完整表达客观事物,并完善和充实镜头画面对新闻事件或人物的叙述和表现。消息类新闻的新闻稿往往可以独立成篇,对事件或人物的客观形象进行完整而明确的描述;当视觉语言在提供丰富的新闻现场内容时,虽然视觉信息真实、直观且画面语言本身逻辑构成完整,但是会存在指称含义相对广义的现象,这时解说声可以完善对新闻事件或人物的叙述与表现,以使得整个新闻传递的信息更加具体和精确。第二个作用是表达抽象性、概念性的内容,补足节目中的信息要素。新闻是对新近发生、正在发生和刚刚发生的事实的报道,在运用电视手段报道事实的过程中,声音和画面是传播信息的两种载体,共存于电视语言中,不可分割,但在传达信息时却各有所长:画面生动、形象、直观,给人以很强的源自现场的真实视觉感受,但却拙于传达某种概念、主题、意义等抽象的内容,而这正是声音的优势。解说词的结构包括:

(1)导语。

电视导语是一种开门见山的提要,一般放在新闻的开头,但也有因节目结构而作特殊处理的,即在若干导语性镜头之后再配发解说性导语。如有的节目开始就是一段新闻纪实片段,然后才以导语开篇,配解说词。但不管怎样,导语必须能揭示新闻主题,以吸引住观众为首要目标。在结构和写法上,主要有要素式导语、叙述式导语、描述式导语和议论式导语等几种,与报纸新闻导语大同小异,主要是根据需要来确定。

(2)主体。

如果说新闻导语是电视新闻的开头,那么主体就是整个电视新闻的中心。这个中心主要

由同期声和解说词共同构成。主体讲述新闻事实的主要部分，它必须完成对新闻事实的完整叙述，不仅要使观众了解事实的发生、发展和结局，还要使观众了解事件的前因后果、来龙去脉，认识到新闻事件的意义和价值。主体的结构同样不拘一格，大体有"倒金字塔"结构、自由式结构、按时间顺序结构、背景式结构等几种。

（3）结尾。

有时为了深化主题，升华思想，给人以启迪，引发观众思考，还可以为电视新闻加一个结尾。结尾的方式多种多样，诸如启发观众思考、提醒观众注意、展望前景、抒发感情、预警将要出现的不良后果、号召民众行动起来积极响应、交代一个结局等，但语言必须短小精悍，言简意明，有开阔的思路，有新意，能给人以启迪，有建设性，使观众受益。

2.同期声

同期声是在新闻现场发生的事件中出现的与新闻内容相关的且共同存在的声音，可分为现场效果同期声和现场采访同期声两种。它是新闻现场对新闻事件中各种伴音的自然声波信号的记录，其长处是使受众对新闻事件接受起来具有更直接、更具体的真实感，对新闻内容产生第一知情者的现场感，产生现场的参与感，引起其感情上的共鸣。

现场同期声是通过 ENG 制作方式的运用获得的，它能够对现场画面和声音进行同步记录。在具体应用中，对于信息性新闻尤其是事件性新闻，节目中的同期声是源于新闻现场的实录实用。对于专题类等新闻节目，除了对于新闻现场同步发生的声音实录外，还可以将同期声作为一种声音素材，纳入节目整体创作结构之中，在声音强度或时间延续上进行恰当处理，与解说声、音乐、图像等其他节目要素合理结构、有机配合，运用技术和艺术手段，提高其表现力度，以表现节目主题为目标，使节目整体的传播效果具有特殊魅力。一般所谓同期声是指以下方面：

（1）现场效果同期声。

现场效果同期声也称现场自然声响同期声，它是人们在日常生活中到处都能听到的声音，声源来自于大自然和人类社会，是一种原生态的、没有经过人为选择的声音。它是记录事实、传播真实的最客观的声音因素，对画面起着交代环境、补充特点的作用，可以增强新闻的现场感，增强观众的身临其境的感受。

（2）现场采访同期声。

现场采访同期声是现场报道形式中举足轻重的内容，专指新闻现场采访与被采访者之间访问谈话的语言声音。它包括被采访者的讲话、发言、与记者的对话以及记者在现场的提问、叙述、评论等内容。运用现场采访同期声可以在交流中使观众认同新闻的真实性，产生对新闻的参与感，引起感情共鸣。

同期声有以下主要功能：首先，它是对真实现场的还原。真实是新闻的生命，而声音真实是新闻真实一个必不可少的要素。在本来可以通过同期声就能让观众认同的节目中，如果我们不是采用同期声，而是由主持人宣讲，就必然让人顿生疑窦，怀疑其真实性了。其次，它是以声音的方式对新闻事实进行叙述。因为电视新闻擅长记录镜头前正在进行中的事实，所以当过去的事已流逝或未来的事还未发生时，可以用当事人的回忆或权威人士的讲话作为结构因素。这种同期声的运用，不但弥补了缺少现场图像的遗憾，也可以增强新闻的可信度。它在事发后的追踪报道以及预测性的新闻报道中，有很好的用途。再次，它是对背景的补充。效果同期声对新闻事实发生的环境、背景起到写实的补充作用,可以收到加深对解说词难以准确描绘的现场情景、观众反应和环境气氛认知的效果。最后,它是对信息传播的拓展。让观众最终参与全过程的传播是最有效的传播,这种传播理念已越来越引起人们的重视。首要的一点是尽可能地让观众直面重视的新闻现场信息,将信息的"转述"内容降至最低点,把事实空间中的内容最大限度极尽客观地交给观众,让众多的个体去鉴别、去完善,去实现信息传播的多维拓展。

由于同期声可以让被采访者直接面对观众,使观众不但见其人而且闻其声,人物的个性气质、道德修养、学识水平都会通过人物说话时的语言、语气、神态表现出来,从而使观众对他的印象更深刻、更立体化;同期声还可以让新闻事件全面呈现于观众面前,观众因此可以更主动参与到新闻事件中去,更自主地对事件提出看法、观点并进行判断,做到受众个体与新闻信息的交流和呼应。对同期声的运用,要认识它的地位,注意它的影响,做到扬长避短,从而发挥出电视新闻的巨大影响和作用。与解说声相比,同期声能更深动、更准确地反映现场信息氛围,它不仅能直接再现新闻中的现场,增强现场真实感,而且能自然表述新闻中人物的思想情感,增加新闻的感受力和表现深度。但同期声也有其先天不足,即如果使用不当,就会导致电视新闻冗长、拖沓、信息丰富性减少;或者让人觉得是摆出来、做出来的。因此,要坚决杜绝导演同期声与表演同期声,一切授意、准备、引导、预演而采制的同期声,都有可能适得其反,都有可能使本来鲜活生动的新闻变得黯然失色。只有在新闻现场随机捕捉的且回答内容没有任何暗示或摆布的同期声,才能发挥出音响听觉魅力。

3. 音乐同期声

音乐效果声在新闻中一般都是处于"背景"的位置,在片中扮演着陪体的小角色,但是有时却是不可缺少的辅助因素之一。其作用可以概括如下:

(1)烘托现场气氛,深化画面内涵。

电视传播的优势是声画兼备,可以将人们带到一个视听完整的感觉境界,给人以充分的信息享受。音乐效果的运用,使原本真实的新闻画面具有了更为丰富的表现力,人们可以从音乐中感悟到事实的存在和发展。音乐使观众的心与新闻贴得更紧,感受到新闻中撩拨人心的那部分内容。

(2)突破画框界限,打开想象空间。

画面由于受电视屏画框的限制,其本身的信息包容量是有限的,音乐效果声则可以突破画面容量的限制,延伸画面,从而带来一个新的空间。

(3)连接画面转场,建构时空桥梁。

在听觉上有背景音乐的延续,可以使视觉内容不连贯的画面形成新的时间联系,使视像传播拥有和谐感和同一感。在具体的运用上,电视新闻与新闻纪实性的专题片最大的不同是,电视新闻中的音乐,完全是新闻现场的背景音乐;而专题片中,除了纪实部分外,还常常有为烘托、揭示视觉形象的情感和意义而专门谱写的配乐乐曲。这时候要注意的是音乐与画面内容本意的合拍与和谐,而这个任务一般由专门的音乐师来完成,编辑可以"忙里偷闲",不予详细过问。

(二)多元视听要素

1. 字幕

电视字幕是电视视觉语言结构成分中的一员,它一般应用于新闻标题及节目中说明性的提示字幕,或者采用滚动的方式播发与主节目并不相同的新闻内容,字幕还可以在节目中作为转场及串联内容使用。字幕制作的要求是必须简洁、准确,让人看得清楚,主要内容包括新闻标题、内容提示、嘉宾身份、主人公成果等。

2.图表与动画

电视新闻主要是使用在新闻现场采访的画面镜头图像说明事件、报道新闻的,但如果能正确使用图表与动画来对新闻内容加以补充与对新闻中抽象的细节加以说明,则能收到丰富视觉信息的效果。因此,使用图表与动画也是增强新闻信息丰度的一种表现技巧。本来要用几分钟才能加以解释清楚的内容,如果用图表、地图加以展示,就可以起到一目了然的作用,不仅可以大大节约时间,而且可以使抽象的概念形象化,使表现的形式直观化,既易于信息传达,又易于新闻理解。

3.特技效果

特技是运用现代电子技术塑造特殊电视画面的创作手段。随着数码技术的采用与普及,我们已经可以随心所欲地制作各种特殊画面效果,如各种几何图形翻转、虚化、变速、变形、频闪、三维动画等,也可以任意变换屏幕色彩,把单个形象重复拖尾,任意分割画屏,各种花样翻新,令人目不暇接。当这些特技手段与画面内容紧密联系在一起时,对抒发内在情感、感化人的心理以及增强视觉冲击力能起到很大作用。而在新闻节目中,它主要用来渲染和烘托环境,增加画面的视觉美感,调动观众的欣赏情趣,强化画面的视觉冲击力,以及形成节奏并可用于转场。使用得当,可以突出新闻主题,强化细节表现,加大视觉信息,丰富视觉感受,灵活取舍画面,但不宜过多过滥,以防冲击新闻的主题。

思考题

1.电视媒介的硬技术与软技术分别包含哪些内容?

2.什么是电视媒介的符号系统?

3.电视编辑的职责和工作任务有哪些?

4.电视新闻编辑思维的构成要素、特点与要求是什么?

5.电视新闻编辑思维方式在新闻编辑过程中是如何运用的?

6.拍摄新闻画面时主要采用哪些镜头?它们各有什么作用?

7.辨析"移镜头"与"跟镜头"的区别。

第十章　广播电视节目的创新与发展

~~~~~~

学习目标

1. 了解广播电视新闻受众的特点和类型。
2. 了解视听率调查的历史、发展及其对广播电视新闻产生的影响。
3. 理解广播电视新闻以受众为本的原因。
4. 了解广播新闻节目的特征。
5. 掌握电视节目编排的内容和几种常见的节目编排结构。
6. 了解数字技术的应用对电视新闻的影响。

广播电视新闻的竞争十分激烈,对社会的影响也很深。广播电视新闻必须以受众为本,但要避免过度在消费者视野下和娱乐化视野下进行新闻传播。当然在此背景下要强化广播电视新闻栏目的建设与发展,着眼于现实背景适时的调整广播电视新闻节目的传承与创新。

第一节　广播电视新闻的受众

受众是媒介传播的一个核心概念,在广播电视新闻的传播过程中,无论在西方还是在中国,都经历了一个"以媒介为中心"到"以受众为中心"的转变过程,受众是广播电视新闻传播的最终目标,是考察传播效果的立足点。对于广播电视新闻工作而言,只有充分了解受众、认识受众、重视受众的需求和利益,才能实现有效的新闻信息传播、服务大众并引导社会舆论,这也是广播电视在日益激烈的媒介竞争中立于不败之地的重要前提。

一、受众

所谓受众,即传播活动的对象或信息的接受者,是信息传播活动的目的指向,又反过来通过反馈验证着传播效果。传播学者丹尼斯·麦奎尔认为,最早的受众可以追溯至古希腊、古罗马时代,那些集聚在现场一起观看表演或竞技的城邦观众,他们是受众的原始雏形。20世纪广播电视的发明,使受众身份第一次与技术手段的拥有联系在一起。广播电视跨越有形疆域的无形传播,大大扩展了传播的影响面和影响力,时空转换性更强,共时分享的受众也更多。

大众传播中的受众具有以下几个特点:由于现代社会媒介覆盖面的庞大,导致了受众与社会大众的某种重合,因此表现出广泛、众多的特点;而受众由于各自具有的不同背景、性格、兴趣、价值观等,又显示出其构成的复杂性;相对于处在"明处"的媒介而言,受众则处在"暗处",尽管他或她可能是一个忠实观众,但电视台并不能确定其存在,受众给予媒介的反馈和互动还是比较局限的,这也导致了受众的隐匿性;在城市化进程中,受众开始不断在社会中通过学习、就业、婚姻等进行流动,媒介的目标对象也处在变化中。

受众的分类可以有很多标准,比如可以按照接触媒介的不同、性别不同、接触媒介的频率不同、接触媒介的潜在性和媒介的传播对象等进行划分。

二、视听率调查

视听率是指某一时段内收看(收听)某电视频道(某广播频率)或某电视节目(某广播节目)的人数(或家户数)占电视观众(广播听众)总人数(或家户数)的百分比。视听率调查的作用在于发挥受众测量功能,对观众和听众的规模、结构和收视行为作出统计回答,并由此作为指导广播电视、广告代理机构和广告主自身业务经营的重要量化依据。视听率调查缘起于社会经济发展需求与概率统计学的日臻成熟。

(一)视听率调查的历史与发展

美国是世界上最早开展商业视听率调查的国家之一,以 AC 尼尔森(AC Nielsen)和阿比创(Arbitron)为代表的美国视听率调查公司,在技术领先、调查方法更新以及调查程序的规范与严谨等方面为该行业树立了典范,两者业务各有侧重。随着新的传播技术的普及,人们的闲暇时间被进一步分割,受众也被不断细分,新的技术手段和商业方案被应用于处在变化中的调查行业。由于有线技术的普及、DVD 等播放行为的个人化,以个人而不是家庭为调查单位的新型人员便携仪开始得到试验和应用。

进入到 21 世纪,新媒体技术迅速蔓延,不仅对传统媒介的生存发展构成了挑战,对视听率的调查也提出了新的问题,对数据的准确性、真实性、全面性要求越来越高,对数据也需要进行更深层的研究和挖掘。

美国尼尔森媒体市场调查公司 2006 年 6 月 14 日宣布采用新的电视收视率统计方法,对消费者通过互联网和移动装置收看电视节目的情况进行统计,并将得到的统计数字与在电视机上安装监测装置所获得的传统收视率统计结果进行综合分析,从而建立跨越多种收视平台的收视率统计手段,以便对通过互联网、手机、iPod 和其他移动通信装置收看电视的消费者完整地进行统计。

有研究者认为,传统意义上的视听率研究体系的第一大需求者是媒体广告商,其次是媒体机构,受众一直都不是现有视听数据的需求者和使用者。直到互联网、手机等新媒体逐渐兴起,新老媒体一步步融合,形成了"点对点"与"点对面"高度互补的新媒体传播模式,并且将"点对点"互动传播发展出规模效益,成为主导力量时,分众化、小众化视听率数据的收集与分析得以实现,受众个体才有了使用视听率数据的机会和动力。

视听率调查行业的调节和监管也在不断完善发展。20 世纪 60 年代早期,当收听率在广播电视公司的节目编排和广告效果评估方面的作用愈来愈重要时,人们意识到,对媒介调查本身进行系统的自我调节和监测同样必不可少。1964 年,一些被美国司法部授予特别许可的行业精英们成立了广播电视视听率委员会。之后,这个委员会逐步涉及新的传媒技术,并将新的研究方法纳入到自己的视野中来。1970 年,该组织被重新命名为媒介视听率调查委员会(Media Rating Council,MRC)。除了美国的 MRC 外,视听率调查的行业规范还体现在由欧洲广播协会(Europan Broadcasting Union,EBU)等机构发布的《全球电视观众测量指南》中,旨在"建立一个大多数人都可以接受的关于电视观众研究方法的国际标准,使用这种方法可以获得最有效、可靠的收视数据"。

当然,除了运用视听率调查以获得受众信息外,广播电视媒介一般还会有实地调查、个案研究等研究方法。在媒介实际工作中,受众来信、来电、网站留言、手机短信和电子邮件等形式也是获取受众信息的其他途径。

(二)视听率对广播电视新闻产生的影响

由于在广播电视发展过程中,广播电视通过变相出卖受众以获得赖以生存和发展的广告利润,就由此产生了广播电视与广告商之间交易的基础——受众数据,而受众数据的主要来源就是通过收视率和收听率的调查。可以说,视听率调查既是广播电视追求更高利润的产物,也是衡量传播效果、了解受众信息、促进媒介变革的一个指标。

视听率调查的诞生与快速发展对于量化传播效果、优化广告商投放方案、改进节目内容与编排等方面具有积极的影响。在日渐细分化的市场上,目标受众人数最为受到关注,因为广告商所欲购买的就是目标受众,因而节目设计者自然会从调查报告中分析出目标受众的收听收看模式,制定出有经济效益的节目安排。

但不可回避的一点是,视听率调查源于市场需求,虽然它也属于受众研究和调查的一部分内容,但其诞生背景和目的指向却与纯粹的了解受众情况不同,其本身也有一定缺陷。有批评者就认为,收视率等是"以一种单一的、物化的以及线性的电视受众结构,来捕捉并涵盖所有人们的收视行为"。在我国,中央电视台自1996年全面采用收视率评价体系,之后省级电视台逐渐引进收视率评价。目前所有电视台都购买了商业性调查公司的收视率数据,有些电视台还购买两家或两家以上公司的收视率数据,以进行比照和分析。不少电视台结合本台和本地实际,深度开发收视率指标的应用价值。收视率在中国作为一个"硬通货",已不是反映受众反馈这么简单,而是发挥着深远影响,在影响电视台决策的各种因素中已经成为一个不可或缺,有时甚至是唯一起作用的因素。但作为一种纯数字化的反馈,即使加入一些满意度调查做补充,其中反映的受众信息仍是不够准确和全面的,尤其是作为个体的受众和受众心理层面的信息十分欠缺。此外,我国的视听率调查也因为调查公司的垄断、中央媒体的垄断和照搬西方市场标准而出现了调查跟不上广播电视技术创新、调查数据与实际情况产生出入、缺乏有效监管、调查统计资源分配不均等问题。

可以说,视听率调查产业一经形成,便会深刻影响节目制作、评价、编排、台站管理、资源配置、广告交易过程,广播电视的新闻节目便是其中受到影响的一个重要内容。从我国电视新闻节目使用收视率评价体系的近二十年发展来看,新闻性在某种程度上被逐渐消解了,电视新闻的娱乐化和新闻内容竞争的同质化趋势同益明显。

新闻是一种特殊的商品,它不仅可以在市场上流通和买卖,同时也具有精神产品的属性,而绝非简单的消费品。新闻的首要功能在于提供信息、进行社会监督,而不是通过收视率数据的高低来实现与广告商的利益交换,否则收视交易的后果就是为了取悦观众、取悦广告商,去不断生产和制作更能吸引眼球和关注的娱乐化新闻。从上文的分析中已经可以看出,"收视率第一"并不能等同于"受众最喜爱",身陷商业利润泥沼的电视新闻已经逐渐偏离新闻本身的社会功能和社会责任。此外,由于对收视率的追求,容易引起受众好奇心和兴趣的软新闻、法制类新闻节目、故事类新闻节目等风靡各个省市电视台,一时间,各类凶杀、情感、充满冲突和纠缠情节的新闻充斥屏幕,一些电视台甚至不惜虚构新闻事实,进行造假。观众是在看新闻还是在看被新闻包装的"故事片"则不得而知。

收视率仅仅是电视节目衡量指标体系中一个较为客观的数据,其本身并无好坏优劣之分,调查和统计技术本身也在不断变化的媒介环境中继续完善,关键在于使用者如何利用这种工具。新闻节目由于其担负着极其重要,又不可替代的重要社会功能,不应以收视率论英雄和狗熊,而更应将之作为关注受众需求、改进和提升新闻节目质量的辅助依据。正如有学者所说的:"在未来的传媒竞争中,谁能够更好地满足社会对于时政新闻和主流资讯方面的环境守望诉求,谁就会成为新时期的媒体英雄,而仅仅拿社会新闻和实用资讯说事,已经很难成为社会青睐的对象了。"

(三)广播电视新闻以受众为本

法国社会学家布尔迪厄在《关于电视》一书中认为,正因为一切都受制于收视率,而收视率又是追求商业逻辑的必然结果,所以电视已从文化和交往的传播手段,沦落为一种典型的商业操作行为。但是,作为广播电视传播的重要内容——新闻节目,始终应该坚持自身的功能与责任,以收视率为一种工具和参考依据,牢牢将受众作为安身立命的根本。这主要包括以下内涵。

1. 广播电视新闻的传播规律决定了必须以受众为本

广播电视新闻的传播目标和最终指向是受众,受众是新闻信息的接受者、使用者和消费者,是对信息、媒体以至传播者的最终检验者,所以受众也是广播电视生存和发展的基础和必要条件。广播电视新闻必须把握和了解受众喜好、心理和需求的变化,加强定性研究,平衡看待"数字受众"与"意见受众",避免将受众简单化、非人格化及遮掩其在社会网络中的复杂属性,要充分发挥广播电视在时效、现场感以及多种表现形式立体解读新闻等方面的媒介优势,在节目内容、形式、编排等方面不断创新,以达到新闻传播的最优化效果。

2. 广播电视新闻的社会功能决定了必须以受众为本

无论在原始社会,还是在现代信息社会,信息都是人类生存和发展的重要前提,尤其在现代社会和生活中,社会分工不断细化,世界联系日益紧密,传播技术不断更新,而原子化的个人却变得日益孤立隔绝,于是个人越来越依赖外部世界,任何变动都会影响决策和选择,受众对新闻信息的关注超过了以往的任何时候。因此,不管作为"探照灯",还是监视环境的"哨兵",广播电视媒介作为人们接受新闻信息的主要途径之一,必须坚守这样的信息系统角色和社会功能,保证提供最及时、广泛、有价值的新闻信息,塑造健康、客观的信息环境,引发和引导社会舆论,为社会的进步和平稳发展尽职尽责。所以,在这个前提下,广播电视新闻也必须以受众为本,否则也就谈不上什么社会功能和责任,也就失去了媒介的最根本意义和专业性。

3. 媒介竞争要求必须以受众为本

李良荣教授曾指出:"对于任何性质的新闻媒介,受众的接触与选择,都是其一切功能目标实现的首要前提,无论从哪方面讲,受众对于媒介的成败与生存都是至关重要的制约因素之一。要占有市场,要赢得受众,这是媒介的必然选择。"

不管是早期纸质媒体与广电媒体的竞争、广播与电视的竞争,还是现在更为复杂、多元化,也更加激烈的多媒体融合与竞争,作为广播电视最重要的传播内容的新闻节目都需要时刻关注受众,及时调整节目策略与设计,不断呈现更贴近受众、更符合其需求的新闻节目,才能在激烈的媒介竞争中站稳脚跟,甚至脱颖而出。正如未来学家约翰·奈斯比特预言的"整个信息社会的特点是从供给转为选择",在庞大的信息海洋中,谁能让受众在宝贵时间里选择最为有价值的信息资源,才是真正的赢家。这与施拉姆关于"自主餐厅"的比喻也是不谋而合的。

4.新闻传播收视为王"行规"

以受众为本就是时刻以受众需求为出发点,但受众需求并不是一个简单的概念,它既包括了受众的显性需求,如与之有关的信息、趣味性信息、刺激性信息,以及激发好奇心理的信息等,又包括了受众的隐性需求,如社会的实际存在状态对新闻信息的需求。也就是说,广播电视新闻不仅要为受众提供显性需求的部分,也应起到塑造和引导受众的作用,关注、预测、解释社会实际存在状态,将信息的重要性与受众的共同兴趣结合起来,将"应知"和"欲知"相结合,绝非简单地提供一些客观信息或者符合受众口味的信息。

但随着社会的发展和媒介竞争的加剧,打着"以受众为本"旗号而大肆生产新闻商品或将新闻娱乐化的现象却愈演愈烈。例如,近些年在我国十分流行的故事类电视新闻节目,选材上多集中于贫困农民、农民工、下岗工人、残疾人等人群,反映他们的苦难遭遇,表现手法上强调刺激性,以扑朔迷离的情节、悬疑的设计、恐惧的神情、谋杀现场的重复等刺激受众感官,营造了一种虚假的社会环境,极大激发了受众的猎奇心理和隔靴搔痒的同情心理,在媚俗和讨好受众中偏离新闻本质。我国并不是出现这一趋势的个案,有关专家对美国主要媒体二十年的新闻报道进行了分析,发现"新闻报道的重点和主题正在逐步转向生活方式、著名人物、娱乐休闲和名人犯罪,而离开政治和国际背景"。在广播电视早期发展中,由于电波频率被认为是具有公共性的有限资源,所以更强调其公共传播者的身份与属性,但在近二三十年市场化浪潮中,这种可贵的公共性遭到很大破坏与销蚀,私人话语和事件,以及娱乐性、商品化的新闻越来越多地充斥到广播电视新闻节目中,实际上,这已经是变质了的"以受众为本"。

三、我国广播电视新闻节目受众角色的变化和研究

新闻节目是广播电视事业的重要内容和立台核心。我国广播电视新闻节目从诞生以来,定位上从指挥者变化为信息提供者和服务者,形式上从简单、古板变化为丰富多样,播出时段更加立体、全面,新闻编排更加按照新闻价值规律和受众心理特点来安排。媒介革命已导致受众地位和格局的变化,现在的广播电视新闻节目日益重视受众需求及其对媒介经营策略的影响,不断研究细化的受众市场,准确市场定位,从而追求有限条件下传播效果的最大化。下面我们来分析一下我国广播电视新闻节目受众角色和受众研究的发展历程。

(一)受众——单一的教育对象

从新中国成立后到改革开放前的这段时间里,我国的广播电视新闻虽然有不少发展和创新,但客观上看,新闻形式简单、制作较为粗糙,新闻时效性并不是最重要的内容也基本与社会生活没有必然联系。而我党密切联系群众的优良工作作风也由于受"左倾"思潮和"苏联模式"的影响未能贯彻实行。有关受众理论被批判为"资产阶级新闻观点",新闻媒介多重灌输、轻反馈,重指导、轻服务,忽视受众在新闻传播活动中的主体地位,对受众调查、受众研究的工作还没有展开。这个时期的广播电视新闻节目总体上来看是高高在上的,习惯于把受众当作学生一样教育、指导。"文化大革命"的十年间,广播电视事业更是饱受摧残,几乎完全失去了新闻媒体的功能,沦为了"四人帮"政治斗争的宣传工具。新闻传播的受众理念、管理及运作机制直接服从于政治逻辑,完全按照意识形态的指令实施信息资源的配置。

（二）受众为本位

党的十一届三中全会以后，改革开放的新气息影响了中国的各个行业和领域，"媒体中心论"的地位开始松动，受众逐渐被作为新闻工作的重要一环而得到重视，一系列与受众有关的会议和调查研究纷纷展开，为受众重要性认知的转变奠定了基础。1987年党的十三大召开，高度重视新闻媒介的作用，支持舆论监督，为新闻事业的整体改革和发展营造了良好的环境氛围。这一时期的广播电视受众的地位和角色开始转变，作为新闻接收的观众和听众的角色不断被加强和重视。

目前，我国受众理论已经认识到"以媒体为本位"的不合理，承认和强调受众在传播活动中的重要性。但总体上看，广播电视新闻由于还处在计划经济时代的局限中，缺乏市场压力和竞争，没有活力，许多调查研究并未指向真正的实际问题，总体上新闻节目依然表现出指令性明显、官腔浓的特点。但这个时期的转变为新时期的受众研究和角色转变奠定了重要基础。

（三）以受众为中心的理论与实践

从1992年党的十四大召开，确立了社会主义市场经济体制，广播电视也开始了"事业性质、企业管理"的变化。受众研究和受众调查的专业组织出现，受众理论研究水平大大提高，各项受众研究蓬勃开展，广播和电视在日益激烈的竞争中更加重视受众研究和调查，并积极根据调研成果、紧密结合自身媒介优势进行新闻节目的设计与改革。受众从被教育的对象、被服务的对象逐渐转变为新闻传播中的权利主体，受众中心论或本位论开始形成并流行。

总体看，这一时期在"受众中心论"的指导下，我国的广播电视新闻节目有了快速发展。为应对社会主义市场经济体制建设的不断推进和不断变化的社会生活，广播电视新闻节目也以满足受众对新闻信息的需求和对焦点的追踪、问题的阐释为基本点，积极拓展信息量，不断改革创新节目和报道形式，发挥广播电视新闻报道的优势，发挥舆论监督和舆论引导的功能。广播电视新闻中的直播节目、现场报道和板块节目成为主流，深度报道和系列报道等也产生了重大影响，早间新闻节目和社会新闻、民生新闻节目等由于对受众定位和市场细分的准确把握也都相继取得成功。

第二节　栏目化的广播新闻节目

新闻性节目是广播传播信息的主体，是电台各类信息的"脊椎"，是广播媒介报道新闻信息、讨论公共事务、传播社会主流道德价值、实现其商业目标和推动社会进步与人类和谐的基本手段。广播新闻节目的内容无所不包，形式丰富多样，写作和编辑灵活自由，覆盖面宽，收听方便，是公众了解国家政策信息、社会变动信息、各种经济和生活信息以及文化娱乐、体育竞技等信息的重要窗口和渠道，历来受到广泛的重视。特别是在地处偏远、交通阻隔、其他媒介无法发挥作用的时候，广播传播能够一枝独秀，方便快捷地实现其传播目的。

但是，在各种媒介日益发达、各种传播手段不断丰富的今天，广播传播受到巨大的冲击，面临严峻的挑战。为了应对残酷的市场竞争，发挥广播的传播优势和信息的集群优势，在激烈的市场竞争中占领自己应有的份额，全国各广播电台已普遍采用栏目形式来发布新闻，这在今天被称为广播节目的栏目化。

一、广播新闻节目的特征

广播节目的栏目化是为了更好地贴近听众,通过固定的播出周期来培养听众的收听习惯,从而使其拥有固定的收听群体。因其具有时间持续、周期固定、定位明确、观众容易收听的特点和优势,能够帮助听众形成一定的收听习惯,从而有利于开展广度和深度的报道。但是,栏目化只是一种节目的组织形式,组成栏目的基本单位仍然是一个一个的节目。因此,在明确了广播节目的基本特点和设置原则后,我们可以联系广播传播的实际,深入探讨广播新闻节目所具有的个性特征,明确了广播节目的个性特征,也就容易体现栏目的个性特征了。

(一)广播新闻节目是以思想和情感为内涵的节目

报纸通过版面,依靠文字和图片来进行传播,不同的版面语言组成了各具特色的报纸;电视主要是通过画面(图像)、文字和声音三者来传播信息的,集视听手段于一身,既作用于人们的听觉器官,更作用于人们的视觉器官,具有其他媒体不可比拟的先天的传播优势;广播则是通过无线电波,以声音为载体来传送节目的,主要作用于听众的耳朵,无论是传者还是受者都离不开声音。广播的声音又总是通过一次次节目的声音传送给听众的,不同的声音,传播着不同的节目。所以说广播是一种声音的艺术。这里所说的声音实际上是指有声语言,即播音员和新闻人物的语言。语言是思想的外壳,是有思想感情的,广播新闻节目正是通过播音员、主持人、新闻人物的声音语言的感情色彩去揭示节目的思想内涵,优秀的播音员或节目主持人在把文字转化为语言的"再创造"过程中,总是善于根据节目的思想内容正确完美地表达其立场、观点和思想感情。没有记者、编辑和播音员真情实感的注入,任何信息传播、舆论引导、思想教育甚至生活服务的任务都难以完成。所以,广播新闻节目从形式上看是在传播新闻信息,但本质上是在和听众进行思想和情感的交流,或者说是在进行精神交往和互动。有了好的节目,才会有好的栏目。

(二)广播新闻节目的结构要素是时间,及时性是其成功的秘诀

广播新闻节目的时间特性是声音特性的自然延伸。广播新闻节目传播信息是通过时间来展开的,而且是以顺时间方式直线状态展开的,并以时间长度来规定节目。时间的特性决定了广播传播的新闻信息必须以"快"为特色,以传送"刚刚发生""正在发生"的新闻事件信息为节目的主要目标,以最快的速度向公众报告最新鲜的新闻事件。

报纸每天只发行一次,每天都有一个截稿时间,因此它要受到时间的限制;电视虽然具有滚动播出的潜在可能,可以把新闻现场的画面信息及时传播到每个家庭,但它的采制、编辑、传播过程复杂,技术装备和技术要求目前还不能达到及时这个水平;唯有电台是最便捷、最经济的传播手段,它可以发挥出信息传播的最大优势,不仅可以把每天而且可以把每时每刻发生的重要新闻事件在第一时间内告知公众,收到先声夺人的效果。为了实现及时传播的目标,电台一般采取了以下一些措施。

1.规定节目的时间长度

无论是单个的节目还是由节目组成的栏目,都有一定的时间规定性。规定节目或栏目的时间长度也就是所谓节目(栏目)的定时性,即每天播出的新闻节目(栏目)时间相对固定,包括每个节目(栏目)所需要的时间长度固定、播出时间固定以及设置正点新闻节目或栏目。节目

(栏目)时间固定,指有 5 分钟的简明新闻,有 10 分钟、15 分钟、20 分钟、半小时、1 小时的新闻节目或栏目。如果是单独播出的新闻节目,其时间长度必须与事先安排的相一致;而在一个栏目内,不同的新闻节目则可以有长有短;但所有节目的时间加起来,不得长于栏目总体的时间安排,也不能短于这个安排,超播和缺播都是不允许的,必须严格遵守既定的固定时间。

规定节目和栏目的时间长度,固定节目和栏目的播出时间,可以便于听众收听,扩大节目与栏目的影响,增强社会效果。电台节目和栏目的每一次调整,都要配套编发一个新的节目时间表,一旦决定就不能随便更改。

2.以最快的速度传播新闻信息

电磁波以每秒 30 万公里的速度传播,这就为在新闻事件发生的同时将新闻事件进行同步传播提供了可能。实际上,许多电台都在做这种尝试,以确保新闻传播真正实现其最重要的价值——及时性。如近年来有广泛社会影响的实况转播、现场口头报道等,无不旨在使新闻传播的时间差和间距大大缩小。与及时性相关的是广播节目的顺时传播。由于广播电台的信息传播是以时间为保障的,新闻节目只能线性传播,按时间维度展开,因此,新闻节目的编排必须次序井然,不可并列,不能错位。其优点是层次分明,重点突出,缺点是不可逆转,听众选择不方便。而弥补的唯一办法就是以最快的速度传播刚刚发生、正在发生的事情,尽可能做到传播与事件的进展同步。

3.采用循环传播方式和多套路节目共时化传播策略

循环传播就是同时发挥定时、及时的长处,在 24 小时中连续不断地传播新闻,其中,重要新闻会反复出现在各个时段的节目之中,而每个时段播出的节目又绝对不是此前节目的完全照搬,都会有新的内容增加,听众都可以获得新的信息;多套路节目共时传播是指一个广播机构会充分利用电磁波频道资源,开设并行播出的多套节目,而每套节目播出的内容会有意错开,从而保证在不同时段打开收音机的听众都能够及时听到最新的和最重要的新闻信息。这是在广播实行分众化传播后,电台为使重要信息得到最大范围的覆盖而采取的一个办法。循环传播可以随时增加最新消息,满足不同听众的多种需求,多套路节目共时传播又可以使部分未能及时收听相关节目的听众可以在其他节目套路中收听重播节目,得到相应的补偿。

4.注重音响特点的发挥

广播新闻编辑总是会根据节目个性和对象的特点,加强内容的针对性,注重题材的广泛性和内容的丰富多彩,突出传播新闻和相关信息的特点,注重信息的鲜活、密集和有效程度,其中一条重要的保障是音响优势的发挥。广播新闻说到底,是一种音响艺术,没有音响,就没有广播传播,但是,音响的应用要讲究针对性,要与公众感兴趣的事情和问题的现场音响、有关当事人的话语音响、播音员或主持人的解说音响有机结合。在形式上也要保持与节目和内容的一致性。

二、广播新闻栏目设置的依据

广播事业发展到今天,对于新闻信息的播出方式已经有了更深刻的认识,在传播形式上已有了很大的不同,这就是从传统的节目播出形式发展到了栏目化阶段。所谓栏目化,就是将所有要播出的节目都编进一个相对固定的节目播出单元里,以内容为依据将它们按照并列、递进、因果、对照等多种关系进行合理编排,集中播出,以实现新闻节目的信息价值最大化的一种节目播出方法。新闻节目的栏目化播出,就有一个栏目的设置问题。广播新闻栏目的设置,必须考虑一些重要的因素,不可随便马虎。这些因素是多种多样的,但归结起来有三个方面。

(一)根据时代和形势、根据党的路线方针政策设置新闻栏目

广播是历史进程的记录者,是时代的鼓点,是社会主义现代化的强大的舆论阵地,因此,设置和调整广播新闻节目必须首先围绕党中央的精神去考虑,与国家大局和时代精神相一致,否则将寸步难行。

(二)根据听众的收听习惯、收听可能和收听规律设置栏目

广播新闻节目是办给听众听的,设置栏目必须认真了解听众的构成,调查听众的需求,研究听众心理,千方百计地满足他们的需要。新华社曾经提出播发新闻稿要做到"七增一减",即增加具有全国意义的新闻,增加有重要指导意义的新闻、评论,增加具有广泛社会兴趣的新闻,增加"今日新闻",增加"人物新闻",增加言论,增加适合向国外广播的新闻,减少那些"食之无味、弃之可惜"的"中不溜"稿件,特别是一般化的长通讯。这显然是考虑听众兴趣、尊重收听规律的结果。

(三)根据自身的人才结构、设备基础和编辑能力设置栏目

一个电台设不设栏目、设多少栏目、设什么样的栏目,不是可以凭空想象出来的,它必须以电台现有力量作为基础和前提,必须考虑自身人力、设备、节目制作条件和编辑水平,否则,再好的设想也只能是井底月、镜中花、画上饼,不会有什么实际的价值。

三、栏目设置的基本原则

广播新闻节目或栏目设置的基本原则是,按照系统论的思想设置各类节目,正确处理好部分与整体、局部和全局、重点和一般、一般和特殊之间的关系,从而使电台节目的整体布局更为合理,达到整体优化。具体说,应该做到以下几个有机结合。

(一)突出主题和统筹兼顾有机结合

广播的优势是容量大、传播速度快。在各类节目中,新闻节目传递信息快而多,与形势结合得最紧,能起到上情下达、下情上达的作用,既是联系党、政府和人民的桥梁,也是沟通社会各个方面、各个层面的纽带。因此,电台在设置栏目安排节目时要始终把新闻节目放在首位。当然,为了最大限度地发挥广播媒介的传播优势,也要在办好新闻节目的同时,办好其他相关节目,如专题节目、深度报道节目甚至是服务节目等,使新闻节目和其他节目交相辉映,相得益彰。

(二)自成体系与多个层次有机结合

自成体系指要善于将各类节目连成一体,节目设置要前后连贯,各种节目之间要相互衔接配合,使全台节目纵横交错,和谐统一;同时,要不断改进节目编排,注意节目的穿插和调节,使这种体系总是处于不断变化的发展过程中,把整套节目安排得"活"一些。

实现广播信息传播的多层次、"立体化",要求不同的节目和栏目、不同级别的电台要注意发挥各自的优势,分清层次,互相配合协调,办出自己的特色来。

(三)注重节目共性和栏目个性有机结合

设置广播新闻节目的一个重要原则,就是首先要注意各类节目的共性,即弘扬主旋律,打好主动仗，站在时代的高度，站在全局的高度，把节目办得有气势，不要小眉小眼。但是，真正具有竞争力的节目不是共性的东西，而是具有鲜明个性特色的节目和栏目。这就要求从当时当地的实际出发，充分研究听众市场的需求，发挥全台员工的集体智慧，设计出独具特色的栏目和节目，这样才能形成一个电台的核心竞争力。

第三节　媒介融合背景下的电视新闻节目的创新与发展

在媒介融合背景下，电视新闻一定要着眼现实，将电视新闻节目、新闻栏目甚至新闻频道与显示传播环境度对接。

一、设置栏目和策划节目

随着电视传播理论的发展、传播技术的成熟和媒介竞争的加剧，以栏目的形式采写、编辑和播发新闻信息已成为当今电视新闻传播（其实也是所有电视节目）的主要形式，业内称之为"栏目化"。

（一）电视栏目界定

电视栏目是借用报纸专栏的编排方式，将内容相对专一、风格大体一致的播出内容集中编排，具有专门栏目性质的节目类型，是电视传播内容的基本单位，具有系统性、固定性、综合性的特征。它要求有固定的栏目名称、固定的片头、固定的节目长度、固定的播出时段、固定（或相对固定）的栏目主持人，以便观众定期定时收看。

电视新闻栏目是电视栏目中的一种，是电视节目栏目化的产物，是将电视新闻节目编排成一个个栏目集群播出的一种信息传播方式，在电视媒体中占有核心地位。目前的电视栏目大体有三种形式，即集纳式、专题式和杂志式。

电视新闻栏目化，最终告别了电视新闻播出的无序时代，可以最大限度地适应不同层次观众的多种需求，优化了新闻信息的传播效应，走向了规范化、风格化和系统化，已经成为电视媒体发挥传播优势、赢得市场份额的法宝。

（二）电视新闻的栏目设置

电视新闻栏目的设置，涉及受众对象的细分、栏目形式的选择和媒介环境的分析等因素，需要考虑是单纯地传播信息，还是要对新闻做深入的调查和分析。如是前者，则采用综合编排的方式，设计集纳式的电视新闻栏目；如是后者，则可以再向专的方向推进一步，即就一个新闻事件、一个社会问题、一个公众话题等进行专门讨论，以满足人们对"热点""焦点"关注的要求。电视新闻栏目的设置，要考虑如下因素：

（1）栏目的接受者因素。电视新闻栏目是办给观众看的，他们有没有兴趣、有没有条件甚至有没有习惯都直接影响甚至决定着栏目的生死存亡，所以，在设置栏目时一定要充分考虑受众环境、生存状况、兴趣爱好、收视习惯与可能性等。

（2）媒体的竞争者因素。媒体竞争说到底就是播出内容、播出形式的竞争，争夺的对象是公众。谁能采访到独家新闻，谁能制作出精彩的节目，谁的播出形式能够满足观众的收视需要，谁就能赢得受众的认可，赢得广告商的追捧，实现其商业价值和道德追求。否则，就会影响到自身的生存与发展。

（3）媒体的控制者因素。在任何社会里，媒介都不可能获得绝对的自由。无论是政治力量、经济力量还是文化力量，都会想方设法影响媒介的决策和价值走向，而对媒介起着重要作用的力量包括政治组织的影响、国家的法律制度影响、利益集团的制约等，这是我们在策划电视新闻栏目时必须顾及的。

此外，还要考虑自有的人力、财力、设备等因素，更要考虑栏目设置起来后是否有足够的信息资源来满足栏目播出的需要。

栏目的设置，要经过提出目标、收集资料、制造创意、确定方案、组织评审、试播验证、市场推介等多个环节，切不可急于求成或轻率上马。

（三）电视新闻节目的策划

根据收视规律，各家电视台都在以下三个时段做好做足新闻节目的文章：

一是早间新闻。因为这是一天的开始，电视要为观众营造一个良好的心情，在内容选择上就需要对昨天的新闻做一个概括的交代，对影响今天生活的因素进行提醒，如国家有什么新政策出台？天气有什么新的变化？道路交通是否通畅？节目要增加服务性，节奏要适当加快，切不可慢条斯理，因为人们需要在尽可能短的时间内了解新闻的大概，以作为一天行动的参考。形式上要尽可能轻松自然，充满活力与亲情，努力营造愉快轻松的氛围，为观众提供良好的心情背景。

二是午间新闻。主要对上午发生的重大新闻事件向观众做通报，使他们在第一时间获得上班至午间这段时间内发生的各种公共事务的进展情况，报道范围可以适当扩大。信息量可以加大，但深度报道不宜在午间播出。

三是傍晚节目。这是一天中最重要的一段时间的节目，所有电视台都会将主要力量放在对这一档节目的精心采编上，力求出精品、出社会效应。这是"新闻背后的新闻"，或提供"新闻透视的道理"。

二、电视新闻节目的编排

随着电视事业的发展，我国公众可以收看的频道已经发展到数十个（一些城市的数字电视传输通路已达数百套），它的直接后果就是在带给公众更多选择权的同时也带给各家电视台生存竞争压力，而电视台要赢得观众的信赖，除了狠抓节目质量外，还必须在节目编排上狠下工夫，使播发的电视新闻最大限度地满足观众获知信息的欲望，并千方百计地顾及他们的收视可能，适应他们的收视习惯，满足他们的收视兴趣，如此才能真正实现新闻传播的目标。

（一）电视节目编排的基本要求

电视节目编排，是电视直播流程中的重要环节，它是电视编辑根据频道设置的规定、栏目编辑思想和传播任务的要求，结合节目内容，通过对观众收视行为特点的研究并凭借自己的敏锐判断，将各自分散、独立存在的节目资源进行有机地线性编排并使之形成一个整体的过程。做好节目编排是提高收视率的一个有效的辅助手段。节目编排是传达新闻内容的一项再创造劳动，是根据新闻的内容特点，按照一定的意图、规律赋予它们的一种特定的表现形式。新闻编排既体现新闻媒介对新闻信息的认知、态度和评价，也是帮助、吸引观众有效收视的重要手段。编排工作举足轻重,而编辑思想是贯穿始终的一根红线。

(1)搞好电视节目的编排,首先要求新闻编辑纵观全局,把握时代脉搏。新闻类节目中包含有很强的政策性和导向性,新闻编辑需要具备较强的理论修养和政策观念,正确了解党的有关理论、路线、方针、政策,提高认识能力和分析能力,把握住时代的脉搏和社会发展的规律,认清大局和主旋律,站在历史的高度,从党和国家总体工作部署和全局利益出发,培养超前意识和敏锐的洞察力,而能够从纷纭复杂的社会现象中,抓住事物的本质。在选择和编排新闻时,要恰当地把握报道的全面性、平衡性和典型性、代表性的统一,较好地体现媒介的报道意图。

(2)搞好新闻节目编辑,新闻编辑还必须做到依据新闻规律,努力满足受众需求。电视新闻的编排越来越需要按照新闻规律办事,它不仅要较好地体现媒介的报道意图和传播任务,更要考虑符合受众的收视需求,适应他们的收视可能和收视习惯,否则,就会是一厢情愿,最终可能会为观众所唾弃。

(二)电视节目编排的内容

新闻节目的总体编排包括新闻选择、分类、编排、栏目设置、栏目之间的协调平衡等。对具体的一档新闻节目的编排(即组织编排好一档新闻栏目),则要根据报道思想对每条新闻进行取舍分类并确定其在整体编排中的位置,配发提要及编前、编后语,选择播出形式并合成编播等。在操作层面上主要指新闻选择与组织,其内容大体如下:

1.选择头条新闻

电视新闻的播出方式是依照时间先后顺序播出的,给观众的是一种限定性收视行为,所以安排好电视新闻的编排次序显得尤为重要。尤其是头条新闻的选择,它既直接体现了新闻编辑部门的意图,也往往代表当天的宣传方向和重点,是一次节目的重要开门之作。它在内容上应是老百姓最关心的事实,在形式上应做到声音与画面有机结合,内容与手段相互匹配。对观众来说,头条新闻直接影响到观众收看新闻节目的兴趣。

2.使用新闻提要与内容回报

在一次电视新闻栏目播出开始时,由播音员或主持人选播部分重要新闻题目,帮助观众预先了解本次新闻的概貌或重点。提要可以在口播的同时在背景上打出字幕、插入照片或活动画面,一般只用一句话、一行字,突出新闻的核心内容,要求简洁、准确、精练、上口、入耳。

在一次新闻播出过程之中,出现播音员或主持人插叙的提示,其作用大致有以下几点:强调新闻的重要内容;提示新闻之间的内在联系;引导观众转换注意等。主要目的是为了增强节目的可视性与吸引力,从而强化在稍纵即逝的播出过程中信息对观众的影响作用。

新闻内容回报是新闻提要的复述。在一次新闻节目结束之前,由播音员或主持人以口播的方式再一次播报全部新闻或部分重要新闻的题目,以加深观众的印象和记忆。由于回报带有概略重播的性质,对于中途开始收视的观众,也是一种信息补偿。

3.配发编前、编后语

编前、编后语可以补充画面的不足,表明编者的态度和情感倾向,引导观众积极思考,帮助他们理解新闻的含义。编前语是在一个或一组新闻节目播出之前的议论,主要作用在于提醒;编后语是在一个或一组新闻节目播出之后由播音员或主持人口播的议论,主要作用在于强调。无论是编前还是编后,都要直截了当,态度鲜明,语言精练,时间要控制在数秒钟之内。

4.调用多种表现手段,增强编排节奏

电视新闻要得到良好的收视效果就离不开节奏。电视新闻节目的节奏意味着节目播出的内在韵律要保持流畅,不能迟滞或令人烦乱。有经验的新闻编辑总是会想方设法合理编排节目整体以及其中的每一个段落,使之产生富有韵律的节目节奏。

控制节奏,要注意长新闻和短新闻的搭配、图像新闻与口播新闻的穿插,声音的快慢要相同,严肃与活泼要有机组合,画面色调要注意形成对比,灵活性要与整体性相统一等。总之,要综合调动各种电视手段,使新闻节目的编排庄重而不呆板,活泼而有章法,令观众喜闻乐见。

(三)几种常用的节目编排结构

结构,是构成事物整体的各个部分及其结合的方式。电视节目的结构,则是指作为电视传播基础单位的各个节目之间的有机的逻辑联系和组合方式。现将在电视编排实践中使用最多的几种结构方式简介如下:

1.组合式结构

组合式结构是把同类题材或内容相近、有内在联系的新闻编排在一起,使之成为一组,在一次节目中形成"重点"或"亮点"。这种编排类似积累式蒙太奇组接,突出了新闻价值,加深了报道思想的深度,能产生强烈的传播效果。

2.对比式结构

对比式结构是把题材相同或相近,但内容反差极大的新闻组合配套的结构形式,以鲜明的对比,使矛盾凸显、是非清晰、美丑分明、褒贬外化,直接表达出编辑的观点并影响观众。

3.集纳式结构

集纳式结构(又称同题集中式结构)是把同类题材综合在一起编成一组综合新闻,如相同的主题、相同的特点或内容相近有内在联系的新闻等。综合编排是为了突出主题的同一性。如果这样的新闻单个一条条播出,会因类别相同给人以重复单调的感觉,而各取其特点部分,综合为一组编排,整体报道的气势和力度就增强了,整个报道就会显得更加精练。与组合式结构不同的是,组合式结构一定要有一条重要稿件,其他稿件是作为丰富它、佐证它、延伸它而使用的;集纳式结构则没有重点稿件,每一条稿件的分量、重要程度都是一样的。

4.一体式结构

一体式结构指在一档综合性新闻节目中,编排应力求在内容上、风格上统一,使之有一个整体基调,主题较为统一、集中。如在节日期间少排过于沉闷、严肃的新闻,重要纪念日集中编排相应的同主题的报道等。

总之,电视新闻节目的编排是决定综合性新闻节目传播整体效果的关键环节,编排的优劣在很大程度上影响着新闻传播媒介的形象。编排一档好的、完整的综合性新闻节目,必须拓展思路,摒弃传统、僵化的编排模式和经验主义,在实践中探索、创新,追求节目的编排思想精深、艺术精湛、制作精良。

三、探索电视新闻表现的新路径

电视新闻传播发展到今天,应该说传播理念已经非常完备,各种技术十分成熟,编排思想、制作手段、组织方式都已基本定型,难有新的突破。但是,如果电视新闻工作者具有探索精神,敢于向电视新闻报道的深度和广度进军,不断开掘电视新闻表现的新路径,不断探索电视新闻表现的新方法,应该说还是可以有所作为的。

电视新闻的叙述视角"横看成岭侧成峰,远近高低各不同。不识庐山真面目,只缘身在此山中",讲的就是视角问题。

在新闻叙事中,视角不仅是记者观察新闻现场和表现新闻事件的角度,也给读者提供了一个认识世界和思考世界的预设框架,因此其重要性不言自明。

叙述视角也称叙述聚焦,是叙述语言中对新闻事件或故事内容进行观察和讲述的特定角度。同样的事件从不同的角度去看就可能呈现出不同的面貌,在不同的人看来也会有不同的意义。叙述视角,是电视媒体必须面对的一个基本表现技巧,是叙述事物的出发点,通常称之为叙述事物的角度和方法。它指的是叙事作品从什么角度叙述故事,以及叙述角度如何随着人物的视角而发生变化。

如果这个问题解决不好,就会给观众带来对画面信息理解的困惑。

(一)文学作品中的叙述视角

不同的学者对叙述视角有不同的概括,一般来说,在文学批评中,结构主义的批评家们认为叙述视角呈现出三种形态,分别是全知视角、内视角、外视角。

1. 全知视角

所谓全知视角是指叙述者＞人物(从"后面"观察)。古典主义的叙述往往使用这种公式。在这种情况下,叙述者比作品中的人物知道得更多。叙述者＞人物,也就是叙述者比任何人物知道得都多,他全知全觉,而且可以不向读者解释这一切他是如何知道的。"他可以用第三人称写作,做一个'全知全能'的作家。这无疑是传统的和'自然的'叙述模式。作者出现在他的作品的旁边,就像一个演讲者伴随着幻灯片或纪录片进行讲解一样。"这种"讲解"可以超越一切,历史、现在、未来全在他的视野之内,任何地方发生的任何事,甚至是同时发生的几件事,他全都知晓。在这种情况下,读者只是被动地接受故事和讲述。

这种叙述视角的缺陷是相当明显的,它叙事的真实可信性经常受到挑剔和怀疑。

2. 内视角

所谓内视角,其公式被表述为:叙述者＝人物("同时"观察)。在这种情况下,叙述者和作品中的人物知道得同样多。叙述者不能像"全知全觉"那样,提供人物自己尚未知道的东西,也不能进行这样或那样的解说。由于叙述者进入故事和场景,一身二任,或讲述亲历或转叙见闻,其话语的可信性、亲切性自然超过全知视角叙事,这种内视角包括主人公视角和见证人视角两种。

主人公视角的好处在于,人物叙述自己的事情,自然而然地带有一种特殊的亲切感和真实感,只要他愿意,就可以袒露内心深处隐秘的东西,即使他的话语有所夸张或自谦,读者也会把这当做他性格的外现,而不会像对待全知视角那样百般挑剔质疑。另外,它多少吸收了全知视角全方位描述人物的优点,特别便于揭示主人公自己的深层心理,对于其他人物,也可以从外部描写,并运用一定的艺术方式接触到他们的内心世界。这种视角也有明显的不足:一是受视点人物本身条件诸如年龄、性别、教育熏陶、思想性格、气质智商等的限制,往往容易会造成主人公情况与其叙事话语格调、口吻、所述题材相错位;二是这种视觉难以用来叙述背景复杂、事件重大的题材;三是很难描写充当视点人物主人公的外部形象,即便做也很勉强。

见证人视角是次要人物叙述的视角,它的优越性要大于主人公视角。它的叙述对塑造主要人物形象会更客观有效,也会比较直接对所叙述人物和事件做出情感反映和道德评价,并有一定的抒情和政治色彩,叙述者可以倾听别人的转述,灵活地暂时改变叙述角度,以突破其本人在见闻方面的限制。

3.外视角

外视角的含义是叙述者<人物(从"外部"观察)。在这种情况下,叙述者比任何一个人都知道得少。他可以向我们描写人物所看到、听到的东西,但他没有进入任何意识。这种叙述视角是对全知全能视角的根本反拨,因为叙述者对其所叙述的一切不仅不全知,反而比所有人物知道得还要少,他像是一个对内情毫无所知的人,仅仅在人物的后面向读者叙述人物的行为和语言,他无法解释和说明人物任何隐蔽的和不隐蔽的一切。它最为突出的特点和优点是极富戏剧性和客观演示性;叙事的直观、生动使得作品表现出引人入胜的艺术魅力。它的"不知性"又带来另外两个优点:一是神秘莫测,既富有悬念又耐人寻味;二是读者面临许多空白和未定点,阅读时不得不多动脑筋,故而他们的期待视野、参与意识和审美的再创造力得到最大限度的调动。

(二)电视新闻中的叙述视角

在电视新闻叙述中,通常情况下,电视新闻(包括电视专题片)的叙述视角有如下几种:

1.主体视角

主体视角即由记者在摄像机前面用第一人称的手法讲述新闻事件,观众所看到的画面只有记者和他身后的景物。在现场独白式的主观视角里,记者以参与者的身份,以亲临其境的主观化态度讲述"故事",所叙所言都是记者的所见所闻所感,新闻显得真实、亲切和自然。但由于主观视角的表现形式比较单一,时空跨度过于狭小,通常只在"截稿期限临近让新闻赶上播出"时采用。

2.全能视角

全能视角也称画面视角。记者在现场镜头外用第三人称的身份对新闻人物和新闻事件的画面加以解说。画面视角没有记者和主持人的现场介入,只有画面外的解说和提示。这种"全知全能"方式,在当下信息量日益倍增和传播渠道日益通畅的今天,已经不能够完全适应受众的要求。事实证明,这种方式容易产生居高临下的感觉,使人感到不真实。

3.合成视角

合成视角就是现场独白和画外音有机组合而成的叙述视角,也就是现在电视新闻常用的方式,能多角度多层面展示新闻魅力。

(三)叙述角度的新探索

20世纪90年代初,湖北电视台拍摄了一个名为《黑眼睛与灰眼睛的对话》的专题片,讲述了德国杜伊斯堡市的几位中学生到武汉外语学校的同学们家里做客的故事。在这个新闻"故事"里,没有记者采录访谈的身影,也很少有播音员的串联与解说,记者编辑从叙述者的位置上悄然脱身,不露痕迹地让位于新闻中的双方主角——中国人的故事由德国孩子说,德国人的故事由中国孩子说。新闻中被报道的双方互以对方为视点,他们分别承担着叙述对方的任务。武汉大学新闻学院蔡凯如教授称之为"对方视角",是对于叙述角度的新探索。如《黑眼睛与灰眼睛的对话》片中米尔科在沈扬家做客那一段:

米尔科发现,沈扬的爸爸妈妈很友善,同时也很小心。中国的父母与孩子似乎有一种说不出的关系。有时候父母很威严,可以控制一切;可有时候他们也很怕孩子,甚至要看孩子的脸色行事。我就看到当他的父母一再劝我吃菜的时候,沈扬一瞥不高兴的眼神就阻止了她父母的热情。

我想中国的年轻人比我们更依赖父母,同时中国的父母更离不开他们的孩子。

沈扬则发现:在德国,十几岁的年轻人已经很讨厌被当做小孩子,他们与父母之间是一种更平等更自由的关系,因此当一对父母离婚的时候,在德国他们首先会想到自己,而在中国他们则首先想到孩子怎么办,如果让我选择,我希望兼而有之:他们的平等、自由和我们的稳固、安定。与电视新闻通常采用的主观视角、全能视角和合成视角相比较,对方视角在以人物题材为主的电视专题片中显示出独特的优势。

对方视角是新闻中的人物双方互相以对方为视点展开事实过程的一种叙述方式,叙述主体由新闻人物自己担任。由于对方视角中的叙述者是新闻中的人物,叙述时空往往与新闻时空同步,因而相对主观视角中的叙述者对新闻时空的把握更为准确到位,更具有现场感与真实感。由于对方视角是新闻中的人物双方在现场镜头内以对方为视点用第一人称报道新闻的叙述方式,在新闻中处于优势地位,他们的叙述比较容易受到观众的信赖,即使叙述中有主观臆断的成分也较为容易得到观众的谅解,这比全能视角集中体现记者、主持人或创作者揭示新闻内涵的意图却时刻面临真实性的拷问要更有说服力。

由新闻人物充当叙述者的对方视角,拆除了隔在新闻与受众之间的"篱笆墙",观众可以直接观察新闻事件的进展,进入被报道者的内心世界,毫无阻拦地洞察他们的所思所想,这比由主观视角与全能视角组合成的合成视角,无法排除叙述者这一横亘在新闻与受众之间的"篱笆墙"要更能为受众所接受。

但是,对方视角也不是随处可用,它有许多的局限。仅就题材而言,"对方视角"面对的题材只能是两种情况。其一,新闻中存在相互对应的两方人物。他们既可能是相识的双方,也可能是陌生的双方;既可能是好友,也可能是敌对关系;或者双方无利害关系,或者既矛盾又统一。由于新闻事件的发生和进展把双方裹挟在一起,因此双方都可能产生一个"我怎么看对方"的问题。其二,带有文化比较或观念、行为评价性质的题材。由于这类题材包含对人物或事件做出比较或评价的内容,比较或评价的主题便成为"对方视角"中的一方;而被评价或被比较的一方成为"对方视角"中的另一方。如果其中一方不是新闻中的人物,亦可作为"对方视角"的隐性视点或曰潜在视点进入叙述视角。

四、数字新媒体技术带来的融合新闻趋势

数字技术的应用对电视新闻而言,不仅意味着制作、传输更加便捷高效,画面更加清晰,后期表现手段更加丰富,提供更多的增值服务,更重要的是数字平台的构建,使得电视新闻获得了多媒体的环境,电视新闻与广播、报刊、网络、手机等媒体之间的壁垒被消除,新闻出现了媒介融合的趋势。在这种趋势下传受格局进一步被打破,媒体间合作被拓展,新闻资源则被进一步整合和效益最大化。有学者将这种融合诠释为不同的媒体集中在同一个信息操作平台上,统一策划、互相协调、取长补短,根据各自媒体和受众的不同特点对信息分类加工,发挥各自媒介的传播优势,有针对性地把新闻信息传播给特定受众,从而提升新闻传播的影响力和竞争力。

目前电视机构都在为积极顺应这一发展趋势努力做好准备。央视从 2006 年起就陆续开办了央视国际网络有限公司,开展了 IPTV 业务、手机电视业务、移动电视业务以及数字付费频道业务。上海的 SMG 也全方位出击,发展了有线数字付费电视、手机电视、百事通 IPTV、东方宽频网络电视、移动电视及楼宇电视。

除了在终端以及业务上的全面出击,电视新闻的编播方式也正在体现这种融合的趋势。一种初步的尝试就体现为目前许多电视新闻节目与网络展开的互动。节目可以通过网络平台收集受众的即时反馈,或是通过网络发布节目指南和节目宣传,或是形成受众的网络社区扩大节目影响力。一些电视媒体则在网络上发布视频新闻,方便受众在线选择和随时收听收看。江苏城市频道的《新闻夜宴》选取网民点击量最高的新闻做成 24 小时新闻排行榜,通过视频连线等手段,就重点网络话题在演播室与网民进行面对面的沟通。山东电视台齐鲁频道更是提出了"打造中国最具互动特色的大众综合频道"的市场定位,并开发了技术领先的大型多媒体互动服务系统,其新闻节目《每日新闻》推出双主持人制度,一人负责播报,另一人负责与观众进行同步在线交流,每天新闻直播期间的短信平均在 7000 条以上。SMG 在与网络的互动合作上则更进一步,2010 年 8 月,上海 SMG 旗下的五岸传播与国内最大门户网站搜狐公司旗下的北京搜狐娱乐文化传媒有限公司就双方在节目发行、策划定制节目、商务整合营销、跨平台内容播出等达成战略合作。搜狐的网络原创娱乐新闻节目《明星在线》《搜狐娱乐播报》等也将正式登陆各地电视台。

数字平台上的新闻融合还充分表现在发生重大新闻事件时的多媒体立体化报道。利用数字平台、广播、电视、报纸、门户网站进行联手,一方面可以从不同角度展示事件,以满足不同需求;另一方面,文字、声音、图片、画面的优势也可以集中在一个平台展示;此外传播的及时性、互动性和深度性都能同时满足,重大新闻事件的资源就被充分挖掘了。比如奥运报道,新浪就联合央视进行了报道,央视利用其独家转播权,新浪又从央视获得了视频播放权,来扩大奥运会的关注度,满足受众需要。有学者指出,电视、广播、报纸、互联网以及手机短信等新老媒体联袂出击,显示了多媒体联动、立体报道的强大信息传播优势和舆论引导优势。汶川报道中动用直升机、军用车辆等,地空交叉、混合传播的出现改变了震灾的报道方式,传统主流媒体不再是报道的唯一主角,手机短信、网络论坛等传播方式首次进入了报道的中心地带,成为震灾报道必不可少的重要部分。互联网晋升主流媒体之列,"网民记者"成为继文字记者、广播电视记者、摄影记者之后的又一采编主力。

这种新闻的媒介融合还体现为电视新闻的报道主体和内容日益丰富。基于数字化的 DV 技术使得电视新闻采集不再被电视媒体垄断,普及至个人手中的 DV 使大众参与到新闻制作中来,扩大了电视新闻资源。比如 2004 年 12 月 28 日发生震惊世界的印度洋大海啸,所有惊心动魄的海难场面,包括中央台在内的全世界各个媒体引用的现场画面,都是个人 DV 拍摄的。因此电视机构也逐渐重视个人 DV 的资源。一些电视台开始在媒体网站上发布大众制作的视频新闻,甚至在节目中直接运用大众 DV 新闻。上海电视台的《DV365》、河南电视台的《DV 观察》和云南电视台的《今日》等电视栏目则从专业视频网站和播客中选择受关注程度高的视频资料进行播报,引起了广泛的社会关注。央视国际频道《新闻六十分》栏目也开辟出"DV 看世界"板块,专门向海外华侨华人、留学生征集 DV 新闻作品。

面对这样的发展趋势,广播电视媒体亟需全能性的"融合"式记者,懂拍片录音和剪辑,懂计算机网络,会在线新闻的制作、超文本链接和视频上传,知道如何使用电子数据库等。此外,这也将是对编辑思路和经营管理的巨大挑战。如何以整合新闻资源的概念策划编辑新闻,如何处理媒体与媒体、媒体与受众、媒体与社会的全新关系,都将对广播电视新闻的创新发展提出考验。在新媒体条件下,传统意义上的有限渠道的传播模式无法适应网络传播高密度、立体式的传播平台,因此必须对原有的新闻节目资源重组整合,打造以新闻事件为核心的全面、立体、多元的新闻传播形态。

新的媒介环境将推动传统电视新闻"大编辑部"生产模式的升级换代,电视新闻编辑将成为新闻生产的真正主导者,全新的新闻节目生产流程和工艺,将推动电视新闻编辑向"本台编辑＋网络编辑"的复合型编辑转型。电视台新闻编辑的职能除了传统的策划报道和把关播出外,更多的是围绕新闻事件进行主题化整合,这包括协调相关节目之间的关系、关注其他媒体的报道、检索筛选相关信息以及对重大新闻的包装营销等,以尽可能地为受众提供多角度、多维度的新闻信息和观点。

思考题

1. 全球化背景下的广播电视传播发生了怎样的变化?

2. 什么是视听率?如何理解视听率对广播电视新闻的影响?

3. 为什么说广播电视新闻必须以受众为本?

第十一章 广播电视新闻传播伦理规范与法律规范

~~~~~~

学习目标

1. 掌握广播电视新闻传播规范。
2. 了解广播电视新闻传播伦理规范与广播电视新闻传播法律规范的关系。
3. 辨别广播电视新闻传播伦理失范现象。
4. 了解广播电视新闻法规。

广播电视新闻传播活动涉及各种复杂的利益关系,为了调节、解决传播活动中的价值冲突与利益纠葛,需要借助不同的手段,通过多种途经,对新闻传播活动涉及的不同关系进行调节与控制,以确保新闻传播活动的正常、有序进行。广播电视新闻传播的伦理规范与法律规范作为最基本、最重要的两种调节与控制方式,二者在广播电视新闻传播活动中相辅相成,并各自发挥着其不可替代的作用。

第一节 广播电视新闻传播规范概述

广播电视新闻传播规范是指调整、平衡、控制广播电视新闻传播活动中的各种利益关系、确保广播电视新闻传播活动正常有序进行的各种调控方式或手段。广播电视新闻传播秩序的建立与维护,既需要依靠硬性的、具有强制力的法律措施,也需要凭借柔性的、自律性的道德伦理规范。广播电视新闻传播的法律规范是指我国法律体系中所有适用于广播电视新闻传播活动的法律规定,它依靠国家强制力来确保其效力的发挥。广播电视新闻传播的伦理规范作为新闻传播行业自治的自律性调控手段,是以道德原则或标准对其从业者的职业行为进行引导、规范和约束的行为准则,它依靠从业者的职业信念、道德修养、社会舆论和传统习惯等来发挥作用。广播电视新闻传播的法律规范与伦理规范作为对广播电视媒体传播活动进行管理、调控的重要方式,二者之间既有一定的相互包含性,也有很大的差异性。

一、社会规范与广播电视新闻传播规范

人从本质上说是一种社会动物,在生存、繁衍的漫长过程中,因生存和生活的需要,人们结群而居,依据一定的方式组成共同体,聚合在一起共同生活、劳动,并在长期的社会交往与互动中形成了多样化的社会关系,因此,"人的本质不是单个人所固有的抽象物,在其现实性上,它

是一切社会关系的总和"①。在长期的社会交往与分工合作中,人们彼此结成的政治、经济、文化、科技、军事等各种错综复杂的利益关系,这些关系之间或和睦协调、互助互惠,或矛盾冲突、竞争互损,因而,为了避免纷争,获得共同体利益的最大化,就必须确立一定的相处原则与行为准则以调节不同的利益关系,共同体成员基于共同的利益需求与精神价值认同,自觉地遵循这些原则与准则,以确保和谐稳定的社会运转秩序,这也即社会规范产生的缘由。

社会规范是历史形成或由社会组织根据自身需要而制定的,用以调节社会成员间的相互关系、维护社会秩序的行为准则。如政治规范(如党章、政策)、道德规范、宗教规范、民族习俗、社会礼仪等。

社会规范对社会成员的行为具有引导、示范和约束的作用,它通过确立人们的社会关系原则与行为准则,人们会清晰地认识到什么是规范提倡的或许可的,什么是规范反对的或禁止的,进而建立起明确的规范意识,懂得什么是对的、什么是错的,什么是可以做的、什么是不可以做的,以及根据规范要求可以如何去做。社会规范的确立,可以有效地避免了社会纷争,确保社会关系的和睦相处,由此也达成了对社会成员相互利益诉求的调控,不同的利益关系可以协调发展。因此,社会规范在本质上是对社会关系的反映,是人类为了共同的社会生活需要,在社会交往与互动的过程中逐步衍生出来社会关系相处原则与社会行为标准或活动规则。

作为社会调控手段的社会规范代表着社会共同体成员的共有信念和价值标准,其表现形式多样,既可以是约定俗成、相习成风的风俗与习惯,也可以是社会共同体明确提出并施行的一整套规定,如法律规范、道德规范等。

法律规范是指通过国家的立法机关制定或者认可的,并由国家强制力保证实施的行为规则。作为一般性的行为规范,法律规范是国家意志的体现,一般由国家机关用正式文件(如法律、命令等)规定出来,成为具体的制度。如《中华人民共和国宪法》《中华人民共和国刑法》《中华人民共和国婚姻法》等,都是由国家立法机关颁布、具有国家强制力保障实施的行为规范。

道德规范是在人们长期的社会生活中逐步形成并确立的,用以调整人们之间利益关系的具有普遍约束力的行为准则。如我国的《公民道德建设实施纲要》中,就提出了"爱国守法、明礼诚信、团结友善、勤俭自强、敬业奉献"的公民道德基本规范,这也是我国所有公民必须遵守和履行的道德规范。但与具有国家强制力保障的法律规范不同,道德规范是柔性的、非强制性的,对道德规范的遵守靠的是人们的道德意识与行为自律,其效力的发挥也是依靠人们的道德信念、社会舆论、传统习俗等。如社会舆论会依据道德规范对人们的行为进行道德评判,符合道德规范要求的行为是善行,违反道德规范的行为就是恶行,当社会舆论以拥护或反对、赞扬或谴责等方式对某种行为进行了公开的评价,这种意见性的评价就能够发挥无形的控制力量,对社会关系与人们的行为起到调节、引导与规范的作用。

广播电视新闻传播作为新闻传播活动的重要组成部分,从传者、受众到广告商,从媒体自身的运营到对社会产生的广泛影响,涉及了不同的利益群体、利益关系,为确保广播电视新闻传播活动的正常、有序进行,也需要对传播活动中各种利益关系进行调控。广播电视新闻传播规范是调整、平衡、控制广播电视新闻传播活动中的各种利益关系、确保广播电视新闻传播活动正常有序进行的各种调控措施或手段。其中,以广播电视新闻传播伦理规范与法律规范最

---

① 马克思恩格斯选集(第一卷)[M].2版.北京:人民出版社,2011:60.

为重要。广播电视新闻传播秩序的建立与维护,既需要依靠硬性的、具有强制力的法律措施,也需要凭借柔性的、自律性的职业伦理规范。

二、广播电视新闻传播伦理规范与法律规范

(一)道德、伦理与广播电视新闻传播伦理规范

道德是用以调整人、社会、自然之间相互关系的原则与规范的总和,属于社会意识形态,也是重要的社会规范之一。伦理学以道德为研究对象,是关于道德的科学,又称为道德学、道德哲学。

在提及道德现象或道德问题时,人们常将"道德"与"伦理"通用,视为异词同义,其所指通常涉及三个方面:一是道德意识现象,如人们的道德价值观、道德理想、道德情感等;二是道德活动现象,如人们的道德关系、道德行为、道德评价、道德教育与修养等;三是道德规范现象,如道德原则、道德规则、道德评价标准等。由于所指内容大体相同,"道德"与"伦理"也常被人们并用,如"道德伦理"或"伦理道德"。但进行仔细辨析的话,可以看到二词在内涵与使用范围等方面也存在着明显的不同。罗国杰等编著的《伦理学教程》一书对伦理与道德的概念进行了这样的区分:"道德较多地是指人们之间的实际道德关系,伦理则较多地是指有关这种关系的道理。所以,随着人类文化的发展,'伦理'或'伦理学'这个概念,一般就是用以表示道德伦理,而'道德'这个概念,则一般用以表示实际生活中的道德现象。"①

由此可以看出,在广义上,伦理与道德的含义大体相同,所指的都是社会道德现象。但在狭义上,伦理与道德又有各自不同的侧重点:道德侧重于具体的道德意识、道德关系、道德行为规范等,多用于人们在社会生活中需要遵守的具有普遍约束力的行为准则。如在我国的《公民道德建设实施纲要》中,根据道德关系的不同,公民道德所包含的内容被细分为具体的社会公德、职业道德和家庭美德等三部分,公民道德建设从根本上说,就是鼓励、支持公民个人在社会公共交往、职业活动和家庭生活中自觉遵循社会倡导的一系列文明行为准则:

"社会公德是全体公民在社会交往和公共生活中应该遵循的行为准则,涵盖了人与人、人与社会、人与自然之间的关系。在现代社会,公共生活领域不断扩大,人们相互交往日益频繁,社会公德在维护公众利益、公共秩序,保持社会稳定方面的作用更加突出,成为公民个人道德修养和社会文明程度的重要表现。要大力倡导以文明礼貌、助人为乐、爱护公物、保护环境、遵纪守法为主要内容的社会公德,鼓励人们在社会上做一个好公民。"

"职业道德是所有从业人员在职业活动中应该遵循的行为准则,涵盖了从业人员与服务对象、职业与职工、职业与职业之间的关系。随着现代社会分工的发展和专业化程度的增强,市场竞争日趋激烈,整个社会对从业人员职业观念、职业态度、职业技能、职业纪律和职业作风的要求越来越高。要大力倡导以爱岗敬业、诚实守信、办事公道、服务群众、奉献社会为主要内容的职业道德,鼓励人们在工作中做一个好建设者。"

"家庭美德是每个公民在家庭生活中应该遵循的行为准则,涵盖了夫妻、长幼、邻里之间的关系。家庭生活与社会生活有着密切的联系,正确对待和处理家庭问题,共同培养和发展夫妻

---

① 罗国杰,等.伦理学教程[M].北京:中国人民大学出版社,1985:4.

爱情、长幼亲情、邻里友情,不仅关系到每个家庭的美满幸福,也有利于社会的安定和谐。要大力倡导以尊老爱幼、男女平等、夫妻和睦、勤俭持家、邻里团结为主要内容的家庭美德,鼓励人们在家庭里做一个好成员。"

与道德侧重于实践层面不同,伦理侧重于理论层面,道德规范的形成是人类遵循和顺应自然和社会发展规律,对自身的行为进行调节的使然,伦理较多地用以表示道德现象或道德关系形成的内在理据、客观必然性,蕴涵着依照一定的道德原则来规范人们行为的深刻道理。伦理学就是以道德现象为研究对象的一门科学,它研究道德现象中带有普遍性和根本性的问题,如道德的本质、道德与社会发展之间的关系、道德的最高原则、道德评价的标准、道德规范体系、道德的教育和修养度等问题,以揭示出道德的社会实质和发展规律。

尧新瑜在《"伦理"与"道德"概念的三重比较义》一文中指出:

"当代'伦理'概念蕴含着西方文化的理性、科学、公共意志等属性,'道德'概念蕴含着更多的东方文化的情性、人文、个人修养等色彩。'西学东渐'以来,中西'伦理'与'道德'概念经过碰撞、竞争和融合,目前二者划界与范畴日益清晰,即'伦理'是伦理学中的一级概念,而'道德'是'伦理'概念下的二级概念。"

"'道德'与'伦理'运用在生活的不同领域,'道德'一般运用于生活世界或私人领域中的非职业情境。"

"'伦理'则多运用于社会世界或公共生活中的职业语境,指向一种公共生活中外在的客观的理性规范,具有客观性、普遍性、习俗性等特征。"[1]

简而言之,伦理和道德都指向人类社会生活中的道德现象,既涉及道德意识现象,也涉及道德活动现象、道德规范现象。作为社会意识形态,道德被看作是调控各种社会关系的原则与行为规范的总和;伦理则包含着对道德现象的本质及规律的探究,不仅涉及社会道德原则与规范,也涉及道德的社会实质和发展规律。

"传播是人类社会得以形成的工具。"[2]信息传播在人类社会形成的过程中起着重要的作用,作为社会互动行为,信息传递和反馈又总是在一定的社会环境和社会关系中进行的,如同施拉姆所言:"没有传播,就不会有社会;而没有社会,也就不会有传播。人类传播的独特性是人类与其他群体的显著区别。"[3]因此,信息传播也被视为社会关系的体现,"传受双方表达的内容和采取的姿态、措辞等,无不反映着各自的社会角色和地位。社会关系是人类传播的一个本质属性,通过传播,人们保持、改变既有的社会关系并建立新的社会关系"[4]。信息传播是社会传播,如同人类社会的其他交往活动,它也必然受到诸多社会因素的影响与制约,不能够放纵自流、任意而为,传播行为也同样需要遵循社会共同体的行为规范,由此也就产生了传播伦理或传播道德。

传播伦理或传播道德既涉及社会信息传播活动,也涉及社会道德现象;建立与维护良好的社会传播秩序,离不开对传播伦理规范或传播道德规范的遵循。如果从实际应用的角度进行

① 尧新瑜."伦理"与"道德"概念的三重比较义[J].伦理学研究,2006(4):23.
② 威尔伯·施拉姆.传播学概论[M].2版.北京:北京大学出版社,2007:2.
③ 威尔伯·施拉姆.传播学概论[M].2版.北京:北京大学出版社,2007:2.
④ 郭庆光.传播学教程[M].2版.北京:中国人民大学出版社,2011:5.

定义,传播伦理规范大体等同于传播道德规范,是社会伦理规范或道德规范在社会信息传播活动中的实际应用,是用以调控社会信息传播活动或传播行为的行为准则。传播伦理规范的确立,能够有效地引导人们以道德自律的方式进行社会信息的传递,自觉地遵循道德规范所确立的行为准则进行信息的交流与传布。

同样,在实际应用的层面上,广播电视新闻传播伦理规范也大体等同于广播电视新闻传播职业道德规范,是人们在长期的广播电视新闻传播实践中形成的用以调整社会传播关系的行为规范与准则,是具有普适性的社会道德原则与行为准则在广播电视新闻传播活动中的具体应用。

广播电视新闻传播活动无法摆脱社会道德伦理的统辖,传播者对新闻信息的选择与判断,传播内容与形式的确定,受众的接受与反馈等,都折射出社会道德的影响。如我国的《公民道德建设实施纲要》第31条就对广播电视等大众媒体提出了要积极营造有利于公民道德建设的社会氛围的具体要求:"广播、电视、报纸、刊物等大众媒体,要坚持团结稳定鼓劲、正面宣传为主,牢牢把握正确舆论导向,满腔热情地宣传两个文明建设中涌现出来的、反映新时期道德要求的新事物、新典型。要利用群众喜爱的名牌栏目,加强对社会普遍关注的道德热点问题的引导。要积极开展舆论监督,有力地批评背离社会主义道德的错误言行和丑恶现象。要发动群众参与,对具有典型意义的人和事展开讨论。计算机互联网作为开放式信息传播和交流工具,是思想道德建设的新阵地。要加大网上正面宣传和管理工作的力度,鼓励发布进步、健康、有益的信息,防止反动、迷信、淫秽、庸俗等不良内容通过网络传播。要引导网络机构和广大网民增强网络道德意识,共同建设网络文明。"

由此可见,广播电视新闻传播活动与社会道德的之间有着密切的联系,广播电视新闻传播职业伦理或职业道德并非脱离社会道德而独立存在的道德规范类型,它要在社会道德的制约和影响下存在和发展,其目的是使职业活动、职业行为符合社会道德规范,因此,社会道德规范与广播电视新闻传播职业伦理或职业道德之间的关系是一般与个别、共性与特殊性的关系。社会道德伦理规范是广播电视新闻传播伦理规范的基石,广播电视新闻传播活动或传播行为不能够背离社会道德规范的要求。而广播电视新闻传播伦理规范是在新闻传播实践的基础上形成的,是社会道德普适性原则与规范在广播电视新闻传播实践中的具体应用,广播电视新闻传播活动有别于其他职业活动的特点,决定了广播电视新闻传播伦理规范具有鲜明的职业针对性,有着许多大众道德所不能涵盖的内容,它要求其从业者要树立明确的新闻职业理想、社会责任感,要在新闻传播活动中坚持新闻客观性原则,以职业行为准则来规范、约束自己的职业行为,以使职业活动、职业行为符合社会道德标准。新闻从业者为社会提供客观真实的新闻信息,通过新闻报道反映民情民意、弘扬社会的真善美、揭露现实的假恶丑、维护社会的公平与正义,就是职业善举;反之,受金钱、名利等利益诱惑,违背新闻的真实性原则,提供虚假不实消息,撰写有偿报道,传播色情淫秽、血腥暴力、封建迷信等不当内容,就是职业恶行。因而,要使新闻传播活动健康有序地发展,就必须积极建设广播电视新闻传播职业伦理规范,提高从业者的职业道德素养,这也是社会道德建设的重要内容。

作为新闻传播伦理或新闻传播职业道德的分支学科,广播电视新闻传播伦理或广播电视新闻传播职业道德是研究广播电视新闻传播活动中的道德现象及其规律的一门学科。解析广播电视新闻传播活动与社会道德规范的相互作用机制,探讨广播电视新闻传播的伦理秩序与传播主体的道德规范,剖析广播电视新闻传播的伦理失范的表现与诱因,研究规避新闻失德现象出现的道德规范策略与法制策略,即是广播电视新闻传播伦理或广播电视新闻传播职业道德这门学科要研究的对象。

(二)法、法制、法治与广播电视新闻传播法律规范

法是用以调整人的行为的社会规范之一,"是一种特殊的社会规范,即具有规范性、国家意志性、国家强制性、普遍性、程序性与可诉性的社会规范或行为规范"①。

法属于社会结构中的上层建筑。马克思主义认为,法是统治阶级的意志的反映,是被奉为法律的阶级意志。统治阶级也即掌握国家政权的阶级,其意志本身并不是法,只有当它上升为国家意志并被客观化为法律规定时才具有法的效力。因此,法区别于道德规范、宗教规范等社会规范的重要之处在于,法是国家创立的社会规范,具有国家强制性,它以国家强制力为保障,人人都必须遵守法律,否则将受到国家强制力的干涉,受到相应的法律制裁。

作为社会规范,法是一个由各具体的法律规范(规则和原则)所构成的相互联系的整体(体系),其内容是对人们法定权利和义务的规定。

权利可以理解为在法律规定的范围内,公民为满足其特定的利益而自主享有的利益或自由。"权利意味着人们可以作或不作一定行为以及可以要求他人作或不作一定行为。"②法律通过规定权利,使人们获得某种利益或自由,如我国宪法规定的我国公民享有的权益和自由包括选举权和被选举权,有言论、出版、集会、结社、游行、示威的自由,宗教信仰自由,人身自由不受侵犯,人格尊严不受侵犯等。

而法律规定的权利又是与法律规定的义务密不可分的,如我国宪法就规定:"任何公民享有宪法和法律规定的权利,同时必须履行宪法和法律规定的义务。"这也即所谓"没有权利就无所谓义务,没有义务也就没有权利"。义务是人们必须作或不作一定行为,它包括作为义务(必须做出一定的行为)和不作为义务(不得做出一定的行为)。如我国宪法规定的我国公民的基本义务有:公民在行使自由和权利的时候,不得损害国家的、社会的、集体的利益和其他公民的合法的自由和权利;维护国家统一和民族团结的义务;遵守宪法和法律,保守国家秘密,爱护公共财产,遵守劳动纪律,遵守公共秩序,遵守社会公德;维护祖国的安全、荣誉和利益;依照法律纳税的义务等。

法被认为是规范人们行为的准则,法对社会关系的调控、对社会秩序的维护,就是通过对公民权利与义务的规定来实现的,它既保护人们的合法权利,同时也惩治不合法的行为。

在广播电视新闻传播活动中,经常涉及的与法相关的概念还有法制、法治等。

法制可以对应于英文中的 Legal System,意即法律制度、法律体系,泛指国家的法律和制度,是统治阶级按照其阶级意志、通过国家权力建立的、用以维护其统治的法律和制度的总称。其中,法律既包括以规范性文件形式出现的成文法,如宪法、法律和各种法规,也包括经国家机关认可的不成文法,如习惯法和判例法等;制度是指依法建立起来政治、经济、文化等方面的各种制度,如中国古代的典章制度等。此外,在现代社会中,法制一词也常常与民主政治联系在一起使用,"特指统治阶级按照民主原则把国家事务制度化、法律化,并严格依法进行管理的一

---

① 舒国滢.法理学导论[M].北京:北京大学出版社,2006:37.
② 张文显.法理学[M].2 版.北京:高等教育出版社,北京大学出版社,2005:63.

种方式"。在此意义上,法制不仅是民主的制度化、法律化,还是一种严格依法行使国家权力、进行国家管理的原则和制度。因此,民主被认为是法制的灵魂,法制则是民主的载体与体现,是使民主变成现实的保障。在国家治理和社会管理的过程中,严格依法办事,涉及立法、执法、司法、守法等各个环节,如1978年召开的中国共产党第十一届三中全会所确定的我国社会主义法制建设的基本方针就是"有法可依、有法必依、执法必严、违法必究",其核心是"依法办事"的原则,它们也是衡量法制建设工作的标准和尺度。在现阶段,中国特色社会主义法律体系已经形成,有法必依、执法必严和违法必究则成为法制建设工作的重点,这也要求人们通过学法、知法、懂法,尊重法律的尊严,自觉遵守法律,严格按法律办事,运用法律武器保护自己的合法权益。

法治一词可以对应于英文中的 Rule of Law,意即法律的统治,是治国理政的一种基本方式。作为治国理政方式或社会调控方式,法治与人治相对立,人治主要依靠个人的意志和主张治理国家或进行社会调控;法治则意味着以法治国,以法律来进行社会调控、维持社会秩序,也即法律至上,它要求其社会成员要服从法律,严格依法办事。如2012年召开的中国共产党第十八次全国代表大会就明确提出了"依法治国"是党领导人民治理国家的基本方略,全面推进依法治国,就是要"推进科学立法、严格执法、公正司法、全民守法,坚持法律面前人人平等,保证有法必依、执法必严、违法必究"。为了推进依法治国的方略,在全社会深入开展法制宣传教育的过程中,要"弘扬社会主义法治精神,树立社会主义法治理念,增强全社会学法尊法守法用法意识","党领导人民制定宪法和法律,党必须在宪法和法律范围内活动。任何组织或者个人都不得有超越宪法和法律的特权,绝不允许以言代法、以权压法、徇私枉法"。

综上所述,法治与法制的关系是既有联系,又有区别。二者的联系主要表现为:法治与法制都有法律至上、严格依法办事、法律面前人人平等的含义,任何人、任何组织都必须遵守国家的法律与制度,而没有超越法律的特权,因此,法治与法制相辅相成。法制是法治的基础和前提条件,要实行法治,必须具有完备的法制,而离开了法制,也就无所谓法治;法治则是法制的立足点和归宿,法制建设的目标就是要实现法治。二者的区别主要在于:法治是一种治国理政的方式,强调法律作为一种国家治理或社会调控方式在社会生活中的至上地位,其基本要求是人人遵守法律、严格依法办事;法制属于制度的范畴,对应于政治制度、经济制度、文化制度等概念,主要解决有法可依的问题,即从立法、执法、司法、守法到法律监督等方面,要建立起比较完备的法律和制度,其含义本身没有凸显法律和制度在国家治理和社会调控中的至上性与权威性,因此,有法制不一定有法治,但实行法治必须有法制为前提,法治强调的法的价值取向和性质,只在民主国家才存在法治。

作为一个国家法律体系的组成部分,传播法是指用以调整人们的信息传播行为及其所对应的社会关系的法律规范。传播法所涵盖的范围要大于大众传播法和新闻传播法的范畴。

大众传播作为人类社会最重要的信息传播形式,是指专业化的媒介组织通过一定的传播媒介(如报纸、杂志、书籍、电影、广播、电视、互联网等传播工具),对受众进行的大规模的信息传播活动。在大众传播过程中,媒介组织采用现代机器设备,通过大批量复制,迅速而广泛地向为数众多、成分复杂的受众传递信息,因其影响广泛,对社会有着重要的影响作用,因而大众传播活动也是在国家控制和管理下的信息传播活动,不同社会制度下的政府部门,会在不同的程度上、以不同的方式对其传播内容加以审查和控制,而这种审查和控制,又常常是以国家的法律制度或传媒法作为依据和标准。大众传播法是指用以调整大众传播活动中的各种社会关系，规范大众传播活动、传播媒介与传播行为的法律和制度的总称。

新闻传播活动是人们为了获取新信息、交流新情况而进行的信息传递与收受活动。人类的新闻传播活动经历了从口头传播、手抄传播、印刷传播到电子传播、网络传播的漫长过程，传播方式既可以是人际传播，也可以是组织传播、大众传播。作为国家法律体系的组成部分，新闻传播法是用以调整新闻传播活动中的各种社会关系，控制和管理新闻传播活动、传播媒介和传播行为的法律和制度的总称。新闻传播法为新闻自由提供了法律保障，同时也从法律上对新闻自由给予一定的制约，防止新闻媒介传播权力的滥用。

目前各国制定的新闻传播法可以分为两种形式：一是制定了专门的新闻传播法、新闻出版法、广播法、电视法、大众传播法等，如法国、意大利、瑞典、韩国等，都颁布有专门的新闻法；二是没有制定专门的新闻法，但在国家颁布的宪法、刑法、保密法等法律中设有适用于新闻传播活动的法律条款，如美国、英国、日本等国。美国的宪法第一修正案明确规定："国会不得制定关于下列事项的法律：确立国教或禁止信教自由；剥夺言论自由或出版自由；剥夺人民和平集会和向政府请愿伸冤的权利。"美国也因此没有制定专门的新闻传播法，而是引用其他法律和各种案例来管理和控制新闻传播活动。

我国目前也没有制定专门的新闻传播法，但在我国的宪法、法律、行政法规等法律中都设有适用于新闻传播活动的条款，并且已经基本形成一个完整的新闻传播法体系。

我国的新闻传播法也即在我国法律体系中所有适用于新闻传播活动的法律规定，既包括宪法和民法、刑法、行政法、著作权法等一般法中有关新闻传播活动的条款，也包括有关报纸期刊、广播电视、互联网等各种媒介传播活动的专门规章，这些相关的法律、法规，形成了一个约束新闻传播活动、传播媒介与行为的法律规范体系，它以国家强制力为保障，能够对新闻传播活动中各种利益关系进行调节和规范，能够对传播活动中的失范、违法行为进行强制性规约与惩治，进而实现维护整个社会新闻传播秩序的目的。

广播电视新闻传播作为新闻传播活动的重要组成部分，涉及传播内容与形式、传播媒介、媒介组织、受众、广告商等不同的传播要素与利益群体、利益关系。在我国，作为调控广播电视新闻传播活动中的各种社会关系、确保广播电视新闻传播秩序的调控手段之一，广播电视新闻传播法律规范包括了我国法律体系中所有适用于广播电视新闻传播活动的法律规定。广播电视新闻传播秩序的建立与维护，既需要依靠凭借柔性的、自律性的职业伦理规范，也需要依靠具有国家强制力保障的法律规范。

三、广播电视新闻传播伦理规范与法律规范的关系

作为调整广播电视新闻传播活动中的各种社会关系、维护新闻传播正常秩序的两种主要社会规范，广播电视新闻传播伦理规范与法律规范既有共性，也有区别，二者之间是相互作用、相辅相成的关系。

（一）广播电视新闻传播伦理规范与法律规范的共性

广播电视新闻传播伦理规范与法律规范都是伴随着广播电视新闻传播活动而产生的，是由一定社会的经济基础所决定的上层建筑，因此，随着时代的发展和社会经济基础的变化，广播电视新闻传播伦理规范与法律规范的内容也会随之而变化。

广播电视新闻传播伦理规范与法律规范具有相同的社会功能,作为调控广播电视新闻传播活动中不同社会关系的行为规范,它们都可以对新闻传播活动、传播行为进行有效的约束与规范,使人们明白应该做什么、不应该做什么和如何去做。

(二)广播电视新闻传播伦理规范与法律规范的区别

在新闻传播活动中,广播电视新闻传播伦理规范与广播电视新闻传播法律规范有着密切的联系,虽然二者有许多共同点,但也有一些明显的区别,不应把两者简单地等同或相互替代。二者的区别主要有:

(1)两者产生的历史条件与历史命运不同。从历史上看,新闻传播伦理规范的形成先于新闻传播法律规范。早在人类进入阶级社会之前,诚实、不讲假话已成为人们传播新闻信息的基本伦理原则,新闻传播伦理规范的萌芽已经出现。而新闻传播法律规范则在社会被划分为各种不同利益的阶级之后才开始出现,是一个社会中占统治地位的阶级出于维护有利于统治的新闻传播秩序而制定的社会行为规范,完全体现统治阶级的意志。也就是说,代表某一阶级的新闻传播伦理规范的形成,往往不必等到这个阶级夺取政权之后,而代表某一阶级的新闻传播法律规范的问世则一定要在这一阶级成为统治阶级之后。

(2)新闻传播伦理规范与新闻传播法律规范的表现形式、强制方式与强制力量各不相同。新闻传播伦理规范通常存在于新闻传播者的意识和社会舆论中,其要求也往往是概括、笼统和比较抽象的,大多是不成文的。而新闻传播法律规范则有着比较明确和严格的表现形式,通常表现为国家制定或认可的法律、法令、条理等规范性文件,其规定一定是明确的、严格的、肯定的、具体的和可操作的。

(3)新闻传播伦理规范与新闻传播法律规范调整的对象和范围不完全相同。新闻传播伦理规范所适用的范围,几乎涉及新闻传播活动中的一切伦理关系与伦理行为,既包括新闻传播法律规范所调整的对象,也包括新闻传播法律规范所调整不到的东西;不仅触犯新闻传播法律规范的行为都在其评判之列,许多新闻传播法律规范不加干涉的行为也要由其评判善恶、是非、正邪、荣辱。而新闻传播法律规范只干涉危及统治阶级根本利益的行为,只要求对新闻传播者的职业行为是否违法、是否构成犯罪以及违法犯罪所达到的程度,作出相应的评判;只对在法规中作出明确规定的东西有约束力,没有规定的则没有约束力。

(三)广播电视新闻传播伦理规范与法律规范的相互作用

在新闻传播实践中,新闻传播伦理规范与新闻传播法律规范的共性与区别,决定了他们之间存在着相互配合、相互协调、相互影响、相互补充的密切关系。只有正确认识这种关系,把这两种手段有机结合起来,才能使它们的作用发挥得更为充分、更为有效。

新闻传播伦理规范对新闻传播法律规范的作用,主要表现在:

(1)新闻传播伦理规范对新闻传播法律规范具有指导意义,表现为某一阶级的新闻传播伦理规范可以用来为该阶级的新闻传播法律规范进行辩护。新闻传播伦理规范的许多原则、内容和要求,都是新闻传播法律规范的制定过程中必须予以考虑的因素。凡是新闻传播法律规范所禁止的行为,也一定是新闻传播伦理规范所谴责的行为。

(2)新闻传播伦理规范对新闻传播法律规范的实施具有促进作用。新闻传播法律规范的实施,当然需要国家强制力的保证。但是,在很多情况下,还必须依靠新闻传播者的支持与配合。通过新闻传播伦理教育,新闻传播者不仅能提高自身的新闻传播伦理水准,同时还会加深对新闻传播法律规范的认识,提高执行新闻传播法律规范的自觉性。

(3)新闻传播伦理规范对新闻传播法律规范的不足部分具有补充作用。在新闻传播实践中,新闻传播伦理规范与新闻传播法律规范的社会功用,都是试图把新闻传播从业者的职业行为纳入一定的秩序范围内。但是,有些新闻传播行为,不能或不便运用新闻传播法律规范的手段予以制裁时,只能借助于新闻传播伦理规范予以调整。

新闻传播法律规范对新闻传播伦理规范的作用,主要表现在以下两个方面:

(1)新闻传播法律规范切实保障新闻传播伦理规范的实现。有一些不良新闻传播行为,用新闻传播伦理规范还不足以从根本上解决问题,则需要运用新闻传播法律规范的手段予以制裁。新闻传播法律规范将这些新闻传播伦理要求上升为国家意志,使这部分伦理要求成为法律义务。

(2)新闻传播法律规范是进行新闻传播伦理教育的重要手段,新闻传播法律规范可以用来维护和推行新闻传播伦理规范。

第二节　广播电视新闻传播伦理规范

广播电视新闻媒体担负着重要的信息传播、舆论监督、舆论引导、服务公众等职能,它要求从业者要有高尚的职业追求、职业素养与职业伦理。广播电视新闻传播伦理规范是自律性的伦理规范,它要求对广播电视媒体与从业者自觉遵守伦理规范的要求,而广播电视新闻传播活动的有序运行,首先有赖于从业者对职业规范要求的遵守。

一、广播电视新闻传播伦理的原则与规范

新闻传播伦理体系会因社会性质、历史阶段等的不同,具有不同的内容,但其基本框架和构成大体相同,目的都是为了服务于一定的国家政权、社会集团或利益群体等。不同的国家及其不同的社会集团、利益群体等,为建立和维护相应的职业伦理秩序,都会制定不同的规范、准则以调节人们的职业行为。广播电视传播伦理体系的构成,主要包括两部分内容,一是伦理道德原则,二是具体的伦理道德准则。

伦理道德原则在伦理道德规范中是居于支配地位,是对其他准则起着指导、制约作用的最根本的道德规范。广播电视新闻传播伦理原则是广播电视新闻传播伦理道德体系的核心所在,作为最基本的准绳,贯穿于伦理道德规范体系的各个方面。伦理道德准则是围绕伦理道德原则而制定的具体的要求与守则,包括从不同方面对具体的职业行为进行规范的条目,由此也形成了伦理道德规范体系的整体构架。广播电视新闻传播伦理道德准则是其伦理道德原则的具体化,是根据广播电视新闻传播的职业要求,提出的一些具体的伦理道德要求与守则。

在我国,"全心全意为人民服务"是新闻传播伦理道德规范体系的基本原则。《中国新闻工作者职业道德准则》(1991 年 1 月中华全国新闻工作者协会第四届理事会第一次全体会议通过,经过 1997 年和 2009 年两次修订)第一条就规定:

"第一条　全心全意为人民服务。要忠于党、忠于祖国、忠于人民,把体现党的主张与反映人民心声统一起来,把坚持正确导向与通达社情民意统一起来,把坚持正面宣传为主与加强和

改进舆论监督统一起来,发挥党和政府联系人民群众的桥梁纽带作用。"

在这一基本原则下,广播电视新闻从业者还需要做到:

(1)积极宣传党和政府的重大决策部署,及时传播国内外各领域的信息,满足人民群众日益增长的新闻信息需求,保证人民群众的知情权、参与权、表达权、监督权;

(2)牢固树立群众观点,把人民群众作为报道主体和服务对象,多宣传基层群众的先进典型,多挖掘群众身边的具体事例,多反映平凡人物的工作生活,多运用群众的生动语言,使新闻报道为人民群众喜闻乐见;

(3)积极反映人民群众的正确意见和呼声,批评侵害人民利益的现象和行为,依法保护人民群众的正当权益。①

我国新闻工作者职业道德准则是在长期的新闻实践中形成的,是新闻媒体及新闻从业者必须遵守的职业行为准则,也是一种带自律性质的职业行为标准。颁布新闻职业道德规范的目的是为了使新闻从业者树立正确的职业道德观念,在进行新闻传播活动的过程中自觉遵守职业规范与道德准则,确保新闻传播活动能够健康有序进行。

附:《中国新闻工作者职业道德准则》

(中华全国新闻工作者协会第七届理事会第二次全体会议 2009 年 11 月 9 日修订)

中国新闻事业是中国特色社会主义事业的重要组成部分。新闻工作者要坚持以马克思列宁主义、毛泽东思想、邓小平理论和"三个代表"重要思想为指导,深入贯彻落实科学发展观,高举旗帜、围绕大局、服务人民、改革创新,贴近实际、贴近生活、贴近群众,用马克思主义新闻观指导新闻实践,学习宣传贯彻党的理论、路线、方针、政策,继承和发扬党的新闻工作优良传统,积极传播社会主义核心价值体系,努力践行社会主义荣辱观,恪守新闻职业道德,自觉承担社会责任,敬业奉献、诚实公正、清正廉洁、团结协作、严守法纪,做到政治强、业务精、纪律严、作风正。

第一条 全心全意为人民服务。要忠于党、忠于祖国、忠于人民,把体现党的主张与反映人民心声统一起来,把坚持正确导向与通达社情民意统一起来,把坚持正面宣传为主与加强和改进舆论监督统一起来,发挥党和政府联系人民群众的桥梁纽带作用。

(1)积极宣传党和政府的重大决策部署,及时传播国内外各领域的信息,满足人民群众日益增长的新闻信息需求,保证人民群众的知情权、参与权、表达权、监督权;

(2)牢固树立群众观点,把人民群众作为报道主体和服务对象,多宣传基层群众的先进典型,多挖掘群众身边的具体事例,多反映平凡人物的工作生活,多运用群众的生动语言,使新闻报道为人民群众喜闻乐见;

(3)积极反映人民群众的正确意见和呼声,批评侵害人民利益的现象和行为,依法保护人民群众的正当权益。

第二条 坚持正确舆论导向。要坚持团结稳定鼓劲、正面宣传为主,唱响主旋律,不断巩固和壮大积极健康向上的舆论。

---

① 《中国新闻工作者职业道德准则》修订版全文[OE/BL]. 中国新闻网,2009 - 11 - 27. http://www.chinanews.com/gn/news/2009/11 - 27/1988722.shtml

（1）始终坚持以经济建设为中心，服从服务于改革发展稳定大局不动摇，着力推动科学发展、促进社会和谐；

（2）宣传科学理论、传播先进文化、塑造美好心灵、弘扬社会正气，增强社会责任感，坚决抵制格调低俗、有害人们身心健康的内容；

（3）加强和改进舆论监督，着眼于解决问题、推动工作，坚持准确监督、科学监督、依法监督、建设性监督；

（4）采访报道突发事件要坚持导向正确、及时准确、公开透明，全面客观报道事件动态及处置进程，推动事件的妥善处理，维护社会稳定和人心安定。

第三条　坚持新闻真实性原则。要把真实作为新闻的生命，坚持深入调查研究，报道做到真实、准确、全面、客观。

（1）要通过合法途径和方式获取新闻素材，新闻采访要出示有效的新闻记者证，认真核实新闻信息来源，确保新闻要素及情节准确；

（2）报道新闻不夸大不缩小不歪曲事实，不摆布采访报道对象，禁止虚构或制造新闻，刊播新闻报道要署作者的真名；

（3）摘转其他媒体的报道要把好事实关，不刊播违反科学和生活常识的内容；

（4）刊播了失实报道要勇于承担责任，及时更正致歉，消除不良影响。

第四条　发扬优良作风。要树立正确的世界观、人生观、价值观，加强品德修养，提高综合素质，抵制不良风气，接受社会监督。

（1）强化学习意识，养成学习习惯，不断提高政治和业务素质，增强政治意识、大局意识、责任意识，努力成为专家型新闻工作者；

（2）深入基层、贴近群众、体验生活，在深入中了解社情民意，增进与群众的感情；

（3）坚决反对和抵制各种有偿新闻和有偿不闻行为，不利用职业之便谋取不正当利益，不利用新闻报道发泄私愤，不以任何名义索取、接受采访报道对象或利害关系人的财物或其他利益，不向采访报道对象提出工作以外的要求；

（4）尊重新闻同行，反对不正当竞争，尊重他人的著作权益，引用他人的作品要注明出处，反对抄袭和剽窃行为；

（5）严格执行新闻报道与经营活动分开的规定，不以新闻报道形式做任何广告性质的宣传，编辑记者不得从事创收等经营性活动。

第五条　坚持改革创新。要遵循新闻传播规律，提高舆论引导能力，创新观念、创新内容、创新形式、创新方法、创新手段，做到体现时代性、把握规律性、富于创造性。

（1）深入研究不同传播对象的接受习惯和信息需求，主动设置议题，善于因势利导，不断提高舆论引导能力和传播能力；

（2）认真研究传播艺术，利用现代传播手段，采用受众听得懂、易接受的方式，增强新闻报道的亲和力、吸引力、感染力；

（3）善于利用新载体、新技术收集信息、发布新闻，提高时效性，扩大覆盖面。

第六条　遵纪守法。要增强法治观念，遵守宪法和法律法规，遵守党的新闻工作纪律，维护国家利益和安全，保守国家秘密。

（1）严格遵守和正确宣传国家的民族区域自治制度、各民族平等团结和宗教信仰自由政

策,维护国家主权和社会稳定;

(2)维护采访报道对象的合法权益,尊重采访报道对象的正当要求,不揭个人隐私,不诽谤他人;

(3)维护未成年人、妇女、老年人和残疾人等特殊人群的合法权益,注意保护其身心健康;

(4)维护司法尊严,依法做好案件报道,不干预依法进行的司法审判活动,在法庭判决前不做定性、定罪的报道和评论;

(5)涉外报道要遵守我国涉外法律、对外政策和我国加入的国际条约。

第七条 促进国际新闻同行的交流与合作。要努力培养世界眼光和国际视野,积极搭建中国与世界交流沟通的桥梁。

(1)在国际交往中维护祖国尊严和国家利益,维护中国新闻工作者的形象;

(2)积极传播中华民族的优秀文化,增进世界各国人民对中华文化的了解;

(3)尊重各国主权、民族传统、宗教信仰和文化多样性,报道各国经济社会发展变化和优秀民族文化;

(4)积极参加有组织开展的与各国媒体和国际(区域)新闻组织的交流合作,增进了解、加深友谊,为推动建设持久和平、共同繁荣的和谐世界多做工作。

二、广播电视新闻传播职业道德的主要内容

通过参照《联合国国际新闻规约》《中国新闻工作者职业道德准则》以及世界其他国家的新闻职业道德标准,不难发现其主要内容大都涉及职业理念、职业态度、职业责任、职业纪律等主要内容。

(一)职业理念

职业理念是指由职业人员形成和共有的观念和价值体系,是一种职业意识形态。职业理念是为保护和加强职业地位而起作用的精神力量,是在其职业内部运行的职业道德规范。它是一种精神层面上的人生观、世界观和价值观,用来指导员工的职业行为。对于广播电视新闻从业者来说,职业理念涉及新闻工作的原则,即"为什么"从事新闻工作和"为谁"从事新闻工作。《国际新闻道德信条》中明确提出新闻工作者要有为公众利益服务的理念,这与我国的新闻职业道德准则所要求的一致。现行的《中国新闻工作者职业道德准则》要求新闻工作者全心全意为人民服务,位居准则之首位,并开宗明义地指出:"为人民服务是社会主义道德建设的核心,是社会主义道德的集中体现,也是我国新闻工作的根本宗旨。"

"全心全意为人民服务",是中国共产党自创建以来始终坚持的宗旨,是共产党人毕生追求的崇高的人生价值观。将"一切言论行为以合乎最广大人民群众的利益、为最广大人民群众所拥护"作为最高标准。新闻机构都由国有制组织出资创办,是真正的人民的事业,所以,社会主义新闻事业应将"全心全意为人民服务"作为新闻工作的基本宗旨和新闻职业道德的基本原则。

1948年毛泽东在同志《对晋绥日报编辑人员的谈话》中指出:"报纸的作用和力量,就在它能使党的纲领路线、方针政策、工作任务和工作方法,最迅速最广泛地同群众见面。"他还说:"善于把党的政策变为群众的行动,善于使我们的每一个运动,每一个斗争,不但领导干部懂得,而且广大的群众都能懂得,都能掌握,这是一项马克思列宁主义的领导艺术。""群众知道了

真理,有了共同的目的,就会齐心来做。""群众齐心了,一切事情就好办了。"江泽民同志在1989年发表的《关于党的新闻工作的几个问题》讲话中明确指出:"社会主义的新闻事业同社会主义的文学、艺术、出版等事业一样,虽然各有自己的特点和具体发展规律,但是它们作为意识形态领域的组成部分,都要为社会主义服务,为人民服务。"他还指出:"为社会主义服务同为人民服务,是完全一致的。离开了社会主义道路,也就从根本上脱离了人民,违背了人民的最高利益。"

"全心全意为人民服务"这一原则要求新闻工作者在工作中要充分发挥舆论监督作用,树立群众观点,坚持群众路线,满足人民多方面、多层次的精神文化和新闻信息需求,做党和国家与广大人民群众的联系"纽带"与"桥梁"。具体体现为:一是准确及时地向人民群众传达党和政府的方针政策,反映人民群众的要求和意见;二是要紧紧围绕社会主义现代化建设事业做好新闻工作,要主动积极地弘扬和歌颂有利于社会主义现代化建设的现象;三是旗帜鲜明地批评和反对不利于社会主义现代化建设的现象。

2014年10月15日习近平总书记在京主持召开文艺工作座谈会并发表重要讲话,他强调:"社会主义文艺,从本质上讲,就是人民的文艺。文艺要反映好人民心声,就要坚持为人民服务、为社会主义服务这个根本方向。这是党对文艺战线提出的一项基本要求,也是决定我国文艺事业前途命运的关键。要把满足人民精神文化需求作为文艺和文艺工作的出发点和落脚点,把人民作为文艺表现的主体,把人民作为文艺审美的鉴赏家和评判者,把为人民服务作为文艺工作者的天职。"虽然没有明确针对新闻事业,笔者认为,此次文艺座谈会精神对任何社会主义文化事业的发展都具有指导性作用。作为新时代社会主义现代化建设事业的新闻工作者,应该有着崇高的新闻职业理念,践行当代新闻人的使命,自觉与人民同呼吸、共命运、心连心,不做任何谋求个人便利和争取任何有违大众福利的私利,切实做到新闻事业全心全意为人民、为社会主义事业服务。

(二)职业态度

作为新闻工作者,应遵循马克思主义新闻观,遵循新闻事业发展的客观规律。马克思主义新闻观的基本内涵可以概括为以下几个方面。

1.喉舌观

新闻媒介是某个阶级、阶层、党派、集团的喉舌,肩负着对外宣传的责任,是无处不在的耳目,是热情维护自己自由的人民精神的千呼万应的喉舌。胡锦涛同志于2002年1月在全国宣传部长会议上讲话,再一次明确宣布:"我们的新闻媒体是党和人民的喉舌。"媒介是党和人民的喉舌,是社会公器,反映并代表民意。

2.党性观

我国是共产党领导的无产阶级社会,共产党是全心全意为民的政党,是领导和带领全国各族人民致富的政党,是我们的引领者。党领导的一切新闻机构是党工作的一部分。因此,新闻宣传在政治上同党中央要保持一致,媒体的宣传应当完全符合党的政策,一定要无条件地宣传党的主张,坚持正确的导向。

3.真实观

新闻是对新近发生事实的报道,是一种可以查证的事实报道,看得见,摸得到,有凭有据。新闻的本源是现实所存在的,真实报道是其生命力所在。江泽民同志说:"新闻的真实性,就是要在新闻工作中坚持党的一切从实际出发、实事求是的思想路线。"大千世界,记者要有闻必录,并且还是真实客观地呈现给受众。

4.效益观

邓小平同志指出:"思想文化教育卫生部门,都要以社会效益为一切活动的唯一准则,它们所属的企业也要以社会效益为最高准则。"他特别批评了"一切向钱看,把精神产品商品化"的倾向。新闻事业属于文化部门,是民心事业,要把人民利益放在第一位,把最新的信息动态传递给受众,使信息畅通,引导舆论,实现社会稳定。

无产阶级新闻事业是中国共产党领导的文化事业,是党和人民的耳目喉舌,让新近发生的事实使广大受众知晓,并且最大化地实现社会效益。从事这样如此重要的职业,肩负着如此重担,新闻工作者必须有严肃、严谨、认真、踏实的态度。在从事新闻传播活动过程中,确保信息源的真实可靠,不任意曲解事实,不任意凭空捏造,添枝加叶,本着一份为民负责,认真、踏实、忠于职业的新闻职业态度。

(三)职业责任

职业责任是指人们在一定职业活动中所承担的特定的职责,它包括人们应该做的工作和应该承担的义务。新闻工作者的责任包含两方面的内容,一是道德责任,二是社会责任。所谓新闻职业的道德责任,是指新闻工作者在道德上所应当承担的责任和义务,其核心是:新闻工作者必须对国家、社会、公民及所在媒体自觉承担相应的道德上的责任和义务。新闻职业的社会责任是由道德责任引申出来,是指新闻工作者在社会上所应当承担的责任和义务,其核心是:新闻工作者必须自觉维护社会公共利益,维护社会公平与正义,对社会的文明与进步承担相应的责任。[①] 作为一种职业责任,新闻职业的道德责任与社会责任是相互联系的,无形中约束着新闻者。

新闻工作者的职业责任是其职业素养的基本诉求,也是其职业精神的集中体现。对每一个新闻工作者来说应该做到以下几个方面:

1.竭尽全力确保新闻报道的真实、全面、客观和公正,满足公众的知晓权

刘少奇同志曾经说过,我们的新闻"必须是客观的、真实的、公正的、全面的,同时必须是有立场的"。新闻记者作为信息传递的桥梁,要竭尽全力保证新闻的真实、全面、客观和公正,这是最起码的道德底线,也是社会与公众对媒介传播最基本的要求。

2.做好党和国家的耳目喉舌,切实维护社会公共利益

在我国,媒体是事业单位,在党和国家的领导下开展新闻活动,作为党和国家事业的一部分,要把"为人民服务""为社会主义服务"放在首位,做社会公平与正义的捍卫者,做人民利益的代言人。充当耳目喉舌,维护公众利益,不谋求个人私利,是一个新闻工作者基本的社会责任和道德底线。

3.做好"瞭望哨",引导舆论

拉斯韦尔提出过传播"三功能说",新闻信息传递出去,能对社会环境进行监视,能沟通和协调社会关系。新闻媒介作为"社会监视器"或"环境监测者",有着预警和监督的功能及责任。

---

① 郑保卫.新闻工作者要担负起自己的职业责任——从"纸箱馅包子"假新闻事件谈起[J].今传媒,2007(11).

新闻媒介通过对社会上存在的种种劣迹行为进行揭发,自觉维护广大人民的利益,并且凭借自身的特性,以公众代言人的姿态反映并代表舆论、引发舆论和引导舆论。

(四)职业纪律

职业纪律是指工作人员在所从事的职业活动范围内所遵守的行为准则,是一项组织上的纪律,具有明确的规定性和一定的强制性。国有国法,家有家规,行业有行业内的守则,作为新闻工作者要遵守所从事媒体单位的纪律,这些纪律都是根据《广播电视管理条例》等相关规章制度制定的。我国的《广播电视管理条例》经 1997 年 8 月 1 日国务院第 61 次常务会议通过,由中华人民共和国国务院于 1997 年 9 月 1 日颁布施行;根据 2013 年 12 月 7 日《国务院关于修改部分行政法规的决定》修订,共计六章五十五条。

新闻的职业纪律是为了加强广播电视管理,发展广播电视事业,促进社会主义精神文明和物质文明建设制定。简言之,旨在使新闻事业更好地运作,切实建立一支业务精、素养高、纪律强的新闻从业者,切实为社会主义现代化新闻事业服务。

新闻从业者在工作过程中,遵守职业纪律,不以任何名义索要和接收采访报道对象的钱财,搞有偿新闻或有偿不闻;泄露国家秘密,利用媒体煽动民族分裂,宣传邪教,宣扬淫秽或者渲染暴力等,这些都是新闻职业纪律所不允许出现,有违新闻事业的初衷。

三、广播电视新闻传播伦理失范现象分析

广播电视新闻传播伦理失范是指广播电视新闻从业者在新闻传播活动中违背了新闻传播道德伦理规范而产生的不良现象与行为。在新闻传播活动中,伦理失范行为有多种表现,其中"虚假新闻""有偿新闻"和"低俗新闻"等最为常见,危害也最大。

(一)虚假新闻

虚假新闻是指新闻报道者脱离新闻赖以产生和依存的客观事实,任意凭着个人的主观愿望或依据他人的意志去报道"新闻"。简言之,就是以虚构事实为依据的"新闻报道",违背了新闻的真实性原则,造成严重的新闻失实。

真实性是新闻的生命力所在,真实地报道客观事实是新闻工作者的义务和责任。违背新闻真实性原则的新闻报道就是传播虚假新闻行为,虽然造成虚假新闻的原因多种多样,但是所有的虚假新闻都体现出这样一个明显的特征:与事实不符。

中国人民大学郑保卫教授曾对虚假新闻的表现形式和共同特征做过深入的分析,他认为,虚假新闻主要表现形式有:政治需要,公开造假;与己不利,隐匿真情;宣传典型,任意拔高;屈从压力,写昧心稿;唯利是图,编造新闻;粗枝大叶,调查不实;道听途说,捕风捉影;知识贫乏,不懂装懂;合理想象,添枝加叶;偷梁换柱,移花接木等等。[①] 不管哪种表现形式,就性质而言,笔者认为无非两种:

一是故意性造假,即新闻工作者出于某种不良的动机,发布不真实的新闻,造成恶劣影响。

2007 年,北京电视台生活频道《透明度》栏目以"纸做的包子"为题,播出了记者暗访朝阳区一无照加工点使用废纸箱为馅制作小笼包出售的节目。节目播出后,受到北京市政府的高

---

① 郑保卫.新闻职业道德误区之虚假新闻——新闻伦理学讲座之五[J].军事记者,2001(7).

度重视,要求彻查该案。经过警方和国家质检测总局的调查,得出结论:所谓的"纸包子"纯属子虚乌有。制作该节目的记者訾北佳承认,为了追求所谓的业绩,自己有企图的图谋了一场"纸包子"的闹剧。訾北佳作为北京电视台的一名记者,为了所谓的业绩,对新闻职业道德置若罔闻,不惜精力、财力自导自演了一场子虚乌有的"电影",反而让自己成了银幕形象,供广大记者去反思其中的道理。仅仅为了一己私利,故意策划报道虚假事件,不仅引起广大市民的恐慌,而且侵犯名誉权,使包子店生意举步维艰。它给新闻工作者的警示很深刻:真实是新闻的生命,而维护新闻的真实性,是每个新闻工作者义不容辞的使命。广大新闻工作者要时刻牢记新闻的真实性原则,不要为了小利而无中生有,凭空捏造虚假新闻,丧失了一个新闻工作者的职业道德。

二是非故意性造假,即造假者的动机并不是为了伤害他人或为了谋求某种利益。虽然这种新闻的产生也许并不是出于恶意,但造成的影响同样恶劣。

2013年12月3日,央视国际在线发布了一组"外国小伙北京街头扶摔倒中年女子遭讹诈"的图片。据报道称,2日上午,在北京朝阳区香河园路与左家庄东街路口,一名东北口音女子在经过一个骑车的外国小伙旁边的时候突然摔倒,之后就倒地不起,说是被这个外国小伙子给撞了,要他负责,外国小伙不得不赔1800元医药费。随后,多家媒体进行了转载报道,凤凰网还联系到图片的拍摄者李先生,寻求详细介绍,结果与报道一致,事件得到迅速扩展,成为了广大网友的谈资,尤其出现了批评甚至辱骂中年女子的声音。事情很快发生了逆转,《新京报》报道《目击者:"老外扶摔倒大妈遭讹"与事实不符》。随后,北京市公安局的官方微博"平安北京"发布了官方调查结果,经过调看路口监控视频等调查,最终给出了权威结论:中年女子经过人行横道时,被一外籍男子驾驶摩托车撞倒。在现场的处理过程中,倒地女子称身体不适,立即拨打120将其送往附近医院。经检查,该中年女子伤情轻微。外籍男子无证驾驶,车辆被扣且受处罚。

就这个案件来看,事件的始作俑者无疑是摄影者李先生,随后他在公开道歉信中说:"在此事的报道上,我使用了不严谨且不详实、有倾向性且夸张的描述,导致了一场网络风波,致使李阿姨被冤枉、网友误读、部分媒体误报,虽然我并不是故意炮制新闻以博眼球,但是我给你们带来的伤害,确是实实在在的。"通过这发自内心的致歉,不难发现李先生并不是故意制造虚假新闻,事态的夸大也是自己没有想到的。他对新闻事件没有深入的调查求证,在不明确新闻真实性的基础上,偷梁换柱,移花接木,从而导致了一系列麻烦。无心之失带来的深刻教训,同样值得广大媒体同行记取。

美国现代新闻之父普利策说过:"只有最高尚的理想,最严谨追求真理的热望,最正确的丰富知识,以及最忠诚的道德责任感,才能将新闻事业从商业利益的臣属,自私自利的追求,以及社会利益的敌对上拯救出来。"虚假新闻有着极大的社会危害性,容易引起社会的恐慌心理,引发群体性事件,严重影响社会正常秩序,一直是业界和学界重点讨论的问题。每年年末,业界都自发评选"年度十大假新闻",用以自警自检。

(二)有偿新闻

所谓有偿新闻,是指在新闻传播活动中,有些个人或组织希望获得媒体宣传的报道,或者想屏蔽一些对自己不利的负面报道,向新闻从业人员提供钱物,以获得宣传报道或不报道的行为。有偿新闻的本质是新闻记者出卖职业赋予其的特殊权力,做了有违新闻职业道德的新闻采写活动。其表现主要分为两种，即"有偿新闻"和"有偿不闻"。

有偿新闻是指记者收取某种报酬，写出有利于对方的报道，这种报道主观色彩浓厚，甚至有些根本是虚假编造的。其表现形式是：接收有关个人或组织的红包、有价证券、礼品，获取各类好处（参与宴请、安排旅游、帮助其子女上学甚至解决工作）等等。由于被收买，记者在新闻报道过程中按照被采访者的要求去报道新闻，做出利于被采访者的新闻报道。

2012年9月26日到2013年6月1日，《新快报》记者陈永洲曾发表10篇有关中联重科"利润虚增"、"利益输送"、"畸形营销"及涉嫌造假等一系列批评性报道。2013年7月，中联重科董事长助理称该系列报道涉嫌故意抹黑，并导致中联重科股票下跌。2013年10月19日，陈永洲因涉嫌损害企业商誉的罪名被长沙市公安局拘留。10月26日，陈永洲在审讯中承认因发表不实报道而获得一万元报酬，他还承认："这些文章都不是我写的，就是原稿是他们提供给我，弄来之后，我弄好了交给他们，他们拿去发表。"陈永洲先后发表的10余篇中只有"一篇半"是自己在他人安排采访下完成的，其余都是由他人提供现成文稿，自己只作修改加工。《一年5.13亿广告费中联重科持续畸形营销》这篇报道，陈永洲自己竟然看都没看，就署自己的名字并发表了。10月30日，长沙市岳麓区人民检察院对陈永洲以涉嫌损害商业信誉罪批准逮捕。

此案件是典型的有偿新闻，利用职务上的便利，受人指使接收钱财，撰写不利于中联重科的新闻报道。服刑中的陈永洲说："内心挣扎，一边是利益，一边是职业操守，只能说基本上两者兼得是不可能的。对此非常后悔。"其实对于一个遵守职业操守和法律规则的人来说，这两者并不难取舍。《中国新闻工作者职业道德准则》明确规定："新闻工作者不得以任何名义索要、接受或借用采访报道对象的钱、物、有价证券、信用卡等。"事件的前因后果虽然水落石出，但是陈永洲事件给广大记者敲响了警钟：恪守新闻职业操守，慎用手中的权利，做一名高素质的新闻工作者。

有偿新闻也并不像"陈永洲案"一样"张牙舞爪"，有些"有偿新闻"表现的更温和也更难以辨认，例如近些年流行起来的"软文"，就是一种看似是普通新闻报道，但其实是厂家为了宣传自己的产品而打的广告。不管何种形式的有偿新闻，都是《中国新闻工作者职业道德准则》所不允许的，不仅有损媒体的公众形象，甚至违反相关法律，其危害不可估量，应该加强新闻工作者的教育与管理，杜绝一切形式的有偿新闻。

有偿不闻是指新闻从业人员在履行舆论监督职责的过程中或者是借舆论监督之名，接受或变相接受被监督方的贿赂而使舆论监督活动中止或改变的行为。简单来说，就是新闻媒体或记者收取事发者的钱财，把应该公之于众的信息封锁，不去报道，主要涉及一些企业污染、重大责任事故、官员腐败等事件。

不管是企业或个人的污点被记者发现，为了不影响自身声誉，主动给封口费，还是记者借助手中的新闻采访权，有目的地去威胁存在问题的企业和官员，进行敲诈勒索，都是媒体的一种腐败现象，是新闻报道者把新闻采访权作为一种商品交易，其实质是一种新闻权利的寻租——新闻敲诈。

2005年7月31日，河南汝州市寄料镇一煤矿突发透水事故，有人员伤亡，此事故被当地隐瞒。8月13日该消息被透露给河南省内多家媒体，14日下午，就有"记者"陆续前往寄料镇进行采访。大批"记者"的到来引起了当地政府的重视，这些"记者"被统一安排入住指定宾馆，并在宾馆中为每一个到场"记者""发工资"。经调查,共计480名"记者"领取20万元"工资"。这480名"记者"中,有很多人是只为领钱伪造身份的假记者,当地政府明知这种情况也大方地"照单全收"。半个月内,无论是报纸上还是电视上都见不到一篇关于该矿难的报道。

这起重大安全事故,涉及很多人的利益,隐瞒了生产的安全隐患,使企业存在的问题得不到公开,存在类似问题的企业得不到警戒。新闻媒体集体失语,是记者、当地官员在矿工尸体上合演的一出闹剧,是对受害者家属的不尊重,更是对新闻职业道德的背弃。

无论是哪种形式的有偿新闻,都违背了新闻职业道德的要求,甚至违反了相关的法律规定。为杜绝这种错误的行为,中共中央宣传部、广播电影电视部、新闻出版署、中华全国新闻工作者协会联合颁布《关于禁止"有偿新闻"的若干规定》,明确规定"新闻单位采集、编辑、发表新闻,不得以任何形式收取费用。新闻工作者不得以任何名义向采访报道对象索要钱物,不得接受采访报道对象以任何名义提供的钱物、有价证券、信用卡等"。改革开放以来,市场经济成为主流,新闻事业不断市场化和产业化,使有偿新闻现象再次肆虐,软文、炒作污染着消费者的阅读环境。为维护公众合法权利,净化新闻业整体环境,2012年,全国"扫黄打非"办联合新闻出版总署及中纪委驻新闻出版总署纪检组开展了打击"新闻敲诈"治理有偿新闻专项行动,全国共查办非法报刊、非法网络报刊和非法报刊网站案件184起,收缴非法报刊500万份。时任中国新闻出版总署署长柳斌杰在2013年1月4日召开的全国新闻出版工作会议上表示,将进一步严格新闻采编队伍管理,解决记者队伍的"假、乱、散"问题,重点解决记者站违规、新闻敲诈、有偿新闻、滥发记者证、虚假违法有害广告、报刊摊派发行等问题。

附:中共中央宣传部、广播电影电视部、新闻出版署、中华全国新闻工作者协会关于禁止"有偿新闻"的若干规定(1997年1月15日)

一、新闻单位采集、编辑、发表新闻,不得以任何形式收取费用。新闻工作者不得以任何名义向采访报道对象索要钱物,不得接受采访报道对象以任何名义提供的钱物、有价证券、信用卡等。

二、新闻工作者不得以任何名义向采访报道对象借用、试用车辆、住房、家用电器、通讯工具等物品。

三、新闻工作者参加新闻发布会和企业开业、产品上市以及其他庆典活动,不得索取和接受各种形式的礼金。

四、新闻单位在职记者、编辑不得在其他企事业单位兼职以获取报酬;未经本单位领导批准,不得受聘担任其他新闻单位的兼职记者、特约记者或特约撰稿人。

五、新闻工作者个人不得擅自组团进行采访报道活动。

六、新闻工作者在采访活动中不得提出工作以外个人生活方面的特殊要求,严禁讲排场、比阔气、挥霍公款。

七、新闻工作者不得利用职务之便要求他人为自己办私事,严禁采取"公开曝光""编发内参"等方式要挟他人以达到个人目的。

八、新闻报道与广告必须严格区别,新闻报道不得收取任何费用,不得以新闻报道形式为企业或产品做广告。凡收取费用的专版、专刊、专页、专栏、节目等,均属广告,必须有广告标识,与其他非广告信息相区别。

九、新闻报道与赞助必须严格区分,不得利用采访和发表新闻报道拉赞助。新闻单位必须把各种形式的赞助费,或因举办"征文""竞赛""专题节目"等得到的"协办经费",纳入本单位财务统一管理,合理使用,定期审计。在得到赞助或协办的栏目、节目中,只可刊播赞助或协办单位的名称,不得以文字、语言、图象等形式宣传赞助或协办单位的形象和产品。

十、新闻报道与经营活动必须严格分开。新闻单位应由专职人员从事广告等经营业务,不得向编采部门下达经营创收任务。记者、编辑不得从事广告和其他经营活动。

(三)低俗新闻

新闻是就最近动态的报道,报纸的阅读率、广播的收听率和电视的收视率是媒体发展的关键所在,有了受众就有了前景。在市场竞争的加剧下,经济效益的逼迫下,为了制造轰动效应,吸引更多的受众眼球,新闻报道出现了低俗化和庸俗化的发展动向。一些触及传统道德底线甚至危及社会价值观的低俗娱乐新闻屡屡出现,且有愈演愈烈之势。

所谓低俗新闻是指广播电视宣传充满一些低级趣味、庸俗、颓废的内容,是相对于一些充满社会正能量的价值内容而言的,这种低俗化形式表现为谣言屡禁不止、炒作过度、情色新闻泛滥、扭曲价值观的内容恶搞、语言暴力、窥探明星隐私等。郭美美,这名因"红十字会"事件一夜成名的网络"炫富女",因涉嫌赌球再次陷入舆论的漩涡。2014 年 7 月 9 日,北京警方打掉一个在世界杯期间组织赌球的犯罪团伙,抓获团伙成员 8 名。该团伙在境外赌博网站开户,通过电话、微信等形式下注,进行赌球违法犯罪活动,参与人员涉及郭美美。郭美美本身就在舆论的风口浪尖上,此事件一出,众媒体争相报道,一石激起千层浪,这一消息引发社会热议。有些媒体报道并没有针对这次赌球行为进行调查,深入探究原因,而是全面起底郭美美,郭美美的炫富、性交易、被包养的信息满天飞,并且配有大尺度的图片、视频。此次赌球事件,警方还未调查清楚,网友先对郭美美进行了定罪,严重干扰警方的调查与司法机关的审判。再说,对其性交易大肆的渲染,不利于良好社会风气的形成,影响青少年的价值观念,是一种有违于社会主义核心价值观的新闻报道。

南京师范大学新闻与传播学院教授方晓红认为:"有关部门对新闻内容道德层面的监管很松,睁只眼闭只眼,缺乏有效的把关。更深层的一个原因,国人道德教育的缺失,令社会诚信、廉耻、尊严等道德底线一再降低,即使是有素质的人面对低俗新闻也变得麻木,宁愿熟视无睹,不愿拍案而起。"笔者认为,低俗新闻产生的原因众多,有新闻记者素养不高的原因,也有自媒体迅速发展,难以把关的原因。不管何种原因,加强新闻从业者的职业素养,使其有着正确的新闻职业态度、新闻职业观念是非常重要的。

除了以上比较常见的三种伦理失范行为之外,还有抄袭、剽窃别人的新闻作品,隐性采访尺度过大,方式不当,不遵循新闻专业主义,报道过于煽情、滥情,恶俗炒作等失范问题。这些行为丧失了新闻人的新闻理想,抛弃了道德底线,应该受到批评和抵制。为加强宣传思想工作及队伍建设,中共中央宣传部、中共中央对外宣传办公室、广播电影电视总局、新闻出版总署、中华全国新闻工作者协会开展了"三项学习教育"活动,让广大新闻工作者认真学习"三个代表"重要思想、马克思主义新闻观、职业精神职业道德观,避免广播电视新闻传播失范现象的发生,使广大广播电视新闻工作者更好地为社会主义现代化事业做贡献。

四、新媒体对广播电视新闻传播伦理的冲击

随着科技的发展,网络成为人们获取信息的重要途径,根据 2014 年发布的第 33 次中国互

联网络发展状况统计报告,我国网民规模已达 6.18 亿,手机网民规模达到 5 亿。人们通过各式各样的终端设备访问互联网获取信息服务。新媒体为社会舆论提供了全新的载体和空间,使传统话语权力格局受到颠覆性解构,社会公众也充分意识到了新媒体蕴含的内在能量,将其视为行使参与权、表达权和知情权的重要工具。但正如拉扎斯菲尔德和默顿所说:"大众媒介是一种既可以为善服务,又可以为恶服务的强大工具;而总的说来,如果不加以适当的控制,它为恶的可能性则更大。"①

目前,新媒体从业人员可以依据的职业伦理道德规范有《中国新闻工作者职业道德准则》、《中国出版工作者职业道德准则》、《中国互联网行业自律公约》和《互联网新闻信息服务自律公约》,需要注意的是,新媒体处于快速发展的过程中,《中国互联网行业自律公约》和《互联网新闻信息服务自律公约》等虽然对互联网信息传播做出规管,但与新媒体的快速发展相比,还存在一些需要解决的问题。新媒体对广播电视新闻传播伦理的冲击具体可表现为以下两个方面:

第一,网络舆论导向难以把握。新媒体语境下的网络舆论摆脱了诸多现实中的把关环节,拥有麦克风的公众开始以自我意愿为主,随性表达自己的话语,形成了一个强大的民间舆论场,相对于传统模式下产生的网络舆论,新媒体加剧了意见表达中的失范现象。利用社交网络,每一个个体都可以成为传播主体,这使传统媒体用其习惯的大众传播模式对网络舆情的把握和引导显得十分无力,再加上信息传递速度往往快过广播电视媒体的节目播出周期。因此,网络舆论几乎是在一个没有外界加以引导的环境中自由发展的。由于"信息茧房"效应,网民对于特定公共事件的看法会越来越偏激,这种影响甚至会造成现实世界中的群体性事件。

2008 年 11 月 3 日凌晨 5 时 30 分许,重庆市主城区部分出租汽车驾驶员因营运受阻不能正常经营,开始罢工,先是出租车司机小规模群体性抗议,同时一些人把相关情况散布到互联网上引起更多人关注,随后形成了两个更大规模的群体性事件,即现实社会的全城出租车司机罢运与网上以出租车司机为主要话题的群体性讨论。导致主城区市民乘坐出租汽车出行困难,造成极坏影响。

近年来"百万级点击率"的"网络群体性事件"屡见不鲜,如"南京天价烟房产局长事件""张家港官太太团出国事件""贫困县县委书记戴 52 万元名表事件""云南躲猫猫事件"等等。这些事件经过网络的迅速传播,激起很多网友的情绪,他们往往不是理性地对待事件,思考事件,而是根据自己的主观情绪大发评论,往往这些评论带有片面性和缺乏责任感,一呼百应,容易形成巨大的民间舆论场,扩大事件的严重性。

习近平总书记在 2013 年 8 月的全国宣传思想工作会议上提出:"互联网已成为思想文化信息的集散地和社会舆论的放大器,因此管控好网络阵地,坚持巩固壮大主流思想舆论显得尤为重要。只有把提高舆论引导能力放在突出位置,才能牢牢掌握意识形态工作的领导权、管理权和话语权。"

第二,虚假新闻、低俗新闻泛滥。新闻的真实性在新兴媒体面前面临巨大挑战。2013 年,一张在深圳街头一位年轻女孩给流浪老人喂饭的照片发表在某新闻网站,引起网友的追捧,一些传统媒体也纷纷报道了这则新闻,肯定女孩的行为。就当人们都在寻找这位女孩的时候,有

---

① 张国良.新闻媒介与社会[M].上海:上海人民出版社,2001:72.

目击者爆料,照片纯属摆拍欺骗公众,而一些媒体工作者不顾新闻职业操守,不经核实就发布,为这则虚假信息的传播推波助澜。作为新闻工作者,如果缺乏严谨的工作态度,不认真核实新闻信息,极易造成以讹传讹,混淆公众视听。

除此之外,互联网媒体发展初期,低俗信息曾充斥新媒体,无论导致这种现象出现的原因是市场化运营媒体的逐利心理还是技术发展带来监管的落后,新闻工作者,特别是供职于新媒体的新闻人,在信息爆炸的今天必须严格要求自己,恪守新闻职业道德,做好"把关人",以社会公众利益为重,杜绝虚假新闻和低俗新闻。

另外,类似的视频病毒式扩散很多,《我的滑板鞋》《小鸡小鸡》《play 我呸》等一系列网络歌曲的蹿红成了大众的"洗脑神曲",这种低俗文艺的盛行不利于传播优秀的文化作品,使受众逐渐丧失对优秀的文艺作品的鉴赏能力。这种"神曲"不仅不能陶冶情操,反而容易被大众模仿,使低俗之风败坏更多的人。它们的迅速走红,与自媒体时代人人都有移动终端,随时发布、随时接受相关信息有着很多的关系,自媒体时代形成的民间舆论场是巨大的。

随着社会的进步,技术的更新,进入新媒体社会是不争的事实,新媒体依靠自身的快捷性、互动性及大容量等优势已经在社会领域中占据着重要的地位,与传统媒体为受众打造快捷的信息服务。为了使新媒体更好的进行信息传递,发挥更大的优势,我国的媒体职业道德建设和行业自律应该在完善和监督上下工夫,强化对媒体和从业人员的自身素质的建设。当然,对作为个体的大众来说,难以对其进行言论自由的限制,对其发布、转载、评论的信息难以把关,只能靠广大网友的理性。广大网友作为新时期的公民,能迅速接触信息、了解信息,参与信息的互动是好事,希望能合理利用新媒体这一平台,对待任何信息的发布、评论要理性,头脑冷静,不传递引起社会负面影响的信息。

范长江在《怎样学做新闻记者》一文中对新闻记者的要求,最首要的就是重视记者的操守和人格。健全高尚的人格对新闻记者至关重要,具备了这些优良品质,才配做新闻记者,如果一个新闻记者的人格出了问题,就无法报道出有价值的新闻,会导致社会的混乱。广播电视新闻的伦理规范离不开对新闻从业者的职业道德建设,使广大新闻人树立正确的职业态度、职业观念,遵循职业伦理,彰显专业规范,做一名责任心强,为民、为社会的新闻工作者。

第三节 广播电视新闻传播法律规范

依法治国,建设社会主义法制国家,是我国的基本国策。有法可依,依法办事,能更好地引导、规范和约束公民和政府的行为,使之依法办事,循章而为,为实现法制中国梦营造良好发展环境。

广播电视新闻事业是社会主义现代化建设的一部分,作为党和人民的宣传窗口,它的健康有序运营更需要法律进行约束与规范。伦理规范与法律规范是广播电视新闻传播活动最基本的两种规范,单纯依靠具有自律性的道德规范,难以约束所有新闻工作者的思想意识,尤其具有利益熏心的从业者。有了法律规范作为保障,使道德规范具有了法律权威性,二者共同作用于新闻媒体组织与个人,才能最大限度避免广播电视新闻传播失范现象的发生。

在当前这样一个开放的网络新媒体时代,新闻传播更需要法律的引导、约束与规范,为新闻事业营造一个安定有序的和谐环境。

一、法的基本概念与新闻传播法制

(一)法、法律的语义分析

何为法?《说文解字》记载,法的繁体写法是"灋"。"灋,刑也,平之如水,从水。廌所以触不直者去之,从廌去。"[①]由此可见,法尚公平、正义,是一种判断是非曲直、惩治邪恶的(行为)规范,是正义的、公平的。这与西方的法律内涵不谋而合,西方象征法律精神的正义女神雕像是最好的诠释。

"法"字在汉语中多用来表示"法律",其实法律的概念与法既有联系又有区别。广义的法律是指法律的整体,不仅包括全国人民代表大会及其常务委员会制定的规范性文件,还包括宪法、国务院制定的行政法规、地方国家权力机关制定的地方性法规、国务院各部位和省级人民政府制定的规章等。狭义的法律,单单是指全国人民代表大会及其常务委员会制定的规范性文件。为了便于区别,学界把广义的法律等同于法,毕竟它有太多具体的法律形式,而狭义的法律称作法律,是一个具体的法的形式,如《中华人民共和国婚姻法》等。

法的基本内涵,借鉴马克思主义经典作家对法概念的阐释,并吸收国内外法学研究的理论成果,法学家张文显这样定义:"法是由国家制定、认可并由国家保证实施的,反映由特定物质生活条件所决定的统治阶级(或人民)意志,以权利和义务为内容,以确认、保护和发展统治阶级(或人民)所期望的社会关系和社会秩序为目的的行为规范体系。"[②]从中不难看出,法是社会物质生活条件的产物,是国家意志的表现,由国家制定或认可,由国家强制力量来保证实施,以权利和义务为主要内容。法的具体形式法律,对人的行为提出明确的指示,告知人们什么可以做,什么是禁止的,对人的行为进行告知、指引、规范和教育。

(二)新闻传播法制

新中国成立以来,特别是改革开放 30 多年来,按照建立社会主义法治国家目标,我国的立法工作取得了举世瞩目的成就。经过多年努力,中国在经济、政治、文化、社会、生态文明建设方面已经有法可依。涵盖社会关系各个方面的法律部门已经齐全,各个法律部门中基本的、主要的法律已经制定,相应的行政法规和地方性法规比较完备。法律体系内部总体做到科学和谐统一,中国特色社会主义法律体系已经形成。[③] 而在形成我国的中国特色社会主义法律体系的过程中,我国的新闻传播法制建设也取得了很大进步,尽管目前我国还没有成行的新闻传播法,但是我国的新闻传播活动同样必须依法运作,也是处于有法可依的状态。在我国现行的社会主义法制体系中,有许多法律规范与新闻传播活动紧密相关,有关新闻传播的法律规定散见于宪法和其他各类法律法规中,如在行政法中有所规定,大众传播活动不得损害国家安全和泄露国家秘密、禁止传播淫秽内容等,民法中对名誉权、隐私权等人格权也予以保护。

宪法、民商法、行政法、刑法等各个法律部门中所有适用于新闻传播活动的法律文件的条款,对新闻传播活动都有引导与规范作用,新闻传播法制不是指单一的一部法律,而是所有法中涉及新闻传播活动的法律的集合体,共同作用于新闻传播活动,具体是指掌握着国家政权的

---

① 梁启超全集[M].北京:北京出版社,1999:1258.
② 张文显.法理学[M].3 版.北京:高等教育出版社,北京大学出版社,2007:75.
③ 国务院新闻办.中国特色社会主义法律体系[M].北京:人民出版社,2011.

社会集团将该集团的意志以国家意志的形式出现,通过国家机关制定的调节新闻传播活动中各种关系的法律与制度的总和。

目前,我国的新闻传播法制已基本完备,表现为法律、法规、规章等多种法律规范性文件。具体而言,作为国家根本大法的宪法为我国新闻传播活动做了原则性规定;而刑法、民法通则等法律以及《政府公开条例》等法规和规章,虽并非专门设用于新闻传播活动,但其中含有大量与新闻传播活动直接相关的规定;《全国人民代表大会常务委员会关于处理违法的图书杂志的决定》《广告法》《全国人民代表大会常务委员会关于维护互联网安全的决定》等法律,《出版管理条例》《广播电视管理条例》等法规和《报纸出版管理条例》等规章,则专门适用于新闻传播活动。[①]

二、新闻传播活动的法律规范

新闻传播法制是新闻传播法规的规范化与制度化,而新闻传播法规则是新闻传播法制的具体化。因此在实际工作中新闻工作者从事一切新闻活动时,要遵循新闻传播法规。新闻传播法规的渊源,主要有宪法、法律、行政法规、规章制度、地方性法规、民族自治区的自治条例和单行条例、特别行政区的法律以及我国参加或与外国缔结的国际条约和国际惯例,等等。这些具体的法律法规的某些条款专门就新闻传播活动的某些方面做出规定,对新闻传播活动有着一定的引导与规范,是新闻传播活动的具体法律规范形式。

1. 新闻传播与宪法

宪法是中华人民共和国的根本大法,是制定普通法律的法律基础,拥有最高的法律效力,它是由全国人民代表大会经过特定的立法程序制定的。现行宪法为1982年宪法,并历经1988年、1993年、1999年、2004年四次修订。宪法是国家的根本大法、基础法,规定着国家的社会制度和国家制度的基本原则,国家机关的组织和活动的基本原则,公民的基本权利和义务等重要内容,还规定国旗、国歌、国徽和首都以及统治阶级认为重要的其他制度,涉及国家生活方方面面。全国各族人民、一切国家机关、社会团体、企业组织都必须以宪法为根本的活动准则。因此,宪法也是我国媒体从业人员的根本活动准则,指导和制约着新闻传播活动。

现行的《宪法》共四章,138条,有些条款直接与新闻传播活动相关,它是新闻传播法规的基础性规范。

第二十二条 国家发展为人民服务、为社会主义服务的文学艺术事业、新闻广播电视事业、出版发行事业、图书馆博物馆文化馆和其他文化事业,开展群众性的文化活动。

第三十五条 中华人民共和国公民有言论、出版、集会、结社、游行、示威的自由。

第三十八条 中华人民共和国公民的人格尊严不受侵犯。禁止用任何方法对公民进行侮辱、诽谤和诬告陷害。

第四十一条 中华人民共和国公民对于任何国家机关和国家工作人员,有提出批评和建议的权利;对于任何国家机关和国家工作人员的违法失职行为,有向有关国家机关提出申诉、控告或者检举的权利,但是不得捏造或者歪曲事实进行诬告陷害。

第四十七条 中华人民共和国公民有进行科学研究、文学艺术创作和其他文化活动的自

① 黄瑚.新闻传播伦理与法规实用教程[M].北京:高等教育出版社,2011:8.

由。国家对于从事教育、科学、技术、文学、艺术和其他文化事业的公民的有益于人民的创造性工作,给以鼓励和帮助。

第五十三条　中华人民共和国公民必须遵守宪法和法律,保守国家秘密,爱护公共财产,遵守劳动纪律,遵守公共秩序,尊重社会公德。

以上《宪法》中的部分条款,或多或少涉及新闻传播活动,对新闻事业的发展具有根本意义的法律规范。

2. 相关法律对新闻传播的规定

宪法以外,我国的相关法律从不同方面分别对新闻传播活动做出相应规定,比如刑法和民法。

刑法是规定犯罪、刑事责任和刑罚的法律,包含着对新闻传播活动的约束和对违反新闻传播活动犯罪的制裁,在现行的《刑法》中,大概 20 多种罪名与新闻传播活动相关,如为境外窃取、刺探、收买、非法提供国家秘密、情报罪,煽动颠覆国家政权罪,走私淫秽物品罪,编造并传播证券、期货交易虚假信息罪,等等。

民法是调整平等主体的公民之间、法人之间、公民和法人之间的财产关系和人身关系的法律,简单来说,是调整平等主体间的民事权利。而新闻传播活动中大量的社会关系,特别是公民作为受众、被报道者和作者的身份与新闻媒介之间发生的关系,正具有民事关系的特征。[1] 近年来,新闻侵权事件频繁出现,如侵犯隐私权、肖像权、名誉权、著作权等。在调节平等主体间的利益问题上,《民法通则》的相关规定保障了公民在新闻传播活动中的权利,如《关于审理名誉案件若干问题的解释》《关于确定民事侵权精神赔偿责任若干问题的解释》等法律条文,都与新闻传播活动密切相关。

我国法律的具体形式众多,不同的法律调整着某一方面的社会关系,与新闻传播活动密切相关的法律规范还有:关于重要信息发布的《突发信息应对法》,关于维护国家安全、保守国家秘密的《国家安全法》《保守国家秘密法》,关于新闻传播活动中知识产权的《著作权法》,关于广告活动的《广告法》,等等。这些法律不同程度的涉及新闻传播活动的某一方面,其法律条款的解释同样适合新闻传播活动,对其有着约束与规范的作用。

3. 行政法规对新闻传播活动的规定

行政法规是指由各种国家机关所制定的,由国家强制力保证实施的有关行政管理的各种法律规范的总称。新闻传播活动隶属媒体,在我国媒体的性质是国营,是党领导下的事业单位。控制意识形态的宣传部门,制定相关的法律规定,来引领媒体的发展道路和发展方向。它的类型有以下方面:管理新闻传播媒介的行政法规,如《广播电视管理条例》《电影管理条例》《出版管理条例》《互联网信息服务管理办法》等;对新闻传播活动中的某一具体事项进行管理的行政法规,如《关于严厉打击非法出版活动的通知》《外国常驻新闻结构和外国记者采访条例》等;与新闻传播活动相关的其他行政法规,如《政府信息公开条例》等。与新闻传播活动相关的行政法规不仅对媒体进行管理,使其有序的运营,还为新闻传播活动进行规范和提供便利。

---

① 　魏永征. 新闻传播法教程[M]. 3 版. 北京:中国人民大学出版社,2010:9.

4.行政规章对新闻传播活动的规定

行政规章包括部门规章和地方性规章。部门规章是指国务院各部委以及具有行政管理职能的直属机构,根据宪法、法律和行政法规,在本部门的权限范围内制定的规定、办法、实施细则、规则等规范性文件;地方性规章则是各省、自治区、直辖市的人民政府和省、自治区的人民政府所在地的市以及国务院批准的较大市的人民政府,综合考虑法律、行政法规和本地地方性法规,所制定的规范性文件。不管是部门行政规章还是地方性行政规章,都具有指导性原则。

《出版管理条例》为了加强对出版活动的管理,《广播电视管理条例》为了加强对广播电视的管理,《互联网新闻信息服务管理规定》旨在对互联网上的信息进行更好的管理等等。这些单行规章,对于各类媒介的管理是不可或缺的,对媒介健康有序运营提供了强有力的保障,《关于严禁淫秽物品的规定》《保守国家秘密法》等对某些行为禁止的规定,对新闻传播活动失范现象的出现进行了有效的遏制。

5.地方性法规、自治条例和单行条例对新闻传播活动的规定

地方性法规是由省、自治区、直辖市和较大的市的人民代表大会及其常务委员会,根据本行政区域的具体情况和实际需要,在不与宪法、法律、行政法规相抵触的前提下,按照相应的法定程序制定并施行的规范性文件,它在本行政区域内有效,其效力低于宪法、法律和行政法规。如《云南省出版管理条例》《江西省广播电视管理条例》《河北省新闻工作管理条例》《广东省计算机信息系统安全保护条例》等,对广播、电视、电影、出版活动有着规范性作用,指导着新闻传播活动。

6.其他法律对新闻传播活动的规定

香港、澳门特别行政区根据本地区制定的与新闻传播活动相关的法律规范,也属于我国新闻传播法的一部分;我国参与的有关国际方面的新闻传播条约,也对我国的新闻传播活动有一定的指导和规范意义,如《世界版权公约》等。

宪法和法律是我国法的主要渊源,其中有关新闻传播活动的规定,理应也是我国新闻传播法的渊源,我们可以笼统地把它概括为新闻传播活动的法律规范和规定。虽然迄今为止,我国还没有出台一部专门规范新闻传播活动或规范某一类新闻传播媒介的法律,但我们的新闻传播活动依然有法可依,并且法制新闻建设也取得了显著的成果。我们的新闻传播活动在很多问题上可以从宪法和法律中寻找到规范,但毕竟没有专门、详细的新闻法律规范,新闻传播活动存在的很多法律失范问题难以裁量,这也是我国新闻传播法制的实情。

三、言论出版自由

言论出版自由是新闻记者的表达权,是新闻传播者的基本权利。宪法中明确规定了言论出版自由原则,在学习新闻传播活动中的违反失范行为之前不得不了解一下言论出版自由权利。

言论自由(Freedom of Speech),是指公民发表意见、交流思想、抒发感情、传递信息、传授知识等而不受干涉的自由;出版自由(Freedom of Press),是指公民享有通过以印刷或广播、电视乃至网络新媒体等其他复制手段制成的出版物或其他形式的信息载体公开表达和传播意见、思想、感情、信息、知识等的自由。言论、出版自由是我国公民的一项权利,受宪法的保护,作为公民的新闻传播媒介从业者也拥有这项权利。针对新闻传播活动来说,言论出版自由被称作新闻传播自由。

新闻传播自由应该针对两部分人来说：一是非从事新闻传播职业的公民，在这里，为了便于表达，概括为受众；二是从事新闻传播职业的工作人员，即新闻从业者。《宪法》第35条规定："中华人民共和国公民有言论、出版、集会、结社、游行、示威的自由。"因此，面对新闻传播活动，一般的公民（受众）享有知晓权，公民可以通过报纸、新闻期刊、杂志、广播、电视、新媒体等平台获取相关信息咨询的权利，对作为反映民众声音的新闻媒体的从业者来说，就是采访权；同样，新闻传播者也拥有报道权，使信息传递给民众。

采访权和报道权是新闻从业者的自由权利，权利需要遵守。可是，在新闻传播实践中，出现了对言论出版自由绝对的、毫无限制的滥用，不仅在道义上受到谴责，甚至有些严重者逾越了法律界限，导致违法和犯罪行为。

新闻传播违法行为，是指新闻传播媒介及其从业者在主观过错的支配下实施的违反法律的危害社会行为。根据触犯法律的不同，一般又有新闻传播的刑事违法行为和新闻传播的民事违法行为。新闻传播刑事违法行为有着比较严重的社会危害性，属于新闻传播犯罪行为。《刑法》第13条明确规定："一切危害国家主权、领土完整和安全，分裂国家、颠覆人民民主专政的政权和推翻社会主义制度，破坏社会秩序和经济秩序，侵犯国有财产或者劳动群众集体所有的财产，侵犯公民私人所有的财产，侵犯公民的人身权利、民主权利和其他权利，以及其他危害社会的行为，依照法律应当受刑罚处罚的，都是犯罪，但是情节显著轻微危害不大的，不认为是犯罪。"新闻传播活动刑事违法犯罪认定和犯罪程度裁量，以此规定为基本准则。新闻传播民事违法行为是触犯了民事法律规范，对平等主体之间的财产关系和人身关系有所侵犯。《民法通则》中明确规定平等主体之间的财产关系和人身关系不容侵犯，触犯民事法律关系，也将受到法律的制裁。

不管是新闻传播的刑事违法行为，抑或是新闻传播的民事违法行为，在现实的新闻实践活动中的法律失范行为有以下方面：新闻传播侵害名誉权、荣誉权、隐私权、肖像权、著作权，煽动危害国家安全的言论、泄密国家秘密；传播邪教、淫秽、色情内容；利用记者权利搞新闻寻租，等等。这些新闻传播法律失范现象的发生，是部分记者对新闻自由权利的过度滥用所致。因此，新闻记者要合理利用宪法赋予的言论出版自由权，使采访权、报道权发挥出本应有的价值，即为人民服务，为社会主义服务。

四、广播电视新闻传播法律失范现象分析

每年，因各种违法行为而触犯法律法规的新闻违法事件都不在少数，通过对部分案件的关注与分析，我们可以概括为如下类型：

（一）扰乱社会公序良俗

广播电视新闻媒介通过传播具有淫秽、色情内容，传播邪教、封建迷信思想，来扰乱社会公序良俗，污染社会风气，有以下几种主要表现形式：

1.传播淫秽、色情内容

在我国的新闻传播法规中，明确禁止淫秽、色情内容的传播。一些新闻传播媒介和个人为了私利，无视法律规定，大肆传播一些具体描绘性行为或者露骨宣扬色情的诲淫性的视频文件、电子刊物、图片、文章、短信息等，对普通人特别是未成人的身心健康严重毒害。

2013年年底，北京市公安和版权部门在执法检查中查扣了快播公司管理的四台服务器，

仅部分服务器中就存储淫秽色情视频3000多部。2014年3月,有关部门在对快播公司相关应用和栏目进行监测中,也发现大量淫秽色情视频。打击网上淫秽色情信息专项行动开始之后,相关部门对快播公司及相关人员进行了深入调查取证。经过调查,发现大量淫秽色情视频,快播存在传播淫秽色情内容信息的行为,且情节严重。2015年2月10日,北京市海淀区人民法院对被告单位深圳市快播科技有限公司及其主管人员被告人王欣、吴铭、张克东、牛文举涉嫌传播淫秽物品牟利一案已立案审查完毕,决定依法受理。

快播作为视频播放网站,理应为广大受众传递健康有益的视频信息与节目,可是,快播公司在提供服务时不履行内容安全管理责任,罔顾社会公德,突破法律底线,大肆为淫秽色情等违法有害信息传播提供平台和渠道,严重危害未成年人身心健康,影响极为恶劣,必须予以严惩。

2015年1月19日,第28次全国"扫黄打非"工作电视电话会议在京召开。中共中央政治局委员、中宣部部长、全国"扫黄打非"工作小组组长刘奇葆出席会议并讲话,强调要深入学习贯彻党的十八大和十八届三中、四中全会精神,学习贯彻习近平总书记系列重要讲话精神,以打击非法出版物为首要任务,以互联网为主战场,以开展专项行动为主要抓手,切实加强日常监管,严厉查办大案要案,营造更加清朗的网上网下文化空间,有力维护意识形态安全和文化安全。他还指出,严厉打击网络淫秽色情信息,推动网络风气和干净程度进一步好转。

制作和传播淫秽色情物品的行为社会影响恶劣,危害性极大。《宪法》第363、364、365条对制作、传媒淫秽色情内容的认定与处罚有着明确规定,《广播电视管理条例》第49条对此违法行为也规定了相应的行政处罚,媒介组织及个人应避而远之。

2.传播邪教内容

邪教组织不是宗教组织,而是一种邪恶的社会势力进行反科学、反人类、反社会的组织,借宗教名义,制造、散布歪理邪说,蛊惑人心,欺骗群众滋事闹事,制造社会动乱。传播邪教内容是我国法律所禁止的行为,对社会都有着极大的社会危害。

20世纪90年代李洪志成立"法轮功组织",制造、散布歪理邪说,蛊惑人心,欺骗群众,不断非法聚敛财物,来发展、控制信徒,秘密结社,在境外势力的支持下,迅速发展起来,妄图推翻中国政权,多次的静坐围攻没能奏效后,最终暴发了冲击中南海事件,对国家、对人民的危害不可估量,他一直是国家通缉的重大罪犯。虽然李洪志潜逃国外,法轮功的恶劣影响依然存在。2006年以来,郭龙斌、郝龙生、郝艳玲从电脑上下载法轮功的相关资料,制作成宣传品400余份、光盘90余张,后被查获,判处有期徒刑3年。

李洪志发起的"法轮功组织"是邪教组织,企图扰乱社会秩序,颠覆国家政权,是一股邪恶的社会势力,其影响恶劣,属于严重的刑事犯罪。邪教是反人类、反社会的,具有社会欺骗性和危害性。

法律禁止传播的内容除了淫秽、色情、邪教内容外,还禁止宣传封建迷信思想、暴力血腥事件、赌博等内容。这些内容严重败坏社会风气,损害社会主义和谐社会的建设,助长违法犯罪,对未成年人的成长不利,毒害其心灵,使其形成错误的人生价值观。

(二)危害国家安全

国家安全是人民生存和社会发展的保障,国家安全与否,事关全体人民的根本利益。明清思想家顾炎武曾说:"天下兴亡,匹夫有责。"清楚地表达了对祖国安全要负有责任感。维护国家安全是我们的义务所在,《宪法》第52条规定,中华人民共和国公民有维护国家统一和全国各民族团结的义务;第 54 条也规定,中华人民共和国公民有维护祖国的安全、荣誉和利益的义务,不得有危害祖国的安全、荣誉和利益的行为。《中国新闻工作者职业道德准则》第 6 条规定,新闻传播者要维护国家利益和安全。

尽管法律、行政法规等明确规定维护国家安全是新闻传播者的义务,也是开展新闻传播活动的伦理准则。但现实生活中,依然存在一些危害国家安全的新闻传播失范行为。

1. 煽动危害国家安全

境内外机构、组织或者个人资助境内组织或者个人实施煽动分裂国家、破坏国家统一的犯罪行为,企图颠覆国家政权,推翻社会主义制度;还有些组织和个人煽动民族仇恨,企图破坏民族团结。他们以非理性的、情绪化的、蛊惑性的言论进行危害国家的传播活动。

中央民族大学教师伊力哈木·土赫提以"维吾尔在线"网站为平台,蛊惑、拉拢、胁迫部分少数民族学生加入该网站,形成了以伊力哈木·土赫提为首要分子的分裂国家犯罪集团。他们利用其网站宣扬民族分裂思想,并通过接受境外媒体采访等方式炒作涉疆问题,并利用大学老师身份,在授课过程中传播民族分裂,煽动以暴力手段对抗政府。2014 年 9 月 23 日,乌鲁木齐市中级人民法院以分裂国家罪判处伊力哈木·土赫提无期徒刑,剥夺政治权利终身,并处没收个人全部财产。

这是一起有目的、有组织、有策划的分裂国家的犯罪活动行为,该犯罪集团的主谋伊力哈木·土赫提通过传播、渗透极端思想,超出了法律所允许的言论自由的界限,企图用言论自由的名义来煽动民族仇恨、挑动民族对立、煽动暴力恐怖活动,最终甚至是要分裂国家。任何企图分裂国家的组织和个人,必须受到法律的严惩。

2. 泄露国家秘密

国家秘密事关国家安全和利益,《宪法》《保守国家秘密法》都明确规定,公民有保护国家秘密的义务。新闻传播媒介的任务是报道国家大事,满足公众的知晓权,可这个所谓的新闻报道权必须加以限制,不能无节制的什么都可以报道,尤其是国家秘密。国家秘密对公众来说,有着诱人的窥探欲,有些新闻记者为了获得独家新闻,制造轰动效应,不择手段地窃取、刺探、收买国家秘密和情报,通过新闻传播载体披露出去。

2013 年 6 月,高瑜通过他人获得了一份中央机密文件复印件后,将内容逐字录入成电子版保存,随后将该电子版通过互联网提供给某境外网站负责人。该网站将文件进行了全文刊登,引发多家网站转载,引起了社会广泛关注。北京警方迅速成立专案组,全力开展调查工作,专案组最终锁定了犯罪嫌疑人高瑜。这个高瑜是一名记者,因涉嫌为境外非法提供国家秘密曾两次入狱。

任何公民都有保护国家秘密的义务,更何况是掌握着信息传播载体的新闻媒介和记者,更应该保守国家秘密,信息一旦经过新闻传播载体传递出去,其速度之快、危害之大是难以想象的。新闻传播活动中可能触犯的泄密罪主要有三种:一是泄露国家秘密罪;二是为境外窃取、刺探、收买非法提供国家秘密、情报罪;三是非法获取国家秘密罪和非法持有国家秘密、机密文件、资料、物品罪。违反泄密罪,《刑法》中有着明确的认定和裁定,新闻媒介和记者应该遵循保密法,避免违反法律,受到法律的制裁。

(三)新闻寻租泛滥

新闻寻租指新闻传播媒介组织或记者利用掌握的新闻报道权利,为自身谋取不正当的政治和经济利益。具体来说，新闻传播媒介组织或记者被商业组织收买，为这些商业组织进行变相的"有偿新闻"，或者媒介掌握到商业机构或政府官员的一些负面的新闻后，为了经济利益，主动对商业机构或个人进行要挟，接受"封口费"，搞"有偿不闻"。不管是"有偿新闻"，抑或是"有偿不闻"，其共同的特点是与钱有关，利用自己特殊的身份，收取了一定的利益，其实质是新闻权利寻租。

在广播电视新闻传播伦理失范中对新闻寻租有所涉及，记者搞有偿新闻，传递虚假信息，这不仅仅是一个道德伦理问题，也是一个法律问题。有些新闻记者缺乏职业道德素养，禁不住金钱等利益的诱惑，歪曲新闻事实，按照别人的要求报道对对方有利的新闻。此种新闻传播行为，违背了新闻的真实性、客观性、公正性原则，造成严重的新闻失实，轻者遭到社会的谴责，重则触犯了法条，受到法律的制裁。

2014 年 9 月 25 日，上海市公安局在广东等地公安机关的配合下，抓获涉嫌敲诈犯罪的 21 世纪经济报道发行人沈某、总经理陈某、主编刘某及相关经营人员等 5 名犯罪嫌疑人。经调查，沈颢领导下的 21 世纪经济报道、21 世纪网、理财周报 3 家媒体及 8 家运营公司涉嫌敲诈勒索、受贿，滥用报道权，搞有偿新闻，涉案金额上亿元，违反了相关法律。

《21 世纪经济报道》是南方报业集团下属中国最大的商业报纸媒体，是中国商业报纸的领导者，致力于服务最优秀的人群，是在世界经济界最受关注的中国经济类日报。有着如此高评价度的媒体，其企业内部高层到部分员工在搞新闻敲诈，利用媒介的报道权为自己谋利，损坏了南方报业集团的媒体公信力，造成恶劣的社会影响，也断送了自己的新闻职业理想，等待他们的将是法律的惩罚。

（四）侵犯人格尊严

人格权是人身权的一部分，也是人权的重要内容，是人固有的，宪法明确规定，公民的人格尊严不受侵犯。《中国新闻职业道德准则》第 6 条明确要求新闻传播者不揭发个人隐私，不诽谤他人。新闻传播活动无疑必须尊重他人的人格权。可是，在现实的新闻传播实践活动中，有些新闻媒介或记者，出于故意或过失等原因向公众传播了失当的或法律禁止的内容，从而造成对公民人格权侵犯的行为大有存在。

1. 侵犯名誉权利

名誉权是公民、法人享有社会公正评价的权利或这种公正评价的权利他人不能侵犯。新闻传播媒介作为大众传媒，能迅速将信息传递给受众，可以提高一个人的名望，但非法贬低某个人、损害其人格尊严，也是常见的侵权行为。新闻传播侵犯名誉权的行为，是指行为人通过新闻传播媒介传播有损特定人名誉的文字、声音、图像等行为，一般使用侮辱性的语言丑化、侮辱他人人格或捏造事实、传播虚假材料、发表不实报道诽谤他人。

《新快报》记者陈永洲捏造事实诽谤中联重科，他已知所传播的内容为虚假造谣，仍然将其通过新闻媒体传播出去，造成了中联重科的社会评价受损，名誉严重减损。虽然是因为他职业道德素养缺乏，禁不住利益的诱惑，搞有偿新闻，其行为造成的新闻侵犯名誉权，应负有一定的法律责任。

以新闻传播手段侵害他人名誉权的行为有两种形式：第一，客观上发表了捏造虚假事实损害他人名誉或贬损他人人格的新闻；第二，主观上出于直接故意，明知新闻事实虚假或有损他人名誉，而且具有通过新闻传播行为来达到诋毁、中伤他人的目的。不管是何种形式的新闻侵害名誉权,根据情节的恶劣程度、后果的轻重程度来裁定罪行,《刑法》第246条中对侮辱罪和诽谤罪有明确的规定。

2. 侵犯隐私权利

隐私权是指自然人享有的私人生活安宁与私人信息秘密依法受到保护,不被他人非法侵扰、知悉、收集、利用和公开的一种人格权。简单来说,公民对于自己的私人信息、私人空间、私人活动有权要求他人不侵犯与干扰。在新闻传播活动中,侵犯隐私权的案件大都是因为媒介组织或个人出于故意或过失而不当刊播他人隐私而引起的。

新闻传播侵害隐私权是指新闻传播媒介或从业者违背当事人的意愿,借助新闻传播平台,公开披露当事人的个人事项,而造成受害人精神上的羞辱、苦恼、不安的行为。未经当事人同意,公开犯罪案件、意外事故、灾难、灾害中受害人的信息,使其个人或家人信息披露,甚至对受害人及其家人造成二次伤害;公布当事人不光彩的过去历史;未经允许,公开当事人的财产状况、家庭私生活、婚外情史、身体生理缺陷等,这都是常见的新闻传播侵犯隐私权。往往这些受害人都是在社会上有一定知名度的人士,因为他们作为公众人物,公众对明星隐私一直保持着高度的热情,其私人生活对受众有窥探欲望。这就导致很多记者为了制造轰动效应,不惜代价偷拍偷录名人私生活,将其传播出去,这也是大家所称为的"狗仔队"行为。

2008年,郭文珺夺得北京奥运会女子10米气手枪金牌,在得金牌的当天下午,便有网络新闻说:郭文珺要用奥运金牌寻父。这则新闻急速蔓延,并称是郭文珺启蒙教练黄彦华说的。《凝聚力量再创奇迹,人肉搜索助文珺寻父》,某门户网站还开设这样的讨论专区,广大网友开始对郭文珺的父亲进行人肉搜索,并且在专区谈论中粗暴攻击郭文珺的父亲。事后郭文珺说,她从没有找别人帮忙找父亲,记者对教练的话错解了。

部分记者不管出于何种目的,部分报道带有猜测,导致郭文珺的父亲被人肉搜索,对其过去的生活大肆报道,给郭文珺的父亲及其家人带来了一定的恶劣影响,在一定程度上侵犯了其隐私权。

2014年"锋菲复合"的新闻成为街谈巷议的话题,两人在王菲的新公寓内的多个亲密瞬间都被风行工作室捕捉拍摄到,并发表视频和图片进行报道。随后,谢霆锋经纪人发声明斥责偷拍行为。

公众人物隐私权是极具争议性的议题,有的人认为,明星作为公众人物,有些信息应该满足公众的知情权,去牺牲部分隐私权。笔者认为,公众人物的一言一行代表的不是一个人的脸面,而是一个群体乃至国家的脸面,对其隐私进行报道是一种社会监督,并且满足受众对公众人物信息的知晓,这本身并没有错。可是,明星也是公民,也有隐私权,应该受到法律的保护。更何况,网络上所传的图片都是谢霆锋与王菲的一些亲密接触照片,这完全属于私人空间的私人活动与私人信息,应该受到法律的保护。狗仔队的偷拍,并且迅速通过新闻传播媒介传播出去,是为了抢占独家新闻报道,吸引受众注意力。不管是否涉及侵犯隐私权,笔者认为,新闻媒介在报道有关公众人物的新闻时,要注意度的把握,报道公众人物与社会公共利益相关的信息,而不是紧紧盯在明星的私人生活上。

3. 侵犯肖像权利

肖像是指自然人的外貌形象,通过绘画、照相、摄像、雕刻、电脑技术等手段,在某一物质载体上固定下来的视觉形象。这个视觉形象是自然人的肖像,公民有权同意或禁止他人利用自己的肖像的权利,就是公民的肖像权。《民法通则》第100条明确规定,"公民享有肖像权,未经本人同意,不得以营利为目的的使用公民的肖像"。以营利为目的,未经他人同意擅自利用他人的肖像是侵害肖像权的行为。

新闻传播侵害肖像权最常见的方式就是在广告中使用,有些单位或个人未经他人同意,利用其肖像做广告、商标,利用新闻传播平台宣传出去。新闻传播媒介虽然仅仅是单纯的发布者,不是主要制作者,由于对广告内容真实性与否负有把关责任,一旦发布侵害肖像权的广告,与广告主共同承担侵权责任。侵害肖像权的受害者往往是一些公众人物,尤其是一线当红的影视明星、体育明星、歌手等,他们作为受众喜欢的人物,公众对其有追捧、模仿的情结,用他们的肖像进行广告宣传,容易吸引受众,带动市场,拉动消费。

2010年2月,因不满自己的照片被擅自使用在医疗美容广告中,明星刘晓庆以侵犯肖像权和名誉权为由,将长春市蓝梦集团医疗美容有限公司、《长春晚报》等单位告上法院,索赔100万元。

2015年3月11日,港闸法院对林志颖、柳岩、张馨予、张嘉倪、张亮、王子子6位艺人起诉南通某家医院侵犯肖像权、名誉权案进行公开开庭审理。庭审中,原告代理人出示了被告官方网站涉嫌侵权页面的公证材料,证明被告未经6位原告许可擅自将原告照片用作被告主营的整形、美容项目文字配图,侵犯了原告肖像权,要求公开道歉并赔偿。

有些企业为了牟利,企图利用明星光环效应吸引顾客,未经他人同意私自利用其肖像,是一种侵权行为。虽然受害人在财产上没有受到任何损失,但对其人格有一定的损坏,是对其形象的公然丑化,引起他人的责备与非议,给受害人心理上带来一定的压力和不良情绪。除了未经他人同意进行商业广告宣传的侵犯肖像权外,未经他人同意,在杂志等新闻传播媒体上使用了他人的肖像作为装饰,如杂志封面、封底、文章的插图照片等,也属于新闻传播侵害肖像权的表现形式。在新闻传播活动中,只要以营利为目的,未经他人同意,私自利用他人肖像的行为,都属于新闻传播侵权行为。当然,在正常的新闻报道中,为了公共利益的需要,以图像方式报道的各种有新闻价值的事件所出现的人物肖像,不属于侵害肖像权的行为,它是新闻记者对肖像权的合理使用。一般来说,新闻传播侵害肖像权的行为人大都是故意的,带有一定的目的性,一旦侵权行为成立,根据其侵害程度,由法律给予一定的惩罚。

以德治国并有法可依,方能让社会安定有序。广播电视新闻传播活动亦如此,不能单靠广播电视新闻传播伦理的规范,有了法律的规范,其伦理规范也有了保障。作为广播电视传播活动的两种基本规范方式,新闻传播伦理的规范与法律的规范互为补充,都指引着广播电视新闻传播者的行为,都试图把广播电视新闻传播者的职业行为纳入一定的秩序范围内,使其健康有序地运行,更好地为人民服务,为社会主义服务,为尽早实现中国梦贡献新闻传播人的力量。

★ 思考题

1. 试分析广播电视新闻传播伦理规范与法律规范的共性、个性及其相互关系。
2. 试分析新闻工作者应具有哪些新闻职业道德。
3. 广播电视新闻传播伦理失范的主要表现形式有哪些?并择取一种详谈。
4. 试举例分析新媒体对广播电视新闻传播伦理的冲击。
5. 广播电视新闻传播法律失范的表现形式主要有哪些?并择取一种详谈。

第十二章　广播电视新闻的数字化生存

~~~~~~

学习目标

1. 理解广播电视新闻的数字化传播环境。
2. 掌握网络电台的发展趋势。
3. 理解移动互联网时代微信公众平台的新闻传播属性以及对传统新闻传播的创新。
4. 了解数据新闻的发展演变历史和大数据背景下数据新闻的特征。
5. 掌握电视数据新闻的制作流程和生产理念。

　　当前传媒业正处于媒介融合的新时代,突破规则、打破界限是其典型特征。一是媒介间的壁垒被打破,媒介融合的速度和广度不断加快;二是参与性文化蓬勃兴起,受众更多地参与到新闻内容生产、新闻传播的进程中。2012 年,微信快速普及并推广;2013 年,电子商务企业亚马逊公司收购了享誉国际的传统媒体《华盛顿邮报》;2014 年,国家工信部正式发放 4G 牌照……随之而来的是移动互联网进程迅猛提速:大数据、多屏联动、UGC(用户创造内容)……在这一风起云涌、高速发展的传媒环境中,受众的媒介使用地点、使用方式和使用轨迹均发生了巨大变化,对于传统广播电视媒体来说,挑战从没有像今天这样现实而迫切。正如亚马逊公司创始人贝索斯收购《华盛顿邮报》时,写给员工的公开信中的一段话:"互联网正在改变新闻业的几乎所有元素:缩短新闻更新周期,传统上可靠的收入来源受到动摇,新的竞争也在上演。"广播电视业只能在开拓、变革中努力重新掌握主动权,"媒体融合"与"移动传播"将是未来广播电视新闻发展的关键。

第一节　网络电台

一、网络电台崛起

　　媒介融合为传统电台带来了新的增长点,其中尤以网络电台的发展最引人注目。网络电台借助宽带网络向受众提供包括在线收听、下载、上传与 RSS 聚合等多样服务,兼备广播和网络的优势,使广播业获得新的发展机遇。据 CNNIC 发布的《第 33 次中国互联网络发展状况统计报告》显示,截至 2013 年 12 月,中国网民的人数规模达 6.18 亿,手机网民规模达 5 亿,较之于 2012 年年底,网民中使用手机上网的占比提升至 81.0%,而网民在电子移动终端设备的各类应用使用率中,网络电台(包含音乐)的使用率逐年上升,达到 58.2%。

　　由于创建网络电台技术门槛不高,引得公司机构、社会团体或个人纷纷涉足。根据开办主

体不同,我国网络广播可划分为以下三种类型:

(一)传统类广播电台

传统广电媒体拥有丰富的音频、视频信息,为发展网络广播奠定了良好的基础。继 1996 年珠江经济广播电台开办了广播网站后,我国内地从中央到各省市、地方电台,共有 29 个省级台和 123 个地市级电台开办了网络电台,300 余套广播频率实现了网上直播。此类网络广播专业性较强,基本是把原广播频率的节目在网上实时广播或在线点播,或配以文字、图片信息,另一种就是选择优质节目重新编排整合,受众分段点播。如 2001 年北京人民广播电台所成立的北京广播网,用户可以通过听吧、播播视频、广播回放、视频直播等栏目收听到北京电台 26 个频道播出过的 11 大类、3 万多小时、11 万个节目。这一类型以中央人民广播电台主办的中国广播网和中国国际广播电台主办的国际在线发展得最为成熟。

(二)网站平台广播

该类型网络电台依托商业网站,属于公司整体战略规划中的一项产业。如猫扑电台、豆瓣电台、人人电台、地铁网络电台地铁 0 号线、豆瓣 FM、虾米电台,或者大型门户网站旗下的新浪微电台、QQ 音乐电台等。也有一些独立的网络电台创业项目,内容以音乐为主,根据收听习惯推测出听众喜好对音乐风格分类,以其清新的风格和轻松的氛围吸引了年轻人为主的受众群体。

(三)个人网络电台

这一类网络广播电台不以盈利为目的,多是广播爱好者基于自己的兴趣自制广播节目与网友分享,节目形式以主持人脱口秀为主,偏重娱乐、音乐和情感、心理和社会问题。早期这种个人广播电台多以博客、播客、个人网页的形式出现。2012 年之后,喜马拉雅网、荔枝 FM、纯白网络电台、半岛网络电台、多听 FM 等较有影响力的"聚合内容"型网络电台不断涌现,个人广播电台逐渐转移到此类网络电台上,并得到了专业化发展。以喜马拉雅中的"糗事百科"电台为例,现已形成完整的专业化电台模式和固定的节目播出模式,节目每天更新,每一档节目都有特定的主持人,在特殊的节假日还会安排特殊节目,按月份做成主播专辑。此类电台由于资金、设备、技术有限,节目质量和影响力较前两类网络广播相比较弱。

二、网络电台对传统电台的颠覆与创新

作为一种新型广播形态,网络电台不仅克服了传统广播传播形态的地域性限制、不能定向收听以及保存性、选择性较差等不足,而且更加便捷地在传播者与受众之间形成互动,具有全新媒介的体验。

(一)内容创新

相比传统电台大众传播的模式,网络电台更侧重小众传播,即以多样化的内容对受众细分。除了音乐,情感、体育等内容,网络电台还包括时事新闻节目录播、相声小品、经典小说、电视剧连载、业内人士访谈节目、心理节目等,满足不同受众人群的需求。UGC 的生产模式更是改变了之前专业产生内容的纯媒体模式,为网络电台增加了个性色彩。当前比较知名的喜马拉雅、荔枝 FM 等聚合类网络电台均采用这种生产模式,每个用户都可以录制或上传节目,组建自己的"电台",其中喜马拉雅内容的 60% 来自用户创造。

图 12-1　喜马拉雅网络电台页面

图 12-2　喜马拉雅网络电台可供受众自由选择

（二）个性化

互联网时代，受众不再是大众的一部分，而是一种可以进行自我选择的网络成员，注重信息的个人化搜寻和共享。网络电台提供给受众多样的个性化服务。仍以喜马拉雅电台为例，在内容上，受众可点击"发现"按钮寻找自己感兴趣的类别进行收听，每个类别中包含多个个人电台以及热门声音和电台专辑，每个个人电台下方有简单介绍方便用户选择。可按照自己的喜好设定一张个性化的节目单，既可以在线收听，也可以选择在数字信息库中下载收听，并能在页面上发表评论。广播发烧友还可依据自己意愿编制节目表，创建广播电台。喜马拉雅设计的"关注流推送"方式，能自动推送受众所关注的个人电台的声音更新，关注的个人电台不同，个人中心收到的关注流页面就不同，相当于专属的个性化电台。

（三）超强互动性

web2.0时代的网络电台，互动性是其突出特征。网络的交互性特点使新闻节目能通过聊天室、论坛、微博等途径实现与听众的互动与沟通。绝大多数的网络电台主页上都开辟有"直播互动"专栏，节目一开始，网友就可进入互动平台参与交流，主持人与网友、网友与网友之间的两种互动沟通同时进行。节目进行过程中，主持人随时将互动平台的话题引入节目，网友也可就节目内容直接发表意见。虽然现在传统电台也采用诸多互动手段，如手机短信、热线电话等，但是由于节目的主题性较强，听众的看法和意见很大程度是节目内容的一种补充，很难成为主导。与之不同，网络电台的节目取材和编排自由度都较高，互动内容往往很容易成为节目的核心，网友参与节目的积极性也较高。

三、媒介融合态势下网络电台及广播新闻发展趋势

随着 4G 网络建设的不断完善，手机已成为当前最重要的媒体之一。移动终端因其自身与广播契合的移动特性而备受关注，以互联网、移动互联网为代表的新媒体产业将成为广播业产业化布局的未来重点。网络广播从原始的单一频道搜索，逐渐延伸为一个聚合微博、微信、客户端的终端集合。

(一)移动化、平台化

手机用户对新闻资讯的需求非常高，传统广播有着强大的节目资源，应根据手机个性化特点探索适合手机广播传播特性的节目形式，通过分类、切片、加标签的处理，制作成适合手机广播用户收听的短小精悍的节目，定时推送语音新闻、股票行情、交通信息等资讯，满足用户个性化的需求。手机新闻客户端是当前重要的手机新闻载体。广播终端向智能终端转向，有利于广大用户便捷地接受和消费数字化、网络化的广播内容。当前，中央电台等众多电台都加大了开发力度，将相关服务开发成模块，作为手机软件提供给手机用户，方便其收听或使用。北京电台开发了基于 iPhone 和 Android 两种主流智能手机系统的手机客户端。窄播、考拉 FM 这类手机客户端也通过对"云端"的大量资讯的整理、分类，集合成时间短、内容精彩的板块新闻，方便受众打开客户端自由收听和切换。手机客户端也为微电台提供了更多的生长空间。传统的电台需要专业的广播设备，听众自己也需要收音机。而用户如果想收听微电台的内容，只需要在智能手机上下载微电台的客户端即可，更加突出其灵活、伴随性。

另外，广播媒体可将新闻或分类服务信息以手机报、彩信的形式发布，或利用手机移动互联网，向用户提供手机在线收听收看图文以及音视频的服务。例如，中央电台依托经典品牌栏目《新闻和报纸摘要》，推出了栏目的同名手机报(国内第一份有声手机报)。国际电台推出移动国际在线业务和基于 iPhone 平台的应用程序和基于移动互联网的网页版服务。手机用户通过访问其手机网站，就可获得相关，包括时政、财经、影视等新闻的英语内容。

案例

类型化新闻电台东广新闻台(FM90.9)的实践[①]

东广新闻台以"全天互动新闻"为载体，除传统广播频率外，形成了由官方 APP"新闻＋"、官方网站、阿基米德社区互动等构成的多平台分发矩阵和产品集群，提供适应不同平台的以音

---

① 李奕悦.听众通过手机 APP 参与广播互动，东广新闻台推"新闻＋"[N].解放日报，2015-02-02.

频为核心的全媒体新闻内容。转型后的东广新闻台主要受众目标将由传统广播听众调整为互联网和移动用户，让用户最大可能地参与产品的设计和制作，根据用户的需求来调整生产，以提高用户体验，集纳更多用户。东广新闻台"新闻＋"是东广新闻台向互联网广播转型的标志性产品，加大了与听众的互动功能。首页上有一个看上去很像小话筒的按键，叫"一键爆料"，听众可从这个入口用文字、语音或视频的样式发送新闻信息给编辑人员，经过后台操作后就可以成为新闻节目中的一部分，极大地改变传统新闻广播"我播你听"的局面。

(二)社交化

社会学理论认为，人是群体交往动物，喜欢交流，并渴望从信息交流中实现各种愿望，获得满足。技术的进步推动社会交往方式的变革，北京电台创建的菠萝台在此方面做出了卓有成效的创新。菠萝台是国内首家支持多路节目混排、自定义播放时间、节目内容及时更新的网络电台，虚拟社区化是其一大特色。在菠萝台娱乐、体育等板块集结了众多相同志趣的用户，形成融合个人性和公共性的交互性虚拟社区，用户可以相互收藏、转发、评论，一方面通过拆分、组装、整合、推送自己的电台，提供共享信息来获得"社区"的认可，另一方面通过使用别人提供的菠萝台来判断其兴趣趋向、品味和个性，并形成以此为主题的"圈子"。

增加用户黏性的另一方式是提供电子商务服务，通过提升内容的服务性和有用性，从而嵌入用户生活。美国哥伦比亚广播公司旗下的各地方性电台网站，从网民的需求出发，将本地化扩展为多元服务，提供本地的娱乐、旅游、餐饮、购物等直接可用的信息，以生活服务打造网站地域特征，以此建立多媒体生活服务平台，打造广播的网络生活圈，走用户会员制服务的道路，给予用户生活服务的折扣与便利，让用户不仅听广播，还用广播网参加规律性会员活动，消费媒体推荐的商品与服务，使用户对媒体的依赖常态化、标准化。国内广播也尝试开展广播团购、广播网络购物业务，如长沙电台快乐886购物频道通过有资讯、有互动、有服务的城市时尚消费节目内容，从车食住行四大板块为听众提供生活资讯和消费攻略，打造空中购物平台。

每一种新的媒介技术的使用和普及，都在其特殊的社会文化背景之中形成了一种全新的交流构型。网络电台的兴盛和发展，不仅代表着广播新闻传播形态的改变，更代表了广播新闻观念、新闻内容、新闻生产方式的变革。随着技术的不断进步，网络电台将从聚合用户参与的自媒体向整合各种功能的全媒体、融入智慧生活的智媒体发展，从媒介终端向媒体平台化延伸，在与电信网、互联网融合的基础上与物联网高度融合，构建起基于移动智能交互技术，服务于公共安全、社会管理、城市交通、文化教育，内容共享、共建、共赢的服务平台。打破原有传播边界的广播在网络时代又焕发出新的生机。

第二节　广播电视新闻微信公众平台

继2011年腾讯公司推出的手机即时通信软件——微信——后，2012年8月微信公众平台正式上线。微信公众平台可为注册账号提供消息群体推送功能，实现注册账号与受众之间文字、图片、语音及视频的全方位即时互动，同时还具备用户管理、分组群发、素材管理和自定义回复等多种功能。微信公众平台成为传统媒体在移动互联网时代寻求突破和发展的必然选择，为广播电视新闻的全媒体化转型带来了一次重大变革。不少传统媒体纷纷开通微信公众账号，以期能扩大传播渠道、增加品牌效应和受众黏度。

一、广播电视媒体微信公众平台发展概况

2013 年 4 月起,中央电视台《新闻联播》、深圳卫视的《正午时分》等栏目先后开通了媒体微信公众账号,目前已有与卫视频道、栏目相关的各类官方账号近 200 个。如经官方认证的"央视财经""央视新闻""央视综艺""央视评论""央视网""央视创意"央视各频道栏目公众平台 24 个,中央人民广播电台先后开通微信公众平台"中国之声""经济之声""音乐之声""都市之声""文艺之声""中国乡村之声""海阳"七大微信公众账号。

据中国第一个开放两微一端的新媒体指数平台——新媒体指数——所提供的广播电视频道微信公众账号数据显示,2015 年 5 月 28 日一周,排名前十的微信公众账号中有 4 家来自央视,其中央视新闻、央视财经、央视综艺排名前三甲,且央视新闻以 748 万的阅读量居首,央视新闻和央视财经频道的最高阅读率均达到 10 万。央视新闻总点赞数超过其他排名前十的频道点赞数五倍。以电视媒体排名前十的节目类型来看,除央视新闻栏目外,新北方、陕西都市快报等电视新闻类节目均取得了较好的阅读量。虽然该指数是一周指数,随时均可变动,但也充分说明微信公众平台有效地推动了广播电视新闻的传播力度和影响力。

	公众号	发布	总阅读数	最高阅读数	平均阅读数	总点赞数
1	央视新闻 cctvnewscenter	22/85	7488051	100001	88095	173560
2	央视财经 cctvyscj	14/69	2818723	100001	40851	13533
3	央视综艺 CCTVyangshiz…	7/21	597760	85804	28465	2895
4	湖南卫视 happychina1997	9/24	381992	34442	15916	2120
5	山东电视综艺… shandongzongyi	5/27	318870	55483	11810	3129
6	CCTV5 cctv5plus	1/4	99660	55458	24915	479
7	天津交通广播 JT_fm1068	7/35	294886	25058	8425	1270
8	四川卫视 sctvweixin	7/14	150228	11834	10731	1893
9	山东交通广播 fm10111011	5/23	187302	54691	8144	604
10	旅游卫视 The_Travel_C…	15/42	254494	24701	6059	1316

图 12-3 新媒体指数排行榜 2015 年 5 月 28 日一周广播电视频道微信公众账号排名

二、微信公众平台的新闻传播特性

(一)兼具自媒体和传统媒体双重属性

每个微信公众账号都相当于一个基于微信公众平台的自媒体,在一个传播主体下面对多

个用户，以用户订阅为获取渠道，以"定时推送"为主要运作模式。定时地推送可以保持信息的时效性与实效性，即时间上及时更新并能满足用户对信息的需求，从而维系与订阅用户间的联系。这些基本特征类似传统的报刊媒体，所不同的是微信公众平台以电子化形式的各种图文、视频传播信息，信息精炼，没有"评论"等庞杂信息，无论在内容和形式上较之传统媒体都表现得更加灵活和新颖。

（二）精准性新闻推送

微信公众平台是一个强反馈渠道，提供了强大的订户分组功能，这为新闻精准推送提供了可能。新闻编辑人员可以在后台获取用户的性别、地域、需求、喜好等全部信息，在新闻推送时根据用户的性别、所在地区或消息的类型、地域进行有选择的定向投放，将信息发送给某一类用户。如涉及上海市的社会新闻，其他地区的用户可能不太关注，微信公共平台就可以仅向上海市的微信用户推送。而当地方发生突发事件时，微信公众平台也可以向当地用户发出信息求证。当前，一些微信公众平台已经做成导航式，用户输入不同的数字，微信便为其提供本周微关注、知晓天气、开怀一笑等内容供用户自选。此外，微信公众平台新增的"数据统计"功能，提供了图文转化率、分享转发数据等信息，新闻编辑能够在后台明确看到某篇新闻实际阅读率和转发数，对于编辑人员把握受众的新闻阅读兴趣，调整内容方向，提高传播效果等很有价值。

（三）受众接受新闻信息的主动性

微信公众平台不可随意推送新闻给受众，必须通过受众扫描二维码或进行微信号、关键词查找才能订阅。也就是说，订阅的行为赋予受众更充分的主动性，微信公众平台的新闻推送必须建立在受众许可的前提之下的。这种主动订阅的特性保证了用户对其内容的认可，也意味着微信公众平台必须提供精彩的新闻，否则，受众随时有权利退订。最为关键的是，基于微信强关系的传播模式，受众在公众账号中看到一则有价值的新闻时，可以选择发送给朋友或分享到朋友圈和其他个人社交网络，以分享的行为完成了新闻二次传播，传播的渗透性和扩散能力更强。

三、微信公众平台在广播电视新闻传播中的应用

广播电视媒体作为传统媒体，受时长所限，难以为受众提供更多、更好的新闻节目，而线性传播的劣势，又使节目内容在刹那间稍纵即逝，不易保存，不能反复收听、收看。微信公众平台可以有效地弥补传统媒体的上述缺点，自动回复功能能够让用户通过关键词主动获取最新的新闻资讯，不仅成为广播电视新闻节目的一种推广方式，也成为与受众进行实时、互动的一个沟通渠道。

从当前各种新闻微信公众平台推送的信息来看，主要包括以下内容：一是广播电视新闻栏目的优质内容资源推广，例如独家报道、重大新闻、民生消息等；二是与受众沟通互动，实时反馈信息；三是母媒体的活动或产品推广。

（一）推送新闻

及时推送频道最优质的新闻信息是广播电视新闻类的微信公共平台的首要功能。以"央视新闻"官方微信账号为例，主要内容为央视新闻频道、综合频道、中文国际频道的资讯，配以部分新闻性专栏节目，包括央视主持人口播语音信息、独家视频信息，内容均是当天的热点新

闻。在推送模式方面,注重时间性和多媒体搭配,早晚推送精选新闻图文专题,随时推送重大突发新闻,以图文素材为主。受众点击标题,既可看到简要的图文内容,也可转到网络电视台直接观看视频新闻。由于微信公众平台发布信息有限,因此在新闻的选取上就格外考验运营人员的"把关"能力。央视新闻官方微信号一般每天推送四条消息,一条重大新闻、一条央视的独家报道、一条民生消息、一条网络热点信息。但这个数目不是固定的,当重大事件发生时,新闻推送频率会显著提高。如 2015 年 6 月"东方之星"客船长江倾覆事件发生时,央视新闻公众账号先是在 8:05 分发布《突发:东方之星客船长江倾覆 400 多人生死未卜》的单条新闻,接着又在下午 17:14 分推送四条新闻,既有聚焦翻船事故的时间梳理,动画还原客船的翻沉瞬间,也有沉船逃生攻略,并与"央视新闻"晚间新闻频道电视屏幕上的微信二维码呼应,成为"微信直播"整合传播的典范。

目前,微信公众平台的新闻大多为图文专题,分三级阅读界面("央视新闻"等少数媒体为二级界面):第一级包含新闻标题、图片和文字导读,第二级界面是长文的主要段落(或短文的全文);在二级阅读界面的下方,通常包括"阅读全文"的链接,点击进入后可以在原始网页阅读新闻全文。不同类型的微信公众平台展示风格不一。例如新闻节目的微信账号一般都采用"图文摘要"类,头条通常会使用大标题与图片吸引受众的注意,受众点击就可查看正文,其代表为"环球资讯广播""央广新闻热线"等账号,依托母媒体的强大内容的优势。部分专题性质的节目,常常把微信平台做成杂志类的风格,搭配一篇具有一定深度内容的新闻,在形式上与报刊中的头条相似,其中包括文章标题、视频、图片和全文阅读,其代表为"央视新闻周刊——岩松说"。

图 12-4 微信公众平台设立直播栏目

(二)与受众互动

传统媒体封闭的传播形态使其在新媒体环境下受众流失较快。微信公众平台可有效提高广播电视新闻节目的直播效果。目前的广播电视节目的微信公众平台普遍都设置了直播板块,方便受众在节目直播时段通过微信平台发送信息参与节目话题讨论,表达观点,与节目进行互动。这样,受众在第一时间既收看了节目,又参与了节目,既调动了受众的积极性,也增强了节目的可视性。当受众对节目内容有意见或希望发表对节目的建议时,直接可以打开手机通过语音短信对着话筒表达,传播现场感更强。

其次,通过微信公众平台与受众实时互动交流,答疑解惑,广播电视新闻节目可以及时了解受众需求,调整节目方向。例如"央视新闻"微信平台在两会期间开展的"微观两会"活动,针对每天热点话题征集评论,得到了广泛响应,每天回复量高达两三万。与微博的"留言板"效果不同,微信平台传播方式上更为私密,回复质量相对更高。此外,一些电台开辟的微信公众平台互动平台可供受众直接进行新闻爆料、问题投诉、消费投诉。常熟电台新闻广播微信公众平台就开辟了互动专栏,分为微收听、微互动和天气活动三部分,中国之声的"央广新闻热线"微信账号则发布了节目的热线号码,号召公众提供新闻信息、参与互动活动。微信公众平台成了节目与观众之间的一个纽带,一个"连心桥"。

(三)活动推广

利用微信进行活动推广是广播电视新闻传播的另一亮点,有效弥补了广播电视新闻时效性差、互动性的不足。例如,中山广播电视台"FM888967"举行的"2013中山慈善万人行"活动,除了记者采用微信作现场报道外,近300名听众在巡游方队行进过程中用微信的形式发表了自己参加万人行的感受,部分语音经过简单技术处理后立刻在直播中播出,活动现场热烈的气氛第一时间通过微信平台带给受众。

图12-5 中山广播电视台"2013中山慈善万人行"微信参与现场报道

📖 **案例**

央视微信公众账号策略研究①

在信息推送方面,央视微信公众栏目账号一般会每天推送五至六条图文信息,以各自擅长的资讯、报道、专题为主,其中多数针对公众平台的特点,对原有电视栏目内容进行了再次编辑和创作。以"央视财经"公众账号为例,每晚9点至10点期间,向订阅用户推送五至六条新闻内容。显而易见,这种固定推送新闻的模式,有助于受众养成每天查阅微信的习惯。"央视财经"分一条主推新闻,五个子栏目各一条新闻内容的推送模式,从周一到周日每天推送不同的板块。每日较固定的板块有"央视财经·最新",推送当日和近期热点政经、产经新闻、独家报道;"央视财经·关注"由央视财经频道评论员或特约评论员撰写;"央视财经·调查"推送央视财经频道独家采写的财经新闻调查报道;"央视财经·说吧"属于评论类互动的小栏目,就当日热门新闻话题,由受众参与讨论,编辑将选取网友发出的精彩言论,并经过适当编辑后,放在第二天的栏目做集中展示。

在栏目设置方面,央视财经的公众账号,其菜单栏分为四个部分,包括"互动""资讯""活动"和"试听"四个板块。"资讯"又细分为国内要闻、国际要闻、经济学课堂、创业课堂、往期回顾;"活动"则有品牌的奥秘、中国创业榜样;"试听"分为真相台、电视直播、主播语音三个部分。子菜单信息量大,且内容丰富,有单条的图、文、视频信息也有包括多层级信息的专题样式,并附有超链接,用户可以便捷迅速地查看详情。此外,通过关键字回复,用户还可以听到由央视财经频道知名主持人特别录制的语音。

四、广播电视新闻微信公众平台发展趋势

(一)立足于内容优势

微信公众平台的精准推送让"平台渠道为王"再一次回归到"内容为王"。用户采用主动订阅的方式关注微信公众账号,这就意味着用户更希望新闻微信账号为其提供优质、专属的资讯。因此,传统媒体的新闻微信账号应立足内容,将优质的新闻资源作为主推内容。在此基础上,广播媒体微信考虑如何彰显广播的优势,用好语音信息,满足用户的需求。具体来说,既要注重用专业的语音发布资讯,也要用对话方式与受众开展互动,将受众的语音素材融入到节目之中,创新并丰富自身的内容生产。电视新闻微信账号则应注重视频、图片的精彩呈现和电视媒体在新闻采访、播报方面的即时性优势,形成与广播微信平台不同的差异化竞争。

(二)加强即时互动

虽然各媒体微信公众平台一直探索征集回复、问卷调查等各种互动方式,但目前大多停留在新闻信息单向推送方面,以传统的延时性互动为主,互动性不足是困扰其运营的主要问题。如何根据微信公众平台和广播电视新闻节目的特点创新形式,满足受众的互动需求?

一种思路是利用一切可利用的资源提供互动方式,激发受众的参与热情。例如都市之声的"时尚知道"每天主动推送的内容仅仅是一条特别制作的标题,若要获得详情则需要回复相

---

① 李奕悦.从微信公众平台央视频道栏目集群看传统媒体的发展策略[J].新闻研究导刊,2014(6).

应内容,有效地激发了粉丝参与的积极性。中央电台文艺之声《快乐早点到》节目将新闻标题改造的更加口语化,活泼有趣。"新版《武松》下周开播,武松爱上了潘金莲,你怎么看?";"亲们,支付宝可以用来交学费了哦"等此类标题,符合微信双向即时交流特征,具有较好的传播效果。再例如中央电台都市之声《FM中国好声音》节目对账号进行了拟人化操作。在关注其微信后,它会说:"欢迎亲们随时与小文互动,如果回复慢了,请耐心等待一会儿!"

另一思路是充分利用微信的各种新功能加强互动性。随着2015年春节晚会对微信"摇一摇"功能的深入开发,不少电视媒体,如西安电视台、河南人民广播电台等,也相继推出了"摇一摇"技术与电视节目相融合,使电视传媒由过去单向传播走向与受众的互联互动。以西安电视台"微信摇电视"互动模式系统为例,观众在观看频道节目时,打开微信对着电视摇一摇,就可以通过电视节目的交互,成为新闻的参与者和评论者,也可参与电视新闻节目的有奖竞猜、投票、调查。下一阶段可进一步设置互动答题环节和新闻信息辅助环节(如受众看到介绍某景点的新闻可通过"摇一摇"获得景点介绍、旅游攻略以及最新优惠信息,赢得门票),为受众带来全新的收视体验。

此外,微信公众平台具有社交属性,广播电视新闻节目微信公众平台可以在其中融入互动问答、玩游戏等元素,吸引用户的关注,保持用户黏性。《中国青年报》微信公众账号曾推出60秒答题积分游戏,问题是"你对今天的新闻知道多少?",建议受众把答题结果分享到朋友圈与好友一起PK。这一形式满足微信用户的分享、互动的社交需求,从而让其通过各种小应用主动地获取新闻信息,取得了良好的传播效果。

(三)连接节目和服务,建设新平台

微信和传统媒体的互动的最大贡献在于打通了新闻节目和服务,使传统媒体借助微信公众平台这一社交媒体建立起自己的用户群,向移动互联网延伸,形成一个包括新闻节目的直播、点播、用户搜索、节目调查、预测和提供延伸性服务的整体平台。

(1)基于微信公众平台的受众数据库。一直以来,广播电视媒体需要投入大量的人力、物力才能获得节目的收视率、收听率,并且数据粗糙,精准度不够,很难做准确的数据分析。微信公众平台开发的评分功能和对每条新闻推送后获得受众的反馈留言汇总、分析功能,为传统媒体提供了了解自身内容产品与受众需求契合度的最佳渠道。新闻节目可通过微信公众平台建立报料资源库、受众信息数据库,对新闻节目做一系列问卷调查、栏目测试,选择新闻主题。特别是面对"你幸福吗?"这样的社会性议题,或者时效性较强的调研需要进行大范围"海采"时,完全可以通过微信公众平台进行。

(2)围绕频道和新闻精品栏目进行纵深开发,实现线上和线下联合。微信公众平台提供的"微社区",不仅快捷、方便,而且用户在整个过程中扮演积极、重要的角色,可形成用户与用户、用户与平台之间多对多的沟通,若能合理运用,新闻栏目将实现从线上至线下的延伸、扩展。尤其是对于本地化的新闻栏目来说,这一集资讯、购物、生活、交友、休闲等为一体的O2O微商圈,对增强栏目的吸引力,拓展栏目经营模式均具有重要价值。

总之,微信公众平台为广播电视新闻业创建大媒体开辟了重要途径。与上一节的网络电台相比,微信普及率更高,使用人群更广,加之微信公众平台能够承载语音、视频、文字、图像等所有多媒体元素,以微信公众平台为核心,创建一个整合网络电台、网站各平台新闻,又聚合政府建设"智慧城市"公共服务的信息的全媒体开放平台值得期待。微信公众平台将在未来广播

电视业媒介融合中发挥关键作用。

🔖 案例

"新闻正前方"微信运营案例

"新闻正前方"是辽宁一档民生电视新闻栏目,微信公众号开通8月粉丝突破50万,微社区开通3月访问量超过4000万。"新闻正前方"微信公共平台服务于电视栏目的推广,将电视节目和微信公众平台、微社区结合,在推动收视率方面进行了大量的创新。

(1)进行微信同步直播,观众一边在家看电视一边与主持人进行交流,打破原有电视节目单向的流通,形成"弹幕"效果。在一个小时的电视直播的过程中,微信平台同步直播,主持人随时随地地通过微信平台与电视观众进行互动。电视观众在观看节目的时候,对节目有什么个人观点,或是对主持人有什么提问,可以第一时间通过微信平台跟主持人取得沟通。这就形成了一个特别有意思的画面,以前观众只能是在家看电视,单方面地接受信息,现在观众是一手拿着电视遥控器,一手拿着手机上微信平台,有什么观点,有什么意见,可以第一时间跟主持人进行交流,这种参与感是以前传统媒体无法做到的。

(2)微社区,当地真实民生的一个缩影。微信平台一点对多点的单方通讯有很大的局限性,微社区开放式的互动正好弥补了这一点。微社区采用栏目主持人刚子的名字命名,叫"刚子家"。微社区定位为让受众通过社区的交流更好地参与节目。每天主持人都会定点在微社区跟受众线上交流、互动、聊天。为了更有针对性地给受众提供更好更专业的服务,微信公众平台运营人员根据受众在微社区里关注的问题的不同,从受众需求出发建立多个社区,把社区分门别类,让志同道合的伙伴们汇集到一起。

电视观众以前都是通过热线电话提供新闻线索,现在微社区也成为另一个提供线索的地方。栏目直播的过程中,也会不定期地关注微社区受众的动向,真诚地对待受众的每一个留言,发现问题及时解决处理。新闻正前方电视节目的很多好新闻都是从微社区里获得的。例如,有粉丝曾在微社区里发帖直播自杀,引起了网友们很大的反响,电视栏目及时跟进,在节目里讨论了这一话题。

第三节 数据新闻

在当前技术高速发展的信息化时代,信息规模的爆炸性增长汇聚成数据的洪流。数据新闻的实践可以让传统电视新闻找到适合自己新的话语呈现方式和新的发展空间,成为电视新闻转型的契机,也是其发展的必由之路。

一、数据新闻概念

数据新闻是信息时代新闻业适应信息环境变化,不断探索孕育出的一种新的新闻生产方式和新的新闻报道形态。2010年8月,在阿姆斯特丹举行的首届"国际数据新闻"圆桌会议对此概念界定如下:"'数据新闻'是一种工作流程,包括下述基本步骤:通过反复抓取、筛选和重组来深度挖掘数据,聚焦专门信息以过滤数据,可视化地呈现数据并合成新闻故事。"与之前以文字叙述为主的新闻报道不同,数据居于数据新闻核心地位,即通过数据统计、数据分析、数据挖掘等技术手段,挖掘和展示各类原始数据信息背后的关联,并以丰富的可视化传播技术,为受众呈现形象化、艺术化的电视新闻报道。

由此可见,数据新闻不等同于数字新闻。数字新闻仅有对文本、图片、视频等内容的数字化呈现,更多的是一种新闻表现形式,缺乏对数据之间内在关系的挖掘。另一方面,数据新闻不是单纯对数据的引用,罗列数字、图表的新闻并不是数据新闻。传统新闻报道往往用数据来增强报道的准确性和可信性,数据作为支撑观点和判断的论据存在。而数据新闻中,数据既可以作为辅助性背景材料解释报道,也可以是新闻的主体,侧重通过科学的分析方法建构数据的意义,甚至数据本身是开放的,可以任由受众个性化再加工,参与新闻的报道过程。

二、从精确新闻到大数据新闻:数据新闻的衍变

数据新闻的产生得益于计算机数据分析技术在新闻报道领域的应用,但采用统计量化方式生产新闻的理念可追溯至几十年前,数据新闻并非一种新兴的新闻形式。从新闻报道形式的演变历程来看,它脱胎于精确新闻、计算机辅助新闻报道。

(一)重建科学式客观的精确新闻

精确新闻报道具有深度报道的性质,尤以数字化信息见长。20世纪60年代,美国记者菲利普·迈耶在计算机的辅助下,分析几百名黑人的抽样访问调查,并撰写报道,成为精确新闻的开端。随着20世纪60年代以后抽样技术和计算机技术的广泛应用,新闻报道具有了更高的精确度,这种报道形式也逐渐得到世界各国新闻界的认可。

(二)计算机辅助新闻

从20世纪90年代中期开始,计算机辅助报道在调查报道中的比例日益增加,计算机辅助新闻在技术上和形式上也日益丰富,细分来看,可分为计算机辅助报道、计算机辅助调查、计算机辅助参考和计算机辅助聚谈四种类型。记者在计算机的辅助下,数据的获取、存储、分析、处理的效率和能力都有所提高,并且能够通过在线交流、在线访谈等形式挖掘公开或隐蔽的数据。数据成为记者发现新闻线索、拓展新闻深度的重要资源。

(三)基于数据集专题挖掘的数据库新闻

继计算机辅助新闻以后,记者们又开始尝试从一些政府、媒体的数据库中寻找数据集,挖掘新闻专题。此时数据库新闻中的数据只是初步的整合,作为新闻报道文字内容的辅助说明,没有改变文字为主、数字为辅的传统报道形式,同样也没有基于数据的价值挖掘和深度分析。同一时期还出现了数字新闻、数字化新闻等,在内容和形式上对计算机辅助新闻给予补充。

(四)数据驱动新闻

随着数据分析与数据挖掘技术的发展,从互联网庞大的非结构化数据中揭示有意义的新关系、新趋势的数据新闻应运而生。可以说,从精确新闻到数据新闻的历史演变是新闻业在新媒体冲击下所做出的转型,与计算机辅助新闻、数据库新闻相比,数据新闻已经从根本上改变了新闻生产的思路与流程。

首先,从数据采集量来说,数据新闻所采集的数据量远远不只是之前的几个数据库或者是若干个图表能够涵盖。其次,与过去文字为主、数字和图表为辅的表达形式不同,数据新闻报道充分利用数据和可视化图表作为新闻的主要内容和呈现方式,对数据进行过滤和视觉化处

理提升了数据的价值,也使新闻更有可读性。最后,也是最重要的,数据新闻提供了新闻报道个性化生产的可能:新闻生产者可以通过各个应用终端收集用户的信息,针对用户的兴趣偏好提供新闻推荐,也就是定制新闻。

　　基于大数据分析思维的大数据新闻报道,是数据驱动新闻更高一级的形态,代表了未来新闻发展的一种趋势。2011 年美国知名咨询公司麦肯锡在其发布的研究报告中指出:大数据,已经渗透到当今每一个行业和业务职能领域,成为重要的生产因素。人们对于海量数据的挖掘和运用,预示着新一波生产率增长和消费者盈余浪潮的到来。海量数据汇聚、生成的大数据,具有体量大(Volume)、速度快(Velocity)、类型多样(Variety)、精确(Veracity)的特征。依托于大数据技术的大数据新闻,数据采集量远远大于传统数据新闻中个位数或十位数,通常是以互联网和移动客户终端为基础,且无法在一定时间内用常规软件工具处理的数据集合。通过对这些数据的深度挖掘,大数据新闻侧重对趋势的预测和与个人的关联性,以互动的方式呈现新闻的发展趋势和来龙去脉,为受众更加直观地展示某一新闻事件与自身存在的关联性。随着大数据分析在信息提纯和数据挖掘技术方面的提升,大数据新闻的深度分析和对规模化信息的处理能力也会日益增强。

📖 案例

英国卫报的大数据新闻实践①

　　在诸多较早投身数据新闻实践的媒体中,《卫报》不仅较早地意识到新媒体带来的挑战,也较早地把握了新媒体所带来的机遇。2009 年《卫报》开创了"数据博客",从 2009 年 1 月 14 日上线至 2013 年 5 月,共制作各类数据新闻 2500 多则。数据类型既有量化数据也有质性数据,还有两者兼顾的混合数据。

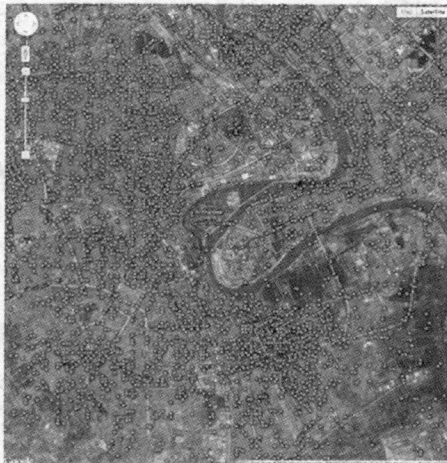

图 12-6　《卫报》伊拉克战争日志新闻点图

　　2010 年 10 月 23 日刊登的一则伊拉克战争日志。《卫报》使用来自维基解密的数据,借用谷歌地图提供的免费软件 Google fushion 制作了一幅点图,将伊拉克战争中所有的人员伤亡

---

　　① 章戈浩. 作为开放新闻的数据新闻——英国《卫报》的数据新闻实践[J]. 新闻记者,2013(6).

情况均标注于地图之上。地图可以缩放大小,数据多达 39.1 万条左右。在地图上一个红点便代表一次死伤事件,鼠标点击红点后弹出的窗口则有详细的说明:伤亡人数、时间,造成伤亡的具体原因。这里既没有用枯燥的数字作毫无人性的平静描述,也没有采取夸张的文字进行煽情式的叙述,但地图上密布的红点却显得格外触目惊心。新闻从业者富于人性的思索通过精准的数据和适当的技术被传达出来。

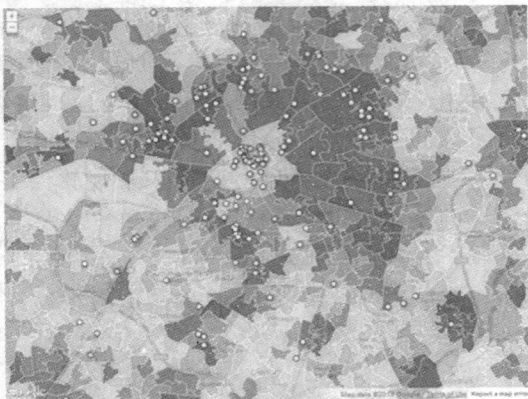

图 12-7 《卫报》伦敦骚乱新闻热力图

在 2011 年 9 月 6 日刊出的英国伦敦骚乱的系列报道中,Simon Roger 仍使用 Google fushion 软件作图,但不仅仅是以地图标示出骚乱发生的地点,而是更进一步以热力图的方式,用不同颜色色块标示出伦敦各地区的经济指标。蓝色表示富裕地区,红色表示贫穷地区。地图明确清晰地显示出了骚乱与社会经济发展不平衡的密切相关性,从地理位置上凸显出一个分裂的社会。这幅地图不仅标明了骚乱爆发的地点,也形象而视觉化地阐明了骚乱发生的原因。《卫报》数据新闻团队通过与学术团队一起研究社交媒体在骚乱中的作用,分析了 260 万条关于骚乱的推特信息,观察谣言如何在推特上传播,以及不同的用户在宣传和散布信息中的功能,以确定推特和其他社交媒体是否煽动了骚乱,并将分类编码为重复、驳斥、质疑、评论对推特信息进行了内容分析和数据可视化处理,发现推特在纠正谣言方面也发挥了积极作用。

三、电视数据新闻的发展

随着平面媒体《卫报》等老牌报纸率先开展了一系列数据新闻的实践,电视媒体也随后进行了相应探索。就我国而言,央视率先创办了以大数据为信息来源的数据新闻节目。2012 年8 月 21 日,央视同步推出近 60 期《数字十年》系列报道,大量运用可视化的动态图表报道十六大以来国家取得的辉煌成就和人民生活发生的巨大变化。2014 年,中国电视新闻史首次将大数据挖掘、分析与新闻报道相结合:央视在"据说春运"特别节目中通过百度迁徙动态图以及抽样调查数据实时解读了"大数据"中的"春运"迁徙状况,包括最热迁徙线路、逆向迁徙现象等。随后,《"据"说过年》《两会大数据》《全国防骗地图解读》《春节景区热力分析》《数说迁徙》等一系列样态新颖的大数据新闻节目掀起了我国新闻媒体大数据新闻报道的热潮。大数据的介入,让电视新闻以一种全新的方式呈现,数据的真实、直观,具有美感和科技感的可视化展示都令受众耳目一新。当然,当前的大数据新闻更多地处于实验性阶段,仅有央视、北京卫视等少数电视频道开展了此类报道,其他省级电视台还处于探索阶段。有专家预计,在 2020 年以后或更晚一些,将迎来大数据新闻规模化生产高峰。

四、电视数据新闻的优势

传统的电视新闻报道是文字画面唱主角,数据只是呈现新闻事实的一种辅助手段。而在电视数据新闻中,大量数据用来展现新闻事实、新闻背景,数据为先、报道建立在各种数据分析和图表整合的基础上,这样的数据驱动式新闻,在一定程度上具有传统电视新闻报道不具备的优势。

(一)数据新闻提升电视新闻报道的客观性

数据新闻是精确性新闻的进一步延伸。与精确新闻相比,数据新闻使新闻生产的过程更为精细化,增加了报道的广度和深度。一直以来,新闻记者受困于如何处理新闻报道片段真实与整体真实者之间的矛盾。数据新闻为记者提供了一种全新思路,即基于更大的样本量,采取数据挖掘与统计的量化研究方法,更全面完整地报道重大新闻主题。以 2014 年央视晚间新闻推出"据说春运"特别节目为例,几十年来中国春运人口呈叠加式增长,目前已达 36 亿人次,这么庞大的人口如何在如此短的时间内迁徙,过去由于缺少数据资源,记者只能做微观报道,而现在利用大数据便可分析当天全国人口迁出最多的城市、人流汇集最多的地区等,并通过数据展示"成都往返北京"的线路最热、"'逆向过年'开始流行"等公众关心的话题。这样,受众和记者直觉的判断让位于精确的数据分析,同时也把抽象、枯燥的数字形象化。

图 12 - 8　中央电视台《据说过年》节目虚拟场景呈现

(二)数据可视化提升电视新闻看点

数据新闻采用数据可视化技术,以数字、图表、图形等直观的方式结合声音、图片、三维特效等手段,极大提高了电视新闻传播效果。特别是新兴的电视节目制作手段——虚拟植入,运用 Kinetrak 技术跟踪主持人的动作,自动生成三维场景和立体的图文展示系统,主持人能够亲自对图形和展示内容进行互动操作,极大地增强了新闻画面的表现力。在《据说过年》节目中,主持人站在虚拟的台阶上,橙子从屏幕中源源不断地如潮水般涌出,虚拟和实景结合,让观众耳目一新。而央视与百度合作通过LBS定位服务覆盖五亿手机用户的数十万款APP,呈现出一张像烟花一样绽放的实时变化的动态迁徙轨迹图也令人禁不住赞叹。

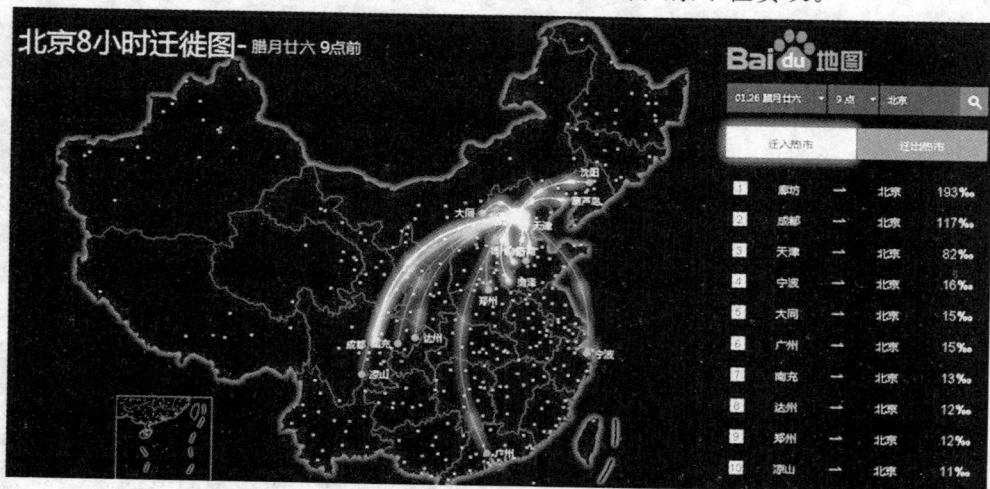

图12-9　央视新闻频道利用虚拟植入技术报道新年

(三)聚焦新鲜主题

数据新闻可以帮助媒体从碎片化的信息中发现规律和事件发展的趋势,使新闻报道拓展到过去难以报道的选择。中国召开"两会",哪个国家最关注?这个问题过去完全无法解答,只能一些文字报道中找到一个模糊的描述。央视新闻在《两会大数据》节目里通过全球89个国家的网民对中国"两会"浏览、评价的数据分析,客观地比对出全球最关注中国"两会"的区域,进而至最关注中国"两会"的前十个国家,最终给最关心中国"两会"的国家排出名次,使国人对外国如何看中国"两会"的问题的答案从模糊变成明确。

五、电视数据新闻的制作流程

与传统电视新闻的制作流程相比,电视数据新闻制作的特色体现在数据以不同形式根植在电视新闻制作的各环节中,即数据对新闻多角度、全方位的渗透。电视数据新闻一般经过数据搜集、数据处理、数据可视化三个阶段,最终形成新闻故事。

(一)数据搜集

数据搜集是电视数据新闻制作流程中的首要环节。数据搜集的好坏将直接影响电视新闻的可信度和有效性。数据搜集的渠道众多,记者可利用网上公开、免费获取的数据,如网络搜索引擎、社交媒体数据、政府机构、企业发布的数据,也可通过网络调查形式收集数据。当前,以编辑为中心的大数据新闻制作流程分为预设选题型和非预设选题型两种类型。预设选题型已预先定好选题方向和数据维度,无论数据搜集来的数据是否佐证预先结论,或与结论背道而驰,都是很好的新闻点。非预设选题型则需要编辑具有数据敏感度,挖掘出海量数据背后的深度信息。

（二）数据处理

数据处理是对新闻内涵价值的把关。英国《卫报》数据新闻编辑西蒙·罗格斯曾说过，数据新闻既要处理数据，又要不断检验数据的信度与价值。记者需要对数据进行谨慎的处理。一方面对收集到的数据始终保持怀疑的态度，围绕新闻核心观点对数据多次筛选，交叉验证多方信息源，提高数据的精准性；另一方面，需要将各类数据进行对比，挖掘相关数值背后的深层次关联。经过数据的过滤、筛选，才能使最有价值的信息脱颖而出，这类信息即为一则数据新闻的报道核心。例如，在报道 2012 政府工作报告的新闻中，记者便将两万字左右"政府工作报告"要点浓缩成"2012 政府工作报告脱水版"的信息图表，浓缩成了几百字，使得表述更加直观。

（三）数据可视化呈现

以可视化的表现形式呈现新闻报道是数据新闻最显著的特点。数据视觉化可通过静态、动态和交互式图表展示，也可借助在线多媒体。电视由于其视听综合的特质成为实现静态与动态图表展示的优质平台。

1.指标图形化

所谓指标图形化是指用形象感强的图例展示数据所描述的事物。新闻编辑常用仿影图形法，在掌握报道对象形态特征、结构组织基础上，描摹其投影造型，使其呈现出条理化和几何化的造型轮廓。仿影图形因具有造型简化、对比色强烈、通俗易懂的特点，符合新闻可视化图形简练、便于阅读的要求，在当前的电视数据新闻中被大量使用。如央视在《数字十年》所报道的新闻《守住 18 亿亩耕地红线》中，以禾苗简影图代表农业用地，以挖掘机、楼房的简影图代表工业建筑用地，以一碗米饭代表消费口粮，直观生动地呈现了新闻主体的特征。

2.数据可视化

视觉传播时代，信息图表既可用于提示新闻要点、揭示事件发展进程、梳理各类关系，也可用于展现数据的分类比例和变化趋势，尤其适用于展示地理、时间数据。目前，央视的数据新闻所采用的数据可视化方式已达 9 种，分别是交互动态图、饼状图、柱状图、坐标图、地图、简单图示、三维动画、虚拟人物、虚拟场景，地图和三维动画是最常见的两种形式，数据地图通常以电子地图为背景，多用于地震、海啸、泥石流等灾难报道。

图 12-10　央视新闻"关键词云层"技术生成的"数据哥"

数据可视化需要将数据转化成具体事物,或采用对比或比喻的方法加深受众对数据的感知。仍以前文所举的央视新闻《守住 18 亿亩耕地红线》为例,为了描述 2002 年到 2011 年中国新增 4200 多万亩土地,编辑将这一数字转化成五个上海市面积土地,并在电视屏幕中出现五个上海面积的土地剪影,受众看上去一目了然。对新闻关注高频词、文本关键词进行"词云"呈现是数据可视化的另一种常见方式。"词云"是指对网络文本中出现频率较高的"关键词"予以视觉上的突出,形成"关键词云层"或"关键词渲染",从而过滤掉大量的文本信息,使浏览网页者只要一眼扫过文本就可以领略文本的主旨。央视电视新闻史上第一次出现的大数据可视化人形图像"数据哥",就是编辑人员每天根据大数据生成的"两会"热词,按照重要性、搜索量,以该节目的主持人照片为剪影,主次排列形成的词云。具象的关键词体现了抽象的数据,受众可以通过热词的不同大小和不同位置,看出"两会"各种话题热度上的差异。

3. 逻辑关系可视化

平面媒体的可视化信息是静态的、单一的。而电视数据新闻"可视化"的表现形态是连续的、动态的,如何根据电视媒体的特征清晰呈现数据与数据之间、数据与事物之间、事物与事物三者之间的逻辑关系?电视报道中要注意根据各元素之间的关系进行报道,如由多到少、由慢到快、由低级到高级等,并创建一定的场景。另一方面,可以利用对比、罗列等方法连接事物或数据。例如《数字十年》系列中的《中国网民数世界第一》,为了表现近十年来我国互联网普及率的上升趋势,节目编辑将视频设计成由低到高的台阶形状,台阶越高表示互联网的普及率越高,最后随着时间轴的推进,依次出现 2008 年和 2012 年两个比较有代表性的互联网普及百分数,并用柱状图辅助与全世界的互联网普及率相对比。

图 12 - 11　央视新闻《数字十年》报道视频截图

总之,电视新闻中的数据可视化表现形态与平面媒体静态图表不同,具有连续性、动态感和较强的逻辑性。在表现以时间或者逻辑关系演变为主线的新闻上,数据可视化比在静态图表更有表现力。

(四)新闻作品输出:用数据讲故事

在研究数据由表及里的过程中,往往触及不为人知的真相,这些真相构成新闻故事的本

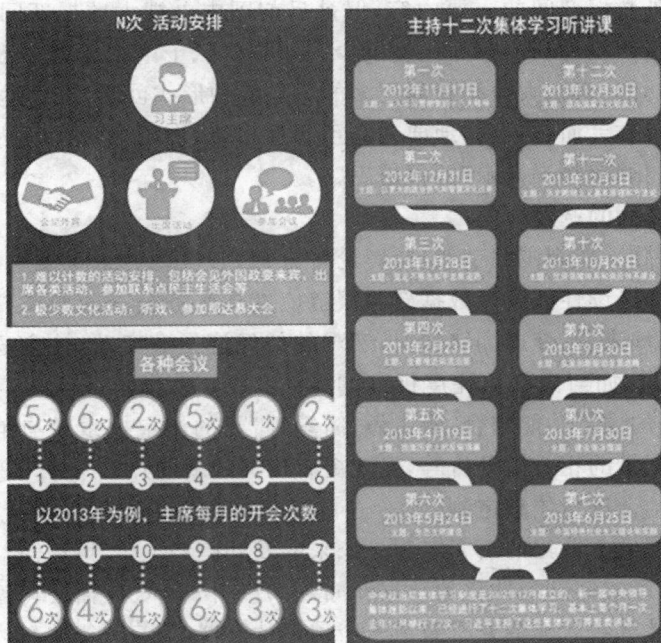

图 12-12 新闻联播《习主席的时间都去哪儿了？》报道截图

源。数据新闻项目负责人洛伦兹就曾将数据新闻的生产流程描绘为数据经过滤与视觉化后形成故事。当然，这并不是说所有的数据新闻都必须形成故事，但数据无法自表其意，数据需要故事增加新闻的可读性，但同时用数据讲故事也远非将数据嵌入新闻叙事那样简单。要在有限的播出时间，固定编排顺序的电视新闻中成功地用数据说清一个有意义的社会现象或热点话题，制作者必须挖掘新闻作为"故事"的关键因素——趣味性。一是有悬念的"剧情设置"。《习主席的时间都去哪儿了？》这则电视数据新闻以疑问句为标题，"大人物"与"卡通漫画"及"流行语"的结合，把平时新闻联播里生硬的播报变成了漫画人物小传。

此外，要善于用数据塑造人物，发掘新闻事件与个人之间的关联性。央视《"据"说"两会"》关于养老问题的新闻报道，以"最关注养老问题的群体""最关注养老问题的地域"等数据配以送给爸妈的微信使用说明书的故事，扣住养老主题《"据"说春节》板块，大年初七打工者返城务工的数据配上白发苍苍的老父亲赶赴火车站，为儿子送热腾腾的包子的故事。以上新闻，融数据分析与温情故事于一体，理性与感性并重，得到受众的好评。

六、电视数据新闻发展趋势

在"大数据"与媒介融合的共同作用下，全媒体时代电视新闻生产要创制崭新样式，迎合受众需求，着力凸显电视新闻的视觉特性，让电视新闻成为立体直观的生活信息。

（一）合理开发大数据功用，拓宽报道内容

1.增加预测性新闻

大数据的重要功能是揭示规律、解释现象、预测判断，特别是利用大数据对未来走向进行

预测分析已成为国外数据新闻的重要内容,但是目前国内电视大数据新闻90％都集中在"揭示"和"解释"方面,在预测性新闻方面比例极少。如果要赋予电视新闻更多的看点,就需要依靠大数据的"预测"功能,否则大数据新闻更多的只是一种形式创新,难以达到新闻生产质的突破。对于电视新闻工作者而言,更多地要建立预测性思维,即不再恒定于因果关系,而是寻找相关关系,超越模式化"解释＋揭示"的报道思路。

2. 拓展大数据新闻的选题方向

当前,大数据选题一般都围绕节假日、舆论等方面,各电视台报道题材类同,形式相似,长此以往会削弱新闻的可读性。电视数据新闻报道应发挥服务公众的职能,提供与受众日常生活,微观的如流行疾病来袭、交通拥堵情况,宏观的如经济指数变动、社会危机等,尤其是与健康有关的服务类信息,如与民众关注度极高的身体状况、流感、雾霾天气,都可以做成数据新闻,并与上文大数据的预测功能结合,尝试做"防霾神器"的淘宝搜索量与销售量、气温数据与社交网站讨论量等变量的相关性分析等,发现更有价值的新闻点。

3. 与微信平台结合进行信息定制

根据用户需求提供个性化的新闻定制是未来的发展趋势。国外媒体已出现了根据大数据的分析结果,满足网民的信息个性化的数据新闻。2011年,BBC广播公司曾根据2012年政府的财政预算联合毕马威会计师事务所做了一个预算计算器,用户只需要输入一些日常信息,例如买多少啤酒,用多少汽油等,就能够算出新的预算会让你付多少税,明年生活会不会更好。电视数据新闻应致力于解决受众需求,利用大数据诠释宏观社会现象对公众的影响,或者回答公众困惑的问题。大数据新闻可与微信公众平台有效结合,以微信公众平台了解受众的新闻关注点,经过精准定位,后台计算,按照受众的信息接受习惯、工作习惯和生活习惯进行新闻及服务的推送。

(二)丰富视听元素,增加细节

电视新闻的优势是视听元素的互动,电视数据新闻需要摆脱对传统新闻报道的文字、图片符号的依赖,对电视数据新闻视听元素符号进一步拓展,充分挖掘电视媒体的视听元素,利用影像视频、电话访谈、同期录音等多种形式,共同完成数据新闻。另外,在进行大数据新闻报道时,尤其要注意多元视听元素与微观分析相结合。这是因为大数据电视新闻侧重从宏观和中观层面把握社会动态,数据来源于网络,而网络数据仅是民众的一部分,难以涵盖没有上网习惯的人群。在这样的情况下,聚焦此类"整体",无法保证挖掘整合的新闻的精确性。因此,必须在整体报道的基础上整合个体访谈、专家电话连线以及其他非数据音视频资料,有效弥补大数据不够"大"的不足,对微观、细节和特殊情形进行补充报道,防止数据新闻以偏概全的现象发生。

随着电视媒体大数据报道实践的全面展开,基于互联网逻辑的大数据新闻报道,将逐步走向跨领域、跨平台的开放式,并使其从先锋实验性质变为新闻报道的常态,有助于新闻从社会表层现实的关注到社会深层现实的挖掘,从而为受众提供可靠的洞见和预测。大数据也为传统新闻行业带来了挑战:记者除了具备新闻专业知识外,还要拥有呈献数据、数据对比、构架分析解读的能力,能够对数据进行更准确的分析、更深层的解读。技术要素必将在未来的广播电视新闻业数字化生存中占有越来越重要的比重。

思考题

1.广播电视业媒介融合的关键是什么？

2.广播电视新闻创新的路径有哪些？

3.广播电视新闻未来会发展成什么样的形态？

4.微信公众平台对广播电视新闻业带来了哪些影响？

5.大数据新闻的诞生对传统新闻业而言具有怎样的意义？

参考文献

~~~~~~

[1]孙玉胜.十年——从改变电视的语态开始[M].北京:"生活 读书 新知"三联书店,2003.

[2]顾宜凡.论制播分离的内涵、逻辑悖论及必要条件[J].新闻战线,2008(8).

[3]方汉奇.中国新闻事业通史[M].北京:中国人民大学出版社,2004.

[4]丹尼斯·麦奎尔.受众分析[M].刘燕南,李颖,杨振荣,译.北京:中国人民大学出版社,2006.

[5]鲍比·爱德华兹.爱德华·R·默罗和美国电视新闻业的诞生[M].周培勤,译.上海:复旦大学出版社,2005.

[6]张云.广播电视新闻的现状和趋势[J].中国传媒科技,2013(04).

[7]高晓虹.电视传播理念的创新思考[J].编辑学刊,2010(01).

[8]李良荣.新闻学概论[M].上海:复旦大学出版社,2005.

[9]郑保卫,杨欣.2013新闻启示录[J].编辑之友,2014(03).

[10]罗兰·巴特尔.符号学原理[M].李幼蒸,译.上海:上海三联书店,1998.

[11]沃尔夫冈·韦尔施.重构美学[M].陆杨,张岩冰,译.上海:上海译文出版社,2002.

[12]许南明.电影艺术辞典[M].北京:中国电影出版社,1986.

[13]欧阳宏生.电视艺术学[M].北京:北京大学出版社,2011.

[14]贝拉·巴拉兹.电影美学[M].北京:中国电影出版社,1986.

[15]黄匡宇.电视节目编辑技巧[M].北京:中国广播电视出版社,2008.

[16]邱沛篁,吴信训.新闻传播百科全书[M].成都:四川人民出版社,1998.

[17]吴信训.新编广播电视新闻学[M].上海:复旦大学出版社,2006.

[18]赵淑萍.广播电视新闻采访与写作[M].北京:北京师范大学出版社,2006.

[19]张骏德,王晶红,朱金玉.广播电视新闻学实务教程[M].上海:文汇出版社,2009.

[20]许耀魁.新房新闻理论评价[M].北京:新华出版社,1998.

[21]罗尔·里奇.新闻写作与报道训练教程[M].钟新,译.北京:中国人民大学出版社,2004.

[22]蓝鸿文.新闻采访学[M].3版.北京:中国人民大学出版社,2011.

[23]赵淑萍.新闻权威与个人魅力——美国电视新闻节目主持人成功之路[M].北京:华文出版社,1999.

[24]刘洁.电视节目主持人[M].武汉:武汉大学出版社,2004.

[25]俞虹.节目主持人通论(修订版)[M].北京:中国广播电视出版社,2004.

[26]陆锡初.主持人节目学教程[M].北京:中国广播电视出版社,2006.

[27]沈力.谈主持人的个性形成[M]//话说电视节目主持.北京:文化艺术出版社,1989.

[28]徐德仁,施天权.时代的明星[M].上海:复旦大学出版社,1990.

[29]郭庆光.传播学教程[M].北京:中国人民大学出版社,1999.

[30]埃德温·埃默里,迈克尔·埃默里.美国新闻史[M].北京:新华出版社,1982.

[31]谷月.国际广播节目形式的演变[J].新闻广播电视研究,1986(3).

[32]赵明玉.中国广播电视通史[M].北京:中国传媒大学出版社,2004.

[33]邓文能.人际传播与主持人节目[J].广电战线,1985(11).

[34]叶惠贤.荧屏瞬间——叶惠贤即兴主持100例[M].上海:上海人民出版社,1998.

[35]郑兴东.受众心理与传媒引导[M].北京:新华出版社,1999.

[36]陆锡初.互动——节目主持的亮点[J].现代传播,2003(6).

[37]吴郁.节目主持艺术探[M].北京:中国传媒大学出版社,1997.

[38]张颂.广播电视语言艺术[M].北京:中国传媒大学出版社,2001.

[39]李水仙.有感于主持人形象[J].现代传播,2004(2).

[40]孙卉.论电视节目主持人的非语言传播手段[J].新闻界,2007(6).

[41]郑娟.正确运用表情语对主持节目的重要性[J].视听纵横,2008(3).

[42]任红霞,许青春,华长印.电视节目主持人服饰色彩的研究[J].艺术与设计(理论),2009(10).

[43]倪萍.日子[M].北京:作家出版社,1997.

[44]马克思恩格斯选集(第一卷)[M].2版.北京:人民出版社,2011.

[45]罗国杰,等.伦理学教程[M].北京:中国人民大学出版社,1985.

[46]尧新瑜."伦理"与"道德"概念的三重比较义[J].伦理学研究,2006(4).

[47]威尔伯·施拉姆.传播学概论[M].2版.北京:北京大学出版社,2007.

[48]舒国滢.法理学导论[M].北京:北京大学出版社,2006.

[49]张文显.法理学[M].2版.北京:高等教育出版社,北京大学出版社,2005.

[50]郑保卫.新闻工作者要担负起自己的职业责任——从"纸箱馅包子"假新闻事件谈起[J].今传媒,2007.

[51]郑保卫.新闻职业道德误区之虚假新闻——新闻伦理学讲座之五[J].军事记者,2001(7).

[52]张国良.新闻媒介与社会[M].上海:上海人民出版社,2001.

[53]梁启超全集[M].北京:北京出版社,1999.

[54]国务院新闻办.中国特色社会主义法律体系[M].北京:人民出版社,2011.

[55]黄瑚.新闻传播伦理与法规实用教程[M].北京:高等教育出版社,2011.

[56]魏永征.新闻传播法教程[M].3版.北京:中国人民大学出版社,2010.

[57]李奕悦.从微信公众平台央视频道栏目集群看传统媒体的发展策略[J].新闻研究导刊,2014(6).

[58]章戈浩.作为开放新闻的数据新闻——英国《卫报》的数据新闻实践[J].新闻记者,2013(6).

图书在版编目(CIP)数据

广播电视新闻学/杨琳,罗朋,陈燕主编. —西安:西安交通
大学出版社,2016.5
ISBN 978 - 7 - 5605 - 8362 - 4

Ⅰ.①广…　Ⅱ.①杨…②罗…③陈…　Ⅲ.①广播电视-
新闻学-高等学校-教材　Ⅳ.①G220

中国版本图书馆 CIP 数据核字(2016)第 054320 号

书　　名　广播电视新闻学
主　　编　杨琳　罗朋　陈燕
责任编辑　赵怀瀛

出版发行　西安交通大学出版社
　　　　　(西安市兴庆南路 10 号　邮政编码 710049)
网　　址　http://www.xjtupress.com
电　　话　(029)82668357　82667874(发行中心)
　　　　　(029)82668315(总编办)
传　　真　(029)82668280
印　　刷　陕西丰源印务有限公司

开　　本　787mm×1092mm　1/16　**印张** 22.125　**字数** 537 千字
版次印次　2016 年 5 月第 1 版　　2016 年 5 月第 1 次印刷
书　　号　ISBN 978 - 7 - 5605 - 8362 - 4/G·1371
定　　价　45.00 元

读者购书、书店添货,如发现印装质量问题,请与本社发行中心联系、调换。
订购热线:(029)82665248　(029)82665249
投稿热线:(029)82668133
读者信箱:xj_rwjg@126.com